Network Function Virtualization

Architecture, Development, Testing and Application

网络功能虚拟化

NFV架构、开发、测试及应用

李素游　寿国础◎编著

人民邮电出版社
北京

图书在版编目（CIP）数据

网络功能虚拟化 ：NFV架构、开发、测试及应用 / 李素游，寿国础编著. -- 北京 ：人民邮电出版社，2017.3

ISBN 978-7-115-44170-6

Ⅰ. ①网… Ⅱ. ①李… ②寿… Ⅲ. ①通信网－研究 Ⅳ. ①TN915

中国版本图书馆CIP数据核字(2016)第280858号

◆ 编　　著　李素游　寿国础
　责任编辑　李　强
　责任印制　彭志环

◆ 人民邮电出版社出版发行　　北京市丰台区成寿寺路 11 号
　邮编　100164　　电子邮件　315@ptpress.com.cn
　网址　http://www.ptpress.com.cn

◆ 开本：787×1092　1/16
　印张：16.25　　　　2017 年 3 月第 1 版
　字数：346 千字　　　2017 年 3 月北京第 1 次印刷

定价：69.00 元

读者服务热线：(010)81055488　印装质量热线：(010)81055316

反盗版热线：(010)81055315

前言

近年来，随着云计算、大数据以及移动互联网时代的到来，传统电信运营商面临着海量数据和多样业务的需求；在实力强大的互联网企业的竞争压力下，电信运营商面临着“管道化”的挑战，传统网络亟须改革。因此，ICT（Information and Communications Technology）融合是未来发展的必然趋势。电信运营商积极拥抱以NFV（Network Function Virtualization，网络功能虚拟化）为代表的ICT发展趋势，努力实现运营商的转型。NFV是利用IT虚拟化技术将现有的网络设备功能整合进标准的服务器、存储和交换机等设备，以软件的形式实现网络功能，以此取代目前网络中私有、专用和封闭的网元设备。电信网络将借助NFV技术提高网络设备的利用率，降低运营商OPEX/CAPEX支出，加快业务创新的步伐，为用户带来更佳的业务使用体验，以此构造一个有竞争力的、创新的开放生态系统。

2012年10月22日，全球13家网络运营商（AT&T、BT、CenturyLink、中国移动、Colt、Deutsche Telekom、KDDI、NTT、Orange、Telecom Italia、Telefonica、Telstra、Verizon）在软件定义网络（SDN）和OpenFlow世界大会上发布了NFV的第一份白皮书。随之而来的是，全球主要运营商、设备商以及IT厂商积极参与到NFV项目中，以推进NFV的发展。目前，NFV已经开始逐步融入电信行业，研发、试验与部署进入快车道。2013年AT&T首先推出了Domain 2.0计划（也称为用户定义网络云项目）；2014年Telefonica推出UNICA Infrastructure项目；典型的设备供应商，如爱立信、诺基亚、阿尔卡特朗讯以及华为也在不断向NFV转型。2014年10月，由AT&T、NTT、中国移动、Redhat、爱立信等厂商发起的OPNFV（Open Platform of NFV）开源社区正式成立。OPNFV为NFV提供一个统一、开源的基础平台，此平台集成OpenStack、OpenDaylight、OVS、CEPH等上游社区的成果，并且推动上游社区加速接纳NFV相关需求。2015年1月华为成立NFV开放实验室（NFV Open Lab）。NFV开放实验室针对各典型业务场景，构建了多厂商集成验证平台，同时以大数据平台为基础，与行业组织、运营商、合作伙伴进行联合解决方案开发，并进行相互认证和授权。另外，IT公司也在开发符合电信级要求的软件，例如Wind River，6wind，Qosmos等。NFV技术日趋成熟，进入了快速发展期。

随着NFV技术的火热，广大读者和专业ICT行业技术人员对于NFV技术的学习和研究也产生了极大兴趣。因为市面上关于NFV的书籍甚少，而网上的资料晦涩且不系统，且其中大部分资料是英文的，这对于想快速入门的读者来说是个不小的障碍。本书较系统全面地介绍了NFV的架构、关键技术、测试、应用以及NFV与5G、SDN、MEC等新兴技术的联系和结合。希望本书能成为您学习的向导、工具和良师益友。

本书共 11 章。第 1 章为 NFV 概述，包含背景、技术基础以及优势与挑战等描述；第 2 章为 NFV 体系架构，结合标准化组织定义的 NFV 功能模块、参考架构、管理与编排等相关内容；第 3 ～ 4 章介绍 NFV 中的两项基本技术 SDN/OpenDaylight 和 OpenStack 以及讨论两项技术与 NFV 的相互关系；第 5 章介绍开源平台 OPNFV；第 6 章为 NFV 的测试；第 7 章为 NFV 应用场景的一般描述；第 8 ～ 11 章为结合应用的描述，包括 5G 与 NFV 以及 NFV 在移动核心网、移动边缘计算（MEC）中的应用等。

本书主要由李素游和寿国础编著，参加编写工作的还有廖春晓、王江龙、熊福荣、石黎云、柴瑶琳、薛俊礼、胡浩、杨健以及李洪星等。本书在编写过程中，得到郭志刚、胡怡红的大力支持，借此机会向他们表示衷心的感谢。

由于编者水平有限，不足和疏漏之处在所难免，恳请大家不吝指正，谨此致谢！

编著者

目 录

|第 1 章|
NFV 概述

1.1 NFV 概况

1.1.1 NFV 的发展背景

据思科 Cisco Visual Networking Index（VNI）第 10 次年度预测，到 2019 年，全球年度 IP 流量将达到创纪录的 2 ZB，即 2019 年全球 IP 流量将达到每月 168 EB，相比 2014 年的每月 59.9 EB 约增加 3 倍。2019 年，全球 IP 网络传送的流量几乎与之前所有“互联网年”传送的流量总和（从 1984 年到 2013 年年底）一样多。推动流量增长的因素包括全球互联网用户、移动智能设备和物联网或者机器对机器（M2M）连接的增加，更快的宽带接入速度，以及高清视频服务的推广等。这些变化预计将创造 23% 的全球 IP 流量复合年增长率（CAGR）。近年来，新型网络服务还在不断产生，例如虚拟现实、增强现实、智能可穿戴设备等概念的流行和实现，将带来新一轮的移动数据流量的爆发式增长。

由于面临众多新型的网络业务与极大的流量压力，网络运营商不得不部署大量昂贵的专用网络设备以满足服务需求。然而，这些网络设备软硬件一体化，扩展性受限，而且现在的通信系统架构较为封闭，缺乏对这些设备的高效管理。同时，当运营商需要提供新增的网络服务时，就必须开发新设备，专有的硬件设备存在生命周期限制，需要不断地经历规划—设计开发—整合—部署的过程，而这个漫长的过程越来越难以为整个业务带来收益。另外，运营商需要给这些新增的设备提供机房空间、电力支持以及后期维护，所以近年来运营商的业务量增幅和业务收入增幅间就出现了“剪刀差”的现象。传统的网络不仅使得运营商的 CAPEX（Capital Expenditure，资本性支出）和 OPEX（Operating Expense，运营成本）不断上升，还阻止了新业务和新应用的开发，限制了竞争力和盈利水平。

同时，面对互联网 OTT（Over The Top）业务的大规模开展，运营商网络逐渐沦为廉价管道，网络运营商面临着极大的挑战。Ovum 咨询公司的报告显示，2013 年 OTT 社交通信应用让电信运营商短信收入减少 325 亿美元，预计到 2018 年，OTT 网络电话将让全球电信行业减少 630 亿美元的收入。而且，运营商的网络资源利用率较低，例如 IP 网的利用率通常低于 50%，服务器的利用率则低于 40%，光承载网为提高可靠性还提供预留的保护资源，甚至采用 1+1 保护方式。相较而言，典型的互联网公司则更注重提高资源利用率，例如 Google 数据中心间带宽利用率高于 80%；百度前台服务器利用率高于 40%，后台服务器利用率则高于 75%。

由于传统网络存在封闭、专用、不能灵活调度、缺乏高效管理、运营成本高、利用率低等问题，因此网络运营商必须对网络架构进行改革，以此获取一种低成本、高收入的运营方式。在这样的背景下，网络运营商牵头提出了网络功能虚拟化（Network Functions Virtualization，NFV）。

NFV 是利用 IT 虚拟化技术将现有的网络设备功能整合进标准的服务器、存储器和交换机等设备，以软件的形式实现网络功能，以此取代目前网络中私有、专用和封闭的网元设备。这些标准设备可以位于数据中心、网络节点和用户驻地网。

NFV 的愿景如图 1-1 所示。传统网络节点的设备包括消息路由器（Message Router）、边缘路由器（PE Router）、内容分发网络（CDN）设备、会话边界控制器（Session Border Controller，SBC）、WAN 加速器（WAN Acceleration）、深度包检测（DPI）设备、防火墙（Firewall）、服务 GPRS 支持节点（Serving GPRS Support

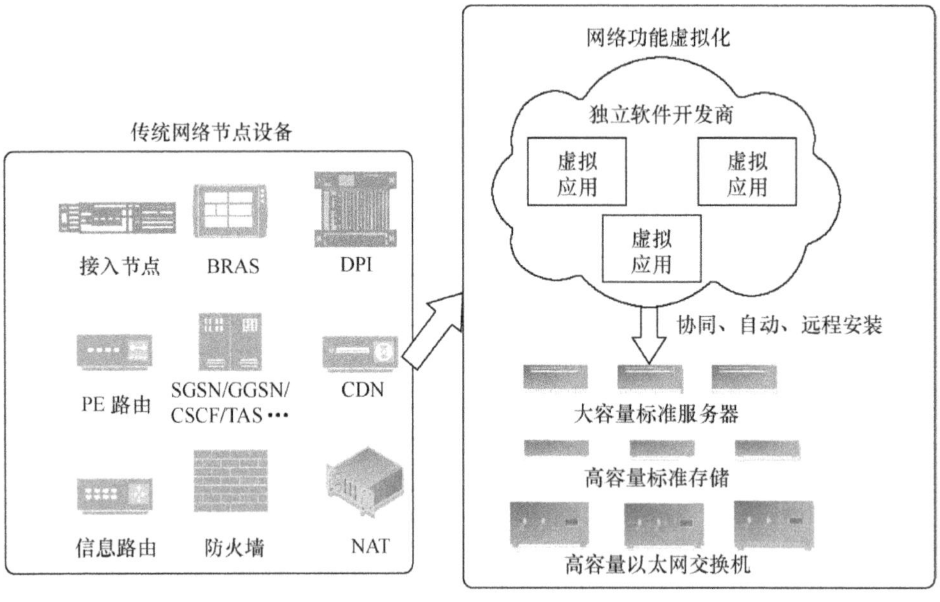

图 1-1　网络功能虚拟化的愿景

Node，SGSN）、网关GPRS支持节点（Gateway GPRS Support Node，GGSN）、宽带远程接入服务器（Broadband Remote Access Server，BRAS）、无线接入网节点（Radio Access Network Nodes）等。这些传统网络节点是分离、功能单一的，节点中的每个功能都需要部署一台专用的物理设备。在NFV中，独立的软件开发商能够基于大容量的标准服务器、大容量的标准存储器、大容量的以太网交换机等工业标准设备，开发支持协同、自动、远程安装的网络功能软件。以此构造了一个有竞争力的、创新的开放生态系统。

1.1.2 NFV的优势

与运营商的传统网络不同，NFV 将网络功能从硬件中解耦出来，提供灵活的网络功能部署以及动态的缩容 / 扩容。NFV 基于“工业标准硬件及网络功能软件”的实现方式带来的好处包括以下几点。

1. 工业标准硬件

（1）这些设备不需要特殊指定，降低了因为定制硬件而造成的较长的设备更新周期。

（2）标准的硬件设备价格相对较低，能够降低设备的硬件成本。

（3）保证通信系统网络结构不被泄露。

（4）工业标准的硬件相对于专用设备更易于维护。

（5）直接降低 OPEX/CAPEX。

2. 网络功能软件

（1）开发一个新应用的周期更短。

（2）试验阶段成本较硬件设置成本价格会低廉很多。

（3）对于新业务、新应用失败的容忍度比较高，而传统的网络失败容忍度为零。

（4）虚拟资源代替物理设备，减少能源、空间等资源消耗。

（5）在传统网元业务生命周期管理模式下，管理操作通常依靠运维管理人员手动完成，而 NFV 可实现自动化的管理操作，降低了运维管理成本和故障导致的开销。

（6）通信运维人员专注于业务管理，资源池维护人员聚焦于通用硬件管理，实现专业化运维和管理，大幅度提升管理效率。

（7）利用 IT 虚拟化技术实现软硬件的解耦，虚拟网络功能能够动态、灵活地部署，不受物理网络的限制，提升电信网络的灵活性的同时缩短传统运营商的创新周期，加快业务推向市场的速度。

（8）根据网络流量的增 / 减，系统能够自动地对硬件资源、虚拟资源进行垂直伸缩 / 水平伸缩，提升资源利用率。

（9）容许不同的应用程序、用户、租户使用统一平台登录不同版本或不同租户的网络设备，这种能力能够使网络运营商在不同的服务和不同的客户侧共享资源。

（10）系统能够根据具体需求（基于地理位置或者客户群的针对性服务）来快速地扩展或者降低网络服务能力。

综合各方面，NFV 为运营商带来的直接优势是降低了 OPEX 和 CAPEX，同时加速了创新的步伐。NFV 提供的这些优势引起了电信行业、IT 行业以及学术界的广泛关注。

1.1.3 NFV 组织

NFV 的工作开展涉及标准化和开源两条线，通过多组织的协作，促进 NFV 的成熟。其中，标准化线中 3GPP SA5、TMF 等组织负责 NFV 流程与接口的设计，ETSI NFV ISG 以及 ITU-T 等组织负责 NFV 的需求和框架，并为流程和接口提供管理功能。而开源线中包括开源集成软件 OPNFV（Open Platform for NFV，NFV 开放平台项目）（具体内容见第 5 章）以及相应的开源组件（OpenStack、KVM 等）。

1. **标准组织**

（1）ETSI

2012 年 10 月 22 ～ 24 日，全球 13 家网络运营商（AT&T、BT、CenturyLink、中国移动、Colt、Deutsche Telecom、KDDI、NTT、Orange、Telecom Italia、Telefonica、Telstra、Verizon）在软件定义网络（SDN）和 OpenFlow 世界大会上发布了 NFV 的第一份白皮书，提出了 NFV 的目标和行动计划，希望获得行业和研究机构对 NFV 的关注。2012 年 11 月，在欧洲电信标准化协会（European Telecommunications Standards Institute，ETSI）的支持下，AT&T、BT、Deutsche Telecom、Orange、Telecom Italia、Telefonica 以及 Verizon 7 家运营商牵头成立了一个新的拥有开放成员的网络功能虚拟化行业规范组织（NFV ISG）。其中工作组主席、副主席、技术主管由 AT&T、Orange、Telefonica、Docomo、Deutsche Telecom 等运营商专家担任，可见其标准化的目标也是考虑运营商的需求。

在技术指导委员会（Technical Steering Committee，TSC）下，NFV 设立了 6 个工作组，包括接口与架构工作组（Interfaces and Architecture，IFA）、演进与生态系统工作组（Evolution and Ecosystem，EVE）、可靠性可用性保证工作组（Reliability Availability and Assurance，REL）、测试实现与开源工作组（Testing，Experimentation and Open Source，TST）、解决方案工作组（Solutions，SOL）、安全工作组（Security，SEC）。各工作组相关信息可以参考：https://portal.etsi.org/TBSiteMap/NFV/NFVWGsToR.aspx。

NFV ISG 的主要目标是在 NFV 业务和技术上达成行业共识，加快 NFV 的产业化进程。尽管是由 ETSI 来组织管理，但 ISG 自身将不会是一个标准开发组织（Standards Development Organization，SDO），它将会借助现有可用的 SDOs 组织工作能力。在需求和现有工作之间有差距的情况下，它将会鼓励成员中的 SDOs 组织考虑 ISG 所提到的建议（例如，对现有标准提出新的更新需求，或者如果需求合适则建立新的标准）。截至 2016 年 4 月 22 日，NFV ISG 的成员已经发展至 118 个，参与者已经达到 173 个，包括我国三大运营商中国移动、中国联通、中国电信以及设备商华为、中兴。

ETSI 成立至今（2016 年 4 月），实际的组织工作如下：

2014 年 11 月，NFV ISG 对第一阶段的工作进行了终结，同时启动了 NFV 第二阶段，包括组织架构的确认。2015 年 1 月，NFV 第一阶段的工作正式完成。第八次全会后，NFV 进入第二阶段工作，期限两年。第二阶段工作重点是架构演进和接口标准化，并且推进 NFV 实现落地。第二阶段中，参与最广泛并且进展最快的是 IFA 工作组，IFA 共计完成15个项目的立项。项目IFA001—004关注加速资源的抽象和接口的标准化。NFV ISG组织认为，除了X86通用硬件外，电信环境下各类加速硬件仍然会被广泛使用，例如VPN中各种加解密卡。NFV将这类加速硬件作为资源统一管理，并且标准化其接口。项目IFA009/010/011/014研究架构演进，例如将NFVO分解为SO和RO，将虚拟化网络功能管理器（Virtualized Network Function Manager，VNFM）分为通用VNFM和专用VNFM、VNF网元模板（VNFD）重构等。其余项目（IFA005—008/012—013）标准化Or-Vi/Vi-Vnfm/Or-Vnfm/Ve-Vnfm/Os-Ma-nfvo等参考点包含的接口、需求和信息元定义，IFA015研究NFV接口、模板相关的信息模型。

NFV ETSI共发布了三份白皮书。2012年10月发布了第一份白皮书，提出运营商对网络功能虚拟化的需求，同时引导和规范NFV产业链的发展；介绍了NFV的概念、益处、推动者、挑战、行动呼吁以及宣布NFV ISG组织的成立。2013年10月发布了第二份白皮书，这是在第一份白皮书的基础上进行补充和深入的阐述，对使用场景标准、需求标准、架构标准、NFV术语标准以及NFV概念验证标准进行概述，并提出开源和标准化展望以及NFV对运营支撑系统的影响。基于NFV行业的发展，NFV ISG在2014年10月发表了第三份白皮书，此白皮书对NFV基础设施概述标准、NFV计算域标准、NFV基础设施监管域标准、NFV基础设施网络域标准、NFV管理和编排标准、NFV软件架构标准、NFV弹性需求标准、NFV安全标准等进行了概述。

NFV ISG从成立到2016年初，共发表了28篇标准，包括NFV应用场景标准、虚拟化需求标准、体系架构标准、术语标准、PoC标准、预部署测试标准、编排和管理标准，以及5篇NFV安全标准、3篇性能要求标准、6篇NFVI基础设施标准、3篇加速技术标准、3篇NFV生态系统标准（包括SDN、虚拟化技术）。发布的标准规范信息见表1-1。

表1-1　ETSI发布的NFV规范

编号	标题	描述	标准号	发布时间
1	Network Functions VirtualiSation (NFV); Use Cases	NFV用例	gs_NFV001v010101p	2013年10月
2	Network Functions VirtualiSation (NFV); VirtualiSation Requirement	NFV虚拟化需求	gs_NFV004v010101p	2013年10月
3	Network Functions VirtualiSation (NFV); Architecture Framework	NFV架构	gs_NFV002v010201p	2014年12月
4	Network Functions VirtualiSation (NFV); Terminology	NFV术语	gs_NFV003v010201p	2014年12月
5	Network Functions VirtualiSation (NFV); Virtual Network Functions Architecture	虚拟化网络功能架构	gs_NFV-SWA001v010101p	2014年12月
6	Network Functions VirtualiSation (NFV); NFV Security;Privacy and Regulation;Report on Lawful Interception Implications	NFV安全	gs_NFV-SEC004v010101p	2015年9月
7	Network Functions VirtualiSation (NFV); NFV Security; Report on Use Cases and Technical Approaches for Multi-Layer Host Administration	NFV安全	gs_NFV-SEC009v010101p	2015年12月

续表

编号	标题	描述	标准号	发布时间
8	Network Functions VirtualiSation (NFV); NFV Security; Security and Trust Guidance	NFV 安全	gs_NFV-SEC003v010101p	2014 年 12 月
9	Network Functions VirtualiSation (NFV); NFV Security; Cataloguing Security Features in Management Software	NFV 安全	gs_NFV-SEC002v010101p	2015 年 8 月
10	Network Functions VirtualiSation (NFV); NFV Sercuity; Problem Statement	NFV 安全	gs_NFV-SEC001v010101p	2014 年 10 月
11	Network Functions VirtualiSation (NFV); Accountability; Report on Quality Accountability Framework	NFV 质量保证	gs_NFV-REL005v010101p	2016 年 1 月
12	Network Functions VirtualiSation (NFV); Reliability; Report on Scalable Architectures for Reliability Management	NFV 可靠性	gs_NFV-REL002v010101p	2015 年 9 月
13	Network Functions VirtualiSation (NFV); Resiliency Requirements	NFV 弹性需求	gs_NFV-REL001v010101p	2015 年 1 月
14	Network Functions VirtualiSation (NFV); Proof of Concepts; Framework	NFV PoC 概念认证	gs_NFV-PER002v010102p	2014 年 12 月
15	Network Functions VirtualiSation (NFV); NFV Performance & Portability Best Practises	NFV 性能以及移植性实践	gs_NFV-PER001v010102p	2014 年 12 月
16	Network Functions VirtualiSation (NFV); Management and Orchestration	NFV 编排与管理	gs_NFV-MAN001v010101p	2014 年 12 月
17	Network Functions VirtualiSation (NFV); Service Quality Metrics	NFV 服务质量度量	gs_NFV-INF010v010101p	2014 年 12 月
18	Network Functions VirtualiSation (NFV); Infrastructure; Methodology to Describe Interfaces and Abstractions	NFV 基础设施	gs_NFV-INF007v010101p	2014 年 10 月
19	Infrastructure; Network Domain	NFV 网络域	gs_NFV-INF005v010101p	2014 年 12 月
20	Network Functions VirtualiSation (NFV); Infrastructure; Hypervisor Domain	NFV 虚拟域	gs_NFV-INF004v010101p	2015 年 1 月
21	Network Functions VirtualiSation (NFV); Infrastructure; Computing Domain	NFV 计算域	gs_NFV-INF003v010101p	2014 年 12 月
22	Network Functions VirtualiSation (NFV); Infrastructure Overview	NFV 基础设施概述	gs_NFV-INF001v010101p	2015 年 1 月
23	Network Functions VirtualiSation (NFV); Acceleration Technologies; VNF Interfaces Specification	NFV 加速技术；VNF 接口规范	gs_NFV-IFA002v020101p	2016 年 3 月
24	Network Functions VirtualiSation (NFV); Acceleration Technologies; Report on Acceleration Technologies & Use Cases	NFV 加速技术以及用例	gs_NFV-IFA001v010101p	2015 年 12 月
25	Network Functions VirtualiSation (NFV); Ecosystem; Report on SDN Usage in NFV Architectural Framework	NFV 生态系统	gs_NFV-EVE005v010101p	2015 年 12 月
26	Network Functions VirtualiSation (NFV); VirtualiSation Technologies; Report on the Application of Different; VirtualiSation Technologies in the NFV Framework	NFV 虚拟化技术	gs_NFV-EVE004v010101p	2016 年 3 月

续表

编号	标题	描述	标准号	发布时间
27	Ecosystem; Report on NFVI Node Physical Architecture Guidelines for Multi-Vendor Environment	NFVI 节点	gs_NFV-EVE003v010101p	2016 年 1 月
28	Pre-deployment Testing; Report on Validation of NFV Environments and Service	NFV 预部署测试	gs_NFV-TST001v010101p	2016 年 4 月

基于 ETSI 发布的用例和需求等文档，各参与单位纷纷提交 PoC 测试案例。截至 2016 年 7 月，ETSI NFV PoC 共组织测试 39 项，包括虚拟化的移动核心网、虚拟化的无线接入网和 NFV 生态系统等，其中部分已经测试完毕。详细信息可参考：http://www.etsi.org/technologies-clusters/technologies/nfv/nfv-poc。

（2）3GPP

3GPP 从 2013 年下半年 Rel-13 开始也启动了移动网络虚拟化相关的研究探讨，众多公司先后在 SA 各小组发起了一系列的虚拟化相关的立项讨论。2014 年 3 月，在 SA5（Service and System Aspects Working Group 5）率先通过了虚拟化管理方面的立项，现已转入标准化阶段。2015 年 1 月，在 SA1 组通过了 SMARTER 的研究课题，旨在研究面向 5G 的业务和市场应用，NFV 也是实现 5G 目标的关键技术之一。预计 3GPP 后续会投入更多的时间开展移动网络虚拟化相关的应用场景和架构课题研究工作。

（3）DMTF

DMTF（Distributed Management Task Force）也在云管理、虚拟化管理、网络管理方面积极从事标准化工作。2015 年 DMTF 将自身工作与 NFV 架构进行了比对，并寻求和 NFV 工作的结合点，例如 OVF（Open Virtualization Format）V3 版本将考虑支持 NFVD 需求。NETMAN 项目将参考 NFV 需求，支持 VNF 管理和网络管理，其他相关项目都提出了对于 NFV 需求的支持。

（4）CCSA

目前，中国通信标准化协会（CCSA）也在与时俱进，在国内主导 NFV 的标准化工作，TCl、TC3 和 TC7 等研究组均有立项，包括 IP 承载网网络功能虚拟化（NFV）的应用场景与需求、基于 SDN 及网络功能虚拟化（NFV）的 IMS 网络虚拟化要求、基于 SDN/NFV 的接入网技术研究、移动网络虚拟化研究、虚拟化核心网管理编排的接口功能需求研究、网络功能虚拟化管理技术研究等。

2. 开源组织

（1）OPNFV

2014 年 10 月在 NFV 第一阶段即将结束时，由 AT&T、NTT、中国移动、Redhat、爱立信等厂商发起的 OPNFV（Open Platform for NFV）开源社区正式成立。社区为自己划定的前期工作范畴是 NFV 基础设施，即为 NFV 提供一个统一的开源的基础平台，此平台集成 OpenStack、OpenDaylight、OVS、CEPH 等上游社区的成果，并且推动上游社区加速接纳 NFV 相关需求。

OPNFV 社区包括理事会和 TSC（Technical Steering Committee），项目管理工作由

TSC 组织和控制。OPNFV 将项目分为 4 类，包括需求类、集成与测试类、合作开放类以及文档类。截至 2015 年 12 月 15 日，已经有 16 个需求类项目、20 个集成与测试类项目、8 个合作开发类项目、1 个文档类项目，共计 45 个项目获得 TSC 批准。其中需求类项目的主要目标是发现 NFV 需求和上游社区版本间的差距，然后将需求提交到上游社区，并且推动上游社区接纳，代码相关的工作在上游社区完成。多数项目运作立项后都在积极推进，但也有一部分项目在后期运作过程中活跃度过低，长期缺乏有效进展。

OPNFV 版本规划和发布机制是：首先由各项目申报下一个版本中发布的内容，然后由项目管理员统一汇总后交 TSC 讨论，纳入跟踪，并且在各个时间节点确认进度，合入 OPNFV 的 Git 库。自动化测试 CI（Continual Improvement）过程和志愿者测试相结合，每周 TSC 例会将审核测试结论，最终达既定目标后正式发布。

（2）其他社区

2016 年 2 月，华为与 Linux 基金会、中国移动共同举办 OPEN-O 新闻发布会，携手中国电信、韩国电信、爱立信、英特尔、Red Hat、F5、DynaTrace、Infoblox、Riverbed 等 15 家产业领导者发起全球首个统一 SDN 和 NFV 开源协同器 OPEN-O 项目倡议。这个项目是集中在 NFV 管理与编排上，希望提供开源的 Orchestrator。

1.1.4 NFV 行业发展概况

2015 年，市场调研公司 Coleman Parkes 对全球 100 个电信运营商的 CIO 和 CTO 进行了调研，77% 的受访者表示 NFV 将会在 3 年内成为 CSP 市场主要的驱动力，且 40% 的人认为会在 1 ～ 2 年内实现，甚至 23% 的人认为会在 12 个月内实现。2014 年 7 月，市场调研公司 Infonetics 发布了最新运营商软件定义网络（SDN）/ 网络功能虚拟化（NFV）硬件及软件市场规模调查和预测报告，报告显示预计到 2018 年，新的 SDN/NFV 软件将占整体市场份额的 20%；而在 2014 至 2018 年间，运营商购买的 NFV 基础设施将占整体市场份额的 12%。预计到 2018 年，全球运营商 SDN/NFV 市场规模将从 2013 年的不足 5 亿美元飙升至 110 亿美元。来自不同市场调查公司的数据不谋而合，运营商网络转型正处于一个加速的过程。

目前，NFV 已经开始逐步融入电信行业，网络部署进入快车道。网络运营商对 NFV 投入极大的兴趣，随之而来的是电信设备供应商和 IT 公司开始参与 NFV 项目。网络运营商需要对 NFV 产品进行高强度的测试以满足电信级产品的要求。2013 年 AT&T 首先推出了 Domain 2.0 计划（也称为用户定义网络云项目）；2014 年 Telefonica 推出了 UNICA Infrastructure 项目；2015 年中国移动成立了亚洲首个 OPNFV（Open Platform for NFV）实验室。典型的设备供应商，如爱立信、诺基亚、阿尔卡特朗讯以及华为都在向 NFV 转型，2015 年 1 月华为成立 NFV 开放实验室（NFV Open Lab）。NFV 开放实验室针对各典型业务场景，构建了多厂商集成验证平台，同时以大数据平台为基础，与行业组织、运营商、合作伙伴进行联合解决方案开发，并进行相互认证和授权。另外，IT 公司也在开发符合电信级要求的软件，例如 Wind River、6wind、Qosmos。全球主要运营商、设备商等都在快速推进 NFV 的发展。

1.2 NFV特性

虚拟化带来了高效的资源利用率、弹性、更快的操作（如软件升级）以及缩短了产品上市的时间（部署新的功能不依赖于专用硬件）。然而，电信环境的特殊性质（即电信级的要求）意味着NFV存在着很多技术需求。总体上，NFV框架应能够支持物理网络功能（PNFs）和虚拟网络功能（Virtualized Network Function，VNF）构成的网络服务。PNFs就是专用硬件实现的网络功能；VNF是利用通用服务器实现的网络功能。NFV框架应允许服务提供商和网络运营商能够创建、部署和操作部分或完全虚拟化的网络功能。局部虚拟化的情况下，非虚拟化网络功能的性能或操作的任何影响都在可控、可预见和可接受的范围内。同时，现有的管理系统对未虚拟化的网络功能的影响应该是可管理的。

其中，NFV系统中虚拟机和网络转发要求具备高性能，控制面和业务面要求具备高可用性和高可靠性，网络运维和管理要求具备自动性。NFV具体的技术特性如下述所示，但是网元功能不管是物理还是虚拟地实现，网络功能的接口、协议以及管理都是一致的。

1.2.1 可移植性

我们需要在标准化的数据中心之间移植软件功能，因此这些软件需具备负载和执行的能力。例如，虚拟机所在的物理服务器上的可用资源不足时，可以通过虚拟机的实时迁移来进行资源整合。同时，需要考虑到多厂商间的互操作性。

（1）NFV系统能够在不同但标准的N-POP多厂商环境中加载、执行和迁移VNFs。

（2）NFV系统应该提供一个接口将VNF相关的软件实例从底层的基础设施中解耦出来。

（3）NFV系统能优化VNFs资源的位置，保留以及分配规则。

NFV的目标是能够在多厂商、虚拟层、硬件中实现可移植性，同时要满足SLA（Service-Level Agreement，服务等级协议）的需求。

1.2.2 性能

虚拟化后的网元功能需提供与专用设备一致的功能和性能。

（1）NFV系统应能够实例化给定配置的VNF，使得VNF实例的性能符合要求。

（2）NFV系统应能描述VNF底层基础设施，因此可以根据给定的性能指标分配以及隔离/共享相应的资源。

（3）对于任何正在运行的VNF，NFV系统应能够收集与这个VNF实例性能相关的信息，例如计算、存储和网络资源。

（4）NFV系统应能够收集与性能相关的信息，例如基础设施层资源的使用情况（如虚拟机管理程序、网卡、虚拟交换机）。

1.2.3 伸缩

根据网络流量的增和减，系统能够自动地对硬件资源、虚拟资源进行垂直伸缩和水平伸缩。垂直伸缩是指在现有服务器节点上增加或减少资源；水平伸缩是指在现有服务节点基础上增加或减少服务节点，从而支持变化的服务请求。

（1）VNF 供应商应为每一个 VNF 组件提供信息模型，这个模型需要描述在并行操作时它可以支持的最小和最大的范围，以及相关的附加信息，例如每个组件需要的计算、分组吞吐量、存储和高速缓存等。

（2）框架应能提供必要的机制，以允许虚拟网络功能满足 SLA 要求的同时进行伸缩。这些机制能够支持按需伸缩以及自动缩放。

注：按需伸缩可以由 VNF 实例自身发起，也可以由另一个认证实体（例如 OSS）发起，或由授权用户（例如一个 NOC 管理员）发起。VNF 实例的自动缩放可以基于某些触发，例如，当 VNF 满足信息模型中预定义规则时自动缩放。

（3）缩放的请求或自动化的决定可根据规则、政策、资源约束和外部输入等原因被允许或者拒绝。

（4）VNF 用户根据标准信息模型能够在 VNF 供应商指定的范围内为每个 VNF 组件请求伸缩，同时还能满足 SLA、监管或许可限制。

（5）NFV 系统应能够将部分或所有的 VNF 组件从一个计算资源迁移到另一个计算资源里，同时还能满足 VNF 组件的业务连续性要求。

1.2.4 弹性和稳定性

在 IT 领域和电信领域，对于业务连续性的要求级别不同。因为在 IT 领域，中断时长可以持续几秒，依靠用户重新发起请求进行业务恢复；但是在电信领域，中断时长应当低于可辨别的水平，业务的恢复依靠系统自动执行。因此在电信领域，服务中断所影响的用户数应当被限制在一定范围内，不能造成大规模网络中断。

NFV 系统能自动地诊断故障；网络一旦被破坏，NFV 系统能够保证虚拟网元功能快速地恢复到正常水平，从而保证服务的有效性和连续性。

（1）NFV 系统能提供必要的机制允许网络功能失败后重新创建。一个 VNF 或一组 VNFs 的相关恢复特性应能够提供给实体处理。不同的机制应支持按需重建和自动重建的需求。VNF 实例的按需重建可以由认证实体（如 OSS）发起，或由授权用户（例如一个 NOC 管理员）发起。VNF 实例的自动重建可以基于某些触发，例如，当 VNF 满足信息模型中预定义规则时自动重建。

（2）NFV 系统应能对相似的 VNFs 进行分类，那些 VNFs 针对恢复机制有相似的可靠性和可用性需求。

（3）为了确保服务的可用性和连续性，NFV 系统（包括服务连续性需要的编排功能和其他必要的功能）应促进控制平面和数据平面的恢复方案。服务连续性的编排功能和其他的必要功能不应成为单点故障（SPOF）。

（4）为了使网络稳定，NFV系统应提供机制来衡量以下指标以及确保它们满足每个SLA：

① 最大的丢包率；

② 最大的掉话率；

③ 最大的时延和时延抖动；

④ 最大的检测和故障恢复时间（零影响或者一些可衡量的影响）；

⑤ 最大的处理失败率。

1.2.5 安全

传统网元设备是专用设备，具有很强的安全性，但是在虚拟环境下容易遭受外部攻击，一旦受到攻击，很可能会导致连锁效应，所以要求在虚拟环境下保证相应的安全性。

（1）NFV系统应采取适当的安全策略来解决虚拟层引入的安全漏洞；保护那些存储在共享存储器上的数据或通过共享网络资源传输的数据；保护NFV终端到终端架构组件的接口，例如硬件资源、VNFs、管理系统；隔离不同VNF集，以确保VNF集间的安全性和分离；第三方VNF的安全管理（如VNPaaS、vCPE和虚拟家庭网关）。

（2）NFV框架应能为网络运营商提供机制去控制和认证VNF的配置。

（3）管理和编排功能应能使用标准安全机制，不管是认证、授权、加密，还是验证。

（4）NFV系统应当能够使用标准安全机制，不管是认证、授权、加密，还是验证。

（5）NFV系统应提供基于角色的访问控制和权限管理。

（6）访问NFV的API应该使用标准的安全机制，不管是用于身份验证、授权、数据加密，还是数据完整性。

（7）管理和编排功能应至少给API客户端提供两个层次的特权（如超级用户权限和普通用户权限，在这种情况下，超级用户比普通用户有一个更高的权限级别）。每个权限可以访问一系列差异化的API。

（8）NFV的API应该被分成多个API子集，使得具有不同级别的客户端只能获得相应的API子集的功能。（注：管理和编排功能允许使用所有的API，因为只有它拥有最高的特权。）

（9）管理和编排功能应能够根据运营商定义的标准给客户授权相应API的使用。

1.2.6 服务持续性

NFV需要提供符合服务规范和SLA的不间断服务交付。

（1）SLA应描述所需的服务连续性水平和所需的属性。

（2）异常情况导致硬件故障、资源短缺或资源中断时，NFV系统应能提供机制使得被影响的VNF实例在满足服务连续性SLA要求下恢复其功能。

（3）VNF实例（或其子集）需要被迁移时，NFV系统应能够考虑VNF实例迁移过程的影响，这种影响应是可测量并在服务连续性SLA的限制范围内。

（4）当VNF实例子集（如虚拟机）迁移时，迁移的VNF实例与其他VNF实例应保持通信。

1.2.7 管理和编排

系统需要对软件功能的生命周期、基础设施资源以及对这些资源的操作进行管理和编排，同时还需实现管理和编排与现网中 BSS/OSS 的交互，以减少整合影响。

1.2.8 多厂商间的互操作性

NFV 系统下的网络硬件与软件实现了解耦，VNF、虚拟软件以及通用的硬件设备可以来自不同厂商，由于它们的系统、接口都不同，所以要保证多厂商的硬件设备之间能够互相兼容，不同组件之间能够互相操作。

1.2.9 可操作性

实现自动化的功能操作，例如根据负载实现网络容量的自适应、软件升级、错误检测的干预等。

1.2.10 能源效率

传统的网络基础设施会消耗大量的能量。然而，有研究表明，和传统设备相比，NFV 可以节约 50% 的能源。VNFs 都是按需接入共享的资源池，所以实现网元功能虚拟化可以减少硬件设备的部署，提高资源的利用率，以此减少能源消耗、空间消耗以及人力资源消耗。

1.2.11 兼容性

传统网络逐步过渡到虚拟化网络的过程中，部分虚拟网络要在不影响服务质量的前提下与传统网络相互兼容、共存，包括与管理系统（例如 OSS/BSS）的兼容。

1.3 NFV 技术基础

NFV 的目标是降低运营商成本的同时提升服务的灵活性和资源的利用率。近几年，标准服务器技术、虚拟化技术、云计算、SDN、开源项目的发展都推进了 NFV 技术的产生和应用。

1.3.1 标准服务器

对网络功能虚拟化而言，行业标准服务器的使用是一个关键因素。网络功能虚拟化借助了 IT 行业的规模经济效应。IT 行业的标准服务器设备由标准 IT 组件（如 X86 架构）构成。

标准服务器的一个共性是，在服务器内的组件可替换，并且有一个充分竞争的供应商市场。

近几年 X86、ARM 架构的快速发展使得服务器平台多 CPU、多核、多线程等技术非常成熟，同时 SR-IOV 网卡的广泛应用，业务加速芯片（如加密、压缩）技术的逐渐支持使得网络转发和业务性能更高，充分利用这些技术有助于提高网络设备的性能。随着硬件技术的发展，通用芯片的计算能力越来越高，通用网卡的转发能力也越来越强（已经达到 10 Gbit/s、40 Gbit/s 等）。

Intel DPDK（Intel Data Plane Development Kit，Intel 数据平面开发套件）是一个专为 Intel 架构处理器提供的多核 CPU 数据平面开发套件。它主要用于快速地包处理，可以显著提升数据包处理性能，并且支持 Intel 最新网卡的硬件虚拟化操作。Intel DPDK 源码开放，因此，网络厂商可以利用 DPDK 技术来提高网络设备的转发性能。

上述这些技术的发展使得标准服务器能够提供更高性能的网络应用。另外，标准服务器可用行业标准件组装，价格相对于小型机较低；这些设备的功耗更低，有助于服务器的大规模部署。因此，标准服务器的发展为 NFV 走出实验室和大规模商用奠定了坚实的基础。

1.3.2 虚拟化技术

在计算机科学中，虚拟化技术是一种资源管理技术，是将计算机的各种实体资源，如服务器、网络、内存及存储等，予以抽象、转换后呈现出来，打破实体间不可切割的障碍，使用户可以不受资源的实现、地理位置、物理包装和底层资源的物理配置的限制。

20 世纪 60 年代，虚拟化技术就在美国的计算机学术界开始了萌芽。1959 年，克里斯托弗（Christopher Strachey）发表了一篇名为《大型高速计算机中的时间共享（Time Sharing in Large Fast Computers)》的学术报告，这篇文章被认为是虚拟化技术最早的论述。

1965 年 IBM 公司发布了 IBM7044 以及 System/360 Model 67 和 TST 分时共享系统，第一次在商业系统中实现虚拟化。随后虚拟化技术一直只在大型机上应用，而在 PC 服务器的 X86 平台上仍然进展缓慢。

随着 X86 处理器性能的提升和应用的普及，1999 年 VMware 在 X86 平台上推出了可以流畅运行的商业虚拟化软件 VMware Workstation，使得 X86 系统转变成通用的共享硬件基础架构。从此，虚拟化技术来到 PC 服务器的世界，虚拟化技术在 X86 平台上得到了突飞猛进的发展。

随后，虚拟化技术进入爆发期。2000 年美国惠普公司（HP）进军虚拟化；IEEE 提出 VPN（Virtual Private Network，虚拟专用网）标准草案；2005 年 XenSource 公司发布 Xen3.0；2007 年，Red Hat 所有平台和管理工具都包含了 Xen 的虚拟化功能；2008 年，Microsoft（微软）推出 Hyper-V；2008 年 9 月，红帽（Red Hat）收购了一家名叫 Qumranet 的以色列小公司，选择了一个新兴的、基于内核的虚拟化技术 KVM（Kernel-based Virtual Machine，基于内核的虚拟机）。

2013 年，dotCloud 发布了 Docker 容器虚拟化的开源项目。Red Hat 在 RHEL6.5 产品中支持 Docker；Google 也在 PaaS 产品中广泛应用 Docker。

虚拟化技术的优势很多，主要包括以下几个方面。

（1）虚拟化技术实现了资源的最优利用。虚拟化技术可以实现在一台物理服务器或一套硬件资源上虚拟出多个虚拟机，让不同的应用服务运行在不同的虚拟机上，在不降低系统顽健性、安全性和可扩展性的同时，可提高硬件的利用率，减少应用对硬件平台的依赖性，从而使得企业能够削减资金和运营成本，同时改善 IT 服务交付，而不用受到有限的操作系统、应用程序和硬件选择范围的制约。

（2）利用虚拟机与硬件无关的特性，按需分配资源，实现动态地负载均衡。当 VM 监测到某个计算节点的负载过高时，可以在不中断业务的情况下，将其迁移到其他负载较轻的节点或者在节点内重新分配计算资源。同时，执行紧迫计算任务的虚拟机将得到更多的计算资源，保证关键任务的响应能力。

（3）虚拟化带来系统自愈功能，提升系统可靠性。系统服务器硬件故障时，可自动重启虚拟机。消除在不同硬件上恢复操作系统和应用程序安装所带来的困难，其中任何物理服务器均可作为虚拟服务器的恢复目标，进而减少硬件成本和维护成本。

（4）提升系统节能减排能力。与服务器管理硬件配合实现智能电源管理；优化虚拟机资源的实际运行位置，达到耗电最小化，从而可为运营商节省大量电力资源，减少供电成本，节能减排。

（5）平台虚拟化提高了管控效率。硬件需要维护时，可以实现无停机快速批量地迁移应用，自动化快速在线补丁，而未虚拟化时需要迁移应用或者重新搭建应用，并且停机手动单个更新各种补丁。

Hypervisor 是所有虚拟化技术的核心，它是运行在基础物理服务器和操作系统之间的中间软件层，可允许多个操作系统和应用共享硬件。它可以协调访问服务器上的所有物理设备和虚拟机，也叫虚拟机监视器（Virtual Machine Monitor）。目前市场主要厂商及产品包括 VMware vSphere、微软 Hyper-V、Citrix XenServer、IBM PowerVM、Red Hat Enterprise Virtulization、Huawei FusionSphere、Xen、VirtualBSD 等。

NFV 利用虚拟化技术实现软硬件的解耦，也就是在标准物理服务器平台上，用软件实现网络功能。虚拟化技术实现了物理资源的逻辑抽象和统一表示。通过虚拟化技术可以提高资源的利用率，并能够根据用户业务需求的变化，快速、灵活地部署资源。因此，虚拟化是 NFV 的一个重要技术支撑。

1.3.3　云计算

目前，云计算没有一个统一的定义。维基百科上云计算的定义是：云计算是一种基于互联网的计算方式，通过这种方式，共享的软硬件资源和信息可以按需提供给计算机和其他设备。云计算的核心思想是将大量用网络连接的计算资源统一管理和调度，构成一个计算资源池向用户按需服务。提供资源的网络被称为“云”。

1961 年，图灵奖得主 John McCarthy 提出计算能力作为一种像水、电一样的公用事业提供给用户的思想。1999 年，MarcAndreessen 创建 LoudCloud，这是第一个商业化的 IaaS 平台。2001 年，Google CEO Eric Schmidt 在搜索引擎大会上首次提出云计算（Cloud

Computing）的概念。2005 年，Amazon 陆续推出在线存储服务 S3 和弹性计算云 EC2 等云计算服务。2007 年 10 月，Google 与 IBM 开始在美国大学校园，包括卡内基美隆大学、麻省理工学院及加州大学伯克利分校等，开设云计算课程。与此同时，云计算概念开始获得全球公众和媒体的广泛关注。2007 年，戴尔成立数据中心解决方案部门，先后为 WindowAzure、Facebook 和 Ask.com 提供云基础架构。2008 年，Gartner 发布报告，认为云计算代表了计算的方向。同年，HP、Inter 和 Yahoo 联合创建云计算试验台 OpenCirrus，微软发布 WindowsAzurePlatform 云计算平台，思杰发布新的 C3 云中心产品系列。在我国，2009 年阿里软件在江苏南京建立首个“电子商务云计算中心”，中国移动云计算平台“大云”计划启动。2010 年，微软正式发布 Microsoft Azure 云平台服务，并宣布 90% 员工将从事云计算和相关工作。渐渐地，云计算已经成为 IT 领域令人关注的话题，成为当前大型企业、互联网的 IT 建设正在考虑和投入的重要领域。

云计算是一种服务，类似于水电。云计算包括以下几个特征：基于虚拟化技术快速部署资源或获取服务；可以实现动态、可伸缩地扩展；按需求提供资源、按使用量付费；通过互联网提供海量信息的处理；用户可以方便地参与；形态灵活，聚散自如；降低用户终端的处理负担，并且可以降低用户对于 IT 专业知识的依赖。

云计算定义了三种服务模式，分别为基础设施即服务（Infrastructure-as-a-Service，IaaS）、平台即服务（Platform-as-a-Service，PaaS）以及软件即服务（Software-as-a-Service，SaaS）。有些人认为云计算还包括网络即服务（Network-as-a-Service，NaaS），但是 NaaS 服务模型还没有一个标准的定义，它一般在 IaaS 下提供。下面我们主要介绍前三种服务模式。

IaaS（基础设施即服务），通过互联网提供基础的计算资源，包括处理能力、存储空间、网络等，用户能从中申请到硬件或虚拟硬件，包括裸机或虚拟机，然后在上面安装操作系统或其他应用程序。IaaS 公司包括 Amazon、Microsoft、VMWare、Rackspace 和 Red Hat 等。

PaaS（平台即服务），把计算环境和开发环境等平台作为一种服务通过互联网提供给用户，用户能从中申请到一个安装了操作系统以及支撑应用程序运行所需要的运行库等软件的物理机或虚拟机，然后在上面安装其他应用程序，但不能修改已经预装好的操作系统和运行环境。PaaS 提供者有 Google App Engine、Microsoft Azure、Force.com、Heroku、Engine Yard 等。最近兴起的公司有 AppFog、Mendix 和 Standing Cloud。

SaaS（软件即服务），通过互联网为用户提供软件及应用程序的一种服务方式。应用软件安装在厂商或者服务供应商那里，用户可以通过网络以租赁的方式来使用这些软件，而不是购买，比较常见的模式是提供一组账号密码。一些用作商务的 SaaS 应用包括 Citrix 的 GoToMeeting，Cisco 的 WebEx，Salesforce 的 CRM、ADP、Workday 和 SuccessFactors。

1.3.4 软件定义网络（SDN）

SDN（Software Defined Network，软件定义网络）是一种新兴的网络架构，是网络虚拟化的一种实现方式。SDN 利用将网络设备的控制层面和数据转发层面相分离的方式，实现了网络流量的灵活控制和集中式管理， 使网络变得更加智能。

SDN 起源于美国斯坦福大学学生 Casado M 和他的导师 McKeown N 教授的研究项目 Ethane。该项目试图通过设置一个集中式的控制器来达到让网络管理员可以方便地定义基于网络流的安全控制策略，并将这些应用到不同的网络设备中，从而实现对整个网络通信的安全控制。受到该项目技术的启发，McKeown N 等人提出了最早的 OpenFlow 的概念并在 2008 年在 ACM SIGCOMM 发表了题为《OpenFlow：enabling innovation in campus networks》的论文。文中首次提出并详细介绍了 OpenFlow 的概念，即将传统网络设备的数据平面和控制平面两个功能模块相分离，通过集中式的控制器以标准化的接口对各种网络设备进行管理和配置。在此基础上，基于 OpenFlow 为网路带来的可编程特性，McKeown 教授进一步提出了 SDN 最早的概念。

相对于传统网络，由于 SDN 实现了控制功能和数据平面的分离和网络的可编程，进而为更加集中化、精细化的控制奠定了基础。SDN 相对于传统网络具有以下的优势和特性：

（1）SDN 网络中，网络设备的控制权由集中的控制器管理，无须依赖底层网络设备（路由器、交换机、防火墙），屏蔽了来自底层网络设备的差异，避免了更改或者添加新业务时繁琐的配置，有利于新业务的快速部署。

（2）控制的集中化有利于从更宏观的角度调配网络资源，提高资源的利用效率。

（3）控制与转发分离，实施控制策略软件化，有利于网络的智能化、自动化和硬件的标准化。

（4）控制权完全对用户开放，用户可以自定义任何想实现的网络路由和传输规划策略，从而更加灵活和智能。

（5）SDN 网络的可编程性，使得工程师可以在一个底层物理基础设施上加速多个虚拟网络，然后使用 SDN 控制器分别为每个网段实现 QoS，从而扩大了传统差异化服务的程度和灵活性。

SDN 技术将对基础设施层的网络设备的管理接口通过南向协议统一集中到了中心控制层上，中心控制层的 SDN 控制软件包含对底层网络设备的所有控制权限，同时又能够向上抽象出可编程接口，对应用层细分控制权限，使得底层的网络设备能够为应用层的不同应用呈现不同的网络表现状态，应用层不需要了解底层网络设备的细节，它能够解析控制层对底层网络的抽象即可。

总之，SDN 可以说是对网络功能的一种重构，即将传统网络设备的封闭的结构打散，按照网络功能划分出不同的网络层次以形成统一、开放的网络架构。从另一个角度来说，SDN 是对网络的再抽象，包括分布式状态的抽象、指令的抽象、转发的抽象，并以此来屏蔽底层的物理设施的实现细节。SDN 将网络的智能从硬件转移到软件，用户不需要更新已有的硬件设备就可以为网络增加新的功能，控制功能的剥离和整合也让网络硬件设备变得更可靠，有助于降低设备购买和运营的成本。

1.3.5 开源软件

没有开源软件企业的崛起，像 OPNFV 这样的项目就无法生存。OPNFV 搭建了 NFV 部署的开源平台。OPNFV 是基于已存在的开源项目搭建的一个集成的、开放的平台，它允许网络设备提供商、运营商、平台提供商以及硬件提供商在这个平台上进行合作、创新。

OPNFV垂直整合各上游工程组件，包括OpenDaylight（具体内容见第3章）、OpenStack（具体内容见第4章）、KVM（具体内容见第5章）、Open vSwitch（具体内容见第5章）、Data Plane Development Kit（DPDK）等。

通过开源软件产业间的协作，开源项目为NFV提供一个研发与应用的公共基础，降低探索、测试和部署新技术的风险。开源项目是NFV发展的助推器。

1.4 NFV挑战

虽然目前很多行业针对NFV技术已经开展了许多研究工作，取得了不少研究成果，但NFV还未能得到广泛的应用。2016年4月12日，中国电信科技委主任韦乐平在中国SDN/NFV大会提到SDN/NFV的发展仍处初级阶段，技术还不成熟，标准化和商用化进展还很慢。业界对于SDN/NFV将是未来电信网络的主流趋势已经达成共识，然而落地到现网部署层面仍需要一个较长的过程，整体来看，SDN/NFV还处于Gartner曲线从过度期望进入幻灭到成熟期。因此，对电信网络进行改革创新，给网络运营商带来巨大的利益的同时还面临着许多挑战。

1.4.1 性能问题

电信级的网元设备要求具备高可靠性、高性能等，NFV需要实现这些特殊的性能目标。例如，传统网元设备的可靠性要达到电信级的要求，即5～6个9，而NFV的网元设备是基于COTS（Commercial-Off-The-Shelf）通用服务器，其可靠性通常是按照2～3个9的标准来衡量。虚拟环境中，底层设备的特性，例如处理器的架构、时钟频率、CPU缓存、存储带宽、速度等，对虚拟网络功能VNF性能都有很大的影响。底层平台可提供的性能必须有清晰的明确标识，这样虚拟化设备就能知道能从底层得到多少运算能力。VNF软件的设计同样对VNF性能产生了巨大影响。VNF软件可以通过以下几项技术提高性能。

（1）为了可以在多核或不同主机上执行VNF，高需求的VNF应该通过多线程技术实现。

（2）为了避免操作系统的死锁，VNF应该有独立的存储结构。

（3）VNF应该有独立的网络协议栈，因为在操作系统上实现网络协议栈会消耗大量的计算资源。

（4）实现处理器的亲和性。

1.4.2 虚拟网络功能间的连接问题

传统网络中网络功能的连接可以通过直接连接、两层交换机连接等方法实现，但是虚拟环境中需要使用不同的方法。虚拟机可以在下述几个不同的场景下被连接：

（1）如果两个虚拟网络功能 VNF 在相同的物理服务器上和局域网上，它们可以通过一个 vSwitch 连接。

（2）如果两个 VNF 在相同的物理服务器上，但是不在一个局域网内，第一个 VNF 通过 vSwitch 连接到网络接口控制器（NIC）上，然后连接到外部的交换机，交换机再次连接到同一个 NIC 上，经过另一个局域网的 vSwitch，最后与第二个 VNF 连接。

（3）如果两个 VNF 在不同的服务器上，第一个 VNF 通过 vSwitch 连接到 NIC 上，然后连接到外部的交换机，交换机连接到目的服务器的 NIC 上，经过另一个局域网上的 vSwitch，最后与第二个 VNF 连接。

实现单根虚拟化技术（Single-Root I/O Virtualization，SR-IOV）的 NICs 可以直接连接 VM。物理的 NIC 可跳过中间的虚拟层，直接与虚拟机进行数据交互，反之亦然，以此达到近乎于纯物理环境的性能。它们为虚拟机提供更快、更高的吞吐量。每一个连接技术在性能、灵活性、隔离特性上都有自己的优点，由 Hypervisor 管理的虚拟接口在性能上比不上实现 SR-IOV 技术的虚拟接口，但是 Hypervisor 管理下的虚拟接口更容易配置，更容易支持 VM 的迁移。我们要根据 VNF 的负载去选择不同的方式。

1.4.3 网络安全问题

安全是电信行业重要的部分。在虚拟环境下，安全攻击的可能性大大增加。NFV 中网络功能的安全性应该等于或者接近现在网络功能的安全级别。根据功能域提供如下的相应安全措施：

（1）虚拟环境域可能存在未经认证的接入或者数据的泄露。安全系统需要在空间上隔离服务型虚拟机，提供认证控制，阻止未经认证的接入或者数据的泄露。

（2）计算域分享计算资源，例如 CPU、内存等。安全系统需要建立安全的线程，在存储单元被重新分配前擦除之前的内容，在数据被使用或存储时进行加密。

（3）基础设施域（网络部分）分享逻辑的网络层（vSwitch）和物理的 NICs。安全系统需要利用安全的网络技术，例如 TLS、IPSec、SSH 等。

（4）使用 APIs 提供应用域可编程的编排以及与基础设施层的交互。

另外，像数据通信、VM 间的迁移等都需要在安全的环境下进行。

1.4.4 NFV 的标准问题

传统电信运营商提供的业务构建在完善标准的基础上，基于 NFV 的宽带网络由于硬件虚拟化技术的应用，其网络架构发生实质性的变化。新的架构产生了新的逻辑功能单元，如 Orchestrator、VNFM、VIM 等，这些功能单元之间、功能单元与 VNF 及 VM 之间均产生了新的接口。虚拟化的网络环境下，哪些接口需要进行标准化，哪些接口可以采用私有接口不进行开放，这些问题均需要明确并进行相关的标准化工作。在虚拟化的环境下，部分逻辑网元间的接口及协议未发生变化，但原有的接口及网元的交换流程有可能发生变化，如 EMS 与 OSS 之间，将新增虚拟化相关的网管信息及设备运行维护信息。

1.4.5 系统集成问题

NFV本身解决的是业务网络的自动部署问题，从架构看也是一个巨型的ICT系统集成工程，分解一下包括NFVI的集成、VNF的集成和业务网络的集成，涉及的系统、厂家、地域、接口都非常多，工程难度比目前的公共云和私有云更高；虽然是自动部署，但目前电信网络部署的各环节（规划、实施、调测、升级、优化、运维等）都会涉及并执行，如何进行实施部署将是一个很复杂的问题，对集成商的技术要求非常高。

1.4.6 运营商业务引入NFV问题

如何引入NFV，运营商面临技术路线、网络架构、业务部署、运维模式的重大选择。

（1）NFV增加了网络运营灵活性，降低了网络产品实现门槛，但是显著增加了网元的集成难度，对运营商的软件能力提出了极大要求，NFV提供的业务快速迭代需求是建立在运营商强大的软件开发集成能力之上的。针对硬件资源层、虚拟资源层、虚拟网络功能层中的每一层，运营商面临的重要问题是选择自主开发还是依赖厂商。“自主开发”需要维持较大规模的开发团队，及时发现需求，快速开发产品；而“依赖厂商”是继续沿用传统的规范制定、测试、采购方式，导致业务的部署和更新周期长、节奏慢。

（2）NFV实现网络设备及连接控制的软硬件分离，使得各种资源可集中管理、动态调度，提供更灵活的网络功能设计和结构规划空间。运营商网络架构需要调整为网络重构或者逐步演进。网络重构需要大规模地新建虚拟化网元，直接部署在数据中心，替换核心网机房里的传统设备，统一规划电信云和私有云、硬件资源池和虚拟资源池，虽然这种方式可以最大化地发挥优势，但是系统风险大。逐步演进的方式是逐步探索和制定NFV的管理、维护方案及配套流程，采用虚拟化技术逐步替换现有网元，最终过渡到全NFV网络，但是此方式需要兼顾两种网络架构而且兼容互通要求。现在行业考虑采用第二种方式，NFV要与现有系统兼容、共存。

（3）传统网络业务部署的流程是先根据所部署的业务进行网络容量测算，然后采集硬件设备，最后调试上线。而在虚拟化网络中，NFV先实现业务编排，然后计算并申请资源池中的资源，最后完成网络能力的部署，这使得现有业务部署的流程需要打破和革新。

（4）NFV呈现了一个高度灵活、可编程的网络，需要定制化、精细化的运营机制相匹配才能有效发挥作用。NFV增强了网络的自动化能力，能够大大地减轻传统运维的压力，提升运维的效率，但对运维转型提出了新的要求。以往的维护模式是以网络设备为单元，依靠管理平台收集、监管、呈现网络状态，保障网络质量；而在虚拟化网络中，需要依靠软件实现自动化的运维服务。在日常维护中，运营商提供NFV资源调度软件对VNF进行维护，硬件需要由云资源维护团队统一负责，因此维护人员除了掌握传统电信技术、协议外，还需掌握NFV系统基本知识，同时精通IP、IT、虚拟资源管理算法及软件，这对现行的运维模式产生了较大的冲击。

|第 2 章|

NFV 体系架构

2.1 NFV 设计目标

NFV 架构的设计需要基于 NFV 目标，由第 1 章我们可以总结出以下几个方面。

（1）与利用专用硬件实现的传统方式相比，NFV 可以有效提高经济效益。NFV 利用软件虚拟化技术和 COTS 硬件实现网络功能（Network Function，NF）。这些网络功能被称为虚拟化网络功能（VNFs）。在 NFV 体系中，硬件资源的共享、不同硬件架构数量的减少、工作负载的迁移以及用电量的降低等也可以有效地提高经济效益。

（2）提高 VNFs 硬件分配的灵活性。硬件与软件的解耦有助于双方的可扩展性，网元不再是硬软件集成的实体，两者的演变可以是相互独立的。软件可以设立在最适当的地方，例如在客户端、网络交换点、局端、数据中心等，提高了应变能力。同时，这也促进 VNF 以更动态的方式提供更细粒度的服务，因此 VNF 实际的伸缩性有了更大的灵活性。实际上，网络运营商能够根据实际的流量需求，提供相应资源。

（3）NFV 要实现网络功能转发图（Network Function Forwarding Graph，NF-FG）或网络功能集（Network Function Set，NF Set）的动态建设和管理并加之利用。NF-FG 是连接网络功能节点的各条逻辑链路的汇总，用以描述这些网络功能节点之间的数据流向。NF Set 是未指定连接的所有网络功能的集合。目前的网络由不同的网络功能组成，这些网络功能通过某种方式被连接，以此实现所需的功能或服务。目前最普遍的网络服务模式是以静态的方式组合网络功能，包括 NF-FG 和 NF Set。NFV 带来的一个重大变化就是，虚拟化提供了更多动态的方法，而不仅仅是静态地建设和管理这些 NF-FG 或 NF Set。也就是说，NFV 要实现 NF-FG 或 NF-Set 的动态建设和管理并加之利用。

（4）自动化地部署和操作提高操作效率、加速服务的创新。因为软硬件间是解耦的，所以基础设施资源能够重新分配、共享，也就意味着硬件和软件协同工作时可以提供不同的功能。假设硬件或物理资源池已经安装在某些 NFVI-PoPs 上，那么可以利用不同的云计算和网络技术使得网络功能软件的实例化过程变得更加自动。此外，这有助于网络运营商在同一物理平台上更快地部署新的网络服务。

（5）支持多厂商兼容。NFV 提供基础设施、虚拟化网络功能（VNFs）及相关管理实体间标准化以及开放的接口，因此不同的供应商可以提供各种解耦元件。

（6）与现有的管理系统兼容（例如 OSS/BSS）。

此外，未来的网络服务与当前的网络服务将会有很大不同。未来的服务是由一组非虚拟化和虚拟化的网络功能组成的，因此，这就需要传统网络和 NFV 网络之间提供互操作性。整个网络的服务性能，尤其是可靠性、可用性、可管理性、安全性等将取决于单个网络功能（NF）的性能以及彼此间的连接方式。在非虚拟化的网络中，网络功能（NFs）是由特定的供应商提供的软件和硬件结合而成的，往往称为网络节点或网络元素。虚拟化网络是指网络功能和部分的基础设施可以通过软件实现。这样，NFV 与非虚拟化的网络相比引入了很大的不同。

由以上分析可知，搭建一个可以支持虚拟化、多样性的 NFV 架构是非常重要的。除此之外，NFV 的架构还需要满足以下几点要求：NFV 架构需要描述在一个标准化方式下实现 NFV 的互操作；NFV 应用于不同的应用场景和运营商网络场景中时，能够提供最少的集成和最大限度的重用；动态地初始化、编排每一个 VNF，同时此架构还能够管理托管环境以满足 VNF 的需求，包括数据、资源的分配等，当然，还要在不同虚拟基础设施上部署 VNFs 以支持端到端的网络服务。

基于以上定义和说明，NFV ETSI ISG 组织提出了 NFV 体系架构，该框架的重点包括几个方面。

（1）此架构可以跨越不同的虚拟层和计算资源来操作 VNF，并提供共享的计算、存储和物理 / 虚拟网络的访问。

（2）提供 VNFs 组成的软件架构，其中，VNFs 连接形成 VNF-FG。

（3）NFV 的管理和编排能够与其他管理体系连接，如 EMS、OSS、BSS。

（4）利用虚拟化技术支持多种网络服务，这些网络服务具有不同的可靠性和可用性要求。

（5）确保虚拟化不会引起任何新的安全威胁。

（6）解决虚拟化引起的相关的性能问题。

（7）减少虚拟和非虚拟网络功能之间的互通影响。

（8）利用现有的数据中心技术。

不管是对传统网络功能还是虚拟化网络功能来说，网络架构中的网络功能和网络基础设施的很多部分都是公共的，因此 NFV 参考架构就将它们列出了考虑范围。例如传统网元虚拟化后，它的功能以及接口均与非虚拟化时保持一致。对公共点进行总结，包括以下几个方面。

（1）网络功能本身的细节，包括它们的接口协议和管理功能等。

（2）物理网络基础设施的直接控制、操作和管理。

（3）端到端的网络服务中，实际数据包的控制、操作和管理。这些应该独立于网络功能或网络基础设施是否虚拟化等因素。

（4）架构本身的实施细节。

2.2 NFV 系统结构

NFV 系统的结构示意图如图 2-1 所示，包括网络功能虚拟化基础设施（Network Functions Virtualization Infrastructure，NFVI）、虚拟化网络功能（模块）（Virtualized Network Functions，VNF）、网络功能虚拟化管理与编排（模块）（Network Functions Virtualization Management and Orchestration，NFV MANO）。NFVI 包括很多物理资源以及这些物理资源如何虚拟化，NFVI 支持 VNF 的执行；VNF 是基于软件实现的网络功能，它可以运行在 VNFI 上；NFV MANO 涉及软硬件资源和 VNF 的管理与编排。

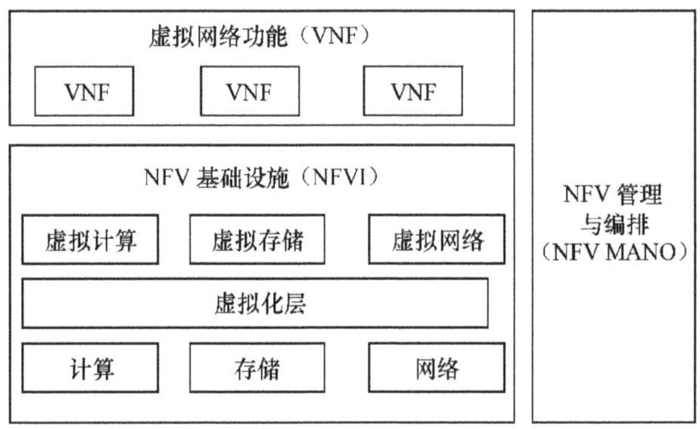

图 2-1　NFV 系统结构示意图

NFV 架构实现了 VNF 实例的动态构建和管理以及 VNFs 间控制和管理。为此，以 VNF 为中心，从不同的角度来看，至少存在三种架构视图：

（1）从虚拟化部署或应用的角度来看，与 VNF 关联的是虚拟机（VM）。

（2）从供应商软件开发的角度来看，与 VNF 关联的是几个相互连接的虚拟机和一个描述其属性的部署模板。

（3）从操作者的角度来看，与 VNF 关联的是对其的操作和管理，此时，VNF 是以供应商软件包的形式接收的。

根据上面的阐述，VNFs 之间至少存在以下关系。

一是，VNF-FG 覆盖 VNFs 间的网络连接，例如 VNFs（防火墙、NAT、负载均衡）连接到一个 Web 服务器层的链路。

二是，VNF Set 覆盖未指定连通性的 VNFs 间的网络连接，例如 Web 服务器池、虚拟化的独立家庭网关。

NFV 的整体架构关注运营商在网络功能虚拟化过程中可能发生的变化，也就是说，架构包括运营商网络虚拟化带来的新的功能块和参考点。这个架构只进行功能级上的说明，并没有提出任何具体的实施。

2.3 NFV 参考架构

对 NFV 的整体架构进行具体分析得到 NFV 的参考架构，如图 2-2 所示。图 2-2 中给出了 NFV 框架中的功能块和参考点，其中功能块包括：NFV 基础设施（Network Functions Virtualization Infrastructure，NFVI），虚拟化网络功能（Virtualized Network Functions，VNF），NFV 编排器（NFV Orchestrator），VNF 管理器（VNF Manager(s)，VNFM），虚拟化基础设施管理器（Virtualized Infrastructure Managers，VIM），服务、VNF 和基础设施描述符，网元管理（Element Management，EM）以及运营和业务支持系统（OSS/BSS）。图 2-2 中还包括三类参考节点：执行参考节点、主要的 NFV 参考节点以及其他的参考节点。下面分别对功能块和参考点进行描述。

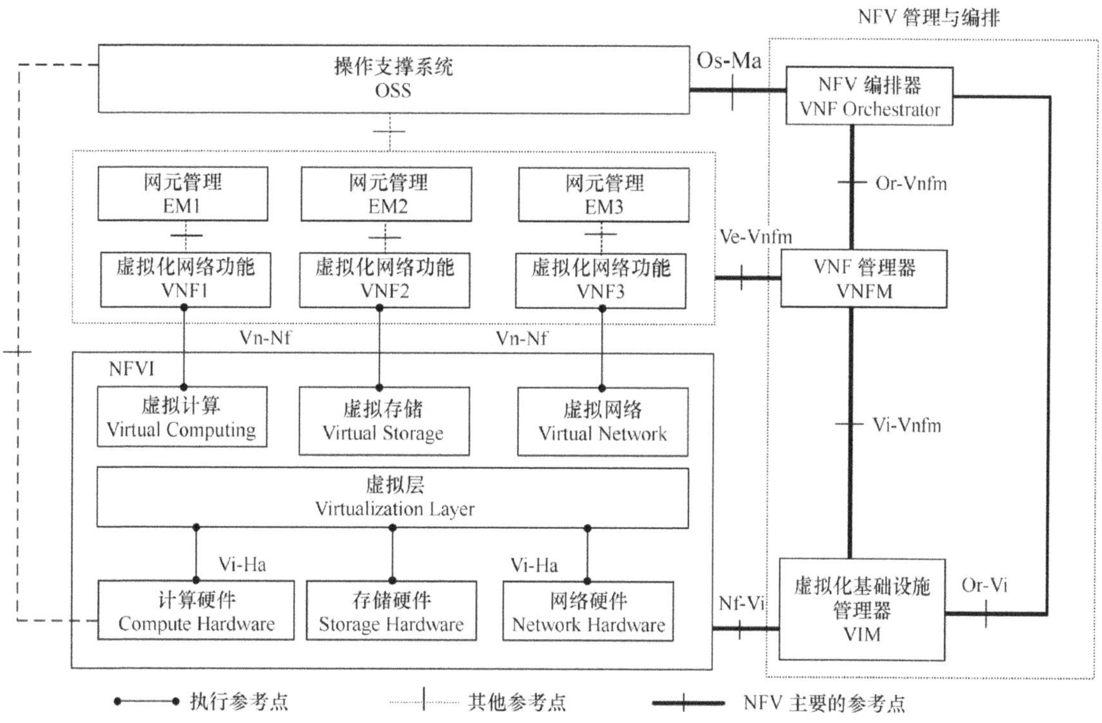

图 2-2 NFV 参考架构

2.3.1 NFVI

NFVI 为虚拟化网络功能（VNF）提供虚拟化的资源，也就是说，NFVI 利用所有硬件和软件组件搭建了一个环境，VNFs 可以在这个环境中被部署、管理和执行。NFVI 可以跨越多个地点，即 NFVI-PoPs 被操作的位置。

NFVI 包括硬件资源、虚拟层和虚拟资源三部分。

（1）硬件资源。硬件资源包括计算硬件、存储硬件和网络硬件。计算资源提供计算处理能力，计算节点采用通用的服务器，例如 X86 PC 服务器，包括 CPU、内存、网卡和本地存储等，也可以包括加速硬件，如硬件加解密、DPI、包转发等。通用服务器有较好的性能，价格相对低廉。存储硬件提供存储能力，存储节点可以是网络接入存储（NAS）和存储区域网络（SAN）等存储方式。计算和存储资源通常被合并。网络硬件包括交换机和路由器等连接设备，提供互通功能。对于运营商而言，硬件资源可以部署在数据中心、网络节点及用户驻地网等。这些硬件资源能够通过虚拟层为 VNFs 提供处理、存储和连接功能。

（2）虚拟层。虚拟层（Virtualization Layer）对硬件资源进行抽象，将虚拟化网络功能（VNF）软件和底层硬件进行解耦，保证 VNF 可以部署在不同的物理资源上。虚拟化层典型的解决方案包括 Hypervisor 方案和基于 Container 的方案。下面我们主要介绍 Hypervisor 方案：虚拟化层以 VM 形式分配适量虚拟资源，包括内存、CPU、网络和磁盘等。一个 VNF 可以部署在一个或者多个 VM 上。Hypervisor 将物理硬件与操作系统分开，使得具有不同操作系统的多个虚拟机在同一个物理服务器上运行，最大化地利用硬件资源，即物理服务器的硬件资源被多个 VM 共享，并可通过虚拟层统一调配。

（3）虚拟资源。虚拟的计算和存储资源体现为虚拟机（Virtual Machine，VM），而虚拟的网络资源由虚拟链路和节点组成。虚拟机被部署在高容量的服务器上，利用云计算提供虚拟资源。NFV 技术利用 IaaS 和 NaaS 来组建 NFVI。具体细节可以参考 7.1 节。虚拟层可确保 VNFs 从硬件资源中解耦，因此该软件可以被部署在不同的物理硬件资源上。VNF 可以在一个或几个虚拟机上部署。针对网络虚拟化技术，虚拟层对网络硬件进行抽象，以此实现虚拟网络路径，这些路径为 VMs 间或 VNF 实例之间提供连接。目前，有一些技术，包括隔离资源的网络抽象层，例如虚拟局域网（VLAN）、虚拟专用局域网服务（VPLS）、虚拟可扩展局域网（VXLAN）和使用通用路由封装的网络虚拟化（NVGRE）等技术能够实现网络的虚拟化。而实现传输网络虚拟化的形式还可能包括网络控制和转发平面的分离，控制平面的集中化，以及利用光的波长等技术隔离传输介质。

NFV 架构本身并不限制使用任何特定的虚拟层解决方案。相反，NFV 希望使用那些能为 VNFs 和硬件提供标准功能和开放执行参考点的虚拟层。在 NFV 中，虚拟机应始终提供标准的方法实现硬件资源的抽象，但不限制实例的类型、功能等，也不存在硬件组件间的依赖关系。即使在某些情况下，虚拟机可能需要直接对硬件资源（例如网络接口卡）进行访问，以实现更好的性能。

2.3.2 VNF

VNF 模块运行在 NFVI 之上，不依赖硬件资源，以软件的形式实现网络功能（Network Function，NF）。VNF 主要功能模块包括 OMU（Operation and Management Unit，操作与管理单元）和 VNSF（Virtual Network Sub-functions，虚拟网络子功能）。VNF 的例子包括 3GPP ™ 演进的分组核心（EPC）中的网络元素，例如移动性管理实体（MME）、服务网关（SGW）、分组数据网络网关（PGW）；VNF 也包括家庭网络中的网络元素和传统的网络功能，例如家庭网关（RGW）、动态主机配置协议（DHCP）服务器、防火墙等。

VNF 所需资源需要分解为虚拟的计算、存储、网络资源。每个物理网元映射为一个虚拟网元 VNF，其中每个 VNF 可以由一个或多个虚拟化的网络功能模块组件（Virtualized Network Function Component，VNFC）组成，该组件的实例被 1:1 地映射到单个虚拟化容器中。然而，在其他情况下，整个 VNF 同样可以在单个 VM 上被部署。

下面来讲下基于 VNF 的网络服务与基于 NF 的网络服务的区别。

一个端到端的网络服务（如移动语音、互联网接入、虚拟专用网络）可以通过一组互连的网络功能（NFs）和终端的 NF-FG（网络功能转发图）实现，因此一个网络服务可以通过架构中互连的网络功能转发图来查看。这些网络功能可以在单个运营商网络中实现，或者能够通过不同运营商网络进行互通。网络服务的终端和网络功能以节点的形式呈现，对应为设备、应用程序等。NF-FG 利用逻辑链路连接网络功能的节点，这些逻辑链路可以是单向、双向、多播或广播。例如，一个端到端网络服务可能包括智能电话、无线网络、防火墙、负载均衡器和 CDN 服务器以及它们的逻辑链路。

图 2-3 代表普通的端到端网络服务，这个网络服务包含 NF 模块节点以及节点间逻辑链路组成的 NF-FG，终端通过基础设施网络（有线或无线）连接到 NF，从而产生一个终端和网络功能之间的逻辑接口，这些逻辑接口在图中用虚线表示。在图 2-3 中，外部端到端的网络服务由终端 A、NF-FG 和终端 B 组成，而内部 NF-FG 由网络功能 NF1、NF2 和 NF3 组成。这些 NF 是通过基础设施网络 2 提供的逻辑链路进行互连的。

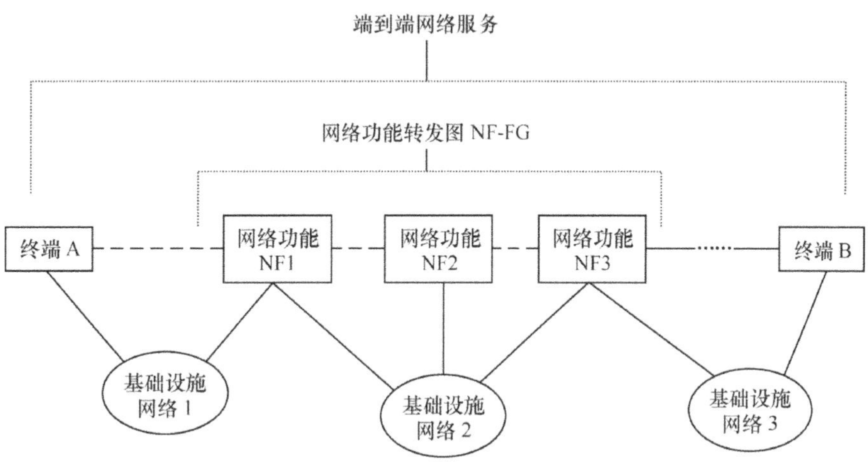

图 2-3　基于 NF 的端到端网络服务

图 2-4 代表基于 VNFs 实现的端到端网络服务，其中涉及内嵌转发图。在本例中，端到端的网络服务可以仅看成由 VNFs 和两个终端组成。在网络功能虚拟化中软硬件解耦是在虚拟层实现，这一层抽象了 NFV 基础设施的硬件资源。其中，NFVI-PoPs 包括用于计算、存储和路由的各种资源，这些资源由网络运营商部署。

VNF 运行在虚拟化层的顶部，这顶部也是 NFVI 的一部分。图 2-4 中 VNF-FG 对应图 2-3 中的网络功能转发图 NF-FG。该图还画出了内嵌的 VNF-FG（即 VNF-FG-2），它由其他虚拟化的网络功能（即 VNF-2A、VNF-2B 和 VNF-2C）构成。这说明了 VNFs 之间的接口以及多厂商环境中的基础设施都基于一定的标准（例如通过 SDO 规范或一个开放事实上的标准）。

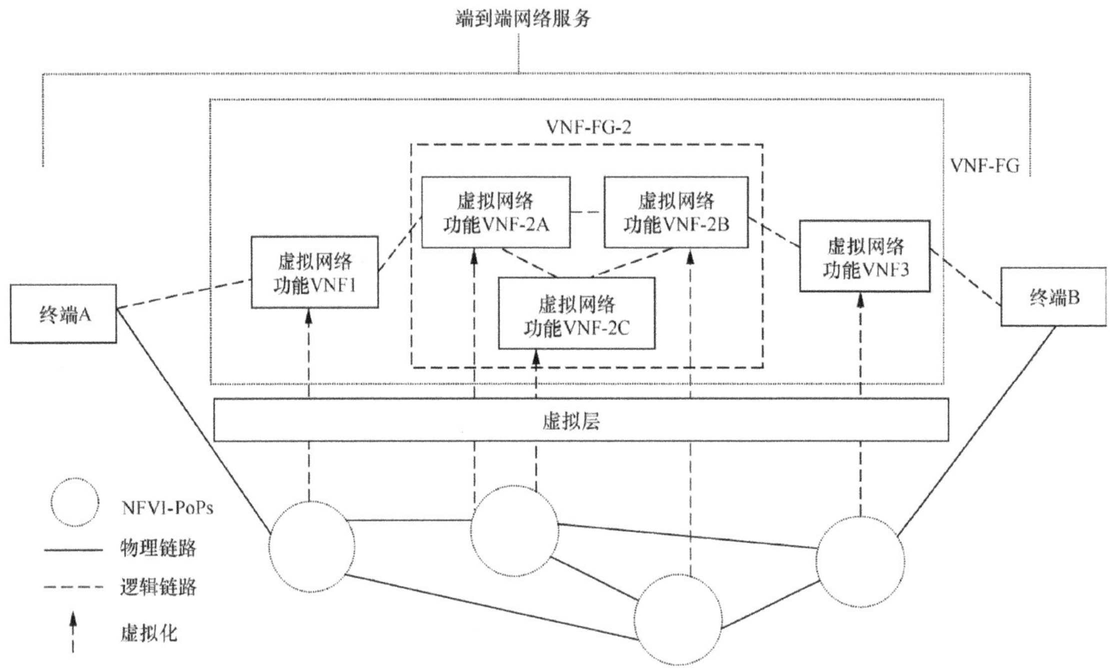

图 2-4　包含 VNFs 以及内嵌转发图的端到端网络服务

从端到端的服务角度来看，NFV 强调 VNF 实例部署所需的基础设施是不可见的，同时这些基础设施要保证能够满足具体的政策限制（例如，要求在不同的位置上实现位置感知或者确保冗余的基础设施），因此只要端到端的整体服务性能和其他政策限制得到满足，我们就能利用不同的物理资源实现 VNF 实例。但 VNF 实例在配置、诊断和故障排除时，其配套的基础设施必须是可见的。

2.3.3　NFV MANO

NFV MANO 模块包括网络功能虚拟化编排（Network Function Virtualization Orchestration，NFVO）、虚拟化网络功能管理器（Virtualized Network Function Manager，VNFM）、虚拟化基础设施管理器（Virtualized Infrastructure Manager，VIM）三部分。NFV MANO 模块关注 NFV 框架中所有虚拟化的管理以及 MANO 的通信接口，同时此模块还需要整合到现有的网络管理系统中，能够和 OSS/BSS 交互。

1. MANO 架构

在 ETSI NFV MANO 规范中定义的架构如图 2-5 所示。

ETSI 架构为虚拟化网络功能新增了虚拟化管理 NFVO、VNFM、VIM 等逻辑功能，实现与现有业务层的解耦。由图 2-5 可知，NFV MANO 数据存储由 NS 服务目录、VNF 目录、NFV 实例和 NFVI 资源等资料库组成。

2. VIM

VIM 的主要功能是实现对整个基础设施层（NFVI）资源的管理和监控。VIM 的主要功能如下。

（1）对硬件资源进行管理和监控，包括增加、删除、更新硬件资源；硬件资源划分池；

监控硬件资源的状态信息，例如，CPU、内存、网卡、存储资源的利用率。

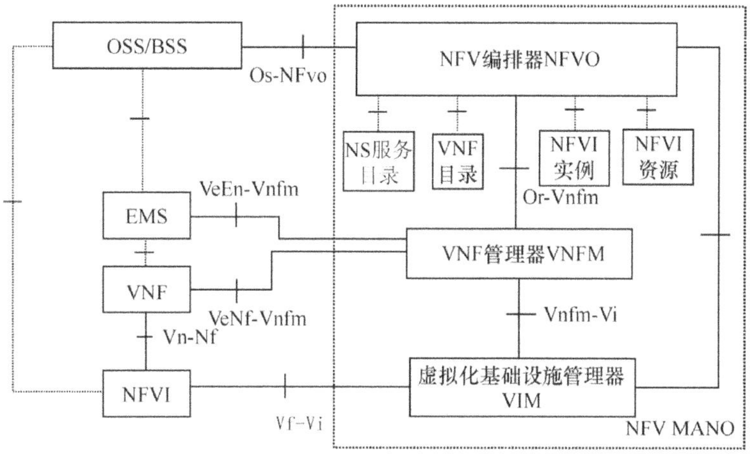

图 2-5 NFV MANO 架构

（2）对虚拟机进行管理和监控。例如虚拟资源申请，虚拟机创建，虚拟机资源调整、监控。

（3）提供部署接口：为上层应用或管理系统提供虚拟机部署接口，包括虚拟机资源申请、映像加载、模板定义等。

（4）故障管理：检测到硬件、逻辑资源异常时，通知上层应用进行相关的业务切换动作，减少业务损失；主机发生故障时将其上运行的虚拟机恢复并迁移至其他物理主机上；虚拟机出现故障时能将其恢复到其他虚拟机上。

（5）虚拟机网络管理，具体包括网络分区和子网隔离、虚拟机迁移动态调整网络、端口复制、负荷分担、业务路由等。

（6）提供状态上报功能，包括硬件服务器状态信息、故障信息、负荷信息、虚拟机状态信息、故障信息等。

其中，硬件资源的管理包括：配置并管理机架、机框等设备，监控机框电源、风扇等关键部件状态；配置并管理路由器、交换机等设备，监控路由器、交换机的端口状态及吞吐量；识别、配置并管理物理服务器，监控物理服务器 CPU、内存、磁盘以及网卡等关键部件的状态及使用情况；配置并管理外接磁盘阵列（包括 IP-SAN、FC-SAN 等），监控磁盘的状态及使用情况。

虚拟化资源的管理包括：配置并管理虚拟化网络资源，包括查询、分配、更新、释放等；配置并管理虚拟计算资源，包括查询、分配、更新、释放等，监控虚拟计算资源的状态及使用情况；配置并管理虚拟存储资源，包括查询、分配、更新、释放等，监控虚拟存储资源的状态及使用情况。

3. VFNM

一个 VNF 的管理和编排包括传统的故障管理、配置管理、账户管理、性能管理和安全管理（Fault，Configuration，Accounting，Performance and Security，FCAPS），但是我们目前主要关注 NFV 带来的新的管理方面的内容。由于网络功能和物理架构的解耦，我们需要对虚拟化资源的创建和生命周期等方面进行管理，这里统称为 VNF 管理。VNFM 负责 VNF 的生命周期管理，包括如下操作。

（1）VNF 的实例化。

（2）缩放 VNF（增加或者减少 VNF 的容量）。

（3）更新和改进 VNF（支持 VNF 软件和各种复杂的配置修改）。

（4）终结 VNF（释放与 VNF 关联的 NFVI 资源，把资源返回给 NFVI 资源池）。

VNF 从上架到可用这个过程，部署模板（见 2.3.4 描述的数据集）需要捕捉和存储 VNF 的部署和操作要求，以便供未来使用。部署模板描述了实现一个 VNF 所需要的属性和要求，同时以抽象的方式捕捉管理 VNF 生命周期的要求。

VNFM 基于模板中的要求执行 VNF 生命周期管理。基于部署模板的要求把实例化的 NFVI 资源分配给 VNF，但是分配时也会考虑那些已经被事先配置或者伴随着实例化请求的一些特殊的要求、限制和策略。

部署模板包含生命周期管理要求，这使得 VNFM 可以使用单个组件处理简单的 VNF，或者类似的使用多个、互相依存的组件处理高度复杂的 VNF，这种方式给 VNF 供应商提供了弹性。

在 VNF 的生命周期中，如果部署模板要求捕捉某些 KPI（Key Performance Indicator，关键绩效指标），则 VNFM 需要监控 VNF 的 KPI。VNFM 可能使用这些信息确定缩放操作（指缩容或扩容操作），缩放操作可包括修改虚拟化资源的配置（例如在扩容中增加 CPU，或者在缩容中删除 CPU），增加新的虚拟化资源（例如在扩容中增加一个新的 VM），关闭和删除 VM 实例（缩容），或者释放一些虚拟化的资源（缩容）。

一个 VNFM 可以对应一个或多个 VNFs。VNFM 为逻辑功能模块，可以由 VNF 厂家配套提供，在实际部署中，可以和 EM 合并，也可以单独部署。很多公司都在建立自己的 VNFM 模块，以此在这个行业中占据一席之地，如 Alcatel-Lucent 公司提出了 Cloud Band Management System，HP 公司提出了 NFV Director，Ericsson 公司提出了 Cloud Manager，Oracle 公司提出了 Application Orchestrator。

4. NFVO

NFV Orchestrator（rNFVO）在操作域内管理网络服务的生命周期以及相应策略。NFVO 匹配合适的 VNFs、物理网络功能、虚拟链路，进而提供完整的网络服务。

在单数据中心、单厂家部署场景下，由于业务链整体由单厂家提供，业务链和 VNF 的对应关系已经确定，所以此场景下可不提供 NFVO 功能模块（相关的资源申请能力可能由 VNFM/VNF 和 VIM 承担）。而在多数据中心、多厂家统一部署管理场景下，NFVO 提供跨数据中心、跨厂家协同管理能力。此时，NFVO 承担以下功能。

（1）在跨数据中心场景下，根据资源状态和策略数据，统一协调控制 VM 迁移。

（2）VNFM 所请求的基础设施资源的验证、授权、预留、释放；VNF 与基础设施资源关联关系的可视性；处理 VNFM 中 VM 迁移请求。

（3）管理 NFV 服务和 VNF 功能包，包括登记（绑定）新 NFV 服务、VNF 功能包、软件更新。

（4）动态地创建新的 NFV 服务。

（5）NFV 服务实例化和 NFV 服务实例的生命周期管理，比如升级、弹性伸缩、性能测量、事件收集关联、中断（告警）。

（6）VNFM 自身部署自动化。

（7）为 VNFMs 申请的 NFVI 虚拟资源进行验证和授权。

（8）通过运营商域实现 NFV 服务实例和 VNF 实例的虚拟资源的分布、预留、分配管理。

（9）实现 NFV 服务实例整个生命周期、NFV 服务实例和 VNF 实例的关系的可视化管理。

（10）通过运营商域实现 NFV 服务实例拓扑图的管理。

（11）实现 VNF 实例和 NFVI 虚拟资源占用关系的可视化管理。

（12）NFV 服务实例和 VNF 实例的策略管理和执行（比如 NFVI 资源访问控制、预留、占用策略，与地理或地区规则类似的基于亲和、非亲和规则优化配置）。

（13）通过操作域实现 NFV 服务实例自动化管理。

需注意的是，NFVO 负责云平台上业务和资源的协同管理，目的是通过提供自动化能力，保证云平台业务的高效、可靠运转，NFVO 所订阅的基础设施资源、业务状态也是为了自动化管理服务的。但 NFVO 不负责云平台的运维，基础设施硬件状态、故障监控需要由运维系统来负责对接。早期单厂家独立成云的场景下，基础设施的运维可接入到 EMS，而未来目标方案中，基础设施独立采购，多厂家资源共享，此时基础设施的运维应该直接接入 OSS 系统。

NFVO 支持接入多个 VNFM 进行管理，根据 VNFM 的 ID 进行区分。NFVO 和 VNFM、VIM 之间的拓扑关系如图 2-6 所示。

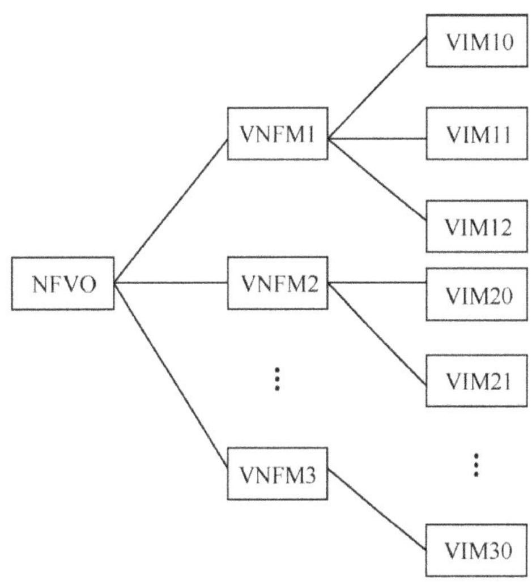

图 2-6 NFVO、VFNM、VIM 间的拓扑关系

2.3.4 服务、VNF 以及基础设施描述符

该数据集提供了 VNF 部署模板、VNF 转发图、服务相关信息以及 NFV 基础设施信息模型。这些描述符在 NFV MANO 内部使用。NFV MANO 功能模块处理描述符内的信息，如必要的话，可能会把这些信息传递给合适的功能块。

2.3.5 EM

VNF 一般由 EM（Element Management，网元管理）管理。网元管理是管理特定类型的一个或多个电信 NE（Network Element，网络单元）的系统。VNF 架构中的 EM 与在传统网络中提供的功能基本保持一致。EM 主要负责 VNF 的安装、监控、错误日志记录、配置、记账、性能和安全等。在运营商环境中，EM 还需要提供 OSS 所需要的基本信息，但是目前 NFV 暂不考虑 EM 与 OSS 之间信息传递的问题。

2.3.6 OSS/BSS

OSS（Operation Support System，操作支撑系统）和 BSS（Business Support System，业务支撑系统）是支撑各种端到端的电信服务（如订单、账单、续约、排障等）所需要的主要管理系统，同时还要支持与 NFVO 的协同功能，包括与 NFVO 交互完成网络服务描述、网络服务生命周期管理、虚拟资源故障及性能信息交互以及策略管理等功能。

各模块的设计应尽可能建立在已有的技术上，例如利用云管理系统，但 NFV 系统同时需要支持与现有的 OSS/BSS 的交互。NFV 架构中的模块在理论上都可以由不同的供应商提供，所以模块之间需要通过标准化的接口实现不同厂商的兼容性。

2.3.7 参考点

图 2-2 所示的 NFV 参考架构中主要的参考点和执行参考点由实线表示，这些都是标准化的潜在目标。虚线的参考点在目前部署中是可用的，但处理网络功能虚拟化时可能需要扩展。这些虚线参考点不是 NFV 目前的关注点。图 2-2 所示的 NFV 体系架构侧重于虚拟化所需的功能，以及随之而来的运营商网络操作所需的功能。架构中没有指定哪一个网络功能应该是虚拟化的，因为这是由网络运营商所决定的。

NFV 框架中各个模块通过定义的参考节点进行交互，从而实现实体间的解耦。从 NFV 整体的架构来看，VNF 和 NFVI 模块之间的参考点负责物理资源的虚拟化以及 VNFs 的托管，所以 VNFs 可以根据需求选择硬件资源，运行在不同的 NFVI 平台上。NFV MANO 通过 VNFI、VNF 之间的参考点对整个 NFV 系统进行操作和管理。

下面针对 NFV 参考架构中实线的参考点进行详细的描述。

1. Virtualization Layer–Hardware Resources (Vi–Ha)

这个接口在虚拟层和底下的硬件间创建公共通道，实现软硬件的解耦。此接口具备以下功能：

（1）根据不同的需求分配基础资源；

（2）根据不同的需求重新分配资源；

（3）平行地管理软件和硬件；

（4）不依赖硬件平台，可以利用来自不同厂商的软硬件。

2. VNF–NFV Infrastructure (Vn–Nf)

NFVI 通过此接口为 VNF 提供虚拟资源，此接口是承载功能和运行软件的集成点，但它不承担任何具体的控制协议。无论是将现有的 VNF 迁移到虚拟基础设施层，还是直接在一个虚拟化环境中部署 VNF，应用程序开发人员都需要保证应用的性能、可靠性和可伸缩性。

NFVI 通过标准 X86/ARM 指令集为上层应用提供运行环境，Vn-Nf 接口分为 [Vn-Nf]/VM 和 [Vn-Nf]/N。其中 [Vn-Nf]/VM 是虚拟机接口，是单个 VNFC 实例的执行环境；[Vn-Nf]/N 是虚拟网络接口，承载 VNFC 实例之间的通信。具体见 2.6 节。

3. NFV Orchestrator–VNF Manager (Or–Vnfm)

Or-Vnfm 为 NFVO 与 VNFM 的接口，建议采用 REST、SNMP、FTP 协议，实现如下接口功能：

（1）VNF 相关的 NFVI 资源的鉴权、验证、预留、分配和释放等；

（2）VNF 实例化；

（3）VNF 实例查询（比如查询 VNF 的运行时信息）；

（4）VNF 实例更新（比如更新 VNF 配置信息）；

（5）VNF 实例垂直与水平的缩扩容；

（6）VNF 实例终止；

（7）VNF 软件包查询；

（8）转发可能会影响网络服务实例的 VNF 的事件或其他状态信息。

4. Virtualized Infrastructure Manager–VNF Manager (Vi–Vnfm)

Vi-Vnfm 为 VNFM 与 VIM 的接口，建议采用 REST、SNMP、FTP 协议，实现如下接口功能：

（1）查询 NFVI 资源预留信息；

（2）NFVI 资源的分配、释放；

（3）交换 VNFM 与 VIM 之间的配置信息；

（4）转发 VNFM 在 VIM 订阅的信息（比如与 VNF 相关的 NFVI 资源的事件、性能测量、使用率）；

（5）VNF 所占用虚拟机的监控，如虚拟机的 vCPU 使用率，虚拟内存占用率、网口速率、磁盘使用率等；

（6）VNF 所占用虚拟机的变化通知；

（7）VNF 所占用虚拟机的故障上报。

5. NFV Orchestrator–Virtualized Infrastructure Manager (Or–Vi)

Or-Vi 为 NFVO 与 VIM 的接口，建议采用 REST、SNMP、FTP 协议，实现如下接口功能：

（1）NFVI 资源的预留和释放；

（2）NFVI 资源的分配、释放和更新；

（3）VNF 软件镜像的增加、删除和更新；

（4）转发 NFVI 资源相关的配置信息、事件、性能测量、使用记录到 NFVO。

6. NFV Infrastructure–Virtualized Infrastructure Manager (Nf–Vi)

Nf-Vi 为 VIM 与 NFVI 的接口，实现硬件资源的一致性管理；实现虚拟基础设施的分配和连接；提供监控系统的使用率、性能以及故障管理。具体如下：

（1）虚拟机的生命周期管理

Hypervisor 接受来自 VIM 创建虚拟机的请求，依据请求中定义的虚拟机规格（vCPU、内存大小、卷大小）、镜像要求、网络要求等创建虚拟机。

虚拟机使用过程中，支持用户对虚拟机的操作，包括启动、关闭、重启、状态查询等。

（2）虚拟机的资源控制能力

Hypervisor 支持虚拟机绑定一个或者多个物理 CPU 核，以确保所用虚拟机具有稳定的 CPU 处理能力和最佳的性能，建议一个 vCPU 对应一个逻辑核，不建议使用 CPU 共享、超配、在线调整 vCPU 个数等功能。

Hypervisor 支持虚拟机绑定定量物理内存，以确保所用虚拟机具有稳定的内存空间和最佳的性能，不建议使用内存共享、内存气泡（将较为空闲的虚拟机内存释放给内存使用率较高的虚拟机）、虚拟内存（虚拟机长时间未访问的内存内容被置换到存储中）等在线调整虚拟机内存大小等功能。

（3）虚拟机镜像支持能力

支持 Open Virtualization Format(OVF) 标准的虚拟机镜像包，支持业界主流的 raw、qcow2、vmdk 等格式中一种或几种的虚拟机镜像。

（4）虚拟机监控能力

支持下列虚拟机指标的监控能力，并上报至 VIM：

① Hypervisor 中运行的虚拟机信息监控：虚拟机数量，每一个虚拟机的虚拟硬件配置；

② 每个虚拟机的资源占用率：CPU 占用率、内存占用率、网络流出 / 流入速率、磁盘可用容量和已用容量、磁盘占用率；

③ 虚拟机的运行状态：运行、关闭、启动、休眠、故障等。

（5）虚拟机链接管理

创建、配置、移除虚拟机链接。

（6）虚拟机热迁移能力 (可选)

在 VIM 的控制下，支持主机之间迁移虚拟机。在虚拟机迁移期间，用户业务不会有任何中断。

（7）物理机监控功能

支持下列物理机的监控功能，并上报到 VIM。

① 物理机的硬件配置：CPU、内存、硬盘、网卡等；

② 每个物理机的资源占用率：CPU 占用率、内存占用率、网络流出 / 流入速率、磁盘可用容量和已用容量、磁盘占用率。

7. OSS/BSS–NFV Management and Orchestration (Os–Ma)

此参考点用于：

（1）网络服务生命周期管理请求；

（2）VNF 生命周期管理请求；

（3）NFV 相关状态信息转发；

（4）策略管理交换；

（5）数据分析交换。

2.4 网络功能虚拟化

2.4.1 网络功能虚拟化的实现

1. 虚拟化和接口

那些由 3GPP、IETF 和 ITU-T 等规定的网络系统都是基于系统工程原则。整个系统中每个组件都被指定为一个功能块，功能块之间的连接被指定为接口。系统工程规范的一个基础原则是整个系统由组件和组件间的连接所指定，并且所有组件都是功能模块。传统的功能块架构如图 2-7 所示。

图 2-7　功能块架构

每个功能块都包含了固有属性，其操作是自动化的。功能块的行为取决于：功能块的静态传输功能；功能块的动态状态；接口接收到的输入。

如果一个功能块与应相连的功能块断开，此功能块会继续执行并给出输出。但是，它会根据零输入的状态执行。

如上所述，NFV 的目的是实现软硬件分离，VNFs 基于 NFVI 实现相应的功能。因此，需要设定相关联的接口，实现 VNFs 和 NFVI 的分离。图 2-8 给出了图 2-7 中两个功能块被虚拟化的情况。功能块是基于 NFVI 提供的承载功能（Host Function）执行虚拟化的网络功能。

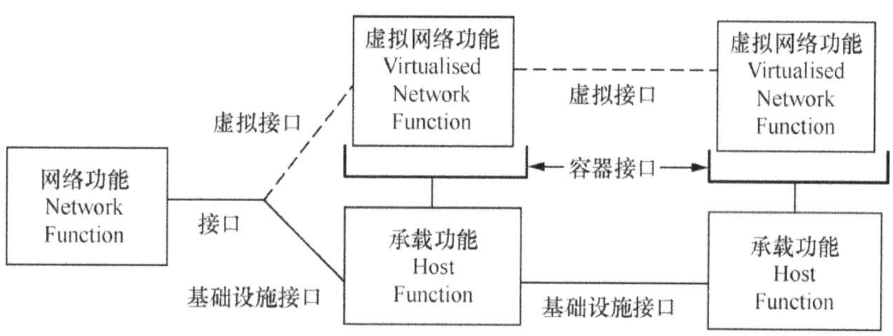

图 2-8　网络功能虚拟化

这个过程会引起下述变化：

（1）Host Function 和虚拟网络功能块的分割。

（2）创建 Host Function 与 VNF 之间新容器的接口。

（3） 接口划分为基础设施接口和虚拟接口。

（4）非虚拟化网络功能的接口（图 2-7）看起来是一个均匀、一致的接口，然而虚拟化网络功能的接口不一致，包括基础设施接口和虚拟接口。

VNF 不能自动化的存在而功能块可以自动化存在（上述已说明）。VNF 的存在取决于 Host Function，如果 Host Function 中断或者消失，则 VNF 也将中断或消失。同样地，容器接口反映了 VNF 和 Host Function 的依赖存在性。

VNF 及其 Host Function 之间的关系包括：VNF 可以配置 Host Function；当 VNF 配置 Host Function 时，VNF 可以作为 Host Function 的抽象视图。

NFV 架构的定义不只包括网络功能功能块及其相关的接口，还包括以下实体：Host Function 及与其相关联的容器接口、基础设施接口；VNFs 及与其关联的容器接口、虚拟化接口。

图 2-8 中接口类型包括现有的网络功能接口、基础设施接口、容器接口、虚拟化接口。其中，现有的网络接口由其他标准制定组织（SSOs）所指定。这些 SSOs 一直在探究和解决互操作性问题。基础设施接口很大程度上是指 IT 行业中云基础架构的接口，IT 行业也一直在解决与这些接口互操作性相关的问题。容器接口已经被 IT 行业指定在许多应用中，典型的就是 Web 服务。为了支持在多厂商环境下的基础设施组件上运行 VNF，可能需要对这些接口进行扩展，这将会带来更多的互操作性挑战。

2. **网络功能虚拟化后的管理与编排**

网络功能虚拟化后需要进行管理与编排。在一个电信运营商的环境中，网络功能能够远程配置和管理。为了实现这一点，网络功能有一个接口（通常称为“北向” 接口）提供管理和编排功能。这种管理和协调功能往往是高度复杂的，它由许多分布式部件组成。然而，它仍然使用相同的系统工程技术——功能块和接口。网络功能的管理与编排如图 2-9 所示，各网络功能块通过接口和管理与编排模块相连。

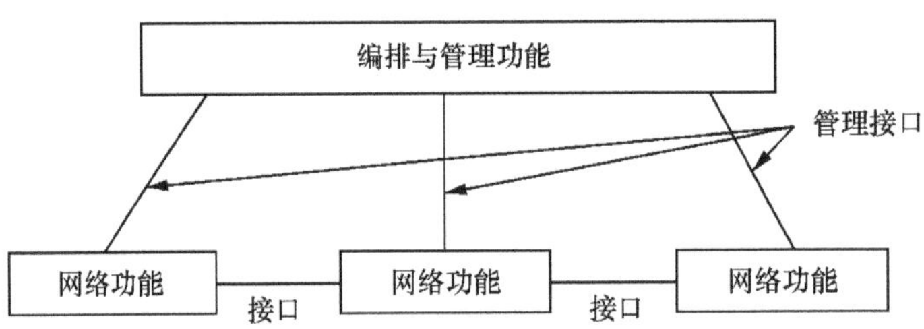

图 2-9 网络功能的编排和管理

NFV 的目标是从基础设施中分离出虚拟网络功能，其中也包括管理。如图 2-10 所示，管理和协调功能可以划分为 NFVI 和 VNFs 的管理和编排。在图 2-10 中上部分，VNFs 的管理与编排分为对传统网络功能进行管理（非虚拟化），以及通过 M&O/VNF 接口实现对虚拟化网络功能的管理。在图 2-10 底部，基础设施管理与编排功能通过 M&O/NFVI 接口实现对 NFVI 的管理。

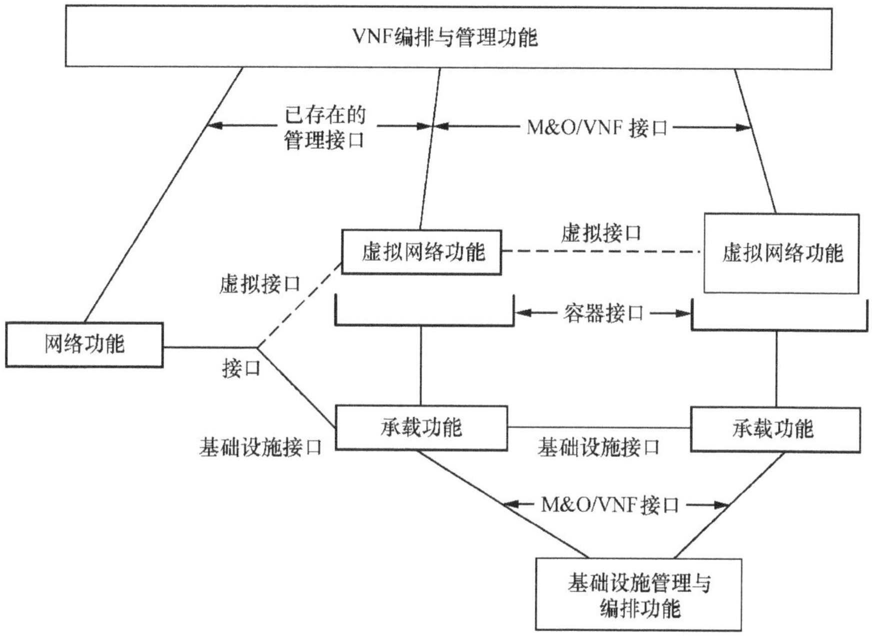

图 2-10 虚拟网络功能的编排和管理

2.4.2 VFBs 映射到 HFBs 的功能块方法

本节介绍多个 Virtual Function Block（VFB，虚拟功能块）如何映射到多个 Host Function Block（HFB，承载功能块）上。

1. 多重原则

前文描述了一个 Host Function 承载一个 VNF 的情况，然而实际上虚拟化比这要更灵活。首先，一个 Host Function，例如计算节点，可以承载多个虚拟功能。图 2-11 给出了单个计算节点承载多个 VNFCs 的例子，图中单个计算机节点上承载 Hypervisor，Hypervisor 本身能够承载多个虚拟机（VM），而每个虚拟机又可以承载一个 VNF。图 2-11 中，托管在单个 VM（一对一映射）的单个 VNF 称为 VNFC。

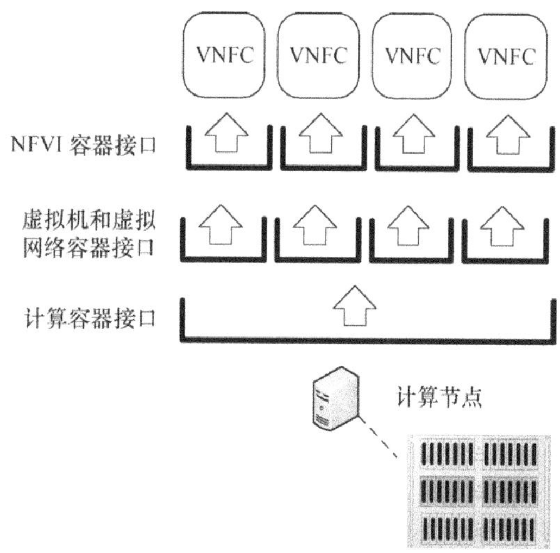

图 2-11 单个计算节点支持多个 VNFCs

实际应用中，NFVI 是一个分布式系统，托管的 VNFs 也可能是分布式系统。NFVI 包括计算节点和基础设施网络。计算节点上承载的 Hypervisors 提供虚拟机容器接口，而基础设施网络域提供基础设施容器连接接口。这些基础设施连接容器接口提供连接服务，如 MEF 定义的 E-line 和 E-lan 服务。这些服务是承载在基础设施网络上的虚拟功能。

虚拟机容器接口和虚拟网络容器接口组合在一起提供 NFVI 容器接口，这些接口是分布式的。这种分布式 NFVI 容器接口可以承载分布式的 VNFs。如图 2-12 所示，复合

(Composite)、分布式的 VNF 托管在复合、分布式的 NFVI 容器接口上。图 2-12 中也展示了虚拟机容器接口上承载 VNFCs，而 VNFCs 的虚拟接口托管在虚拟网络容器接口上。

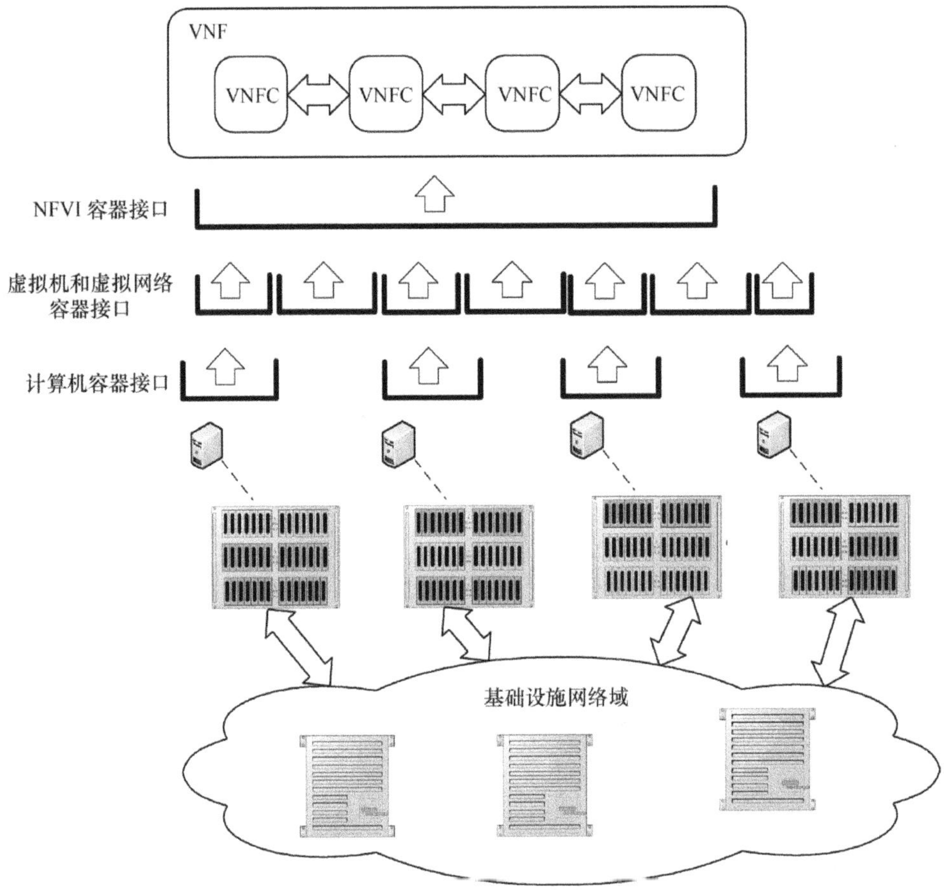

图 2-12　多个计算平台承载一个分布式组合的 VNF

2. **完全和部分虚拟化网络功能对 NFVI 的影响**

网络运营商和服务供应商提供端到端的网络服务。图 2-13 给出了一个网络终端 A 和终端 B 间传递网络服务的例子。在这个例子中，端到端的网络服务需要三个网络功能（NFa、NFb、NFc）的处理，它们分别在三个网元（NE1、NE2、NE3）上实现。在一般情况下，这三个网元可以位于三个不同的 N-PoPs(N-PoP1、N-PoP2、N-PoP3)。

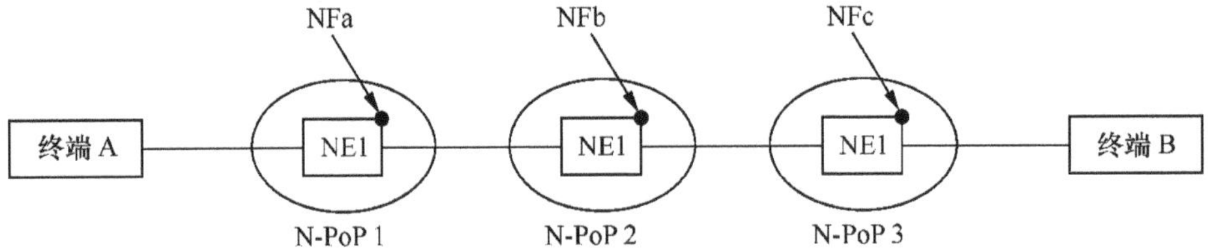

图 2-13　端到端服务的例子

那么需要考虑网络功能（如 NFa、NFb、NFc）不同的虚拟化情况，包括以下几种情况。

（1）虚拟化的程度（完全或部分）；

（2）VNFs 来自一个或多个供应商；

（3）VNFs 是否可以在多个虚拟机并行部署；

（4）VNFs 是否有状态；

（5）VNFs 是否可在单个或多个运营商部署。

一个大范围的网络功能（NF）或网元可以分解成多个 NFs，如果所有的组件都实现为 VNFs，那么 NF 或网元可以认为是完全虚拟化的。如果是部分组件实现为 VNFs，那么则认为虚拟化是局部的。不管完全的还是部分的，其结果都是产生多个 VNFs。然而，虚拟化的结果是非虚拟化组件在固定的网络位置中实现，而 VNFs 可以在 NFVI 上的任何位置来实现，但必须受到相应的限制。实际上，三层以上的网络功能的操作（例如防火墙、负载均衡器等）可能是完全虚拟化的。

网络功能的虚拟化意味着 VNF 在具体的 NFVI 上准确地模拟了 NF。一个大范围的 VNF 可以由一个或多个 VNFs 组件通过转发图等形式连接在一起。其中，一个 VNF 可递归地组成。例如虚拟演进分组核心（vEPC）VNF 可由较低水平的 VNF 实例组成，（至少）包括 S-GW 和 P-GW。单个 VNF 组件有以下几种部署情况。

1:1 情况：单个 VNF 实现单一网元的网络功能。

N:1 情况：*n* 个并行的 VNFs 组件实现单一网元的网络功能。

1:*N* 情况：*n* 个网元的网络功能通过单个 VNF（例如虚拟家庭网关）实现。

2.5 NFV 域

电信工程的每一个阶段，无论是服务架构设计、网络架构设计、服务交付，还是服务维护，它们都十分复杂。这种复杂性是由于电信工程必须满足以下需求。

（1）提供大量互连的物理组件去实现全球性的连接；

（2）电信服务的范围越来越广；

（3）不断加快服务创新的步伐；

（4）提供不间断的服务（全球电信网络已经超过 100 年不间断地运行）；

（5）经济、合理、合法地互连许多自治组织。

针对这些需求，电信工程解决方案必须是可管理、可扩展和可演进的。多年来，电信运营商和厂商也一直都在寻求这种复杂工程的解决方案。

NFV 通过硬件和软件分离，提高了管理的复杂度。软硬件可以被单独开发和发展，因此大大减少了两者的依赖关系，但这也增加了复杂性。当一个“单元”资源和成本间构成非线性关系时，那么我们会优先选择许多小“单元”资源，而非较大的资源，这样可以节约成本。为了满足总体的要求，小单元间又应该相互连接和使用，这势必会增加复杂性。因此，NFV 需要优化单位资源的大小，并提供高效、可伸缩的方式。

为了提供复杂性和伸缩性的管理方式，NFV 提出以下两种特定的技术。将 NFV 分成自治域（基础设施也分成自治域）；系统和接口的抽象。

图 2-14 给出了 NFV 域的应用原则。

（1）VNFs 结构与 NFVI 结构分离。

（2）VNFs 的结构可以被划分成多个域，NFVI 也可以被划分成多个域。

（3）鉴于目前的技术和产业结构，计算（包括储存）、虚拟机管理程序以及基础设施网络已经在很大程度上得到分离，NFVI 将它们作为分离域。

（4）管理和编排应该与 NFVI 明显分离开，以保证两者分别被定义为自己的域，但是二者之间的边界经常被粗糙地定义，例如“元素管理功能”会出现在重叠的区域。

（5）VNF 域和 NFVI 之间的接口是一个容器接口，而不是一个功能块接口（这是在该图中强调的）。

（6）管理和编排功能可能被托管在 NFVI（虚拟机）上，因此有可能放置在容器接口上。

考虑到在实际生活中，我们购买的服务器的存储、网络交换机和虚拟管理程序都是解耦的，所以目前的技术和产业结构可以说明我们已经有足够的标准去支持这些功能域之间的互通。不同服务器的交换机能够互连，而且这些交换机可以来自不同的网络交换机厂商。类似地，来自不同 Hypervisor 厂商的 Hypervisors 能够运行在大部分的服务器上，这些服务器也可以来自不同的供应商。这种互操作性就要求接口既要很容易的互相“理解”，又能够合理持久。所以基于上述的分析，NFVI 可以被分为三个域，分别为计算域、虚拟域、基础设施网络域，详细见 2.6 节。

此外，与 NFVI 三个域紧密相关联的是 NFV 管理与编排实体（MANO）。NFV MANO 是一组模块化的、相互连接的虚拟机，运行在基础设施上。为了加载和管理软件应用，这些实体执行所有自动化的编排和管理操作。

表 2-1 对图 2-14 中所有的接口进行了描述。根据表 2-1 的接口分析，我们可以得出 NFV 架构的很多特征。

（1）一个 VNF 可以分解成许多子部分，它们本身是由基础设施相互连接的。

表 2-1　域架构内的接口

接口类型	编号	描述
NFVI 容器接口	4	这是基础设施层支持 VNFs 的主要接口。VNF 可能是分离的，所以基础设施虚拟连接 VNF 的分布式组件
VNF 互连接口	3	这是 VNFs 间的接口
VNF 管理和编排接口	8	此接口允许 VNFs 请求不同的基础设施资源。例如，请求新的基础设施连接服务，分配更多的计算资源，或者激活 / 禁用 VNF 的组件
基础设施容器接口	6	虚拟网络容器接口。这个接口用于由基础设施提供的连接服务，例如 E-line 和 E-lan 服务
	7	虚拟机容器接口，主要是用于虚拟机运行的接口。注意：NFV 编排和管理功能希望能够运行在这个接口上
	12	计算容器接口，虚拟层运行在这个接口上
基础设施互连接口	9	管理与编排模块和基础设施网络域之间的接口
	10	管理与编排模块和虚拟域之间的接口
	11	管理与编排模块和计算域之间的接口
	14	计算设备和基础设施网络设备间的网络互连

续表

接口类型	编号	描述
传统的互连接口	1	VNF 和传统网络间的接口。这个可能是较高层次的协议，因为所有基础设施提供的协议对于 VNFs 来说都是透明的
	2	传统的管理系统对 VNFs 的管理
	5	传统的管理系统对 NFV 基础设施的管理
	13	基础设施网络域和传统网络间的接口。这个可能是较低层次的协议，因为所有 VNFs 的协议对于基础设施来说都是透明的

（2）VNFs 可以主动请求 MANO 去改变自身的状态，例如添加、删除 VNFCs，或为 VNF 重新分配资源等。

（3）基础设施网络域（以及计算域和虚拟域中的网络功能，如 NIC 和 vSwitch）完全由网络基础设施容器接口所抽象。

（4）计算域的非网络部分要尽可能地抽象，以此适用于计算容器接口。

（5）NFV 基础设施和 VNF 的编排和管理系统能够与现有的 OSS/BSS 系统互操作。

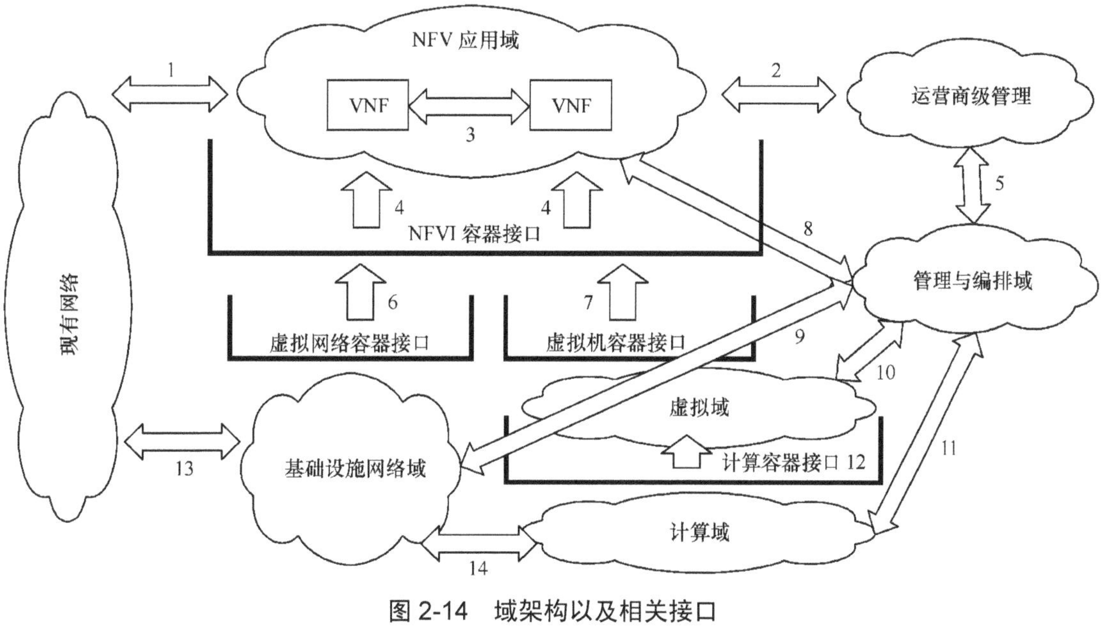

图 2-14　域架构以及相关接口

2.6　NFVI 域

2.6.1　NFVI 目标

NFVI 的目标既要考虑到 NFV 的整体目标，还要考虑自身在 NFV 整个生态系统中扮演的角色。NFVI 作为硬件和软件的整合，构建了 VNF 部署的环境。根据应用场景的使用情况以及位置和时延的需求，NFVI 作为分布式的 NFVI 节点的集合；NFVI 提供物理平台，多样化的 VNFs 在其上实现灵活部署。

如图 2-15 所示，NFVI 提供一个技术平台，为 NFV 应用场景（图 2-15 中的 CDNs、固网接入、NFVIaaS 等，详见第 7 章）提供公共的执行环境。NFVI 可以同时为一个或多个应用场景提供基础设施。通过部署不同的 VNFs，NFVI 能够被动态地配置。

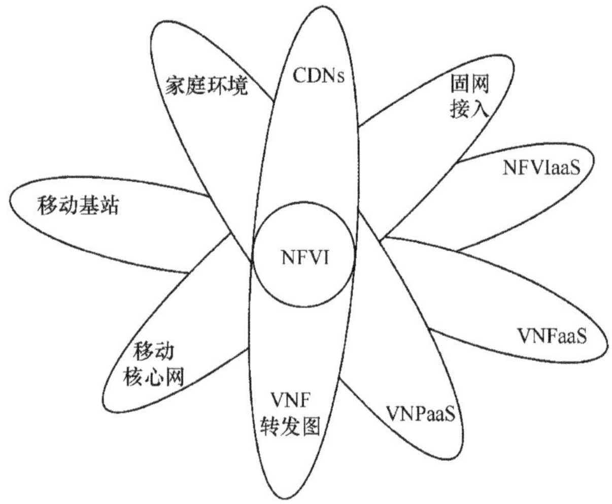

图 2-15　NFVI 作为 NFV 应用场景的执行环境

第一份 NFV 白皮书提出 NFV 生态系统应该能够提供集成服务、维护以及第三方的支持。第二份白皮书重申鼓励一个开放的 NFV 生态系统，可以利用多个供应商集成的解决方案，其中这种开放和创新的 NFV 生态系统支持 NFVI 节点间 VNFs 的移植。基于 NFVI 这个技术平台，可以实现 NFV 生态系统的开放创新。

2.6.2　NFVI 域

NFV 参考架构下 NFVI 域的分类如图 2-16 所示。NFVI 的结构被进一步分离成三个域，即计算域（包括存储）（Compute Domain）、虚拟域（Hypervisor Domain）和基础设施网络域（Infrastructure Network Domain）。这些域无论是功能水平还是实用水平上都有很大程度的不同。其中，域与域之间也会存在一定的重叠，例如虚拟交换机（vSwitch）和内置嵌入式以太网交换机（eSwitch）。

1. 计算域

计算域提供 COTS 计算和存储资源。当和虚拟域结合使用时，支撑 VNFs 的各个组件。从广义上讲，计算域提供到基础设施网络域的接口，但不支持本身的网络连接。计算域的主要物理组件如图 2-17 所示，各组件的功能如下。

（1）通用处理器 CPU 执行 VNFC 的代码。

（2）网络接口控制器（NIC）提供基础设施网络域内的物理互连。

（3）存储（Storage）是大容量的固定存储，实际上包括旋转磁盘和固态硬盘（SSD）。

（4）服务器（Server）是合乎逻辑的“计算单位”，是基本的集成计算硬件设备。

（5）机箱（Chassis）是计算硬件实际放置的地方。

（6）远程管理（Remote Management）是特定于计算域的管理，对计算域的用户而言，这在很大程度上是透明的。

2. 虚拟域

虚拟域将计算机域的资源虚拟化到虚拟机上，以软件应用的形式存在。Hypervisor

基于公共云和企业云的计算需求而开发，所以 Hypervisor 发展过程中非常重视实际硬件的抽象，这样它们就可以以非常高的水平实现虚拟机间的移植。因此，虚拟管理程序域包括 Hypervisor，提供硬件的抽象，以支持基于不同服务器的软件应用程序的可移植性；为虚拟机分配计算域资源；为编排和管理系统提供了一个管理接口等。

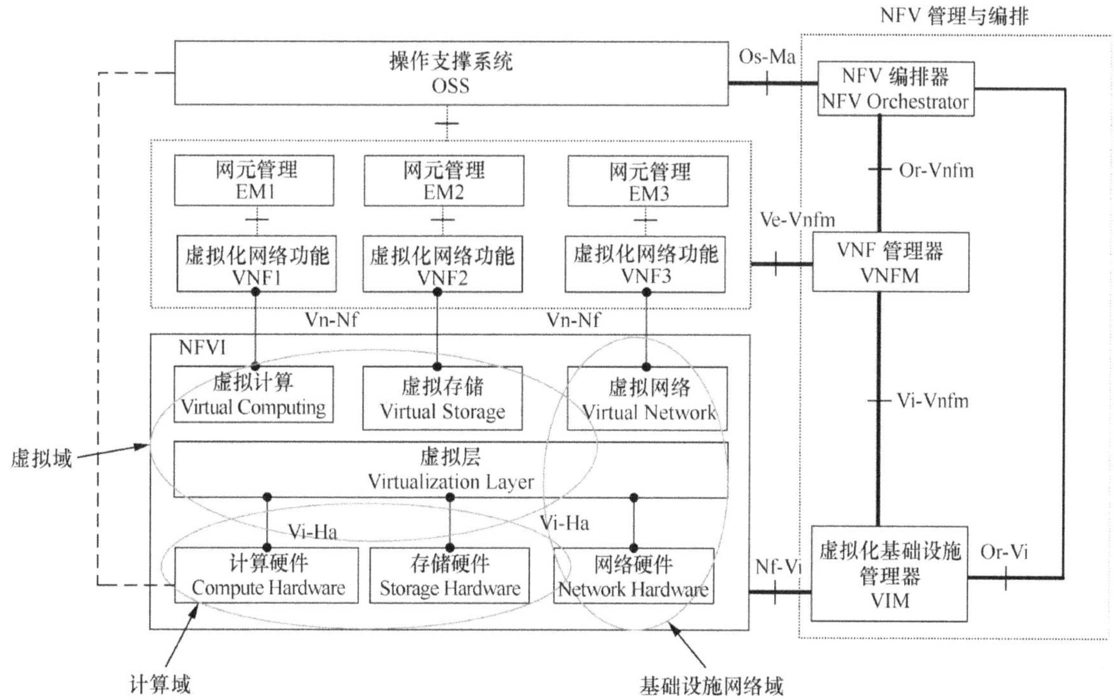

图 2-16 NFV 参考架构以及 NFVI 域的分类

3. 基础设施网络域

基础设施网络域包括所有互连成一个网络的通用高容量交换机，此域可被配置以提供基础设施的网络服务。

再次强调，这些域的定义没有那么精确，也没有正交（有可能功能重叠）。在这个架构中，域间的一些功能重叠是被允许的。由图 2-18 可知，虚拟交换机（vSwitch）属于虚拟域，嵌入式以太网交换机（eSwitch）属于计算域，然而，在功能上它们是基础设施网络域中不可分割的组成部分。所以这些交换机的功能规范被认为是基础设施网络域的一部分，但从实现上看，它们分别被认为是虚拟域和计算域的一部分。

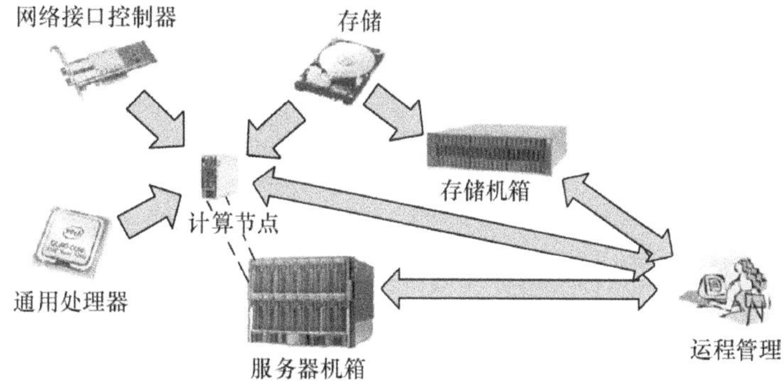

图 2-17 计算域的物理组件

考虑到 NFVI 域与 NFV 其他功能块的交互，图 2-18 给出了 NFVI 域详细的组件，以及给出了域是如何实现 NFV 架构里主要的接口，见表 2-2。

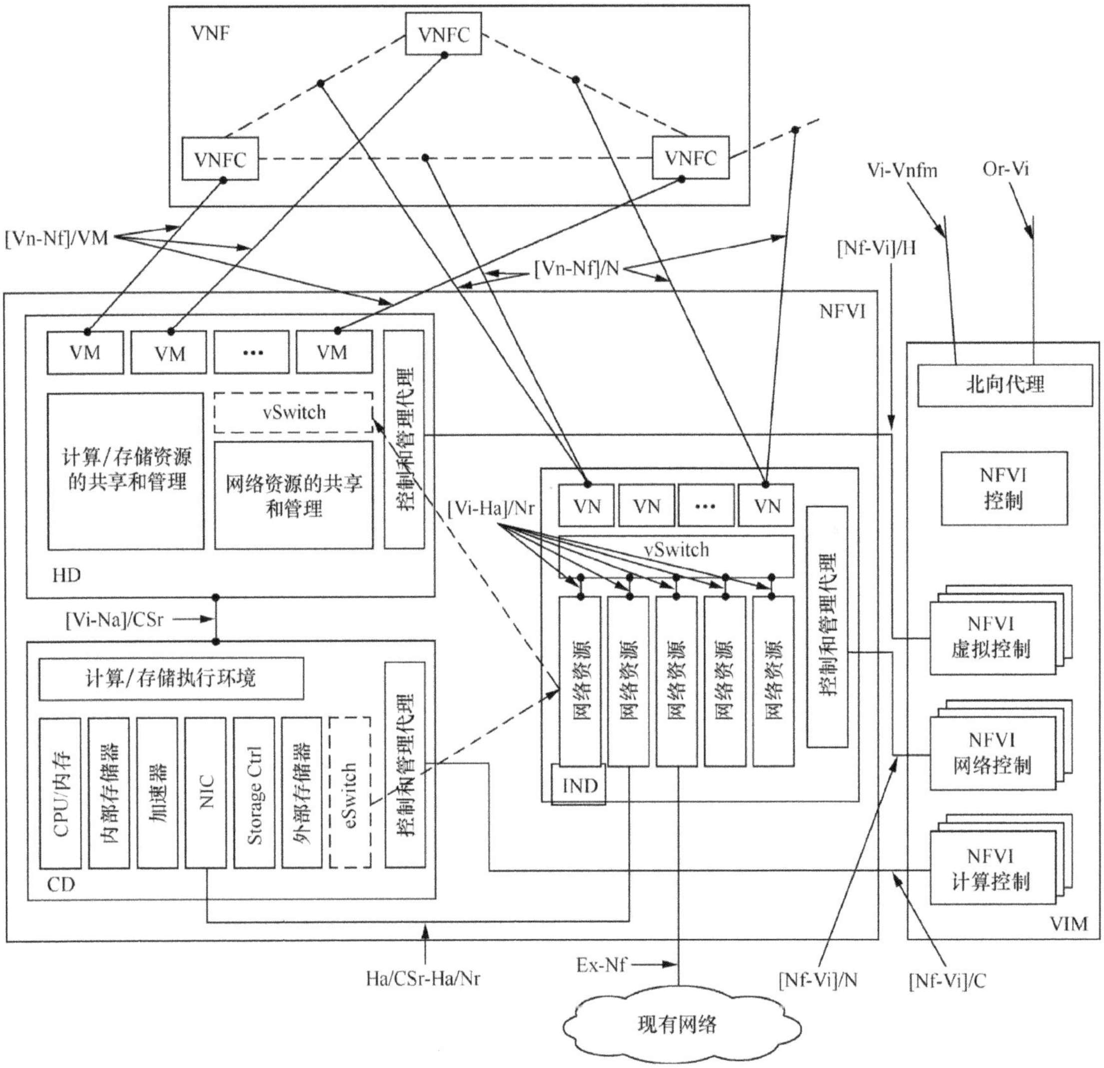

图 2-18　NFVI 域与接口

表 2-2　NFVI 参考接口的特性

位置	NFV 参考点	INF 参考点	参考点类型	与图 2-14 对应接口	描述
外部	Vn-Nf	[Vn-Nf]/VM	执行环境	7	这是虚拟机容器接口，为单个 VNFCs 实例提供执行环境
		[Vn-Nf]/N	执行环境	6	这是虚拟网络容器接口（如 E-line、E-lan），提供 VNFCs 实例间的通信
	Nf-Vi	[Nf-Vi]/N	管理和编排接口	9	这是基础设施网络域中管理和控制代理及 VIM 中管理和编排功能间的参考点
		[Nf-Vi]/H	管理和编排接口	10	这是虚拟域中管理和控制代理及 VIM 中管理和编排功能间的参考点
	Nf-Vi	[Nf-Vi]/C	管理和编排接口	11	这是计算域中管理和控制代理及 VIM 中管理和编排功能间的参考点
	Vi-Vnfm		管理接口	5	VNFM 向 VIM 下发资源请求信息，同时 VIM 也会将相关的配置和状态信息进行交换

续表

位置	NFV 参考点	INF 参考点	参考点类型	与图 2-14 对应接口	描述
外部	Or-Vi		编排接口	5	NFVO 向 VIM 下发资源请求信息，同时 VIM 也会将相关的配置和状态信息进行交换
		Ex-Nf	流量接口	13	这是基础设施网络域和传统的网络间的参考点，其中包含了 VNFs 和传统的网络间的参考点
内部	Vi-Ha	[Vi-Ha]/CSr	执行环境	12	这是计算域和虚拟层间的参考点，作为服务器 / 存储器的执行环境
		[Vi-Ha]/Nr	执行环境		这是基础设施网络域和虚拟层间的参考点，作为网络设备（如交换机）的执行环境
		Ha/CSr-Ha/Nr	流量接口	14	这是基础设施网络域和计算域中服务器 / 存储器间的参考点

在 VIM 中，管理和编排的功能被分隔。其中，管理和编排代理对每个域进行管理和控制。该架构确定了清晰的管理和编排的层次结构，然而实际应用中功能分割可能会变化。

2.7 NFVI 和云计算

NFV 白皮书中提到云计算是网络功能虚拟化技术的推动者。企业中，云和网络协调实施，按需提供服务，为企业客户和网络运营商提供经济效益。云计算也被认定为是 NFV 的一种应用领域。云计算在共同的基础设施上支持各种不同的应用。NFVI 也是基于一个通用的基础设施，支持各种不同领域的应用。

网络功能虚拟化将充分利用现代技术（如云计算），利用 NFVI 提供端到端的网络服务。云技术的核心是虚拟化机制和虚拟以太网交换机（例如 vSwitch）。Hypervisors 对硬件进行虚拟化，以及虚拟以太网交换机用于物理接口和虚拟接口之间的通信。云计算基础设施通过管理和编排机制提高资源的有效性和使用性，以此实现 VNFs 的自动实例化；正确、合理地为 VNFs 分配 CPU 内核、存储器和接口；对失败的 VM 重新初始化以及为 VM 状态和迁移进行快照等功能。

云计算的基本特征、服务模式和部署模型也被认为是 NFV 的基础。NFV 可以被看作是一种私有云的 IaaS，其中 VNFs 能够支持网络运营商提供的服务。VNFs 的执行环境是由部署在各种 NFVI-PoPs 上的 NFVI 提供的。

2.7.1 云计算的基本特征应用于 NFVI

云计算有五个基本特征：按需的自助服务、无处不在的网络访问、独立划分的资源池、快速的弹性和服务可计量。由于 NFV 包括这五个特征，所以可以认为 NFV 是云技术的一种应用。为了加速工具、技术和操作流程的再利用，NFVI 应该为这些基本特征提供等价的支持。

1. NFVI 提供按需的自助服务

NFV 最典型的消费者是网络运营商。网络运营商期望能够单方地提供和分配 NFVI 资源，包括服务器的时间、网络存储等（资源的自助服务）。

2. NFVI 提供无处不在的网络访问

云计算中定义使用者不需要部署相关复杂的软硬件基础设施和应用软件就可以直接访问互联网或企业内部网获取云中的计算资源，所以云计算可以针对多样的“瘦”和“胖”的客户端平台提供资源。客户可借助不同的终端设备，通过标准的应用实现对网络访问的可用能力，使对网络的访问无处不在。

NFVI-PoPs 可以通过接入网和传输网的基础设施进行远程访问。一个特定的 NFVI-PoP 的接入能力将依赖于应用范围和实例化的 VNFs。其中，一些 VNFs 可能要求邻近于某些特定的网络接入设备（如虚拟化的 eNode B 通常会靠近蜂窝塔）。NFV 体系架构支持端到端的服务，这些服务是基于部署在 NFVI-POPs 上的 NFVI，如图 2-19 所示。

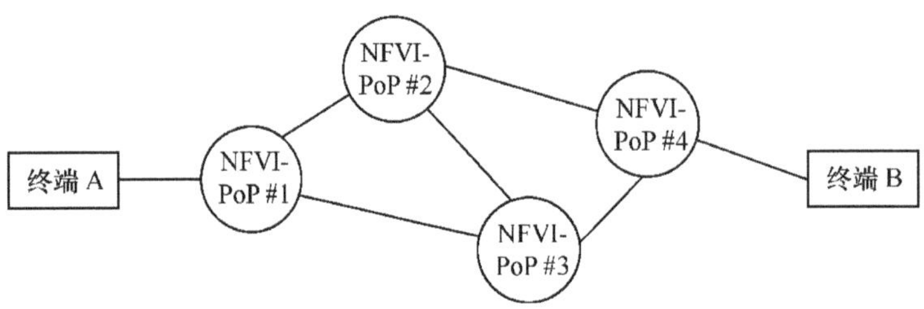

图 2-19 NFVI 提供无处不在的网络访问

3. NFVI 提供独立划分的资源池

云计算根据消费者的需求来动态地划分或释放不同的物理和虚拟资源，例如存储、计算处理、内存、网络带宽以及虚拟机个数等，这些池化的资源以多租户的模式来提供服务。用户并不用控制或了解这些资源池的准确划分，但可以知道这些资源池在哪个行政区域或数据中心。

虽然单个 VNF 可能部署在单一的 NFVI-PoP 上，但在一般情况下，NFVI 有望在多租户模式下支持一个 NFVI-PoP 部署多个 VNFs。NFVI 上的资源需求根据负载动态改变（无论是数据平面还是控制平面的流量）。位置的独立性是 NFV 的一个目标，特定的 VNFs 不应被限制于仅在专用 NFVI 硬件资源上运行；但是如果需要，一些 VNFs 可能被部署在具体位置。例如，基于时延需求，分布式网络功能的具体位置特征。

4. NFVI 提供快速的弹性

这是一种快速、弹性地提供或者释放资源的能力。对消费者来讲，所提供的这种能力是无限的，并且在任何时间以任何量化的方式购买。NFV 中，网络运营商通常需要自动配置和弹性地释放资源。VNF 的服务负载、故障转移、恢复机制、电源优化的管理和编排等方面都有可能触发资源的快速伸缩。

5. NFVI 服务可计量

云计算通过计量的方法来自动控制和优化资源使用（例如存储、处理、带宽以及活动用户数）。资源的使用可被监测、控制以及对供应商和用户提供透明的报告（即付即用的模式）。网络运营商要求 VNFs 的管理和编排能够自动控制以及 NFVI 资源能够最优化地使用。这种优化意味着单个 VNF 使用这些资源时可以通过某种合理的方式去度量。

2.7.2　云计算的服务模式应用于 NFVI

我们在第 1 章中讨论了云计算的三种服务模式：软件即服务（SaaS）、平台即服务（PaaS）和基础设施即服务（IaaS），以及没有明确定义的网络即服务（NaaS）。下面主要分析云计算中前三种服务模式在 NFVI 中的应用（第 7 章会进行详细介绍）。

1. SaaS

VNFs 作为软件，运行在类似云的基础设施上。这些应用提供网络功能，而不仅仅只是 Web 服务，这些网络功能处理数据和控制平面的流量。VNFs 通常是利用网络运营商的私有云模型来执行。VNFCs 可以是在第三方的云基础设施上执行，然后网络运营商在 SaaS 的模式下利用这些 VNFCs。NFV 用例中提到虚拟网络功能即为服务（VNFaaS）的服务模型。VNFaaS 远程地提供了网络功能。

2. PaaS

NFV 加速了网络运营商的新服务和新应用的部署步伐。PaaS 的服务模型与网络运营商部署的服务相一致，这个服务由多个 VNF 实例的配置构成。NFV 应用场景（见第 7 章）中提到虚拟网络平台即为服务（VNPaaS）的服务模型。VNPaaS 提供给用户的服务控制范围比 VNFaaS 要广。

3. IaaS

IaaS 所提供的功能是计算、存储和网络资源的配置，使得应用程序可以在它们之上运行。这里，VNFs 是运行在虚拟化基础设施上的应用，虚拟化的基础设施为网络运营商提供 IaaS。应用案例中提到虚拟化网络功能基础设施即服务（NFVIaaS）的服务模型。NFVIaaS 允许服务供应商能够确保基于 NFVI 的服务被独立管理。NFVI 应提供相应的认证机制，以确保只有授权实体才能访问 NFVI 资源。

2.7.3　云部署模型应用于 NFVI

云计算中定义了四个部署模式：私有云、社区云、公共云或混合云。虽然具体的云部署模型的支持在 NFV 中还未确定，但是本节将根据云计算部署模式去描述 NFV，因为 NFV 以后可能会支持这些模式。NFV 需要满足许多具体的要求，特别是安全要求，所以 NFV 对部署的限制超出这些云部署模型的范围。

1. NFVI 和私有云

在私有云中，云基础设施由一个组织独家使用。而在 NFV 中，NFVI 则是由网络运营商为了提供网络服务单独地进行部署。

2. NFVI 和社区云

云计算服务为一个专门的社区统一提供计算资源、网络资源、软件和服务能力。这些消费者都是来自于一个公共的社区。NFV 生态系统中的厂商和网络提供商，或一组达成一致的网络运营商，都可能被视为一个社区。

3. **NFVI 和公共云**

公共云的基础设施是开放给公众使用的。NFVIaaS 预计不会提供给大众。根据大多数网络功能的延迟和吞吐量需求，网络运营商在公共云上部署 VNFs 也是不太可能的。

4. **NFVI 和混合云**

混合云的基础设施是由两个或多个不同云基础设施组成的。NFV 可能在一个混合云部署模型上被操作，网络运营商将自己的服务维护在一个 IaaS 私有云上，但是以批发的形式为企业或其他网络运营商提供 VNFaaS。

想了解更多关于云计算的知识，可以参考相关的云标准机构的相关文档，包括 NIST、Open Data Centre Alliance (ODCA)、ITU-T SG13、ISO/IEC JTC1 SC 38、Open Networking Foundation (ONF)、OpenStack、Open Grid Forum 等。

|第 3 章|

SDN 与 OpenDaylight

SDN 已在 1.3.4 节进行了介绍，我们可知 SDN 和 NFV 两者虽然没有直接的联系，并不相互依赖，但两者又具有很强的互补性。本章我们将先介绍 SDN 的架构、OpenDaylight 控制器，然后再探讨 SDN 与 NFV 的关系以及 SDN 在 NFV 架构中的应用。

3.1 SDN 架构

SDN 网络架构如图 3-1 所示。简单来说，它可以用“三层两接口”来概括。“三层”自底向上分为数据转发层、控制层和应用层。其中，数据转发层由各个与控制决策机构解耦的转发节点互联而成；控制层由单个或多个逻辑上集中的控制器组成；应用层直接面向用户，为他们提供所需的业务功能。“两接口”分别指的是南向接口与北向接口。这里的“南”和“北”是相对于控制层的方位来定义的。从本质上看，这些接口都是对下层的抽象，用以屏蔽底层操作的细节和差异。其中，南向接口是控制层与数据转发层之间通信的接口，如 OpenFlow；北向接口，即应用层与控制层之间通信的接口。

SDN 的三层功能模型解决了传统网络的不足，将网络控制功能从传统的交换设备分离出来，网络控制功能统一交给中心控制器掌控；交换设备只具有数据转发功能，数据转发层面没有决策权，只能接收控制层的命令，然后解析这些命令，根据命令进行数据转发。

网络管理员不需要向每个转发设备写入数以万计的命令行，来管理数据的转发以及网络配置。他们只需要利用 SDN 集中式的管理方式，通过开发网络 APP（Application），实时地将这些 APP 部署到网络中，这样的时间开销将比原来的方式大大减少。通过网络控制方式的分离，SDN 能够使得管理员以更加灵活的方式来配置管理网络的转发、安全、优化等网络内容。网络管理员甚至可以自己开发这些 APP 而不需要通过关闭某些应用来完成功能的部署。

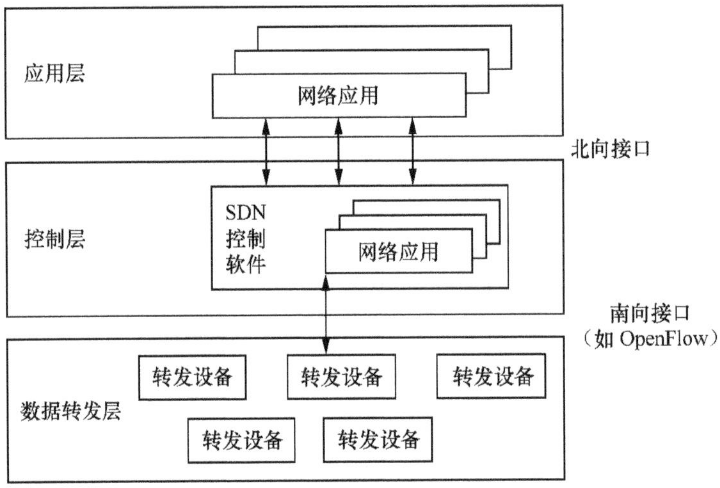

图 3-1　SDN 体系架构示意图

3.1.1　数据转发层

SDN 数据转发层也就是基础设施层，由基础硬件与硬件抽象两层组成。事实上，不管是硬件实现还是软件实现的 SDN 交换机，数据帧都需要通过交换机的转发决策选择从设备入端口转发到哪个设备出端口。在我们传统的网络交换设备中，这个决策过程需要通过交换机中的转发表、路由器中的路由表等机制实现，它们对设备入端口接收到的数据包的目的地址信息进行匹配，然后就能确定该数据包应该被发往哪个设备出端口。同样地，对 SDN 交换机而言，设备也需要这样的转发决策机制。OpenFlow 作为 SDN 中的南向接口，采用了流表的概念对传统的二层转发表、三层路由表进行抽象，从而使得数据包在转发过程中的决策更具灵活性。一般地，OpenFlow 交换机的逻辑部件如图 3-2 所示。流表：用于执行数据报文的查询与转发。组表：针对不同数据流中的报文执行相同的操作集。安全通道：与控制器进行通信的接口。

交换机中的每一个流表都是一个或多个流表项组成的集合，通过使用 OpenFlow 协议，控制器以主动或被动响应的方式对流表中的流表项进行添加、更新或删除。每一个流表项又包括：匹配字段、计数器以及用于可匹配数据报文的指令集等关键字段。在 1.0 版的 OpenFlow 规范中，使用的是单流表处理，即交换机中只有一个流表对数据报文进行匹配和操作；而在后续版本的规范中，为了提高交换机的处理效率和性能，则采用了多级流表的流水线处理模式，如图 3-3 所示，即一个流水线包含多个流表，而每一个流表又包含多个流表项。

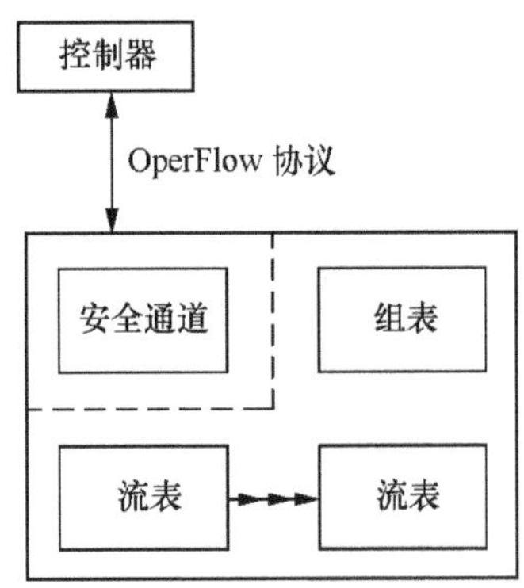

图 3-2　OpenFlow 交换机的基本逻辑结构

流水线即定义了数据包如何与多个流表进行匹配等操作的处理过程，其流程图如图 3-4 所示。当数据报文进入交换机后，流表将其表项与数据报文中的首部信息部分对应的字段进行匹配。该过程始于第一个流表，并可能在后续的流表中继续进行。不同的表项将根据优先级逐一对数据包进行匹配，并以每一个流表中第一个与数据报文匹配成功的表项来执行相应的操作。如前所述，每一个表项包含与之关联的指令集，指令集中描述了如数据包转发、修改等操作，交换机会根据这些指令集来执行相应的操作。在多级流表模式下，该指令集还包括将数据包从一个流表传递到另一个流表的操作，而当指令集不再指定下一个流表时，本次处理流程即告终止，数据包将被转发至相应的端口。

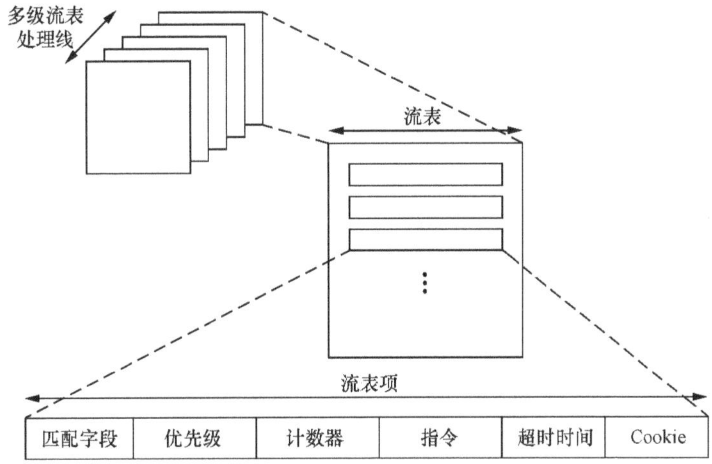

图 3-3 流水线、流表与流表项

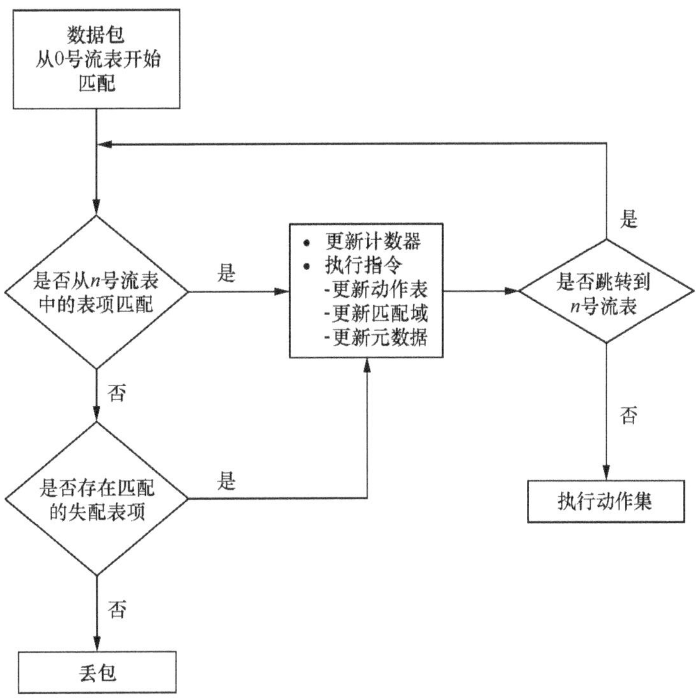

图 3-4 交换机内部处理数据包示意图

3.1.2 控制层

根据市面上诸多开源控制器的实现机制，包括下文介绍的 NOX/POX、Floodlight、

Ryu、OpenContrail、OpenDaylight、ONOS等，在这里我们归纳出了控制器的基本结构，如图3-5所示。

图3-5 控制器基本结构

1. **南向接口**

如前所述，南向接口主要负责与转发设备进行通信。南向接口包括OF-CONFIG、NETCONF、OVSDB等协议，具体可参考3.3.2小节。ONF组织基于OpenFlow协议标准化了南向接口。具体实现以下两方面功能：首先，将自上而下的命令与消息封装为南向协议中规范的报文，并通过南向接口发送给相应的转发设备；其次，将自下而上的来自转发设备的报文进行解释并转换成事件层可以处理的信息。

2. **网络信息管理层与事件层**

作为控制器的核心部分，网络信息管理层和事件层负责进行下层转发设备流表的添加、移除和修改等操作。网络信息管理层保存了网络中的转发设备、链路等信息，可以为上层应用决策提供依据，它由链路发现、拓扑管理等模块进行维护和管理。而事件层则有两方面作用：其一，将网络信息管理层中的变化抽象成预先定义好的事件，并将这些事件通告到上一层的功能模块；其二，将来自上层功能模块中的事件转化为对应的消息，例如将拓扑发现这一行为转化为LLDP报文，并将此事件交付给南向接口中的协议解释及转换程序。

3. **基本功能模块**

控制器通常包含4个模块，用于实现网络的基本功能，包括拓扑管理、路径计算、链路发现，以及数据转发。这些基本功能模块为上层应用的实现提供了基础，但如果需要针对现有基本功能进行扩展，则要通过调用控制器北向接口来实现。

4. **北向接口**

如前所述，北向接口指的是控制层与应用层之间的接口。其定义了一系列信息格式，以实现SDN控制器与上层应用之间的交互。北向应用程序接口正在快速发展，但是仍没有标准出现，ONF也回避了北向API的标准化问题，具体的北向API实现会根据不同的应用场景而有所不同。对于当下很多开源控制器来说，它们一般使用REST API作为北向接口的实现方式，即为开发者提供一组特定的编程接口，他们可以根据自身的需求，利用接口实现上层应用或扩展控制器的功能。

3.1.3 应用层

应用层与用户关系最紧密，是SDN网络面向用户的直接入口。应用层的功能主要是为网络研究者提供API接口以便开发网络新功能，同时与控制层进行交互使得数据转发层能够理解所开发新应用的意图并能够部署在底层网络中。以前被束缚在单个网络设备上的控制功能转移到能够进行编程控制的独立设备或软件上。使用这种方式能够将整个网络在控制层以及数据转发层面进行虚拟抽象。

SDN 的设计出发点就是从用户角度改进网络，通过对网络的抽象来推动更快速的创新，而 SDN 的应用层是体现这一点的关键。与传统网络相比，基于 SDN 的业务和应用将会在智能性、动态控制性和可编程性方面凸显出其优势。

通过对 SDN 网络的架构分析可知，开放的北向接口实现了控制器与上层业务或应用的交互，同时按需调整网络资源的交付。但是，以 OpenFlow 为标准化南向接口的 SDN 控制与转发机制中并未涉及更高层次信息的识别和处理，因此如果要真正实现网络的按需服务，还必须在 SDN 的应用层针对传统网络的 4 ～ 7 层功能进行改造和完善，进而驱动底层网络资源的调配。因此，根据用户的个性化需求，我们可以进一步地将应用层做更细致的划分。如图 3-6 所示，应用层的各种应用可以大致分为如下三类：SDN 订制应用、资源管理平台、创新网络业务。

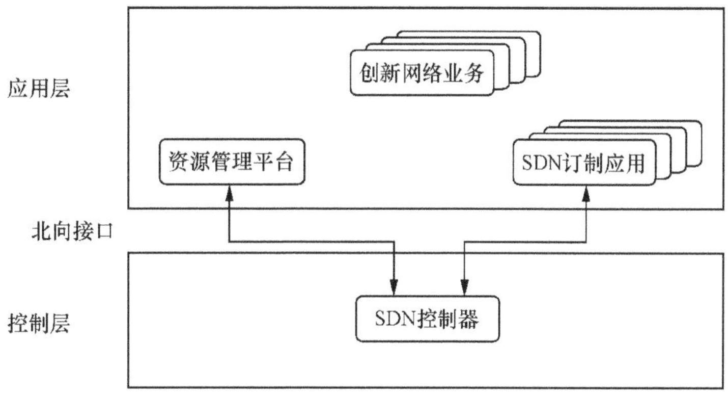

图 3-6 面向用户订制服务的 SDN 应用层

其中，前两类应用更为基础，它们通常直接调用 SDN 控制器所提供的北向接口，可以按需地驱动控制器分配底层网络资源。在扩展和封装控制器北向接口的基础上，这两类应用还会为多样化的创新网络业务提供功能更全面、更便捷的调用接口。当然，创新网络业务也可以直接调用控制器的北向接口，以提高业务的执行效率。

3.2 SDN 控制器

SDN 控制器是整个软件定义网络的核心，相当于网络操作系统，是连接底层基础设施和上层应用的纽带，通过南向接口进行链路发现、拓扑管理、流表下发等行为；通过北向开放的 API，调用底层网络资源，以实现对网络自动化、灵活管理及部署的要求。针对不同的网络环境，工业界和学术界都纷纷推出了自己的控制器，下面对目前主流的开源控制器作简单介绍。

3.2.1 NOX/POX

NOX 是由斯坦福大学在 2008 年设计的第一个开源 SDN 控制器，具有里程碑的意义。它是一款基于 OpenFlow 的控制器，早期版本的底层模块使用 C++ 编程语言开发，上层应用使用 C++ 和 Python 编程语言共同实现。NOX 的出现在很大程度上推动了 SDN 技术的发展，是早期 SDN 领域众多研究项目的基础。2011 年斯坦福的研究人员又推出了基于

Python 语言的 POX 控制器，它采用与 NOX 一致的事件处理机制和编程模式，增加了多线程支持。由于 Python 简单易懂并拥有更好的拓展性，POX 被研究人员广泛接受与使用。

3.2.2 Floodlight

Floodlight 是由 Big Switch Networks 公司开发的基于 Java 语言的开源 SDN 控制器，其在 Apache2.0 开源标准软件许可下免费使用，当前支持的南向协议为 OpenFlow1.0 协议。Floodlight 与 Big Switch Networks 开发的商用控制器 Big Switch Controller 的 API 接口完全兼容，具有较好的可移植性。Floodlight 的日常开发与维护工作主要由其开源社区进行支持。Floodlight 使用模块化的架构来实现控制器的功能和应用，可直接在网络中部署实现数据转发、拓扑发现等基本功能。Floodlight 使用 WebUI 管理界面，用户可以通过管理界面来查看连接的交换机信息、主机信息、实时的网络拓扑信息。上层应用和控制器通过 Java 接口或 REST API 方式交互。

3.2.3 Ryu

Ryu 是由日本 NTT 公司开发的基于 Python 语言的开源 SDN 控制器，提供的完备 API 有助于网络运营者高效便捷地开发 SDN 管理和控制应用。当前 Ryu 对很多管理网络设备的协议提供了支持，如 OpenFlow、Netconf、OF-CONFIG 等多种南向协议。同时，Ryu 为 OpenStack 和 Web 提供了编程接口。

3.2.4 OpenContrail

OpenContrail 是由 Juniper 推出的基于 C++ 的 SDN 控制器，提供了用于网络虚拟化的基本组件。OpenContrail 提供了一套扩展 API 来配置、收集、分析网络系统中的数据，可与 KVM、Xen 虚拟机管理程序协作，同时支持 OpenStack。OpenContrail 可应用在不同的网络环境中，主要用于企业和运营商的私有云平台及运营商网络的网络功能虚拟化（NFV），为运营商边界网络提供增值服务。

3.2.5 OpenDaylight

OpenDaylight 是由 Cisco、IBM、Microsoft、Juniper、NEC 等多家传统网络公司合作在 2013 年初启动的项目，该项目作为 Linux 基金会的合作项目，旨在推出一个开源的、通用的平台。OpenDaylight 诞生最初的目标是降低网络运营的复杂度，扩展现有网络架构中硬件的生命期，同时还能够支持 SDN 新业务和新能力的创新。OpenDaylight 开源项目提供了开放的北向 API，同时支持包括 OpenFlow 在内的多种南向接口协议，底层支持传统交换机和 OpenFlow 交换机。OpenDaylight 支持 OpenFlow1.0、OpenFlow1.3、BGP、NETCONF、OVSDB 等多种南向协议。模型驱动的服务抽象层（MD-SAL）采用

YANG 模型对数据信息进行建模，一方面支持多种南向协议，并为模块和应用支持一致性服务；另一方面将来自上层的调用转换为适合底层网络设备的协议格式。

OPNFV 的上游组件包括 OpenDaylight。

3.2.6 ONOS

2014 年 11 月 ON.Lab 发布 ONOS，这是全球首款开源的 SDN 网络操作系统，使用 Java 及 Apache 实现，主要面向服务提供商和企业骨干网，旨在满足电信级网络需求。

ONOS 是业界首个面向运营商业务场景的开源 SDN 控制器平台，由业界顶级运营商和最有综合实力的设备商共同创建和主导，重点聚焦运营商网络和业务场景，充分考虑了运营商高性能、高可靠性、安全和高扩展性的需求，具备良好的初始架构设计，因而更符合运营商面向未来的业务与网络发展的战略要求，能够端到端地支撑运营商从 WAN 到数据中心的业务按需、实时、自动化地部署，以及资源分配和优化调整需求。

3.2.7 其他类型控制器

1. Beacon

Beacon 是由斯坦福大学的 David Erickson 等人设计，基于 Java 语言开发实现的开源控制器，以高效性和稳定性应用在多个科研项目及试验环境中。除此之外，Beacon 具有很好的跨平台性，并支持多线程，可以通过 UI 界面进行访问控制、使用和部署。

2. NodeFlow

NodeFlow 是由 Cisco Systems CTO Gary Berger 牵头使用 JavaScript 开发的一个极度简化的 OpenFlow 控制器，用于 Node.js（www.nodejs.org）。Node.js 是一个服务器端的软件系统，用于编写可扩展的因特网应用。

3. IRIS

IRIS 是由 ETRI 研究团队使用 Java 语言创建的一个 Resursive SDN OpenFlow 控制器。目标是创建一个具备水平扩展电信级网络、高可用性及透明故障恢复、基于 OpenFlow 递归网络抽象的多域支持等主要功能的 SDN 控制器。

4. Mc-Nettle

Mc-Nettle 是由耶鲁大学开发的一款新型 OpenFlow 控制器，它定位于超强的多核多服务器，能承担大型数据中心规模的负载流量（譬如每秒 2 千万个流请求，并可扩展至 5 000 台交换机）。

5. Trema

Trema 是由 NEC 公司使用 Ruby 和 C 语言实现的易用性极强的一款 OpenFlow 控制器框架。

3.2.8 多控制器模型

SDN 架构的控制层在设计之初的理念就是将所有的控制功能都转移到一个集中控制

器上，就是所谓的单一控制器。从以上列出的控制器来看，无论是研究机构还是厂商推出的这些开源控制器，都具有较高的性能、效率。在大多数情况下，单一控制器能够很好地管理一个较大的网络。

然而，随着 SDN 技术的持续升温，它的应用场景不再局限于数据中心、局域网。在云计算全面爆发的大数据时代，要使用单一控制器对大规模网络进行管理，这就面临着很多问题。首先，控制器中需要存储的数据量太大，所需处理的请求事件过于频繁，必将导致 SDN 控制器流表的爆炸性增长，流表的映射及查询开销剧烈增加；同时，单一控制器的处理能力及 I/O 能力均有限，面对大规模网络的复杂应用，必然会产生系统性能瓶颈；尤其是单一控制器在故障处理方面表现出极大的不可靠性，一旦单一控制器出现故障，整个网络都将瘫痪，这在网络中是绝对不允许的。

面对单一控制器的扩展问题，学术界和工业界又提出了一些分布式控制器架构，利用多控制器协同管理整个网络，能够解决单一控制器的性能瓶颈问题。但同时也会面临着新的问题，如控制器的数量、部署以及全局状态的一致性问题。

下面简单列举一些多控制器模型。

1. HyperFlow

基于事件的分布式控制平台，HyperFlow 平面采用逻辑集中物理分散方式，是 OpenFlow 方面的第一个分布式控制平面。HyperFlow 通过在网络中部署多台控制来管理 OpenFlow 交换机，每台交换机同步共享全局网络视图的同时，只需管理本区域内的 OpenFlow 交换机。控制器之间通过数据信道、控制信道和自身的信道，发布 / 订阅模式来互相通信。经分析测试结果发现：在足够的控制带宽下，HyperFlow 能够处理频率小于 1 000 次 /s 的网络事件，略有不足；再者，全网视图的更新和控制器之间的信息发布与传输时延紧密相关等。所以，HyperFlow 在面临一致性要求高、网络事件更新频繁之类的大型网络中，可能会面临瓶颈。

2. Onix

Onix 在可靠性、可扩展性和通用性方面，更胜一筹。Onix 网络构架由物理网络基础设施、网络连接基础设施、Onix 和网络控制逻辑等部分组成，通过 NIB（Network Information Base）来维护网络全局的状态，通过 3 种策略来实现控制平面的可扩展性：分区、聚合一致性和稳定性。此外，Onix 的全局网络视图分布在低层次不同的分布式控制器上，在上层逻辑节点进行聚合决策。虽然 Onix 的 NIB 采用的是较成熟的分布式系统，但也继承了其缺点。总体而言，Onix 是基于 OpenFlow 的 SDN 发展的一个方向：多控制器分区管控。使用 Python /C ++ 语言基于 Linux 平台上开发，用于解决较大规模真实网络的部署方案。

3. Kandoo

Kandoo 是 2012 年在 HotSDN 上提出的一种基于分层思想的多控制器转发平面设计方案，其中有两种等级的控制器：拥有全局视图的逻辑中心根控制器（Root Controller）和只拥有局部视图的局部控制器（Local Controller），每个交换机只能被一个 Kandoo 控制器控制，每个 Kandoo 控制器可控制多个交换机。其使用 C、C ++ 和 Python 共同开发，内存成本较低，支持动态可加载的插件，插件可由 C、Python 和 Java 实现。支持

OpenFlow 协议试验证明，单 Kandoo 控制器在 Xeon E7 -4807 使用单线程，可接收来自 512 个交换机超过每秒 1 MB 的吞吐量。

3.3 SDN 南北向接口

3.3.1 SDN 北向 REST 接口

SDN 的北向接口架构如图 3-7 所示，控制器作为服务器提供 Web 服务，上层应用作为客户端通过北向接口也就是 REST API 与之交互。控制器维护着网络的资源，包括网络拓扑信息、交换机节点信息、链路信息等，上层应用可以通过北向接口从服务器获取这些信息，对底层网络资源进行访问，也可以对这些资源进行创建、修改、删除等操作。来自上层应用的信息由北向接口与控制器交互，然后通过控制器与网络节点之间的南向接口传递给各个节点设备。通过北向接口，开发者可以通过编程的方式灵活地调用底层网络资源，形成各式各样的网络业务；同时上层的网络管理系统可以通过北向接口对整个网络进行管理和控制，全面掌握全网资源状态，并对资源进行统一调度。北向接口有助于推动网络创新和网络的高效管理及自动化，实现网络的可编程性，满足不同上层应用的需求。通过北向接口，我们不需要反复调整和配置网络的基础设备来使应用或者服务正确地运行起来，而是可以让应用通过北向接口命令基础设备按照需要的方式进行配置。以 SDN 架构为基础，网络将不再是基于基础设施，而是基于应用。

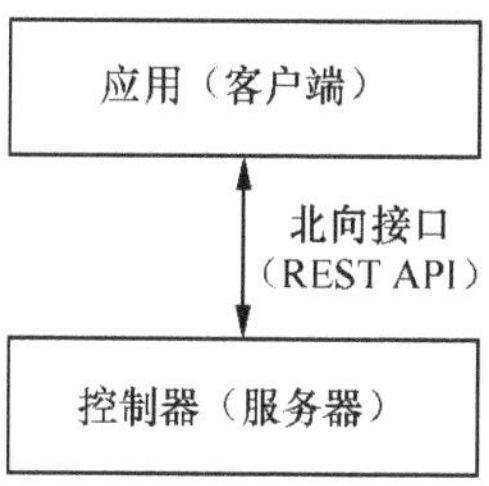

图 3-7　SDN 北向 REST 接口架构

如前所述，北向应用程序接口还有相应的标准，但许多开源控制器一般采用 REST API 作为北向接口的实现方式。REST（Representational State Transfer，表征性状态转移）是 Roy Fielding 博士在 2000 年他的博士论文中提出来的一种软件架构风格，因其简洁清晰的接口设计和灵活可扩展的特性被广泛采用于 Web 服务的架构设计中。符合 REST 设计风格的 Web 服务或者接口可称之为 RESTful 服务或者接口。REST 的核心是对资源的标识和获取。资源是指 Web 服务的提供者所拥有的实际物理资源，由 URI（统一资源标识符）来指定。例如当 SDN 控制器向上层应用提供 REST 接口时，那么它就相当于提供了一个 Web 服务，它所拥有的交换节点、端口等信息则是其资源，通过 URI（统一资源标识符）标识。而上层应用通过操作资源的表现形式来操作资源。资源的表现形式则是 XML、HTML 或任何其他格式，取决于读者是机器还是人，是消费 Web 服务的客户软件还是 Web 浏览器。对资源的操作包括获取、创建、修改和删除资源，这些操作正好对应 HTTP 协议提供的 GET、POST、PUT 和 DELETE 方法。也就是说，当上层应用使用 GET 方法通过某个交换机的 URI 向控制器发出请求时，控制器将返回此交换机的信息，而使用 POST 方法加上业务的 URI

则可以创建新的业务。

在 REST 设计风格中，有以下几个重要的概念。

资源（Resources）：对于 REST 风格的 Web 服务来说，客户端和服务器端之间的所有交互都应该认为是对服务器端所维护的“资源”的操作。客户端的每个 HTTP 请求都是对资源的获取、创建、修改或者删除，请求的 URL 即是要操作的资源的 URI，HTTP 方法指明了要对资源做 CRUD 中的何种操作，请求发送的数据中包含了要做此操作所需要的全部信息。

状态（State）：在 REST 中，状态有两层含义：一是资源的状态，资源不是一成不变的，而是因客户端的操作而发生着变化。如果把资源在某段时间内保持不变的情形称之为它的一个状态，那么客户端对资源进行操作的本质就是改变资源的状态。比如在一个 RESTful 架构的购物网站中，用户创建一个订单，那么订单这一资源就经历了从无到有的状态迁移，而用户修改此订单，其状态又会发生变化。状态的另一层含义是应用状态（Application State），即客户端与服务器间建立并保持的会话状态。REST 的准则中指出 REST 是无状态（Stateless）的，这里的状态就是指应用状态，后续介绍 REST 准则时将会详细解释。

资源状态的表征（Representation）：在 REST 架构中，对资源的获取和操作是通过在客户端和服务器之间传递资源的状态，从而获得资源状态信息或者改变资源的状态。而资源的状态是一个抽象的概念，需要一个载体才能进行传输，这个载体就是资源状态的表征。其格式可以是常用的 JSON、XML 或者其他任何形式。

综上，REST（表征性状态转移）的含义是，通过在客户端和服务器端之间传递资源状态的表征，来获取资源的状态或者改变资源的状态。

一个 REST 风格的 Web 服务需要满足以下准则。

1. 统一的接口

统一接口准则定义了客户端和服务器之间的接口，将 Web 架构中的客户端和服务器解耦，使两者相互独立。统一接口准则又包含四个指导原则。

（1）基于资源：每个资源都通过 URI 来标识，资源本身在概念上与其表征是相互独立的。比如，服务器向客户端传送的不是其数据库，而是表征了数据库记录的 HTML、XML 或者 JSON 格式的数据，采用 UFT-8 或者其他格式编码传输，具体的格式取决于实现的细节。

（2）通过表征（Representation）操作资源：当一个客户端拥有了资源的表征，也就拥有了在服务器端修改或删除这一资源所必须的所有信息，在具备相关权限的情况下就可以对资源进行操作。

（3）请求消息包含全部必要信息：每个来自客户端的请求消息必须包含服务器处理此消息所必须的所有必要信息。比如，通过“MIME type”，即请求头部的“Content-Type”字段表明服务器需要使用何种语法分析器来解析请求数据（JSON、XML 还是其他）。

（4）超媒体驱动应用状态（Hypermedia as the Engine of Application State，HATEOAS）：客户端通过请求的消息体（Body）、查询参数、请求头、请求 URI 来传送资源状态。服务器通过回复消息体、状态码、头部向客户端传递资源状态。这就是所谓的“超媒体”。

除此之外，HATEOS还表示，在必要时，在返回的消息体中包含获取此资源本身以及其他相关资源的链接，即资源的URI，通过消息体中的链接再去获取相关的资源。

2. **无状态**

不同于之前提到的资源的状态，这里的状态是指客户端和服务器之间的会话状态。无状态是指，要处理一个请求时所必须的信息必须完全包含在请求自身之中，这些信息可以包含于URI、查询参数、消息体、头部中。URI唯一地指定了要操作的资源，消息体包含了该资源的状态或者状态的改变。在服务器对该请求进行处理之后，最新的状态或者客户端关心的状态的某些局部信息，会通过回复消息的头部、状态码、消息体回传给客户端。

大多数具有Web开发经验的人都习惯于通过会话（Session）在客户端和服务器之间保持一种持续的交互状态，使得一段时间内的所有HTTP请求之间具有承接关系，在一个持续的上下文中进行。然而在REST中，客户端必须将处理请求所需的全部信息包含在请求之后，如果需要在多个请求之间维持会话，则必须在每次请求时重传应用状态。无状态的特征使得服务具有更好的扩展性，因为服务器不需要维护、更新和传送会话状态，并且负载均衡器也不需要考虑某个请求和哪个服务器维持会话状态的问题。

3. **可缓存**

客户端浏览器可对服务器的回复消息进行缓存。因此回复消息必须显式或者隐式地标志自己为可缓存或不可缓存，以防止客户端使用以前缓存的过时的或者不正确的数据。良好的缓存机制可以取消部分客户端和服务器之间不必要的交互，进一步提高可扩展性和性能。

4. **客户端 - 服务器模式**

统一的接口将客户端和服务器分离开来，使之相互独立。这一分隔使得数据的存储完全是服务器要考虑的事情，而与客户端无关，因而提高了客户端代码的可移植性。同时，服务器也无需考虑用户接口和用户状态，因而服务器变得更简洁也更具可扩展性。服务器和客户端可以分别独立开发和维护，只要保持统一不变的接口即可。

5. **层级化的系统**

客户端和服务器之间可以直接连接，也可以通过一个中介进行连接。而客户端和服务器也无需关心两者之间是否直连，只需知道彼此之间统一的接口即可。而两者之间的中介可以通过负载均衡及共享的缓存机制提高系统的扩展性，也可以提供安全服务。

6. **按需的代码（可选）**

服务器可以通过向客户端传送在客户端可执行的代码逻辑临时地扩展或者自定义客户端的功能，比如传送编译过的组件如Java Applets，或者客户端脚本如Javascript。

一个REST风格的Web服务，必须满足以上前五大准则，其中第六条“按需的代码”是唯一一个非必须满足的准则，可以在实现时根据需要决定是否遵循。

SDN北向接口是通过控制器向上层应用和服务开放的接口，用于应用层和控制层之间的通信。其目标是让上层应用可以非常方便地调配底层的网络资源和能力。北向接口因其必须密切配合业务应用的需要，单一的形式可能无法满足如此多样的需求。同时，北向接口的设计是否合理、便捷，以便能被业务应用广泛调用，会直接影响到SDN控制器厂商的市场前景。因而业界人士和组织分别从不同的角度提出不同的北向接口，从而实现不同的 SDN 应用，导致当前北向接口标准很难达成共识。ONF 为了避免阻碍应用创新也迟迟没有制定统一的北向接口规范。虽然目前北向接口并没有一个统一的标准，但 ONF 正在进行的北向接口标准相关研究工作中已经确定将使用 REST 风格的接口。同时，目前的北向接口实现普遍采用 REST 接口，即控制器作为一个 Web 服务提供者，通过 REST 风格的接口向上层业务应用开放，使得业务应用能够便利地调用底层的网络资源。因此，虽然北向接口标准尚未确定，但是 REST 风格的接口设计在业界已经达成共识。

从设计目标上看，SDN 控制器北向接口需要足够的开放性，使所有网络用户都能利用它开发网络应用，同时还需要为网络运营者提供足够的能力，使他们能够快速进行网络调整和定制。因而从技术实现上看，REST API 简洁明晰的接口风格和良好的灵活、可扩展性是实现北向接口的最佳选择。

3.3.2 SDN 南向接口与协议

当前，最知名的南向接口莫过于 ONF 倡导的 OpenFlow 协议。OpenFlow 在 SDN 领域中的重要地位不言而喻，甚至大家一度产生过 OpenFlow 就等同于 SDN 的误解。实际上，OpenFlow 只是基于开放协议的 SDN 实现中可使用的南向接口之一，但必须承认的是，OpenFlow 就是为 SDN 而生的，因此它与 SDN 的契合度最高。

SDN 南向协议还有 OF-CONFIG、NETCONF、OVSDB、BGP、PCEP 等。SDN 作为一种思想、一项技术，它的南向协议并不局限于特意为其设计的网络协议。比如，对于 VXLAN 协议来说，由控制器通过 OVSDB 协议来控制底层 Open vSwitch 设备来实现 VXLAN 隧道的配置也是符合 SDN 定义的。

1. OpenFlow

OpenFlow 是一个开放协议，可以使研究者在校园网络中运行试验协议。OpenFlow 已经被加入到商用以太交换机、路由器和无线接入点的特性中，在没有设备商提供其内部网络设备工作原理的前提下，提供了一个统一标准来使研究者进行试验，OpenFlow 目前已经得到大部分主要设备商的实施部署，目前的 OpenFlow 交换机已经可以商用化了。

OpenFlow 突破了传统网络设备厂商对设备能力接口的壁垒，经过多年的发展，在业界的共同努力下，目前已经日臻完善，能够全面解决 SDN 网络中面临的各种问题。OpenFlow 已经获得了业界的广泛支持，并成为了 SDN 领域的事实标准，例如 OVS 交换机就能够支持 OpenFlow 协议。OpenFlow 解决了如何由控制层把 SDN 交换机所需的用于和数据流做匹配的表项下发给转发层设备的问题，是针对流量层面管理网络的协议。

2. OF-CONFIG

OpenFlow 的提出解决了由控制器向 OpenFlow 交换机发送流表以控制数据流通过网络所经过的路径问题，但是并没有规定怎样管理和配置这些网络设备，而 OF-CONFIG 就是为解决这一问题而提出的。ONF 提出了 OF-CONFIG 协议用于对 SDN 交换机进行远程配置和管理，其目标都是为了更好地对分散部署的 SDN 交换机实现集中化管控。由此可见，OF-CONFIG 协议是与 OpenFlow 协议不同层面的协议，两者协同工作才能实现 SDN 技术的应用。

3. NETCONF

NETCONF 协议是一种最新的基于 XML 的网络配置和管理协议。NETCONF 协议针对之前流行的 SNMP 协议在功能和构架上的缺陷，并结合时下最流行的 XML 技术，提出了一套对于网络设备的配置信息和状态信息进行管理的机制。NETCONF 协议的架构具有很高的可扩展性和安全性，适合部署在不同规模、不同种类的网络设备之上，并提供完备的安全访问控制策略。近年来，YANG 建模语言被 IETF 推荐为标准的 NETCONF 建模框架，它不仅可以对配置数据进行建模，还可以对各种操作和通知进行建模，具有良好的可读性和可扩展性。数据建模语言 YANG 的具体内容可以参考 3.5.1 小节。如今“YANG”和“NETCONF”往往已经成为相伴相生的两个名词。

4. OVSDB

OVSDB 是以在虚拟服务器环境下实现虚拟化的开源软件交换机为目标而设计的协议。一个 vSwitch 在两个不同的虚拟机之间以相同的物理主机来发送流量，同时也在虚拟机之间和物理网络之间发送流量。Open vSwitch 是软件可扩展的，并且通过 OpenFlow 协议和 OVSDB 协议来控制。OVSDB 协议采用 JSON 作为线框，旨在实现对 Open vSwitch 数据库的可编程接入。对于 SDN 技术来说，另一个与 OVSDB 协议相关的协议即为 VXLAN 协议，它是一种实现在 UDP 中封装 MAC 的简单机制的协议，可以创建跨多个物理 IP 子网的虚拟 2 层子网。

现在不只一种标准可以在 IP 中封装 MAC（包括 EtherIP 和 GRE 通道桥接），但是它们都无法做到 VLAN 逻辑标记。由于 VLAN 只能使用最多 4 096 个不同的 VLAN_ID，这在数据中心网络中是远远不够的。而 VXLAN 通过一个 24 位分片 ID，在一个数据中心内它能部署百万个虚拟网，满足数据中心需求。而且，VXLAN 数据包格式很容易在硬件中实现，所以它以后也许可以更紧密地与物理网络设备集成。在数据中心网络，通过 NVC（Network Virtualization Controller，网络虚拟化控制器），使用 OVSDB 控制协议（Open vSwitch Database Management Protocol）可以方便地对 VXLAN 隧道终点（VTEP）设备进行部署和变更。

5. BGP

边界网关协议（BGP）是运行于 TCP 上的一种自治系统的路由协议。BGP 是唯一一个用来处理像因特网大小的网络的协议，也是唯一能够妥善处理好不相关路由域间的多路连接的协议。BGP 协议并不是为 SDN 而生的协议，但是正如 VXLAN 协议一样，BGP 协议同样可以被 SDN 技术巧妙应用而成为一个能够实现 SDN 思想的协议。之所以把 BGP 协议列为 SDN 南向接口协议而并没有把 VXLAN 列进来，是因为 VXLAN 协议是运作于网络设备之间的协议，并非是控制器与网元之间的协议，当然这之间的协议是已经阐述过的 OVSDB。BGP 的不同在于控制器是以一个 BGP Peer 的身份与 BGP 网元相连，BGP 网元中有 BGP Reflector 来收集自治域内拓扑信息，又有 BGP Speaker 作为自治域发言人对其他自治域相互通信，BGP 还可以有多种 Address Family 扩展，作为 SDN 技术的一个南向接口起到了很大的作用。

6. PCEP

PCEP（Path Computation Element Protocol）协议是针对一个路径计算用户和路径计

算元素或者两个路径计算元素之间的协议。这样的交互包括在多协议标签交换（MPLS）和广义多协议标签交换（GMPLS）中的路径计算请求和路径计算回复，同样也包括与路径计算元素应用相关的具体状态通知。PCEP 协议是被设计用来进一步允许消息灵活且可扩展的，可以与多种协议相结合使用。SDN 技术可以将这一协议合理利用使其更好更方便地为未来网络服务。

3.4 OpenDaylight 控制器

3.4.1 OpenDaylight 架构

OpenDaylight 架构主要由网络应用服务层、控制平面层、南向接口层和数据平面层四层构成，如图 3-8 所示。网络应用服务层主要负责为用户提供北向 REST API。控制平面层包括一系列功能模块，可动态组合提供不同服务，其中主要包括拓扑管理、转发管理、主机监测、交换机管理等模块。南向接口层为硬件设备提供标准的南向接口，支持多种不同协议，如 OpenFlow1.0、OpenFlow1.3、BEG-LS 等。数据平面层支持混合模式交换机和经典 OpenFlow 交换机。

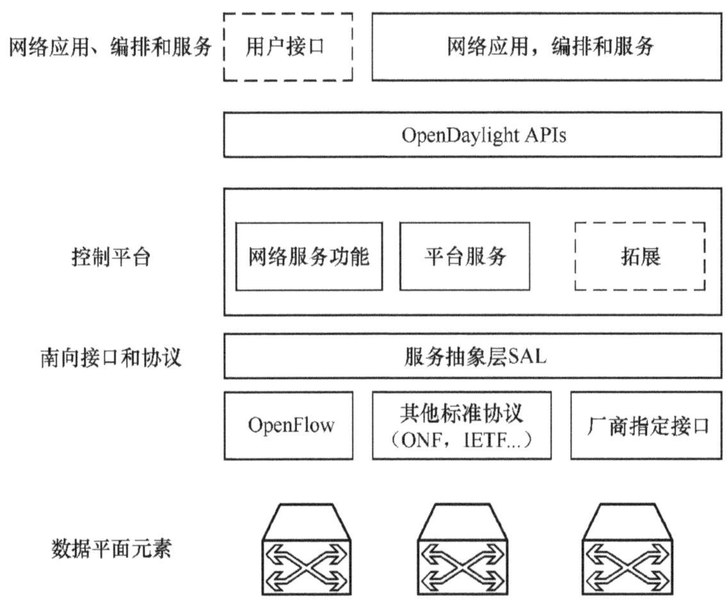

图 3-8 OpenDaylight 基本架构

OpenDaylight 架构的六大设计原则见表 3-1。

OpenDaylight 主要优点和核心技术如下。

（1）OSGi 体系结构：OpenDaylight 采用了 OSGi 服务体系架构，将应用视为对等模块的相互协作，对功能进行隔离，可以动态地加载或者卸载，有利于扩展性，可以动态部署。

表 3-1 OpenDaylight 架构设计原则

设计原则	含义
运行时模块化和扩展化 Runtime Modularity and Extensibility	支持在控制器运行时进行服务的安装、删除和更新
多协议的南向支持 Multiprotocol Southbound	南向接口支持多种协议
服务抽象层 Service Abstraction Layer	南向多种协议对上提供统一的北向服务接口。Hydrogen 中全线采用 AD-SAL，Helium 版本 AD-SAL 和 MD-SAL 共存，Lithium 和 Beryllium 中已基本使用 MD-SAL 架构
开放的可扩展北向 API Open Extensible Northbound API	提供可扩展的应用 API，可以通过 REST 或者函数调用方式，两者提供的功能要一致
支持多租户、切片 Support for Multitenancy/Slicing	允许网络在逻辑上（或物理上）划分成不同的切片或租户。控制器的部分功能和模块可以管理指定的切片。控制器根据所管理的分片来呈现不同的控制观测面
一致性聚合 Consistent Clustering	提供细粒度复制的聚合和确保网络一致性的横向扩展（Scale-out）

（2）SAL（服务抽象层）：架构中引入服务抽象层，使得北向 REST API 和南向接口之间的调用相互隔离，支持南向插件通过各种不同的协议与网络设备进行通信，屏蔽了不同协议之间的差异，为上层功能模块提供一致性的服务。

（3）MD（Model Drive）：使用 YANG 工具，使用业务驱动模型工具来设计接口、实现业务功能，根据 YANG 文件，YANG 工具可直接生成业务管理的“骨架”，使开发者真正专注于具体业务。

（4）Infinispan（分布式内存数据网格）：实现数据的存储、查找及监听，用开源的数据网格平台实现 Controller 的集群，并且支持分布式。

（5）Netty：南向使用高性能稳定的开源框架 Netty 来管理底层的并发 IO，监听消息服务。

3.4.2 OpenDaylight 工作流程分析

OpenDaylight 中，每个模块可以调用其他模块暴露的接口，一般上层模块调用下层模块的接口获取服务，下层模块调用上层模块的接口进行事件通知。本文以网络拓扑的形成为例，分析 OpenDaylight 如何获取底层网络设备的信息，从而形成网络拓扑结构的流程。SAL 的工作有：接口路由和适配。为了简单，图中将省略 SAL 及其他辅助的功能模块。网络拓扑形成过程如图 3-9 所示。

步骤 1 ～ 9 是 OpenDaylight 通过 OpenFlow 协议插件发送 LLDP 报文获取交换机的连接拓扑，其中步骤 1 ～ 3 为 Discover Service 对新连接的交换机发送 LLDP 探测报文，步骤 4 表示收到报文后，交换机向相邻交换机转发该报文；步骤 5 ～ 7 为交换机将 LLDP 报文打包发送给 Discover Service；步骤 8、9 为 Discover Service 形成一条新的边并通过 Topology Service 交给 Topology Manager。步骤 10 ～ 15 通过 ARP 报文获取主机与交换机链接的拓扑，其中步骤 10 ～ 13 为交换机收到主机的 ARP 报文后将其打包转发给 ODL 并交由 ARP Handler 处理；步骤 14 为 ARP Handler 从收到的报文中提取出主机 IP 和与交换机的端口信息，并将这些信息交给 Host Tracker；步骤 15 为 Host Tracker 形成主机与交换机链接的边交给 Topology Manager。Topology Manager 再将这两种类型的边结合起来，形成整个网络的拓扑结构。

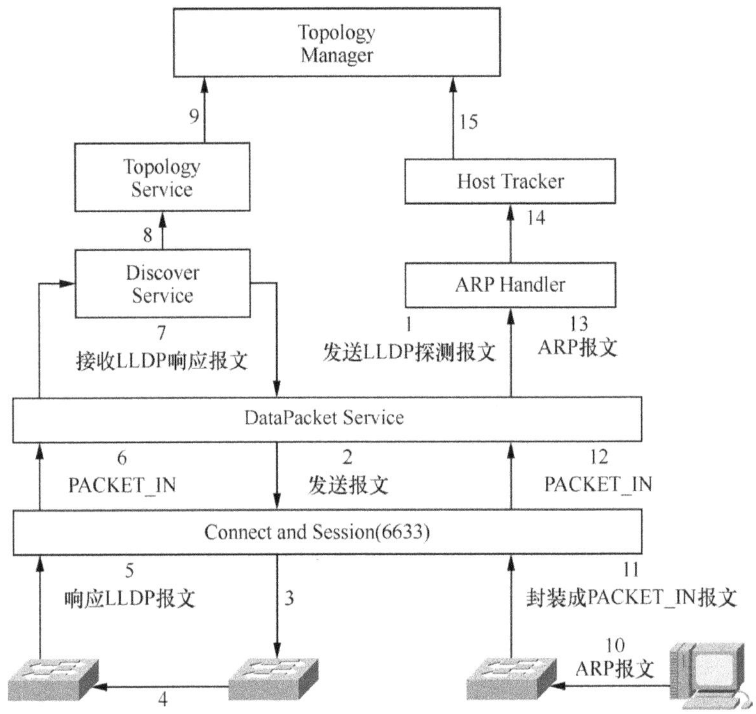

图 3-9　网络拓扑形成过程

3.4.3　OpenDaylight 版本

2014 年 2 月，OpenDaylight 推出的首个开源版本是氢（Hydrogen），并同步发行了三种不同的版本来满足各层面用户的不同需求，其中包括基础版（Base Edition）、虚拟化版（Virtualization Edition）和服务提供商版（Service Provider Edition）。基本版是一个标准的控制平台，包括 OpenFlow 的设备，同样提供丰富的插件。虚拟化版增加了一些额外的服务，运用了虚拟化技术，主要添加了 VTN 和 Open DOVE 的相关模块。物理设备资源最大化利用的同时，提高了服务的人性化程度，因为用户可以部署自己的虚拟网络而无需了解底层复杂的物理拓扑。服务提供商版在基本的版本上面增加了一些功能，增加了 SNMP、PCEP 协议，同时在控制器平台里面还加入了一些其他的功能。

2014 年 9 月 29 日，OpenDaylight 发布了氦（Helium）版本。Helium 版本相较于 1.0 氢版本包括以下变化。

（1）OpenDaylight 结合了 OpenStack。在 Helium 版本中最明显的特征是 OpenDaylight 与 OpenStack 之间整合的方式，其中包括在 Open vSwitch 数据库整合项目中一些明显的改善，以及高级的 OpenStack 特征（如安全小组、分布式虚拟路由器和负载均衡即服务）的技术预览。

（2）组策略插件（Group Policy Plugin）。能够在以策略为重点的北向 API 中提供比 Affinity 更好的体验，提供多样性选择，可以实行单一的模型，也可以同时实行两种模型。

（3）DLUX（OpenDaylight User eXperience）。通过更多拖放功能的图形用户界面增强用户体验，更易拖拽，且设备图形显示更美观。

（4）NFV（网络功能虚拟化）。推动 SDN 与 NFV 的发展，重新构建网络，且新增 11 个新的协议、应用及技术到 SDN 和 NFV 平台中，使之更灵活的、互操作性更可用。

（5）变化最大的是配备了一个新的用户界面和一个更简单并可定制的功能安装过程，并使用了 Apache Karaf 容器，提供开发者更方便测试和管理 SDN 生产环境的平台。新的用户界面显示相比较 1.0 版本完全变化，直接将 Nodes、YangUI、Topology、Network、Connection Manager、Flows 等模块功能显示，更显直观。

（6）更高的可用性，以及加强和增加新的协议，如 OpenFlow 的表格型模式、PacketCable 多媒体、应用程序的策略框架和工具、服务功能链接等。

（7）安全性以及授权功能方面有所增强。拥有更出色的集群化故障转移机制，新的 Secure Network Bootstrapping Infrastructure（安全网络引导基础设施，简称 SNBI）允许用户对一整套控制器与网络设备安全集进行定义与启用。

（8）利用 BGP 实现的控制器交叉联合机制通过 SDNi（软件定义网络接口）在项目中同样得以实现。

（9）模型驱动的服务抽象层在 OpenDaylight SDN 中扮演一个关键角色，其可以通过自动化减少人类的干预和人为错误。与此同时，自动化还可以为南向和北向接口提供更好的一致性。

2015 年 6 月，OpenDaylight 发布了 Lithium（锂）版本。新版本增加了对 OpenStack 的本地支持，也加强了对 NFV 的支持。同时，Lithium 版本加强了对安全的支持，包括在控制器和网络设备之间增加了新的安全通道，增加了一个网络流量审查分析工具，并且全部支持 Java8（Java8 相较 Java7 在安全性上有很大提升）。

2016 年 2 月，OpenDaylight 发布了 Beryllium（铍）版本。Be 版本在性能和可扩展性上有很大提高，包括首次完全支持 OpenStack 高可用性，增加了 intent-based 管理、网络服务和网络资源调度的灵活性。同时，Be 版本提供了更广泛的 SDN 用例，包括传统的网络资源优化和自动化服务交付方面的应用案例，新兴的云计算和 NFV 领域提供的更多的应用案例。

2016 年 9 月 21 日，OpenDaylight 发布了 Boron（硼）版本。新版本在 Cloud 和 NFV 用例的功能和性能上有了显著的增强，并且能够更便捷地对一系列用例进行管理。

3.4.4 OpenDaylight 与 OpenStack

图 3-10 总结了 OpenStack 和 ODL 融合的全过程。OpenStack Neutron 包含 ML2 机制驱动，该机制驱动（ODL）作为 REST 代理能够调用所有的 Neutron API。ODL 包含

北向 REST 服务（Neutron API 服务），能够调用这些代理 API 缓存数据并可用于 ODL 的其他服务。

图 3-10　OpenDaylight 与 OpenStack 的融合

3.5　OpenDaylight 中部分重点项目

3.5.1　数据建模语言 YANG

YANG 是一种数据建模语言，其产生是为了对 NETCONF 协议所操作的数据进行建模。Network Configuration Protocol（NETCONF）是由 IETF 标准化的一个网络管理协议，它提供了添加、修改以及删除网络设备配置的机制。在 NETCONF 的配置协议体系中，YANG 用来描述具体网元的配置、状态、通知时间、操作维护的数据信息以及之间的约束关系。在 NETCONF+NETMOD 联合配置框架下工作时，网元可以对客户端提交的配置等信息通过 YANG 描述的模型进行校验，保证其准确性，同时也保证各厂商 NETCONF 协议支持的规范兼容性。目前，随着 YANG 的标准化，其应用范围已经不再局限于前述的网元配置管理的数据模型描述范畴，而是被广泛用于 SDN 控制器中来描述南北向 API。如 OpenDaylight 定义的北向 REST API，基于 YANG 来构建模型，然后由 YANG Tools 开源工具生成对外的 API 以及部分 Plug-in 框架代码。

YANG 模型通过树形结构的节点定义对通过 NETCONF 协议传送的数据进行建模，描述了数据模型的层级嵌套结构以及各属性的数据类型。YANG 具有自己的语法格式，也可以无差别地转换为 XML 格式，称之为 YIN。通过第三方工具 pyang 可以很方便地实现这种转换，由于在各种编程语言中都对 XML 有良好的支持，提供了与 XML 文件交互的接口或函数库、功能模块，可以轻松实现 XML 文件的读取。

YANG 模型中基本的节点类型及其作用见表 3-2。

表 3-2　YANG 模型中的基本节点类型

module	module 是数据模型的集合
import	import（导入）其他 module 的内容
container	container 节点是一个容器
list	list 节点定义了一系列具有相同结构的数据的集合
leaf	leaf 节点是位于树形结构末端的叶子节点

续表

leaf-list	leaf-list 也是相同结构的数据的集合
type	type 声明了 leaf 节点的数据类型
typedef	typedef 定义一个新的数据类型，具有新的名称
grouping	grouping 定义一个可重用的数据结构
uses	uses 声明用来引用一个 grouping
choices case	choices 定义由 case 声明的子节点组成的节点集合
rpc	rpc 定义 NETCONF 的 RPC（Remote Procedure Call，远程方法调用）操作

module 是数据模型的集合。服务端可以将全部数据模型分模块定义在多个 module 中。module 包含三部分声明：module-header（描述该 module 本身的信息）、revision（描述该 module 的修改历史）、definition（描述 module 的内容，即定义数据模型）。一个 module 可以根据需要划分为多个 submodule。不同 module 之间可以通过 import 声明来互相引用，module 可以通过 include 声明来引用 submodule，submodule 也可以通过 include 来引用其他的 submodule。

import（导入）声明使得在某个 module 中定义的内容可以在其他 module 或者 submodule 中使用。当一个 module 被导入之后，导入它的 module 或 submodule 可以使用在该 module 顶层（即树形嵌套结构中 module 节点的直接子节点）定义的 grouping 和 typedef。import 声明中必须包含 prefix 声明，给导入的 module 指定一个前缀。允许同时导入多个 module。

container 节点是一个容器，可以包含任意多个子节点，它没有具体的值。子节点可以是任意类型，比如 list、leaf、leaf-list，也可以是 container 类型自身。

list 节点定义了一系列具有相同结构的数据的集合。list 的实例应为数组类型，数组中的每个元素都具有 list 中定义的数据结构，并通过各自独特的 key 来标识。list 中必须包含 key 声明，来指定作为 key 的 leaf 节点的名称（比如 id、name 等）。可以使用多个 leaf 节点结合作为 key。list 节点可以包含任意多个任意类型的子节点，比如 leaf、list、container 等。

leaf 节点，顾名思义就是位于树形结构末端的叶子节点，它的内部不能再包含任何子节点，一般用于描述 id、name 等"属性"。leaf 节点有一个具体的值。leaf 节点中必须包含 type 声明，指明该属性的数据类型。其他可以包含的子声明有：default 声明，用于给该属性指明一个默认值，在该属性为非 mandatory 且缺省时使用该默认值；mandatory 声明（值为 true 或 false，默认为 false），表明该节点必须存在还是允许缺省。

leaf-list 与 list 类似，也是相同结构的数据的集合。不同之处在于，leaf-list 中每个元素都是 leaf 类型的数据结构（比如一个字符串，或者一个数字），而 list 中的是树形嵌套的数据结构。

type 声明了 leaf 节点的数据类型。其值是一个字符串，为数据类型的名称，可以是 YANG 语言的内置类型（如 int32、string 等），也可以是通过 typedef 定义的衍生类型。type 声明中可以通过包含一系列的子声明来对数据类型增加进一步的限制条件（比如 length、range、enum），使得对数据的描述更加精准。

typedef 定义一个新的数据类型，具有新的名称。这个新的数据类型可以在本地 module 中通过 type 声明使用，也可以被导入了本 module 的其他 module 使用。由 typedef 定义的数据类型是一个“衍生”类型。typedef 声明必须包含一个 type 子声明，指定该类型是基于哪个“基本类型”衍生得到的，此“基本类型”不仅可以是 YANG 语言的内置类型，还可以是通过 typedef 定义出来的其他“衍生类型”。这样的类型定义方式会形成“链条式”的类型继承关系，而所有通过 typedef 定义的“衍生类型”都可以“追溯”到 YANG 的内置类型。还可以包含 default 子声明，指定该类型数据的默认值。

通过在 type 子声明中增加限制条件或者添加 default 声明可以定义出与“基本类型”不同的新类型。

grouping 定义一个可重用的数据结构，可以通过 uses 声明在任何需要定义此数据结构的地方引用。grouping 可以在本地 module 中引用，也可以在导入了本 module 的其他 module 中引用。通过这种复用方式可以减少重复的数据结构描述，使 YANG 模型更加简洁。

uses 声明用来引用一个 grouping。其效果是所有该 grouping 中定义的节点都被复制到当前 uses 的位置。

choices 定义了一个节点集合，其中包含着多个由 case 声明的子节点，各个 case 之间是互斥的，在实例化的数据中有且只有一个 case 中定义的节点会出现。choices 和 case 节点都只会在数据模型定义中出现，用来描述一种数据结构，而不会出现在实例化的数据中。case 中定义的节点才会出现在实例中。

rpc 用来定义一个 NETCONF 的 RPC（Remote Procedure Call，远程方法调用）操作。rpc 中可以包含两个子节点：input 节点定义了 RPC 操作的输入数据；output 节点定义了 RPC 操作的输出数据。

YANG 模型的格式如图 3-11 所示，每个 YANG 模型文件定义了一个模块（module），每个模块中描述了具体的资源的数据结构。每个节点的声明包括其类型、名称和具体定义，其定义内容用大括号包括起来。

```
module acme-foo{                                       //module name为acme-foo
    namespace “http://acme.example.com/foo”；          //namespace唯一标识这个YANG模型
    prefix “accoo”；                                   //“accoo”作为前缀
    import my-extensions{                              //导入其他YANG模型“my-extensions”
        prefix “myext”；                               //“myext”作为前缀
    }
    list interface{                                    //list节点可有多个实例，每个实例都用key唯一标识
        key “name”；
        leaf name{                                     //leaf是叶子节点，具有数据类型和值
            type string;                               //叶子结点name的数据类型（type）是string
        }
        leaf mtu{                                      //叶子结点mtu
            type unit32;                               //数据类型（type）是unit32
            description “The MTU of the interface.”；//描述
            myext:c-define “MY_MTU”；                  //引用“myext”YANG模型中自定义的内容
        }
    }
}
```

图 3-11　YANG 模型实例

3.5.2 L2Switch 项目

L2Switch 项目是 OpenDaylight 控制器中的一种应用，它将某些特定的二层处理代码剥离处理形成了一个可重用的独立项目，提供基础的 L2Switch 功能和一些典型的支持 L2Switch 功能的服务，包括基于事件驱动的数据包处理模块、地址跟踪、最优路径计算、基本的生成树协议等。

该项目将传统的 L2Switch 设备的控制层抽离到控制器上，使控制器具备 L2Switch 的处理能力，负责 MAC 地址学习、数据转发决策等。L2Switch 项目不直接转发数据，而是通过向软交换机（虚拟交换机）下发流表，从而实现控制数据包的转发行为。

L2Switch 项目由一系列支持 L2Switch 项目功能的服务模块组成，包括地址跟踪、ARP 处理器、主机跟踪、消除环路、包处理以及流表下发等。L2Switch 项目的架构如图 3-12 所示。

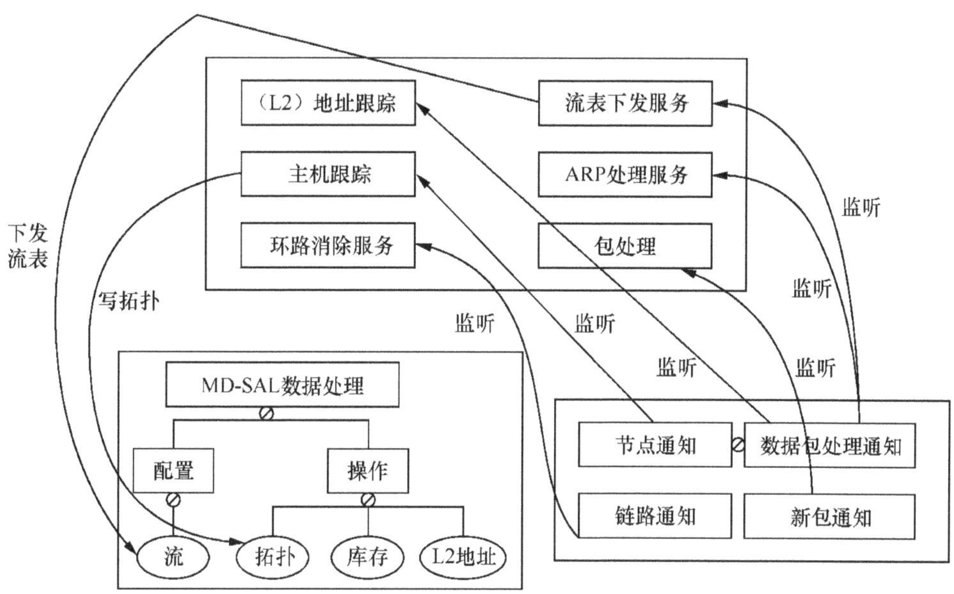

图 3-12 L2Switch 项目架构图

在初始化阶段，L2Switch 项目中的服务插件将会向 MD-SAL 注册相应的通知，如包处理服务将注册新包通知，ARP 处理服务将注册数据包处理通知，流表下发服务将注册数据包处理通知。当这些服务插件监听到相应的通知时，将触发以下处理流程，见表 3-3。

表 3-3 L2Switch 中触发的流程

流程	含义
包处理（Packet Handler）	当 MD-SAL 接收新的数据包时，包处理服务将接收新包通知，然后解析接收到的数据包并在解析完成后向 MD-SAL 发送相应的处理通知，如该服务解析到 ARP 数据包，则向 MD-SAL 发送 ARP 数据包处理通知
ARP 处理（ARP Handler）	当监听到包处理发布的数据包处理通知时，该服务负责处理解析后的 ARP 信息并产生包含 ARP 广播的 packet-out 消息

续表

流程	含义
流表下发服务（Flow Write Service）	当监听到包处理发布的数据包处理通知时，该服务负责向 MD-SAL 的 DataStore 添加流表项
地址跟踪（Address Tracker）	当监听到包处理发布的数据包处理通知时，将 MAC 地址与端口的映射关系保存并更新 MD-SAL 的 DataStore 中的数据
主机跟踪（Host Tracker）	当监听到节点通知时，该服务将更新 DataStore 中的拓扑数据
环路消除（Loop Remover）	当监听到链路通知时，该服务将使用 STP 协议消除网络环路

OpenDaylight 中的 L2Switch 项目和传统的 L2Switch 设备的控制数据包转发的规则基本一致，具体见表 3-4。

表 3-4　L2Switch 处理数据包规则

源 MAC	目的 MAC	规则
未知	未知	学习源地址，并在当前网络域上广播数据包（除入端口外）
未知	已知	学习源地址，数据包单播发送至目标设备
已知	未知	在当前网络域上广播数据包（除入端口外）
已知	已知	在源地址和目的地址之间查找最短通路，单播发送数据包，并在沿路的每个节点交换机下发一条根据源 MAC 和目的 MAC 指定路径的流

L2Switch 项目是一种实现 L2Switch 功能的应用插件，主要使用 OpenFlow 协议与交换机通信，负责处理 packet-in 消息，并根据表 3-4 所示的规则向交换机下发流表项。L2Switch 应用处理数据包的详细过程如图 3-13 所示。具体流程包括以下 11 个步骤。

（1）当 SDN 网络中的交换机遇到无法处理的数据包时，网络交换机通过 OpenFlow 安全通道立即向 SDN 控制器发送 packet-in。

（2）OpenFlowPlugin 接收 packet-in 消息后，解析该消息并向 MD-SAL 发送新包通知。

（3）包处理服务监听到新包通知后，解析新数据包。

（4）包处理服务将解析后的数据包封装为相应的处理通知，并发布给 MD-SAL。

（5）ARP 处理服务监听到数据包处理通知后，将 ARP 报文封装到 packet-out 消息。

（6）ARP 处理服务将步骤（5）的 packet-out 消息通过 RPC 调用方式发送给 Open FlowPlugin。

（7）OpenFlowPlugin 将 packet-out 消息发送给交换机，交换机执行 packet-out 消息的动作，在当前网络域上广播数据包（除入端口外）。

经过以上步骤后，L2Switch 应用将完成相应的 MAC 学习过程，在 DataStore 中存储相应的 MAC 地址映射表。当再次出现相同的 MAC 地址的 packet-in 消息时，将重复执行步骤（1）～（4）的过程。

（8）流表下发服务监听到数据包处理通知后，读取 ARP 消息。

（9）流表下发服务判断地址映射表中是否包含该目的 MAC 的映射条目，如果包含，则根据源 MAC 和目的 MAC 地址生成相应的流表项，并将其添加到 MD-SAL 的 DataStore 中。

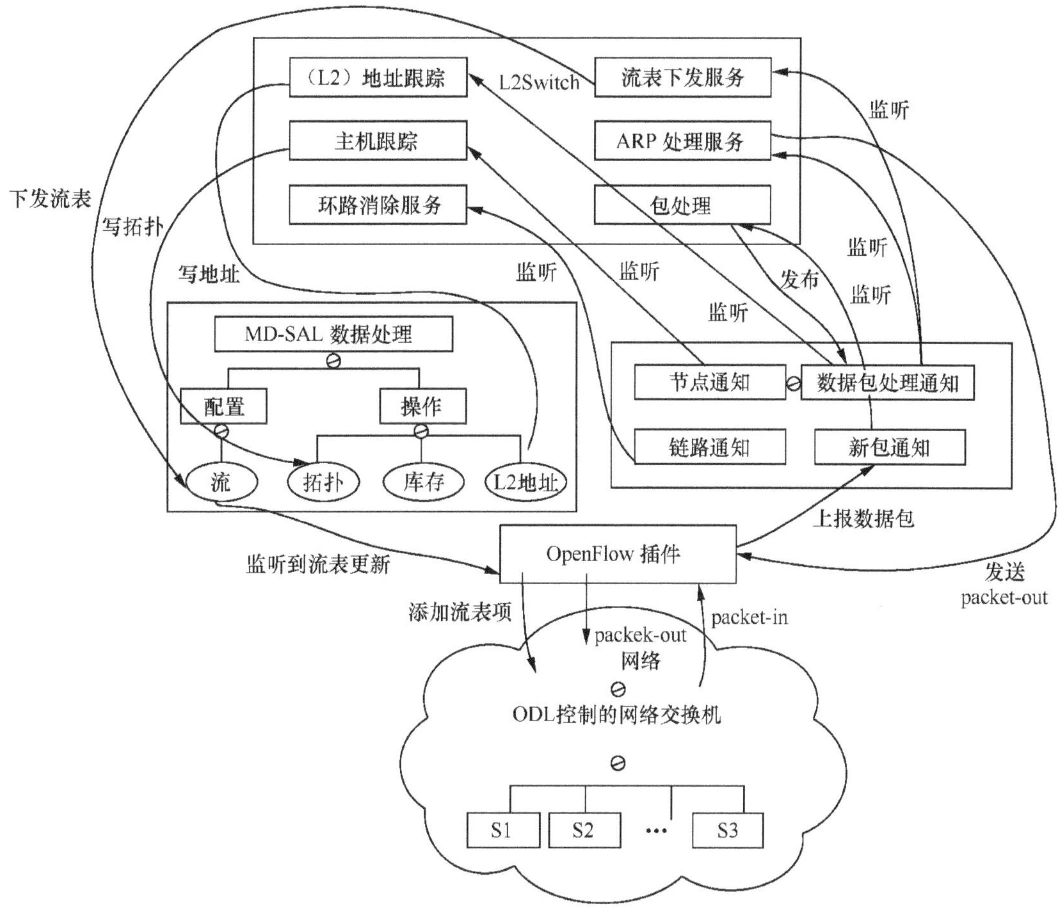

图 3-13 L2Switch 处理 packet-in 消息

（10）OpenFlowPlugin 监听到 DataStore 中流表更新，读取新添加的流表项。

（11）OpenFlowPlugin 向源 MAC 和目的 MAC 设备的沿途交换机节点下发相应的流表项。

3.5.3 功能服务链项目

下面是功能服务链（Service Function Chaining，SFC）基本概念的介绍。

中间设备（Middle Box）：介于虚拟网络和物理网络之间，完成安全、统计、优化等网络服务功能的中间件，如防火墙、IDS/IPS、负载均衡、DPI 等。目前，运营商在网络边缘和数据中心部署了大量 DPI、NAT、防火墙和应用加速等业务功能。

分类器（Classifier）：执行分类操作的元素。根据初始化的（配置好的）policy 匹配数据流进行封装，然后转入到业务服务链中。

服务功能（Service Function，SF）：负责对收到的报文进行特定功能的处理。SF 主要包括 DPI、合法监听、服务负载均衡、TCP 优化、防火墙等。

服务功能转发器（Service Function Forwarder，SFF）：将封装有对应逻辑 Service Chaining 路由标签的数据报文进行逐跳转发。目前，使用最广泛的 SFF 是 OVS。

服务功能路径（Service Function Path，SFP）：SFP 介于 SFC 和 SFF/VM 之间，它提

供了一个间接的服务链路径描述方式，通过 SFP 可以控制网络中 SFF 和 SF 的优先级。

由于 Overlay 网络的发展，使得虚拟网络和物理网络分离，让数据中心的网络控制变得更加灵活，更具有扩展性。然而，在数据中心中，还存在很多介于虚拟网络和物理网络之间的中间件，如防火墙、QoS、负载均衡器等。这些中间件提供了必要的服务处理功能。灵活、便捷、高效、安全地调配流量到服务功能上处理，形成服务链（Service Function Chaining），这就是 SFC 项目要解决的问题。

过去也有服务链的概念，但传统的网络服务链往往和网络拓扑紧密耦合、部署复杂，在服务链变更、扩容时，都需要改动网络拓扑，重新进行网络设备的配置。而云计算环境广泛使用虚拟化技术，具有动态性、高流动性、规模易变化、多租户等特点，传统网络的服务链无法满足这些需求，SDN 的出现让服务链又焕发了生机。因此，当前再谈及服务链时，默认指的是 SDN 服务链。

与传统 DC 中配置的网络服务链相比，基于 SDN 的 SFC 具有如下的优势。

一是，传统的网络服务链往往基于手工配置，很大程度上依赖于具体的网络拓扑，以至于网络设备之间的耦合性很大。而基于 SDN 的配置，可以动态地添加或者删除链表上的服务节点，不仅使用方便，而且解耦了网络设备之间的关联。

二是，在数据流量经过链表的过程中，SFC 还支持分类器与服务、服务与服务之间的上下文信息共享。

三是，在传统的数据服务链中，数据包往往要经过多次分类，即多次解包、封包的过程。而在 SFC 中，这个过程大大缩减，一般只需分类一次即可，使得整个过程更便捷、更高效。

OpenDaylight 的 SFC 项目是整个控制器平台内部的一个功能模块，提供了一个定义 VNF（例如防火墙、负载均衡等）序列的能力。用户可以通过控制器提供的北向 API 来使用 SFC 的功能，例如创建、更新或者删除 Service Chain，还可以通过配置非透明的 Metadata 数据段用来在 Service Function 的节点间实现数据共享。由 IETF 草案 draft-ietf-sfc-architecture-08 定义的 SFC 架构如图 3-14 所示。

SFC 核心组件介绍如下。

（1）服务封装

SFC 封装携带 SFP 标识，用于表征一条服务链路径信息，每个 SFP 是全网唯一的，同时 SFC 封装还可以携带元数据用于表征数据平面的环境信息。如果两个 SFC 域中间横跨了一个不支持 SFC 的外部网络，此时在 SFC 封装外层需要增加一层封装使外部网络能够识别。SFC 封装保持了报文传输的独立性，任意网络协议都可以用来传递携带 SFC 封装的报文。

（2）SFC 域

在现阶段的应用场景中，SFC 应用范围仅限于小部分可以被虚拟化技术代替的网络功能，因此可能存在支持 SFC 网络和不支持 SFC 网络之间相互隔离的问题。

（3）SF

SF 接收来自一个或多个 SFF 的报文，处理完的报文被回传给 SFF 进行转发。SF 的概念是不断演进的，SF 不再被简单视作网络中的一个独立的服务功能，而是组合为更复杂的服务功能。SF 分为两种类型：一种是支持 SFC 封装的类型；另一种是不支持 SFC 封装的类型。对于后者，SFF 需要扮演 SFC 代理的角色。一个 SF 可以同时处理多个不同服务链的报文，也就是说，一个 SFC 对应的报文并不独占一个 SF。

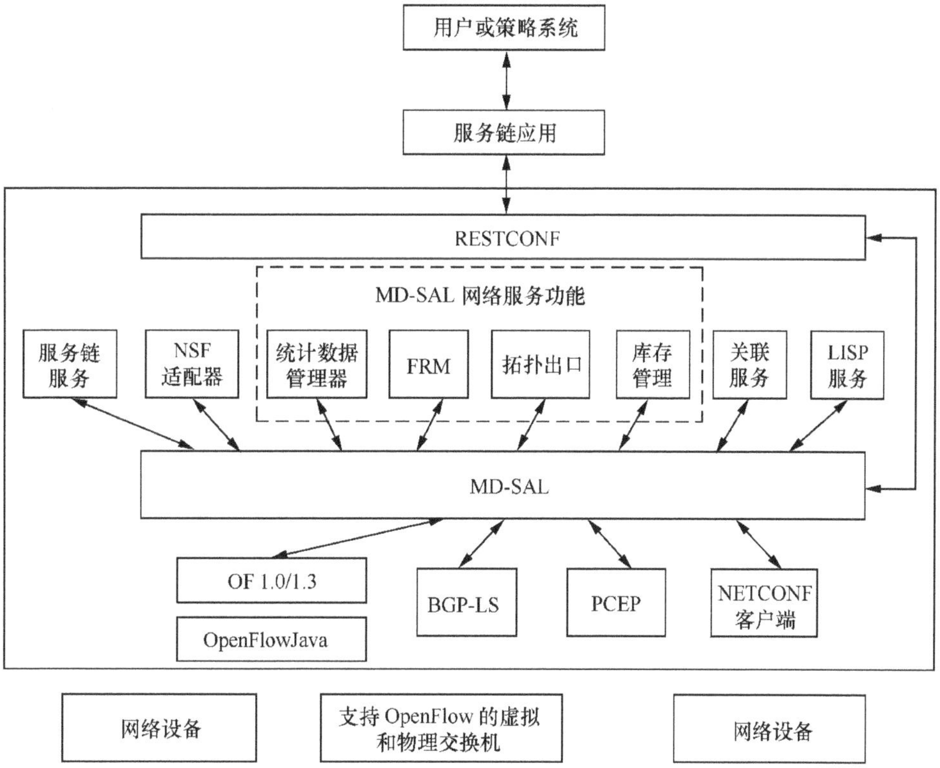

图 3-14　SFC 项目架构

（4）SFF

SFF 可以看作网络路由器或交换机，用虚拟路由器或虚拟交换机实现，通过配置流表进行 SFC 报文转发。SFF 可以同一个或多个 SF 相连，也可以不与 SF 相连，只做转发。如果报文需要进入 SF 进行处理，那么 SFF 根据报文 SFC 封装中的信息将报文引导至 SF 中；如果报文不需要 SF 处理，那么 SFF 把报文转发至后续的 SFF 中。

（5）SFC 代理（SFC Proxy）

为了兼容不支持 SFC 功能的 SF，SFF 需要扮演一个逻辑的 SFC 代理角色。当携带 SFC 封装的报文到达 SFF 时，SFC 代理首先移除 SFC 封装，将解封后的报文发给不支持 SFC 功能的 SF 处理，完成处理后，SF 将报文回传给 SFC 代理，如果报文未经过修改，则加上相同的 SFC 封装并继续转发；如果经过了修改，则需要根据新的分类策略给报文加上新的 SFC 封装。

（6）分类

分类功能是 SFC 最基本的一项功能。流量进入 SFC 域时，需要对流量进行分类，然后根据分类的结果并结合相应的策略给流量加上相应的 SFC 封装。分类的粒度由分类器的能力和 SFC 策略共同决定。一个 SFC 封装就对应一个 SFP，分类的结果就是为流量选择出一条特定的 SFP。分类功能不仅作用在 SFC 域的边缘，还作用于 SFF 上。

3.6 SDN 与 NFV

3.6.1 SDN 与 NFV 的关系

SDN 和 NFV 的关系如图 3-15 所示。由图 3-15 可知，SDN 和 NFV 没有直接的联系，两者并不相互依赖，但两者又具有很强的互补性。SDN、NFV 两者相互结合可以获得潜在的叠加增值效应。

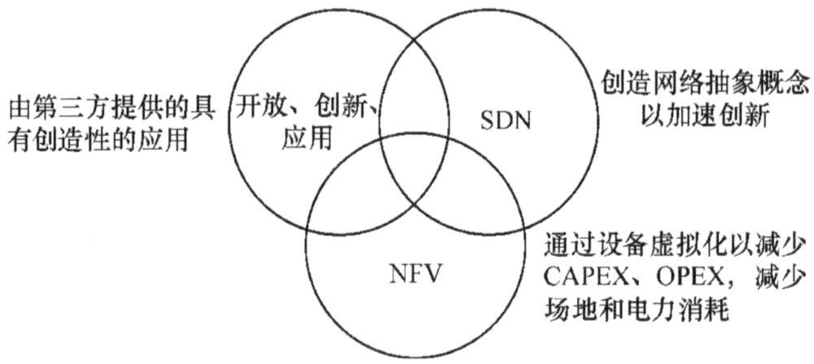

图 3-15　NFV 和 SDN 的关系

SDN 和 NFV 具体的区别见表 3-5。SDN 和 NFV 都是基于通用的服务器、云计算和虚拟化技术，但是 SDN 和 NFV 由不同的规范组织管理，所以在标准的进度上也有差异，SDN 的南向、北向接口已经有一些协议，例如 OpenFlow 协议；而 NFV 现在还未制定任何标准。关于应用场景，SDN 初始定位在园区网、数据中心网络；而 NFV 最初由运营商提出，所以初步会在运营商网络中使用。

表 3-5　SDN 和 NFV 的区别

分类	SDN	NFV
规范组织	Open Networking Forum (ONF)	ETSI NFV Working Group
基本设备	商用服务器和交换机	商用服务器和交换机
协议	OpenFlow 等	尚无
初始定位	园区网，数据中心网络	运营商网络
技术特征	控制平面和数据平面分离，集中控制，可编程网络	软件和硬件的分离
主要应用	关注网络组织以及支持云计算与业务编排	路由器、防火墙、网关、CDN 等

注：参考 http://www.sdnap.com/sdn-study/231.html

SDN 和 NFV 两者可以认为是网络连接与网络节点的关系，两者共同构成了网络。SDN 是一种网络连接技术，与传统的连接技术不同（尤其是对比 IP 网络），它采用集中控制、能力开放的网络架构，能够高效地调度整网资源，提升网络服务虚拟化能力；NFV 是一种网络功能节点虚拟化技术，将传统的网络设备与硬件解耦，基于通用的服务器和虚拟化技术实现其网络功能，提升管理和维护效率，增强系统灵活性。

在应用方面，SDN 关注网络组织以及云计算与业务编排；而 NFV 的应用，例如第 1 章所示，包括很多网络设备，如路由器、防火墙、网关等。

采用 SDN 提供网络连接时，网络功能可以基于传统的硬件实现。类似的，采用 NFV 提供网络功能时，网络连接可以采用传统的策略路由或者标签转发等非 SDN 转发技术。网络功能虚拟化的目标可以仅依赖于当前数据中心的技术来实现，而无需应用 SDN 的概念机制。

SDN 创造网络抽象概念以加速创新，NFV 通过设备虚拟化以减少 CAPEX/OPEX，减少场地和电力消耗。两者的相互融合、相互补充，将会发挥更大的效应。我们可以利用 SDN 技术将网络节点的功能进一步拆分，使转发功能和业务功能分离，业务功能用 NFV 技术实现，如数据中心内的负载均衡器设备，然后将转发功能卸载到网卡或者 OpenFlow 交换机上，而较高级的负载均衡策略由虚拟机实现。SDN 和 NFV 的结合能够进一步地使现有的部署性能得到增强且简化互操作性，减轻运营和维护流程的负担。

3.6.2 IEEE SDN/NFV 的标准化

SDN 和 NFV 正广泛地应用于各种通信网络中。但同时，我们需要思考如何转变软件定义和虚拟化的网络的这种模式，包括应用和服务的设计模式以及与这些网络交互的方式。同样，有必要对终端用户、网络和服务提供商的影响进行评估。

与 SDN 和 NFV 相关的网元还存在许多的技术问题，这些关键领域需要通过标准化以加速网络与 SDN 和 NFV 的发展。例如 ETSI、IETF、ONF、3GPP 和 IEEE 这样的标准化机构都参与了不同的标准化技术。

IEEE 标准协会针对 SDN/NFV 制定了相关标准，本节将进行简单介绍。

1. Service Overlay Network 标准化

“Next Generation Service Overlay Networks（NGSON）”是为了规范网络运营商、服务和内容提供商以及终端用户利益而形成的一个业务生态系统。组合服务[1]、内容分发[2]以及自组织管理[3]的协议正在开发中。

基于 IP 业务的 Overlay 网络的参考架构标准化已经完成[4]。标准化的架构支持在 IP 之上的情景感知、动态适配和自组织网络。

2. SDN/NFV 安全、性能和可靠性的标准化

众所周知，如果网络缺乏质量保证，包括安全性、稳定性、可靠性等，这会大大增加资本支出（CAPEX）以及网络的运营开支（OPEX），所以就存在质量标准制定的必要性。例如弹性 / 服务质量水平、跨层优化以及可靠性的模型和方案、服务质量（QoS）、服务水平协议（SLA）以及体验质量（QoE）等方面都需要确定。

“虚拟化环境的安全”[5] 是安全模型、术语和分析的规范，这是 SDN/NFV 环境中确保机密性、完整性和可用性的重要组成部分。

“虚拟环境的性能”[6] 是性能模型、术语和分析的规范，以此在 SDN/NFV 基础设施上提供优化的系统运营和业务交付。

“虚拟环境的可靠性”[7] 是可靠性模型、术语和分析的规范。

若读者对相关标准感兴趣，可以参考以下文档。

[1] P1903.1-Standard for Content Delivery Protocols of Next Generation Service Overlay Network (NGSON)，https://standards.ieee.org/develop/project/1903.1.html

[2] P1903.2-Standard for Service Composition Protocols of Next Generation Service Overlay Network (NGSON)，https://standards.ieee.org/develop/project/1903.2.html

[3] P1903.3-Standard for Self-Organizing Management Protocols of Next Generation Service Overlay Network (NGSON)，https://standards.ieee.org/develop/project/1903.3.html

[4] 1903-2011-IEEE Standard for the Functional Architecture of Next Generation Service Overlay Networks，http://standards.ieee.org/findstds/standard/1903-2011.html

[5] P1915.1-Standard for Software Defined Networking and Network Function Virtualization Security，https://standards.ieee.org/develop/project/1915.1.html

[6] P1916.1-Standard for Software Defined Networking and Network Function Virtualization Performance，https://standards.ieee.org/develop/project/1916.1.html

[7] P1917.1-Standard for Software Defined Networking and Network Function Virtualization Reliability，https://standards.ieee.org/develop/project/1917.1.html

3.6.3 NFV 架构中的 SDN

NFV 关注网络功能的虚拟化，而 SDN 关注控制面和数据面的解耦，两者结合是目前在电信界的热门话题。ETSI NFV 最近出版的 GS NFV-EVE 005 标准就提出了 SDN 在 NFV 架构中的使用，此标准分析了架构、设计模式以及应用场景，以此提出并推动对 NFV 社区的一些建议。本节列出这个标准的重点进行简单介绍。

SDN 控制器在 ETSI NFV 架构中的定位，如图 3-16 所示。SDN 控制器可以部署在 NFV 架构的五处位置。

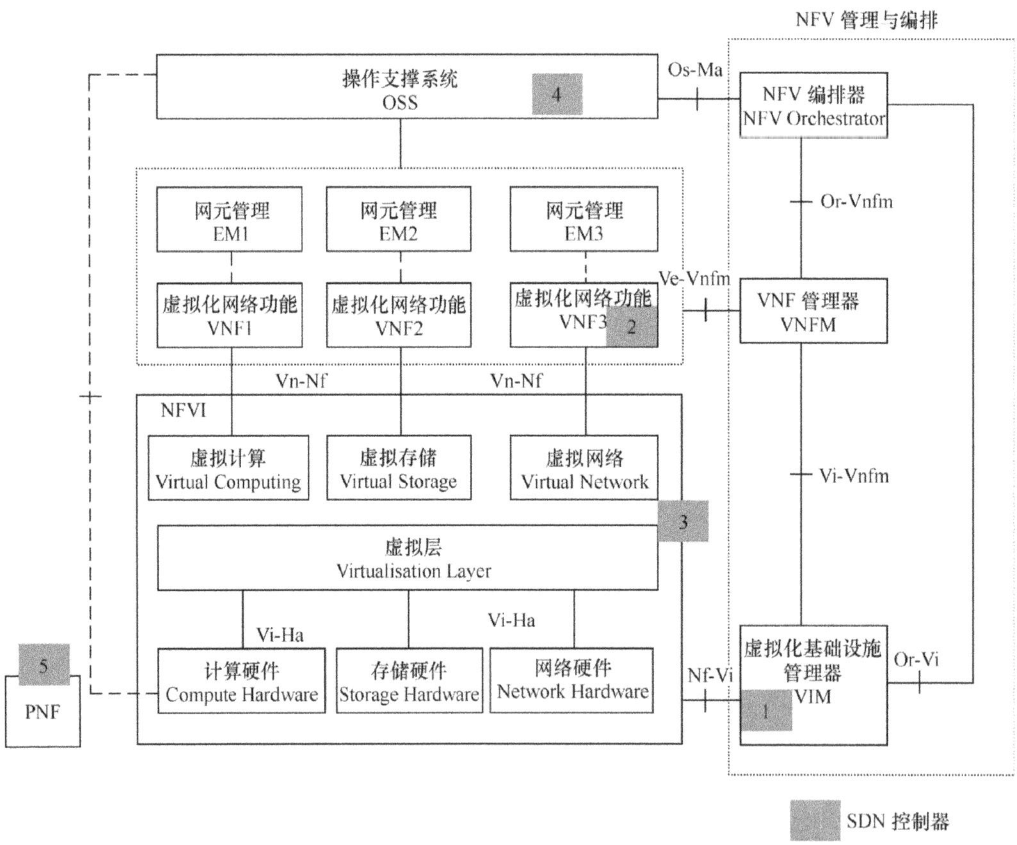

图 3-16 SDN 控制器在 ETSI NFV 架构中的定位

如图3-17所示，要在NFV架构中引入SDN，我们需要考虑SDN控制器与SDN资源、SDN应用、NFV编排器与其他SDN控制器间引入新的参考点。

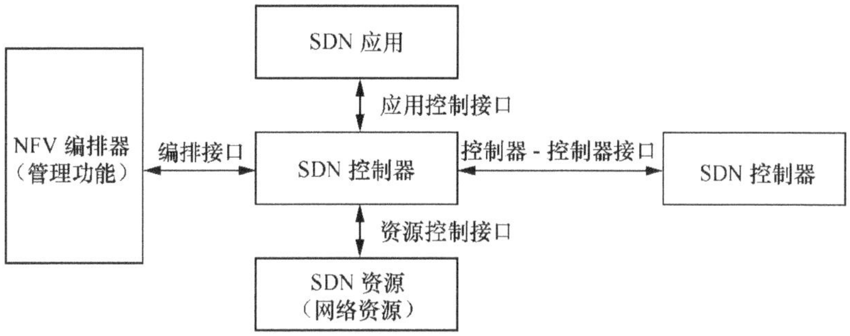

图3-17 NFV架构中的SDN控制器

同时，我们还需研究SDN控制器与其他模块的关系，即SDN资源、SDN应用、NFV管理和编排以及其他SDN控制器。虽然SDN资源和应用由标准组织、开源组织以及供应商参与，但是无论是在层次上还是组织上，SDN控制器与SDN控制器间的关系、SDN控制器与NFV编排之间的同步等都还不够成熟，需要进一步探究。

目前，30多个公司都在开展“NFV架构中引入SDN”这项研究。这项研究提供了一些真实的案例，这些实例由超过14个SDN与NFV结合的概念认证（POC）所支持，同时这些案例会也给那些研究团队提供准确的反馈意见。例如，惠普企业与挪威电信、沃达丰等厂商进行了POC # 34的验证，他们在SDN世界大会上和MWC16上汇报了SDN在vEPC中的使用情况。

|第 4 章|

云管理平台 OpenStack

随着 IT 行业在全球的快速发展，IT 平台的规模和复杂程度逐渐提升，随之而来的是昂贵的硬件和运营管理成本。云计算的商业模式就是实现 IT 即服务的按需取用、按需付费、集中管理的模式。目前，企业对 IT 自服务的需求越来越大，而且超大规模的数据中心也迫切需要一个有效的管理方式来降低运营成本。云计算管理平台是一套提供私有云和公共云自动化管理的集成工具，能够对企业的 IT 基础架构进行有效的管理，并为企业提供按需的 IT 服务。云管理平台没有特殊的云计算接口，同时使用者对云计算本身不需要有深入了解就可以方便地创建和管理相关的云服务。OpenStack 就是一种典型的云管理平台。在本章，我们先简单地介绍云管理平台，然后再详细地介绍 OpenStack。

4.1　云管理平台

4.1.1　云管理平台功能

Gartner 定义云管理平台 CMP (Cloud management platforms) 是一种管理公有云、私有云和混合云环境的整合性产品，其基本功能应包括自服务界面 (self-service interfaces)、创建系统镜像 (provision system images)、监控和账单 (metering and billing)，以及一定程度的负载优化 (workload optimization) 和全局管理等。高级功能还包括整合外部已有的企业管理系统，包括服务目录 (service catalogs)、存储和网络资源配置，更高级的资源管理和监控，比如客户机性能和可用性监控等。

云计算管理平台管理软件映像的生命周期，包括软件的定义、设计和半定制及自定义的软件平台的商业部署。当使用多个云结点时，如何为软件分配合适的云资源是一个巨大的挑战。因为云管理平台对于进入软件许可证的使用情况和成本控制具有很高的权限，所以云管理平台成为一个强大的基础设施管理工具。

云管理平台也管理云资源的分配方案，可限制应用程序团队或工作组可使用的云资源的数量。根据云管理平台的资源分配方案，私有云提供商能够保证所有的消费者拥有足够的可使用资源。云管理平台的资源分配方案的使用也可以汇总云资源消耗的情况，并且提供了一个透明的基础结构组件处理要求。这为消费者提供了一种实时“塑造”云资源的方案。这些消费指标纳入计费 / 显示后面的工具，可以成为自动化基础设施管理的基础。

4.1.2 主流的云管理平台

目前市场上主流的云管理平台包括 OpenStack、Eucalyptus、IBM SKC、微软 System Center 2012、VMWARE Cloud Director、戴尔 VIS(Virtual Integrated System (VIS，虚拟集成系统)、富士通 ROR 3.0、浪潮云海 OS。本章我们主要介绍 OpenStack。

4.2 OpenStack 发展历程

OpenStack 是一个开源的云计算管理平台项目，它允许企业或服务提供者建立、运行自己的云计算和存储设施。OpenStack 是一个由 Rackspace 云解决方案公司和美国国家航空航天局（NASA）合作开发推出的经 Apache2.0 许可授权并以 Python 语言为基础的完全开源项目。该项目最初的设计目的是用来存储海量图片和空间视频等信息的云计算管理软件。目前，OpenStack 迅速发展成一个旨在为公共及私有云的建设与管理提供软件的开源项目。OpenStack 各版本的版本名称、发布时间等见表 4-1。

2010 年 10 月，OpenStack 由美国国家航空航天局 NASA 和云解决方案公司 Rackspace 一起合作研发，是以 Apache 许可证授权的自由软件和开放源代码项目。OpenStack 的首个版本由 Rackspace 云文件平台代码和 NASA Nebula 平台代码组成，以美国德克萨斯州的首府 Austin 命名，并计划以后的各个版本以 26 个英文字母为首字母从 A 到 Z 命名后面的版本代号。OpenStack 的第 1 个版本仅由 Swift 和 Nova 两个组件构成，分别为云计算提供对象存储功能和计算平台。

2011 年 2 月，OpenStack 平台发布 Bexar 版本，这是 OpenStack 的第 2 个版本，增添了新的组件 Glance，镜像服务组件；4 月发布相对更稳定的 Cactus 版本，并未增加任何项，之后 Ubuntu 也宣布全面支持 OpenStack；9 月就发布了第 4 个版本 Diablo。至此，OpenStack 社区开始每半年发布一个新版本。

2012 年 4 月，OpenStack 新增加两个核心项目：用于用户交互的界面操作 Horizon

和认证的 Keystone，并随即发布第 5 个版本 Essex。随后，Debian 7.0 集成了 Essex，使得 Debian 用户可以直接使用 OpenStack 软件。Red Hat 也宣布继承 Essex 并发布 OpenStack 的第一个预览版。8 月，英特尔、新浪、中软以及上海交通大学在北京成立"中国开源云联盟"（China Open Source Cloud League，COSCL），目的在于整合国际上的 OpenStack 工作内容和国内的研发资源。9 月，OpenStack 社区将 Nova 项目中的网络部分和块存储部分分离出来，成为两个单独的项目，分别是 Quantum 和 Cinder，并发布第 6 个版本 Folsom。同时 OpenStack 基金会成立，基金会最初有 24 位成员，获得超过 1000 万美元的赞助基金。此后 OpenStack 项目由 OpenStack 基金会管理。

2013 年 4 月第 7 个版本 Grizzly 发布，同时 Red Hat 也宣布在其商业发行版本中对 OpenStack 提供全面的商业支持；7 月 OpenStack 中国社区上线（http://www.OpenStack.cn/）；10 月发布第 8 个版本 Havana，其中加入两个新项目：用于监控和计费的 Ceilometer 及用于编排的 Heat。

2014年4月发布第9个版本Icehouse，并加入了一个新项目Trove（用于数据库服务）；10 月，第 10 个版本 Juno 发布，提供对 Spark 和 NFV 的支持。

2015 年 4 月发布第 11 个版本 Kilo，7 月 17 日谷歌签约加入 OpenStack 基金会，10 月发布第 12 个版本 Liberty。OpenStack 东京峰会上，"大帐篷"（Big Tent）模式被正式推出，这个模式把 OpenStack 的项目分类，包括 6 个核心项目（Nova、Neutron、Swift、Cinder、Keystone、Glance）以及 13 个可选项目。在全新的"大帐篷"模式中，OpenStack 社区既保持了对规模较小的核心项目的关注，也积极鼓励在更广泛的 Upstream 生态环境中的自由创新。

2016 年 4 月发布第 13 个版本 Mitaka，聚焦于可管理性、可扩展性和终端用户体验三方面。重点在用户体验上简化了 Nova、Keynote 的使用，以及使用一致的 API 调用创建资源。Mitaka 版本中可以处理更大的负载和更为复杂的横向扩展。

表 4-1　OpenStack 的各系列版本

OpenStack 版本号	OpenStack 版本名称	发布日期
1	Austin	2010.10.21
2	Bexar	2011.2.3
3	Cactus	2011.4.15
4	Diablo	2011.9.22
5	Essex	2012.4.5
6	Folsom	2012.9.27
7	Grizzly	2013.4.4
8	Havana	2013.10.17
9	Icehouse	2014.4.17
10	Juno	2014.10.16

续表

OpenStack 版本号	OpenStack 版本名称	发布日期
11	Kilo	2015.4.30
12	Liberty	2015.10.15
13	Mitaka	2016.4.7

4.3 OpenStack 架构

OpenStack 是一个开源软件，它允许云基础设施即服务（IaaS）平台的部署和管理。OpenStack 支持私有云和公共云部署。OpenStack 本身不提供虚拟化技术，而是对虚拟化进行管理，它几乎兼容所有主流的虚拟化技术，例如 KVM、Xen、VMware、ESX、QEMU，通过 Libvirt 虚拟层来对这些虚拟化技术进行包装，Libvirt 统一了虚拟化工具 API 接口供上层调用，OpenStack 还完全支持 Amazon AWS 的 EC2 API 和 S3 API。

OpenStack 是高度可配置的，用户可以选择是否部署软件提供的多种服务。各部分的结构也由用户决定，并且很容易通过提供的应用程序编程接口（API）来完成部署。因此，有很多不同的方法使用 OpenStack，这使得它作为一个灵活的工具能够通过多种方式与其他软件一同工作。OpenStack 的架构图如图 4-1 所示，包含了各个模块间的通信内容。

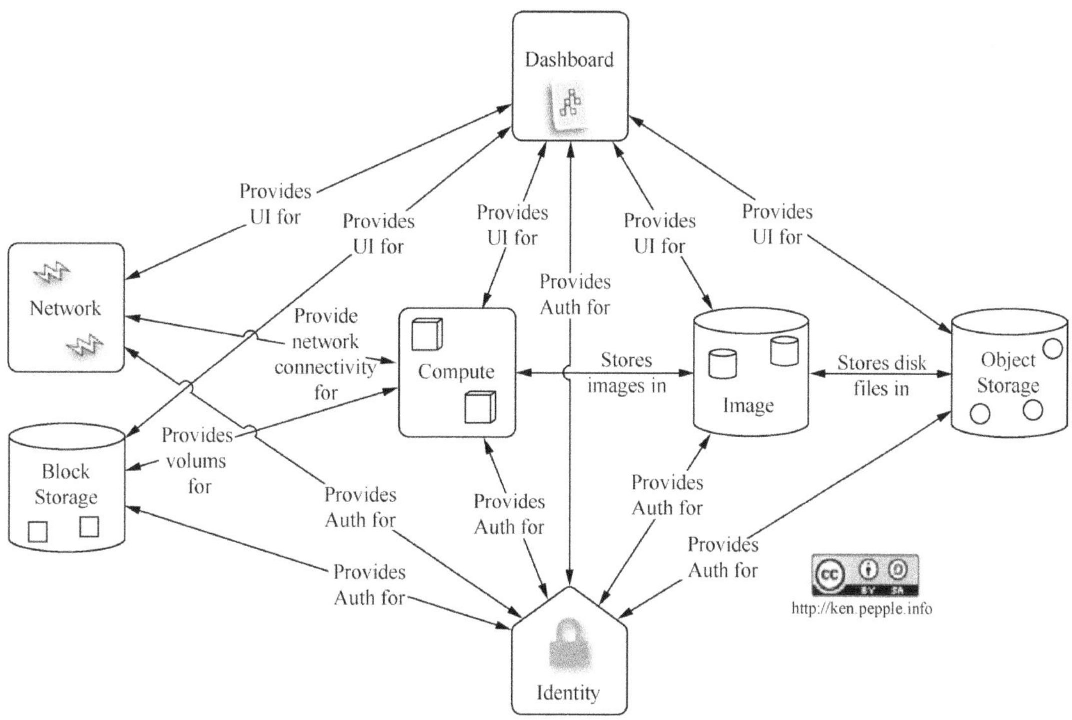

图 4-1 OpenStack 架构图

典型的 OpenStack 的实现都会集成大部分（如果不是所有）的组件。由图 4-1 可知，包括了 Compute、Network、Object Storage、Block Storage、Identity、Image Service、User Interface Dashboard 7 个组件。

其中，User Interface Dashboard、Identity、Network 这 3 个组件将会与系统中的所有组件进行交互。Dashboard 是图形用户界面，管理员可以很容易地使用它来管理所有项目，Identity 处理授权用户的管理；Network 定义提供组件之间连接的网络。

Compute 被认为是 OpenStack 的核心，负责处理工作负载的流程。它的计算实例通常需要进行某种形式的持久存储，它可以是基于块的（Block Storage）或基于对象的（Object Storage）。Compute 还需要一个镜像来启动一个实例。Image 将会处理这个请求，它可以有选择地使用 Object Storage 作为其存储后端。

OpenStack 的各个组件都是（极可能）保持独立的，这样用户就可以有选择性地部署功能子集，并将它与提供类似或互补功能的其他系统和技术相互集成。当然，全功能的私有云很可能需要使用几乎所有的功能才可以正常运作，而且各组件需要被紧密地集成。

下面，我们将详细介绍 OpenStack 的核心组件。

4.4 OpenStack 核心组件

OpenStack 目前有 7 个核心组件，见表 4-2，并且这些组件都有相对应的项目名称。这些核心组件的关系如图 4-2 所示，下面我们将介绍各个组件以及各个组件之间的关系。

表 4-2 OpenStack 的核心组件列表

组件	项目名称	描述
Compute	Nova	计算
Network	Neutron	网络
Object Storage	Swift	对象存储
Block Storage	Cinder	块存储
Identity	Keystone	认证
Image Service	Glance	镜像服务
User Interface Dashboard	Horizon	用户界面

（1）Compute

Compute 的项目代号是 Nova。OpenStack 虚拟机实例生命周期的所有活动都由 Nova 处理。它根据需求提供虚拟机服务，比如创建虚拟机或对虚拟机做热迁移等。Nova 创建一个抽象层，实现 CPU、内存、网络适配器和硬盘驱动器等商品服务器资源的虚拟化，提高资源的利用率，并提供自动化的功能。

Nova 通过集成一组受支持的虚拟机管理程序来实现虚拟机的启动、调整、挂起、停止和重新引导等功能。还有一个机制可以在计算节点上缓存 VM 镜像，以实现更快的配置。在运行镜像时，可以通过应用程序编程接口（API）以编程方式存储和管理文件。

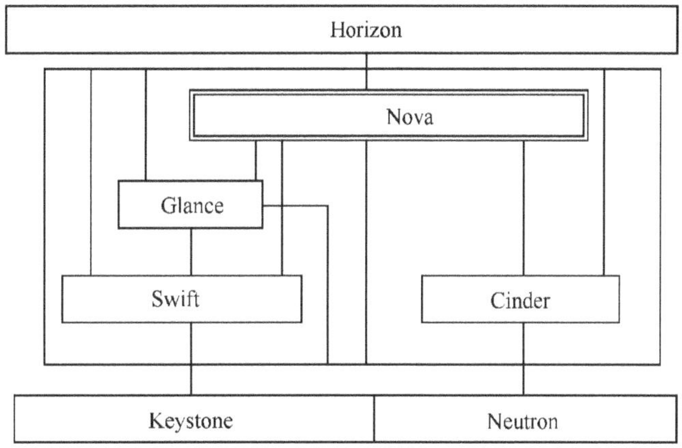

图 4-2　OpenStack 核心组件关系图

（2）Network

Network 的项目代号是 Neutron，用于提供网络连接服务。用户可以定义网络、子网和路由器，以配置其内部拓扑，然后向这些网络分配 IP 地址和 VLAN。浮动 IP 地址允许用户向 VM 分配（和再分配）固定的外部 IP 地址。

（3）Object Storage

Object Storage 的项目代号是 Swift，它允许存储或检索对象，也可以认为它允许存储或检索文件，它能以低成本的方式通过 RESTful API 管理大量无结构数据。如今，KT、Rackspace 和 Internap 都提供基于 Swift 的商业存储服务，许多公司的内部也使用 Swift 来存储数据。

Swift 是一个分布式存储系统，主要用于静态数据，比如 VM 镜像、备份和存档。该软件将文件和其他对象写入可能分布在一个或多个数据中心内的多个服务器上的一组磁盘驱动器中，在整个集群内确保数据复制的完整性。

（4）Block Storage

Block Storage 的项目代号是 Cinder，提供块存储服务。Cinder 最早是由 nova-volume 演化而来的，当时由于 Nova 已经变得非常庞大并拥有众多功能，也由于 volume 服务的需求会进一步增加 nova-volume 的复杂度，比如增加 volume 调度，允许多个 volume driver 同时工作，同时考虑到需要 nova-volume 跟其他 OpenStack 项目交互，比如将 Glance 中的镜像模板转成可启动的 volume，所以 OpenStack 新成立了一个项目 Cinder 来扩展 nova-volume 的功能。

（5）Identity

Identity 的项目代号是 Keystone，为所有 OpenStack 服务提供身份验证和授权，跟踪用户以及他们的权限，提供一个可用服务以及 API 的列表。

OpenStack Identity 使得管理员配置的集中式策略能够跨用户和系统得到应用。他们可以创建项目和用户并将其分配给管理域，定义基于角色的资源权限，并与其他目录（如 LDAP）集成。目录包含由单一注册表中所有已部署服务组成的一个列表。用户和工具可以检索一个服务列表，它们能够以编程方式发出请求或通过登录到仪表板来访问这些服务，它们还可以用这些服务来创建资源，并将这些资源分配给它们的帐户。

（6）Image Service

Image Service 的项目代号是 Glance。Glance 主要提供一个虚拟机镜像的存储、查询和检索服务，通过提供一个虚拟磁盘映像的目录和存储库，为 Nova 的虚拟机提供镜像服务。

（7）User Interface Dashboard

User Interface Dashboard 的项目代号是 Horizon，它为所有 OpenStack 的服务提供一个模块化的基于 Django 的 GUI 图形界面，通过这个界面，不论是用户还是运维人员，都可以使用各种资源完成大多数的操作，比如启动虚拟机、分配 IP 地址、动态迁移等。

OpenStack 中各个项目都有很多组件，如图 4-3 所示。下面，我们将详细介绍各个项目的情况。

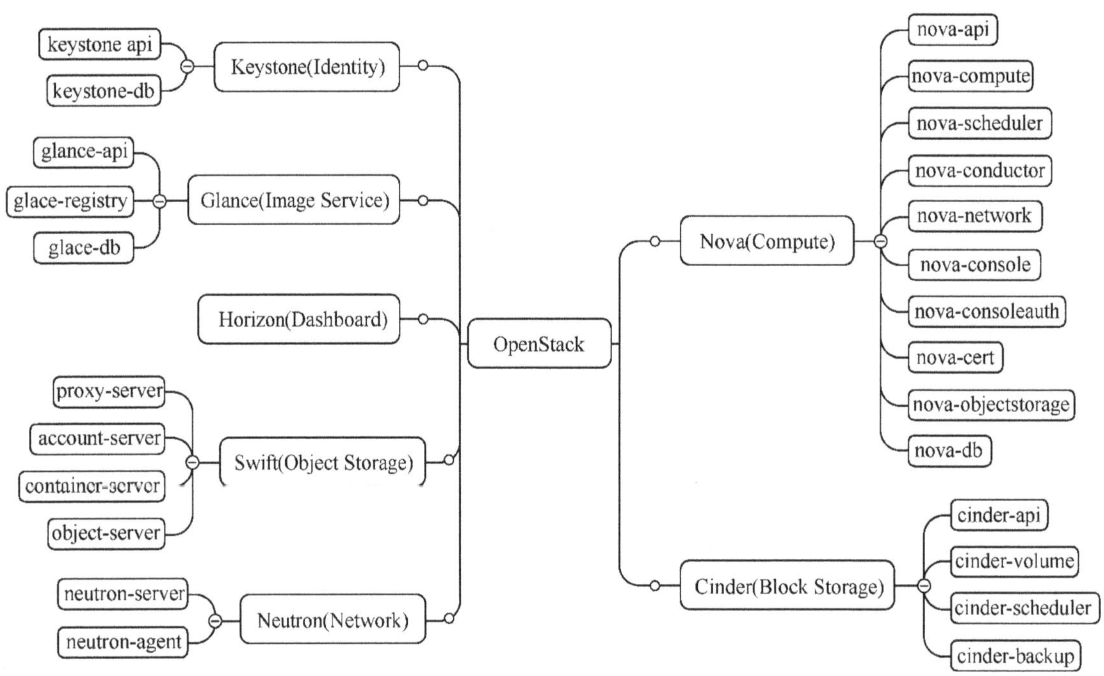

图 4-3　OpenStack 的核心组件主要构成部分

4.4.1　计算（Nova）

OpenStack 的计算组件，即 Nova 项目，是 OpenStack 中历史最长的项目之一。Nova 项目一直处于所有 OpenStack 项目的核心，受到了最为广泛的关注。相比于其他 OpenStack 项目，Nova 的功能已经相当完备和稳定，很多厂商在部署时都会直接使用 Nova 的发布版本。

Nova 是 OpenStack 云中的计算组织控制器。OpenStack 云中实例（Instances）生命周期内的所有活动都由 Nova 处理。这使得 Nova 成为一个负责管理计算资源、网络、认证、所需可扩展性的平台。虽然 Nova 本身并不提供任何虚拟能力，但是它将使用 Libvirt API 与虚拟机的宿主机进行交互。Nova 通过 Web 服务 API 来对外提供处理接口，而且这些接口与

Amazon 的 Web 服务接口是兼容的。Nova 通过基于 Web 程序的 API 来对外提供服务。

Nova 项目主要有以下功能和特点：

（1）实例生命周期管理。

（2）计算资源管理。

（3）网络和认证管理。

（4）基于 REST 风格的 API。

（5）异步的一致性通信。

（6）Hypervisor 透明：支持 Xen、XenServer/XCP、KVM、UML、VMware/vSphere 和 Hyper-V。

Nova 的体系结构随着 OpenStack 版本的更新在不断变化，见表 4-3。

表 4-3　Nova 体系结构变化

Austin	Nova 发布第一个版本
Bexar	增加对 raw 磁盘镜像的支持，增加对微软 Hyper-V 虚拟化的支持
Cactus	增加对 VMware/vSphere 虚拟化的支持；支持虚拟机热迁移
Diablo	整合 Keystone 认证，支持 KVM 块迁移
Essex	完全依赖 Keystone 去管理项目、用户、角色；独立出 Network 服务 nova-network
Folsom	发布 Quantum（后来更名为 Neutron）项目，作为 nova-network 的替代，提供网络服务；将 nova-volume 剥离，发布 Cinder 项目，提供块存储服务
Grizzly	支持为虚拟机设置（CPU、磁盘 IO、网络带宽）配额；nova-conductor 服务正式发布
Havana	增加对 Docker 的支持
Icehouse	Objects Model 的引入使得 Nova 支持在线升级
Juno	支持 vCPU 绑定到特定虚拟机；支持创建基于 Neutron SR-IOV 端口的虚拟机；支持 CPU、内存等资源插件的方式管理
Kilo	标准化 conductor、compute 与 scheduler 的接口；实现 NUMA 架构部分功能；不再支持 EC2 API；API 微版本
Liberty	scheduler 的架构演进仍然在继续；对 Cells V2 版添加了一些更多的支持
Mitaka	增加第二个数据库（API DB）；新的 nova-manage 允许执行所有在线数据库迁移；对 EC2 API 的支持全部移除

Nova 云架构主要包括以下组件。

API Server (nova-api)：对外提供一个与云基础设施交互的接口，也是外部可用于管理基础设施的唯一组件。管理功能使用 API 通过 Web 服务调用实现。然后 API Server 通过消息队列（Message Queue）轮流与云基础设施的相关组件通信。此外，OpenStack 也提供一个内部使用的“OpenStack API”。

Message Queue (rabbit-mq server)：OpenStack 节点之间使用 AMQP（Advanced Message Queue Protocol）通过消息队列完成通信。Nova 通过异步调用请求响应，使用回调函数在收到响应时触发。因为使用了异步通信，不会有用户长时间处于等待状态。这是有效的，因为许多 API 调用都非常耗时，例如加载一个实例，或者上传一个镜像。

Compute Workers (nova-compute)：处理和管理实例生命周期。通过 Message Queue 接收实例生命周期管理的请求，并承担操作工作。在一个典型生产环境的云部署中，有一些 Compute Workers 由调度算法决定实例部署在哪些可用的 Compute Workers 之上。

Conductor (nova-conductor)：Conductor 服务最初于 Grizzly 版本中发布，目的是为数据库的访问提供一层安全保障。在此之前，nova-compute 都是直接访问数据库，一旦受到攻击，数据库就会面临直接暴露的危险。因此，nova-conductor 对数据库访问的性能也有相应的提高。

Scheduler (nova-scheduler)：把 nova-api 调用映射为 OpenStack 组件。调度器作为一个被称为 nova-scheduler 的守护进程运行，通过恰当的调度算法从可用资源池获得一个计算服务。Scheduler 会根据诸如负载、内存、可用域的物理距离、CPU 构架等作出调度决定。

4.4.2 网络（Neutron）

1. nova–network

OpenStack 在 2010 年正式发布它的第一个版本 Austin 时，nova-network 作为它的核心组件被包含其中。nova-network 的功能主要包括。

（1）IP 地址分配：包含为虚拟主机分配私有（固定）和浮动的 IP 地址。

（2）网络模型与管理：提供了虚拟网络使虚拟主机之间、虚拟主机与外部网络可以通信。网络模型分为扁平网络（Flat Network）、带 DHCP 功能的扁平网络（Flat DHCP Network）和 VLAN 网络三种。这三种模型可以共存在一个云系统中，但是在一个计算节点上只能配备一种模型。

（3）安全控制。

2. Quantum

2012 年 9 月，Quantum 随 OpenStack 的 Folsom 版本正式发布，替代 nova-network。其实它已经作为试用组件包含在之前的 Essex 版本中。在 Grizzly 版本中功能得到了增强。引入 Quantum 是因为其功能更强大，能满足更多需求。主要功能如下：

（1）提供面向租户的 API，以便控制 2 层网络和管理 IP 地址。

（2）支持插件式网络组件，像 Open vSwitch、Cisco、Linux Bridge、Nicira NVP 等。

（3）支持位于不同的 2 层网络的 IP 地址重叠。

（4）支持基本的 3 层转发和多路由器。支持隧道技术（Tunneling）。

（5）支持 3 层代理和 DHCP 代理的多节点部署，增强了扩展性和可靠性。

（6）提供负载均衡 API（试用版本）。

3. Neutron

因为商标侵权的原因，OpenStack 在 Havana 版本将 Quantum 更名为 Neutron。在 Havana 版本里，Neutron 增加和增强了少数功能。

（1）提供稳定的负载均衡 API。

（2）支持端到端的 IPSec VPN。

（3）面向租户的防火墙服务。

（4）提供一个新的插件 ML2，这个插件可以作为一个框架同时支持不同的 2 层网络。

Neutron 的架构如图 4-4 所示，Neutron 主要由以下几部分组成。

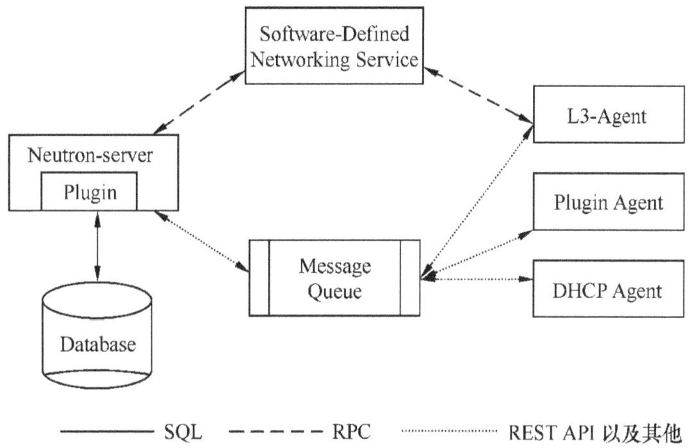

图 4-4　Neutron 架构

Neutron Server：这一部分包含守护进程 neutron-server 和各种插件，它们既可以安装在控制节点上，也可以安装在网络节点上。neutron-server 提供 API 接口，并把对 API 的调用请求传给已经配置好的插件进行后续处理。插件需要访问数据库来维护各种配置数据和对应关系，例如路由器、网络、子网、端口、浮动 IP、安全组等。

插件代理（Plugin Agent）：处理虚拟网络上的数据包，在每个计算节点和网络节点上运行。一般来说选择了插件之后，就需要选择相应的代理。代理与 Neutron Server 及其他插件间的交互通过消息队列来支持。

DHCP 代理（DHCP Agent）：为各个租户网络提供 DHCP 服务，部署在网络节点上，各个插件也使用这一代理。

3 层代理（L3 Agent）：为客户机访问外部网络提供 3 层转发服务，也部署在网络节点上。

Neutron 项目的目的是为 OpenStack 云更灵活地划分物理网络，在多租户环境下为每个租户提供独立的网络环境。另外，Neutron 提供 API 来实现这一目标。Neutron 中用户可以创建自己的网络对象，如果要和物理环境下的概念映射的话，这个网络对象相当于一个巨大的交换机，可以拥有无限多个动态的可创建和销毁的虚拟端口。创建 Neutron 网络过程如下：

一是，管理员拿到一组可以在互联网上寻址的 IP 地址，创建一个外部网络和子网。

二是，租户创建一个网络和子网。

三是，租户创建一个路由器并且连接租户子网和外部网络。

四是，租户创建虚拟机。

4.4.3　对象存储（Swift）

Swift 最初是由 Rackspace 公司开发的高可用分布式对象存储服务，并于 2010 年贡献给 OpenStack 开源社区作为其最初的核心子项目之一，为 Nova 项目提供虚拟机镜像存储服务。Swift 是对象存储的一种，对象存储兼具 SAN 高速直接访问磁盘特点及 NAS 的分布式共享特点，核心是将数据通路（数据读或写）和控制通路（元数据）分离，并且基于对象存储设备（Object-based Storage Device，OSD）构建存储系统。Swift 比较适合于存放静态数据，即长期不会发生更新的数据，或者在一定时期内更新频率比较低的数据。例如虚拟机的镜像、多媒体数据和数据的备份。

与 OpenStack 其他项目一样，Swift 提供了 RESTful API 作为访问的入口，存储的每个对象都是 RESTful 资源，拥有唯一的 URL。我们可以发送 HTTP 请求将一些数据作为一个对象传给 Swift，也可以从 Swift 中请求一个之前存储的对象。

如图 4-5 所示，Swift 采用层次数据模型，共设三层逻辑结构：Account/Container/Object（即账户 / 容器 / 对象），每层节点数均没有限制，可以任意扩展。这里的账户和个人账户不是一个概念，可理解为租户，用来做顶层的隔离机制，可以被多个个人账户所共同使用；容器代表封装一组对象，类似文件夹或目录；叶子节点代表对象，由元数据和内容两部分组成。

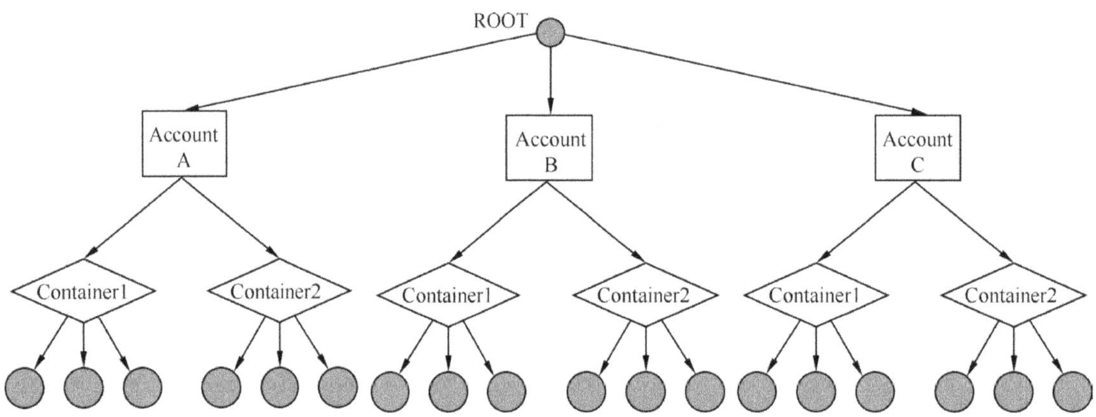

图 4-5　Swift 数据模型

Swift 通过映入 Ring（环）来实现对物理节点的管理，包括记录对象与物理存储位置间的映射、物理节点的添加和删除等。Account、Container 和 Object 都有各自独立的环。

Swift 采用完全对称、面向资源的分布式系统架构设计，所有组件都可扩展，避免因单点失效而扩散并影响整个系统运转；通信方式采用非阻塞式 I/O 模式，提高了系统吞吐和响应能力。

Swift 的架构如图 4-6 所示，其组件包括以下部分：

（1）代理服务（Proxy Server）：对外提供对象服务 API，会根据环的信息来查找服务地址并转发用户请求给相应的账户、容器或者对象；由于采用无状态的 REST 请求协议，可以进行横向扩展来均衡负载。

（2）认证服务（Authentication Server）：验证访问用户的身份信息，并获得一个对象访问令牌（Token），在一定的时间内会一直有效；验证访问令牌的有效性并缓存下来直至过期。

（3）缓存服务（Cache Server）：缓存的内容包括对象服务令牌、账户和容器的存在信息，但不会缓存对象本身的数据；Swift 会使用一致性散列算法来分配缓存地址。

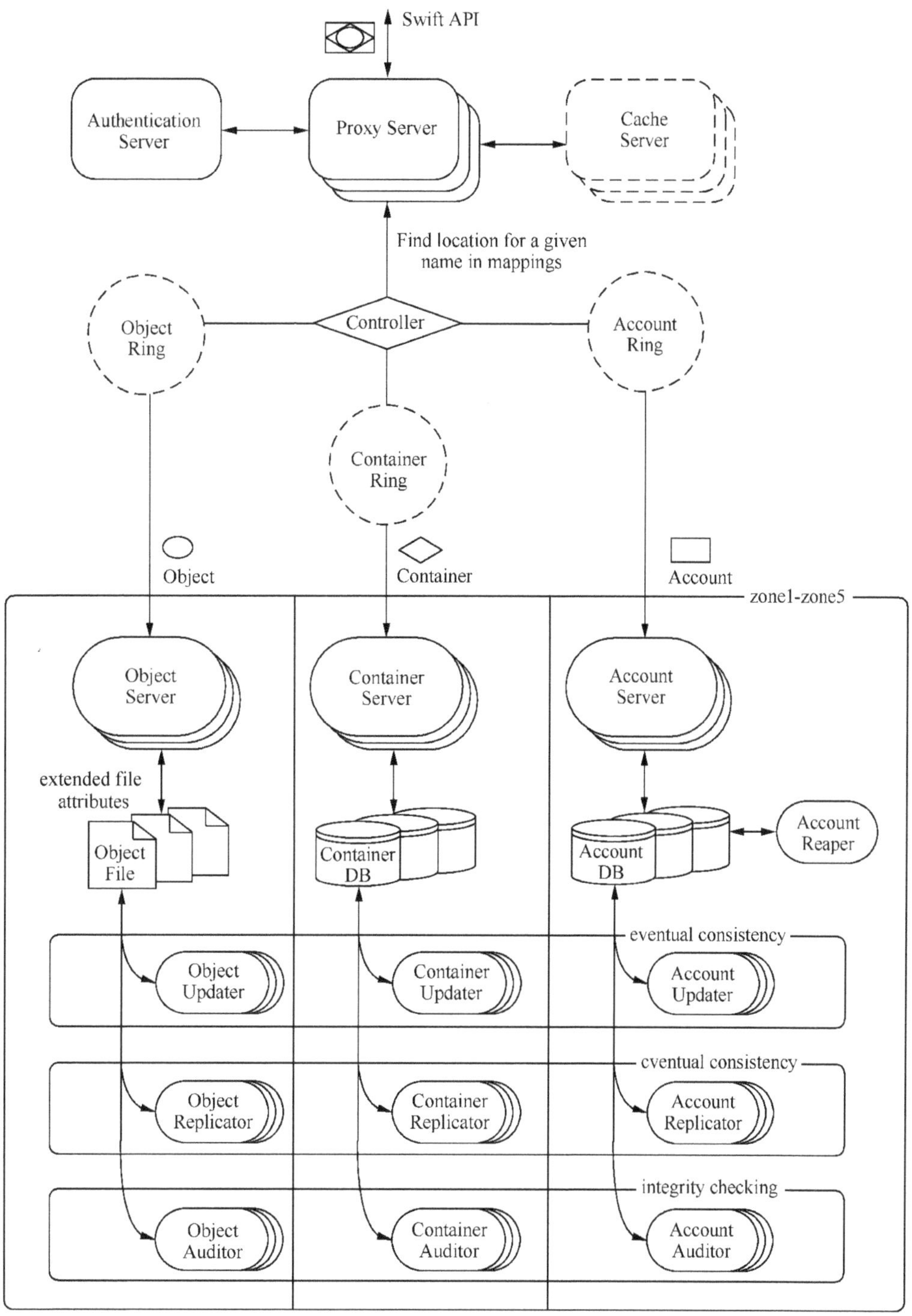

图 4-6　Swift 架构

（4）账户服务（Account Server）：提供账户元数据和统计信息，并维护所含容器列表的服务，账户的信息存储在 SQLite 数据库中。

（5）容器服务（Container Server）：提供容器元数据和统计信息，并维护所含对象列表的服务，容器的信息也存储在 SQLite 数据库中。

（6）对象服务（Object Server）：提供对象元数据和内容服务，每个对象的内容会以文件的形式存储在文件系统中，元数据会作为文件属性来存储。

（7）复制服务（Replicator）：会检测本地分区副本和远程副本是否一致，具体是通过对比散列文件和高级水印来完成，发现不一致时会采用推式（Push）更新远程副本，例如对象复制服务会使用远程文件拷贝工具 Rsync 来同步；另外一个任务是确保被标记删除的对象从文件系统中移除。

（8）更新服务（Updater）：当对象由于高负载的原因而无法立即更新时，任务将会被序列化到本地文件系统中进行排队，以便服务恢复后进行异步更新。例如成功创建对象后，容器服务器没有及时更新对象列表，这个时候容器的更新操作就会进入排队中，更新服务会在系统恢复正常后扫描队列，并进行相应的更新处理。

（9）审计服务（Auditor）：检查对象、容器和账户的完整性，如果发现比特级的错误，文件将被隔离，并复制其他的副本以覆盖本地损坏的副本；其他类型的错误会被记录到日志中。

（10）账户清理服务（Account Reaper）：移除被标记为删除的账户，删除其所包含的所有容器和对象。

4.4.4 块存储（Cinder）

Cinder 的前身是 Nova 中的 nova-volume 服务，在 Folsom 版本发布时，从 Nova 中剥离成为一个独立的 OpenStack 项目。Cinder 类似于 Amazon 的 EBS（Elastic Block Storage），为虚拟机提供持久化的块存储能力，实现虚拟机存储卷（Volume）的创建、挂载卸载、快照等生命周期管理。

图 4-7 是 Cinder 的架构图，不同于 Swift 在存储数据与具体存储设备和文件系统之间引入了“对象”概念作为一层抽象，Cinder 则是在虚拟机与具体存储设备之间引入了“逻辑存储卷”的抽象，因此 Swift 提供的 RESTful API 主要是用于对象的访问，而 Cinder 提供的 RESTful API 则主要是针对逻辑存储卷的管理。

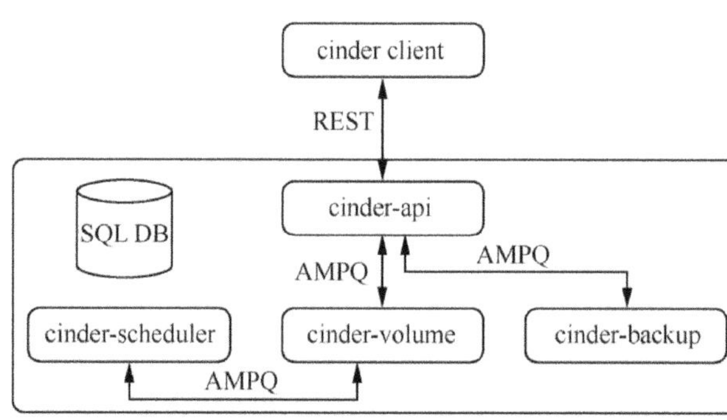

图 4-7　Cinder 架构

Cinder 组件由以下几部分组成。

（1）cinder-api：负责接受和处理 Rest 请求，并将请求放入 Rabbit MQ 队列。

（2）cinder-scheduler：处理任务队列的任务，并根据预定策略选择合适的 cinder-volume 节点来执行任务。在用户请求没有指定具体的存储节点时，会使用 cinder-scheduler 选择一个合适的节点；如果用户请求已经指定具体的存储节点，则不需要 cinder-scheduler 参与。

（3）cinder-volume：该服务运行在存储节点上，管理存储空间。每个存储节点都有一个 Volume Service，若干个这样的存储节点联合起来可以构成一个存储资源池。

（4）cinder-backup：用于提供存储卷的备份功能，支持将块存储备份到 OpenStack 对象存储，比如 Swift、Ceph 等对象存储。

Cinder 本身并不是一种存储技术，并没有实现对块设备的实际管理和服务，它只是提供了一个中间的抽象层，为后端不同的存储技术，比如 DAS、NAS、SAN、对象存储及分布式文件系统等，提供了统一的接口，不同的块设备服务厂商在 Cinder 中以驱动形式实现这些接口，以与 OpenStack 进行整合。

4.4.5 认证（Keystone）

OpenStack 认证服务（Identity Service），即 Keystone，是 OpenStack 早期版本就独立出来的一个核心项目。在 OpenStack 的整体框架中，Keystone 的作用类似一个服务总线，Nova、Glance、Horizon、Swift、Cinder 及 Neutron 等其他服务通过 Keystone 来注册其服务的 Endpoint，针对这些服务的任何调用都需要经过 Keystone 的身份认证，并获得服务的 Endpoint 来进行访问。

1. **核心概念**

Keystone 中有一些基本的概念需要明确。

（1）User：用户。用户携带令牌（Token）能够访问 OpenStack 各个服务和资源。

（2）Tenant：租户。早期版本又称为 Project，它是各个服务中的一些可以访问的资源集合。比如通过 Nova 创建虚拟机时要指定到某个租户中，在 Cinder 创建卷也要指定到某个租户中。用户访问租户的资源前，必须与该租户关联，并且指定该用户在该租户下的角色。

（3）Role：角色。可以理解为 VIP 等级，用户的 Role 越高，在 OpenStack 中能访问的服务和资源就越多。

（4）Service：服务。如 Nova、Glance、Swift、Heat、Ceilometer 等。Nova 提供计算服务，Glance 提供镜像管理服务，Swift 提供对象存储服务，Heat 提供资源编排服务，Ceilometer 提供告警计费服务。

（5）Endpoint：端点。Service 显得太抽象笼统，Endpoint 则具体化 Service。可以理解它是一个服务暴露出来的访问点，如果需要访问一个服务，则必须知道它的 Endpoint，而 Endpoint 一般为 URL，我们知道了服务的 URL，就可以访问它。Endpoint 的 URL 具有 Public、Private 和 Admin 三种权限。Public URL 可以被全局访问，Private URL 只能被局域网访问，Admin URL 被从常规的访问中分离。

（6）Token：令牌。用户通过用户名和密码获取在某个租户下的 Token，通过 Token 可以实现单点登录。

（7）Credentials：凭证。用户的用户名和密码，或者是用户名和 API 密钥，或者是身份管理服务提供的令牌认证。

2. **Keystone 工作流程**

基于这些核心概念，Keystone 提供了用户信息管理功能，并完成各个模块的认证服务。

以创建一个虚拟机（Server）为例，结合图 4-8 简述 Keystone 在 OpenStack 的访问流程。

（1）用户 Alice 通过自己的用户名和密码向 Keystone 申请 Token，Keystone 认证用户名和密码后，返回 Token1。

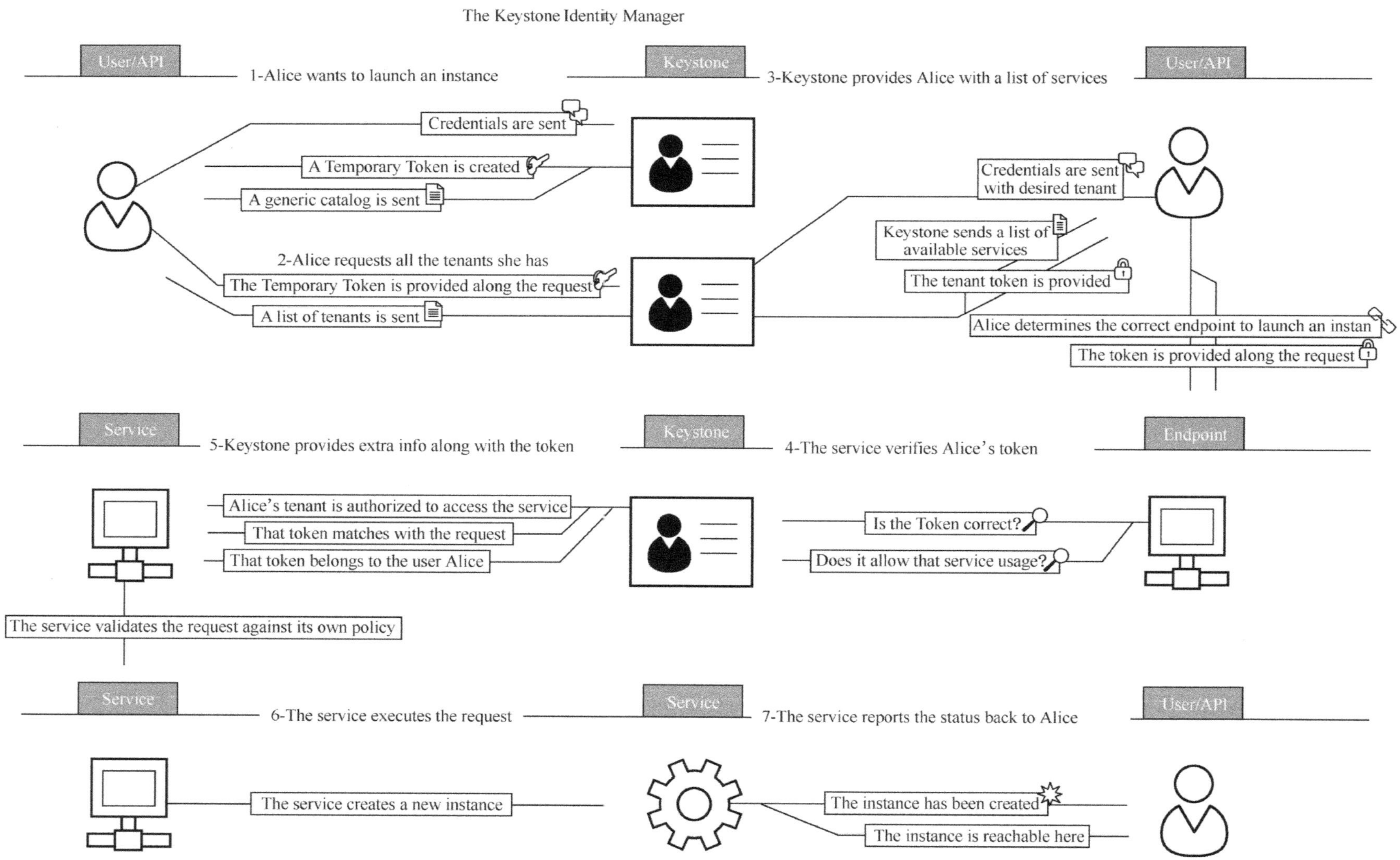

图 4-8 Keystone 工作流程

（2）Alice 通过 Token1 发送 Keystone 查询她所拥有的租户，Keystone 验证 Token1 成功后，返回 Alice 的所有 Tenant。

（3）Alice 选择一个租户，通过用户名和密码申请 Token，Keystone 认证用户名、密码、Tenant 后，返回 Token2［其实（1）（2）步仅仅是为了查询 Tenant，如果已经知道 Tenant，可以忽略（1）（2）步］。

（4）Alice 通过 Token2 发送创建 Server 的请求，Keystone 验证 Token2（包括该 Token 是否有效，是否有权限创建虚拟机等）成功后，然后把请求下发到 Nova，最终创建虚拟机。

4.4.6　镜像服务（Glance）

Glance 的体系结构如图 4-9 所示。Glance 项目提供虚拟机镜像的发现、注册以及检索服务。Glance 提供 RESTful API 可以查询虚拟机镜像的无数据，并且可以获得镜像。通过 Glance，虚拟机镜像可以被存储到多种存储上，比如简单的文件存储或者对象存储（如 Swift 项目）。

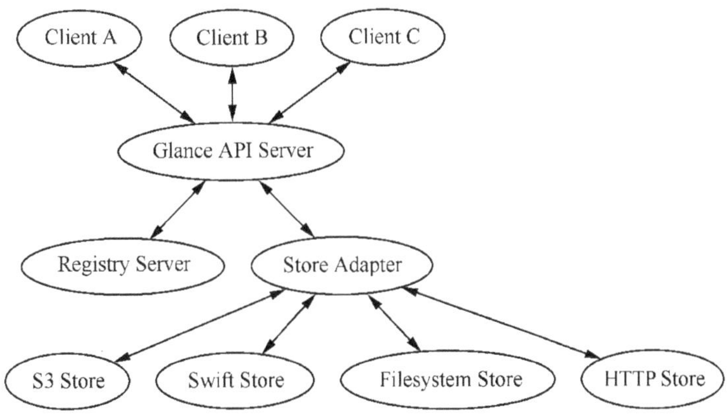

图 4-9　Glance 体系结构

由于 Glance 并不负责实际的存储，只是完成一些镜像管理的工作，因此它的功能比较单一，包含的主要组件也相对比较少。

Glance 服务主要包括两个进程：glance-api 和 glance-registry。glance-api 提供对 Glance 服务相关的 API，负责接收用户的 RESTful 请求。glance-registry 处理与镜像元数据相关的 RESTful 请求。glance-api 接收到用户的 RESTful 请求后，如果该请求与元数据相关，则将其转发给 glance-registry。

4.4.7　界面（Horizon）

Horizon 是一个用以管理、控制 OpenStack 服务的 Web 控制面板，它可以管理实例、镜像、创建密匙对，对实例添加卷、操作 Swift 容器等。除此之外，用户还可以在控制面板中使用终端（Console）或 VNC 直接访问实例。Horizon 具有如下一些功能。

（1）实例管理：创建、终止实例，查看终端日志，VNC连接，添加卷等。

（2）访问与安全管理：创建安全群组，管理密匙对，设置浮动IP等。

（3）偏好设定：对虚拟硬件模板可以进行不同偏好设定。

（4）镜像管理：编辑或删除镜像。

（5）查看服务目录管理用户、配额及项目用途。

（6）用户管理：创建用户等。

（7）卷管理：创建卷和快照。

（8）对象存储处理：创建、删除容器和对象。

（9）为项目下载环境变量。

图4-10是一个由Horizon创建和维护的网站主页。页面左边的“Admin”“Identity”等按键是Horizon项目生成的与显示有关的最上层的对象实例，它们都是OpenStack网页的一个Dashboard。

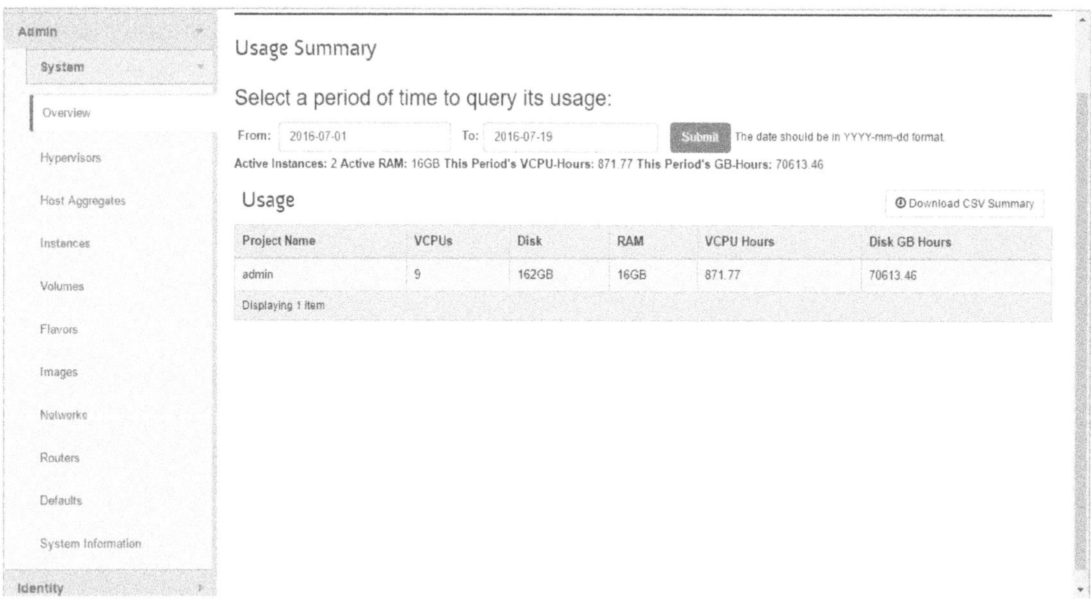

图4-10　Horizon界面

Dashboard的下一级是“System”等按键，这些是Horizon生成的次一级对象实例，称为PanelGroup。用户点击左边的Dashboard，就会有PanelGroup下拉菜单列出，菜单上的选项，如“Overview”“Images”等，就是再次一级的对象实例Panel。页面的右边是与Panel相关的显示区域，可以是文本、表格、表单、工作流等。

总之，Horizon面板的设计分为三层：Dashboard、PanelGroup和Panel。

4.5 OpenStack与NFV

如今，运营商对于网络功能虚拟化（NFV）的优势已经达成普遍的认同。然而传统的单机部署方式并不能够解决 NFV 服务所需的敏捷性，这就意味着要采用云平台这种强有力的基础设施抽象化方式。2014 年 10 月，OpenStack 发布的第 10 个版本 Juno，增加了对 NFV 功能的支持。OpenStack 在构建 NFV 基础设施（NFVI）方面起着至关重要的作用。但 OpenStack 的设计初衷是管理公有云中的应用负载，因此将其应用在通信行业时，必须对其进行扩展以满足运营商级需求。

OpenStack 最初是为了管理一些企业的公有云基础设施。这些企业提供的 Web 应用通常被称为“牛群（Cattle）”负载，因为牛是消耗品——一头牛病倒了可以再找另一头牛替代它。因此，牛群负载几乎不需要维护，如果它们发生了硬件或虚拟机（VM）故障，替换即可。

然而，VNF 与公有云负载截然不同。许多 VNF 都对 VM 在云基础设施上的部署方式有着非常具体的、细粒度的要求，这是因为这些 VNF 需要一致、可预测的性能以及极低的延迟。电信网络的运营商级需求与公有云的需求全然不同，因此 OpenStack 及其处理的虚拟化层需要扩充运营商级特性来支持运营商网络对响应时间的严苛要求。

OpenStack 是一个优秀的开源软件工程，每个新版本都更稳定、更成熟，但同时它又高度复杂，每半年就会增加数千行代码，因此更像是一个松散耦合的工具集而非一个经过测试、集成、可立即投入运行的解决方案。开发人员往往关注在主干代码中添加新特性，常忽视一些普通但重要的问题，如错误修复和运营稳定性。因此，OpenStack 需要变得更健壮，能在任何环境下供生产使用，当然也包括运营商级场景。而且，在运营商级情境下，OpenStack 必须得有一套适当的运营特性。

参考 Andreas Lemk 的《为支持 NFV，OpenStack 需要提升五个方面》以及《CloudBand WITH OPENSTACK AS NFV PLATFORM》白皮书，OpenStack 需要提供额外的能力以支持分布式的云、增强的网络控制、生命周期管理和高性能的数据平面。

1. 分布式

运营商需要一个能够有效应对 NFV 架构的平台，该架构可提供低信号时延和灾难生存能力。该架构还必须能够作为一个单一的分布式的云被管理，提供全局视图、统计和策略。

在 IT 行业中，企业试图将其数据中心聚合起来以降低成本。但对于 NFV 而言，这并非是最佳选择。很多 NFV 应用要求低时延的实时响应。NFV 应用也需要高可用性和灾难性。运营商需要灵活性以便将网络功能部署在一个分布式的架构上，无论是网络核心、城域边缘、接入，甚至可能是客户侧。

OpenStack 支持 Cell、Region 和 Availabilities Zone，但这些概念对于 NFV 需求还不够。每个 OpenStack 的 Region 提供相互隔离的 API 端点，各 Region 间没有协调。典型情况下，一个数据中心中可能有一个或多个 Region。Cell 组件可提供一个单一的 API 端点用于汇聚多个 Region。

利用 Cell，跨 Cell 的负载分配（“调度”）通过明确地指定或随机选择而生成。Cell 组件没有分配机制来基于应用需求选择最佳的位置。

Horizon GUI 每次都被限定在单个区域内，没有 GUI 能够显示 NFV 云架构的聚合视图。OpenStack Glance 虚机镜像管理器也被限定在单个区域内，这意味着 NFV 运营商不得不根据区域的需求手动部署镜像。

2. **网络连接**

运营商需要一个平台来建立和管理局域网和广域网架构。VNF 根据其网络需求而千变万化。由于它们部署在整个 NFV 架构上，NFV 网络的基本需求就是连接，包括数据中心内部的和跨广域网的。基于安全性考虑，要求不同的网络功能仅在需要交换数据时才彼此相连，而 NFV 控制、数据和管理流量应当相互隔离。

由于网络功能被分解到诸如数据平面组件和一个集中化的控制平面组件中，这些组件间的连接需要保持与传统的集成式架构同样的高可靠性，需要有足够的网络资源以保证来自其他应用的突发流量不会对 NFV 应用造成影响。

网络应当具备相应的弹性以对抗设备故障和不可抗灾难。时延和抖动会有较多变化，从某些控制和管理系统的数百毫秒，到移动网关和云化 RAN 的几毫秒。

NFV 网络通常包含一个半静态的物理层架构，还有一个更加动态的 Overlay 网络层以满足 VNF 的需要。Overlay 层需要对某些需求作出快速响应，例如业务需求变更和新业务部署。

OpenStack Neutron 是 OpenStack 的网络组件，提供抽象化能力，例如 L2 和 L3 的网络、子网、IP 地址和虚拟化的中间设备。Neutron 具备一个基于插件的架构。连接请求发送给 Neutron 后，被转发到 Neutron 中安装的插件，这些插件用于对当前网络的细节进行处理。Neutron 被限制在一个单一的网络资源空间内，这些资源通常与一个 OpenStack Region 相关联。Neutron 无法直接对多个网络域进行跨接和管理 WAN。

3. **自动化的生命周期管理**

运营商需要一个平台，不仅能够对部署和伸缩实现自动化，还要对复杂的运营商应用中的很多其他生命周期运维工作实现自动化，并附带许多组件功能。

作为一个基于软件的方案，NFV 最大的优势就是其实现运维流程自动化的能力。包括应用的整个生命周期，从部署到监控、伸缩、故障恢复和升级，直到退出。这种自动化能力将使得运营商能缩减运维成本。

OpenStack Heat 允许用户创建模板，以组件资源的语言来描述虚拟应用（“stacks”），例如包含嵌入式 stack 的虚拟机。早期，Heat 模板基于 AWS CloudFormation，但最近 Heat 编排模板（HOT）的引入，提供了额外的表达呈现能力。Heat 聚焦于定义和部署应用 stack，但对生命周期的其他阶段，并无特别支持。

OpenStack Solum 是一个新项目，被设计用于使云业务更易被购买使用以及集成在开发流程中。它被设计用来提供某些缺失的生命周期自动化功能。通过将 OpenStack Ceilometer 的评估能力与 Heat 相结合，在自动伸缩方面已经开展了一些早期的工作。Heat 目前受限于单一的 OpenStack 领域。

4. **NFV 架构运维**

运营商需要一个针对分布式 NFV 架构而特别设计的平台，该平台可对复杂的软件 stack 部署和升级流程实现自动化。

NFV 架构的分布性，跨越运营商网络上的许多位置，而不是少数集中的位置，这就带来一些特有的挑战，并将影响运维流程和支撑系统。相较于一个集中化的云，NFV 的分布式架构意味着不同位置的云节点的添加、升级和移除将更为频繁。这些过程将尽可能地在远端进行，避免跨区的现场支持。

OpenStack TripleO (OpenStack on OpenStack) 是一个对 OpenStack 家族试验性的新增功能。该项目旨在使用 OpenStack 自有的云工具实现 OpenStack 云的安装、升级和运维的自动化。TripleO 使用 Heat 在裸机架构上部署 OpenStack 实例。

5. **高性能数据平面**

运营商需要一个平台，用于管理商业服务器上的高性能数据平面网络功能。

很多运营商网络的功能（比如深度包检测、媒体网关、会话边界控制器和移动核心服务网关以及分组数据网络网关）目前是基于定制化硬件实现的，为的是获得更高的处理能力和输入输出吞吐量。在商业服务器上以 Hypervisor 运行这些功能会导致性能下降。

然而，数据平面性能在 OpenStack 社区一直是个边缘化的领域。直到最近，随着 Juno 版本的发布，更多的人开始关注数据平面的加速问题。Juno 为虚拟机调用英特尔的 Single Root I/O 虚拟化技术提供支持。

而在性能方面，OpenStack 作为虚拟网络控制点运行时能通过以下几点扩展来提升性能，但不仅限于以下几点扩展。

（1）改进的 Ceilometer 可扩展性和性能可增强监控以及对当前分散在不同 OpenStack 组件上的监控数据（性能量度、故障和警报）的整合。

（2）改进的 VM 管理功能，如亚秒级 VM 死机检测，与之相比，非运营商级 OpenStack 实现执行此操作则需要 60s。

（3）支持软件滚动升级。该特性是在 OpenStack 主干代码中逐步实现的，以免每次发布新代码时都要重新安装 OpenStack。

（4）改进的安全特性，如支持 AAA 安全性基础设施、基于角色的身份验证和高可用性（HA）存储。

（5）可扩展性增强。运营商级的 OpenStack 版本需要支持数百个计算节点来实现大规模 VNF 分布，最终通过联合不同的 OpenStack 域来支持分布式 VNF。

（6）一键安装。运营商级 OpenStack 的实施应当能简单、快速地安装。例如，从 U 盘不到 30min 就安装完成。

第 5 章 OPNFV

NFV 的目标是在提高资源利用率的同时还能够提升服务的灵活性。为了实现这个目标，网络运营商提倡搭建一个开源的参考平台，以证实多厂商间互操作性的 NFV 解决方案的可能性。OPNFV（Open Platform for NFV，NFV 开放平台）就是这样一个新的开源平台。2014 年 9 月，中国移动、AT&T 等运营商与 Linux Foundation 合作，联合成立 OPNFV，旨在通过开源组织的力量，为 NFV 产业提供电信级的集成 NFVI 平台，加快引进 NFV 新的技术和服务。2015 年 6 月，OPNFV 发布了第一个版本 Arno，分为 1.0 版本和 SR1 版本。2016 年 3 月，OPNFV 发布了第二个版本 Brahmaputra，分为 1.0、2.0、3.0 版本。2016 年 9 月，OPNFV 发布了第三个版本 Colorado，目前只有 1.0 版本。截至 2016 年 4 月，OPNFV 的会员包括白金会员、银会员和准会员，共有 58 个会员。

5.1 OPNFV 简介

NFV 利用虚拟化的网络功能代替专用的硬件设备，而这些虚拟化的网络功能运行在标准的服务器平台上，因此利用了服务器的经济效益、标准的 IT 虚拟化技术、云技术和商业模式，这将使网络运营商更经济、有效地部署和维护网络。OPNFV 搭建了 NFV 部署的开源平台。OPNFV 为电信级 NFV 提供高性能、高可用性、高可靠性、低功耗的开源平台；进行运营商级平台测试，验证电信环境的可用性和可靠性，同时向其他上游开源组织贡献代码和需求。

作为一个开源项目，OPNFV 的工作和 ETSI NFV ISG 组织、其他标准组织、开源社区和商业供应商紧密联系，推进开放、标准的 NFV 参考平台的实现。同时，OPNFV 也整合了很多的开源项目（例如OpenStack、OpenDaylight等），持续进行NFV解决方案的集成和测试。这些独立的开源项目的紧密协调有助于NFV生态系统的建立：它可以尽早地根除问题，确定解决方案，并且可能建立事实上的标准。这是一个更快、更经济的NFV部署方法。

5.2 OPNFV与NFV产业

5.2.1 OPNFV目标

OPNFV不是设定标准，相反，它是一个社区，关注NFV软件发展集成、测试、文档和API发展等几者间的协调，为已有的标准和开源组织提供补充。

OPNFV目标包括以下5个方面：

第一，开发一个构建NFV功能的开源平台，此平台是整合的、可测试的，能够推出NFV新产品和新服务。

第二，引导用户去验证OPNFV是否满足用户社区的需求。

第三，确保OPNFV平台相关的开源项目能够满足一致性、性能以及与互操作性要求。实现NFV解决方案的互操作性；其次，刺激现有的开源社区去创建所需的软件或硬件，基于共同的行业需求实现NFV解决方案。

第四，建立一个NFV解决方案的生态系统，此解决方案是基于开放的标准和软件来满足用户的需求。

第五，促使OPNFV作为首选的NFV开源平台和社区。

5.2.2 OPNFV对NFV产业的推进作用

NFV供应商和用户由于缺乏协作，因此供应商会独立地实现众多的NFV平台和解决方案，这样会使行业间达到互操作性的目标更加困难。这种碎片化的方式稀释了资源，可能导致分歧和差距，对NFV技术的发展和应用都没有好处。此外，很多NFV厂商和开发者可能试图去寻找并解决开源项目中同样的缺陷、特性差距或特性请求，这势必会造成各种资源的浪费。OPNFV项目为VNF的部署提供一个开放的参考平台。OPNFV成员和社区可以在多个方面受益。

由于实际应用中单一厂商提供相应平台和VNF，两者紧耦合，无法实现资源的共享，所以实际应用中需要搭建一个通用的OPNFV平台。理想中的OPNFV通用平台如图5-1所示。OPNFV提供开放平台，实现VNF与平台分离，资源的共享。这个统一的平台可以承载各个厂商不同的业务软件，支持类型丰富的NFV应用，实现对底层硬件的透明。

OPNFV实现多个NFV上游项目的垂直整合。目前OpenStack、ODL、DPDK、KVM等功能模块都是独立开发的产品或项目。OPNFV针对电信级NFV高性能、高可用性、高可靠性、低功耗等需求，整合多个上游组织模块，分析差距并进行开发。

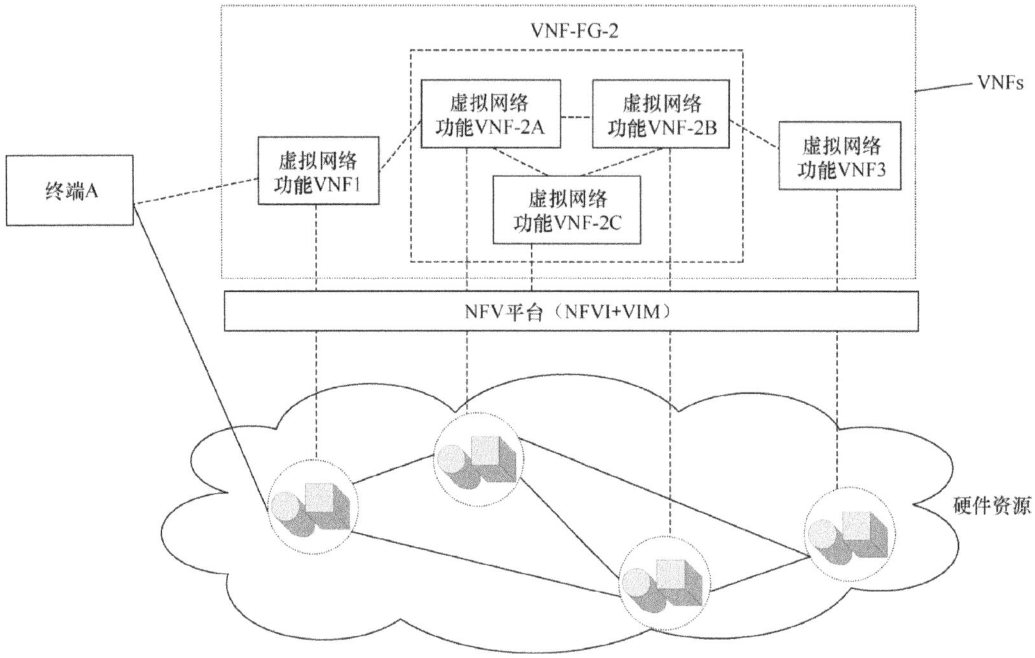

图 5-1 OPNFV 平台下的 NFV

OPNFV 实现产业链的重组。OPNFV 将加速 NFV 产业变革，促进运营商转型。在传统模式下，运营商软硬件一起采购，即“软带硬”，而在 OPNFV 新模式下，运营商可单独采购通用硬件、NFV 平台软件和网络功能软件，即“软硬分离”和“功能平台分离”，虚拟化产品提供商、NFV 平台提供商和通用硬件设备制造商引入了网络产业链。新的产业链带来传统设备提供商的转型，传统的 IT 厂商加入电信行业竞争，可有效降低电信行业成本，并加快业务部署。

此外，互操作的解决方案将提高行业工作聚合的有效性，创建行业间的生态系统，以更快的速度和更低的风险推出新服务，增加新的收入。

5.3 OPNFV 架构

5.3.1 OPNFV 架构

OPNFV 平台的总体设计应该是模块化的，社区以外的组件可以进行扩展和创新，同时终端用户可以拥有额外的选择。OPNFV 项目初期的聚焦点主要在 NFVI、VIM 以及这两个模块与其他模块间的 APIs 上。NFVI 和 VIM 两个基础功能模块能够保证应用可以部署在一个虚拟化环境中。整个行业中已经有许多开源技术可以实现 NFVI 和 VIM 的功能，OPNFV 将集中这些平台组件实现模块化，并且解决这些模块间接口的一致性问题，确保虚拟化网络设施的一致性、高性能和互操作性。

OPNFV 的架构如图 5-2 所示。OPNFV 基于基础设施，提供计算、存储和网络资源，并实现计算虚拟化、网络虚拟化、存储虚拟化的控制，其上承载 VNFs，而 OPNFV 平台搭建的整个过程包括三部分：（1）不断构建和整合上游工程；（2）部署和测试 VNFs；（3）进一步开发电信级需求。

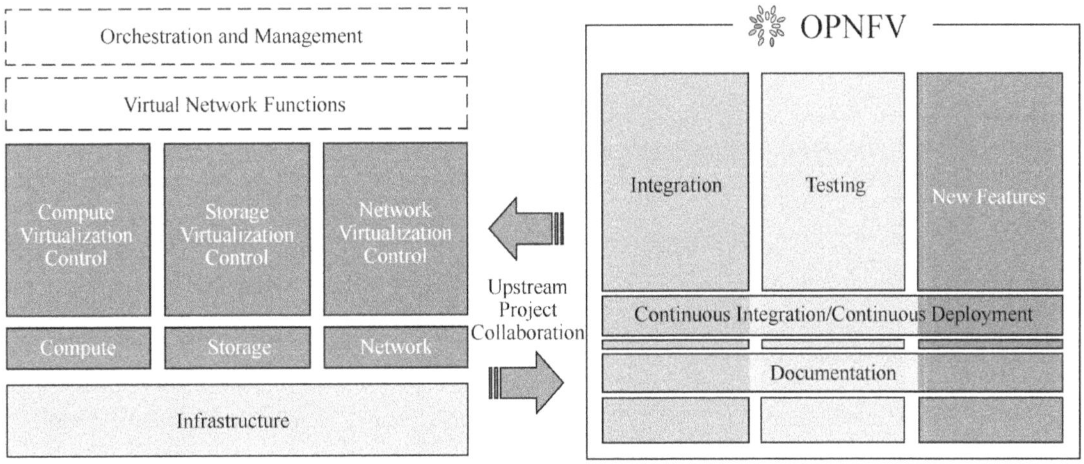

图 5-2　OPNFV 架构

5.3.2　OPNFV 其他组件

OPNFV 融合许多相关的开源项目，为 NFV 提供一个模块化、插接式连接的框架。OPNFV 垂直整合各上游工程组件，并对电信级需求进行进一步开发，形成电信级 NFV 平台。上游工程在 NFV 中的角色分别如下。

虚拟化的基础设施管理器（VIM）：OpenStack、Apache CloudStack 等。

网络控制器和虚拟化的基础设施：OpenDaylight 等。

虚拟化平台：KVM、Xen、LXC 等。

虚拟转发器：Open vSwitch (OVS)、Linux Bridge 等。

数据平面接口和加速：Data Plane Development Kit (DPDK)、OpenDataPlane (ODP) 等。

操作系统：Linux 等。

部分集成项目在 OPNFV 平台中的应用如图 5-3 所示。其中，大部分的 VIM 试验和验证都是基于 OpenStack 搭建的，OpenStack 具有很好的兼容性和开放性，因此 OpenStack 已经成为事实标准。

我们已在第 3 章和第 4 章介绍了 OpenDaylight 和 OpenStack，本节简单介绍 KVM 以及 OVS。

1. KVM

OPNFV 中虚拟化平台可能包括 Kernel-based Virtual Machine (KVM)、Xen、Linux Containers（LXC）。Xen 是面向 IA-32、IA-64 和 PowerPC 970 架构的虚拟机监控程序。LXC 可以提供轻量级的虚拟化，以便隔离进程和资源，而且不需要提供指令解释机制以及全虚拟化的其他复杂性，与 KVM、Xen 等典型虚拟机相比，LXC 的额外资源开销更小。KVM 是一款基于 GPL 授权方式的开源虚拟机软件。它是基于 X86 架构且基于硬件虚拟化的 Linux 全虚拟化解决方案。KVM 由 Avi Kivity 开发和维护，是第一个成为原生 Linux 内核（2.6.20）一部分的 Hypervisor。KVM 虚拟化技术具有较强的灵活性，能较好地将不同的操作系统和特殊硬件设备加以利用，从而能够降低不同系统间维护的复杂度。KVM 支持的客户机操作系统种类较多，常见的基于 X86 架构的 Windows、Linux、Unix 操作系统绝大部分都可以稳定地运行（也包括基于 AMD 架构）。

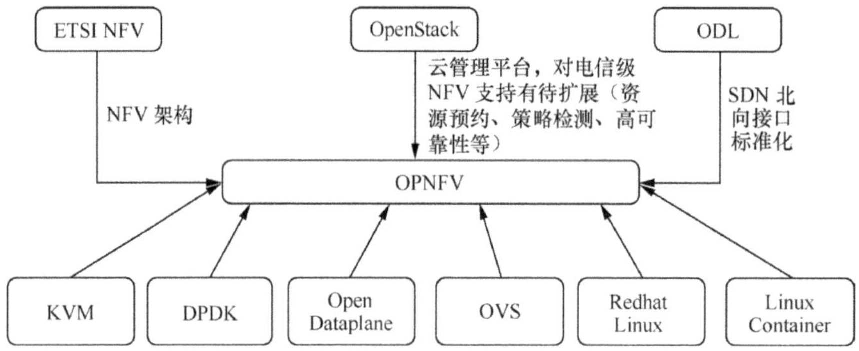

图 5-3　OPNFV 中的集成项目

（1）KVM 架构

KVM 只是虚拟化解决方案的一部分，其底层需要处理器支持，为多个操作系统提供虚拟化处理器，I/O 通过 QEMU 进行，其架构如图 5-4 所示。

KVM 包含内核模块和处理器模块两部分。内核模块 kvm.ko 提供核心的虚拟化支持，处理器模块 kvm-intel.ko 提供对 Intel 处理器虚拟化技术的支持。KVM 通过加载 kvm.ko 内核模块将 Linux 内核转换为一个虚拟机管理程序 Hypervisor，因此 KVM 可以随着 Linux 标准内核的升级而获得性能提升（如调度程序、内存支持等）。虚拟机对应成为标准的 Linux 进程，因而可以用标准的 Linux 进程管理机制进行管理。

普通的 Linux 进程有内核模式和用户模式两种运行模式。内核模式表示代码执行的特权模式，相应地，代码执行的非特权模式也就是用户模式。在 KVM 系统中为 Linux 引入了一种新的进程模式，新的模式称为客户模式，客户模式用来执行虚拟机操作系统非 I/O 代码。在客户模式中包含内核模式和用户模式两种标准模式，VM 操作系统可在内核模式下运行标准的内核，在用户模式下支持自己的内核和用户空间应用程序。

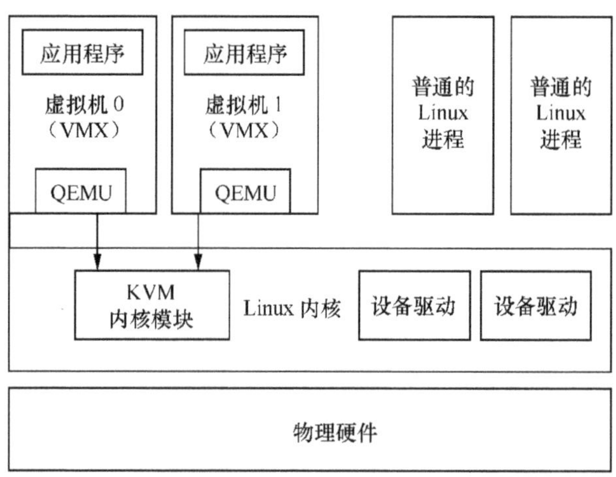

图 5-4　KVM 架构图

虚拟机操作系统的 I/O 操作是由修改过的 QEMU 支持的。QEMU 是一种用动态翻译技术实现的快速指令集层虚拟机，它支持整个计算机系统的模拟，包括多种处理器（X86、ARM、PowerPC 等）、磁盘、图形适配器和网络设备等。KVM 是用硬件虚拟化技术代替了 QEMU 的动态翻译技术，实现虚拟机操作系统代码直接由硬件处理从而提高系统性能。VM 操作系统生成的 I /O 请求会被截获并转发到用户空间，由 QEMU 的设备模型来模拟 I /O 操作，在需要的情况下触发真实的 I /O 操作。

（2）KVM 在虚拟化中的优势

KVM 在虚拟化中的优势见表 5-1，KVM 同时还具有优良的系统性和稳定性。

表 5-1　KVM 在虚拟化中的优势

优势	含义
灵活性	KVM 虚拟化技术具有较强的灵活性，能较好地将不同操作系统和特殊硬件设备加以利用，降低不同系统间维护的复杂度
支持 VM 操作系统种类多	KVM 支持 VM 操作系统种类多，常见的基于 X86 架构的 Windows、Linux、Unix 操作系统绝大部分可以稳定运行
瘦虚拟化方案	KVM 本身运行在 Linux 系统内核当中，属于瘦虚拟化方案，KVM 本身体积很小，其支持硬件取决于 Linux 系统本身对硬件的支持。目前主流硬件设备均有对应的 Linux 驱动，这也就决定了 KVM 可以在最广泛的硬件系统之上运行
直接使用指定的硬件设备	KVM 可以直接使用指定的硬件设备，如 USB 端口等。利用此项功能，可以直接将特定应用 USB 加密狗与运行该应用的 VM 绑定，从而解决加密狗冲突的问题

（3）NFV 与 KVM

NFV Hypervisors 为 NFVI 提供了关键的功能。然而，我们不仅要朝着将 Hypervisors 设计成满足 NFVI 需求的目标前进；我们还要去解决 KVM 需要的高性能和低时延，不同的使用场景对时延的要求不同，有些需要 20μs 的时延，有些甚至需要 5 ～ 10μs，同时它们的性能需要被保证；再下一步，KVM 也需要努力去满足 NFV 的整个特性，例如满足电信级的可靠性和灵活性需求。

为了满足这样的需求，OPNFV 内部的成员 Intel、Huawei、Red Hat、Nokia、Wind River 以及 Cavium Networks 发起了一个 KVM Project。这个项目于 2015 年 7 月 8 日提出，名为 NFV Hypervisors-KVM (nfv-kvm)。此项目最初关注的领域如下。

① 为数据平面 VNFs 提供最小的中断延迟变化。

② 为实时的 VNFs 提供最小的时变。

③ 为数据平面 VNFs 提供最小的包时延变化。

④ 内部 VM 的交互。

⑤ 快速的生命周期管理。

更多信息可以参考：https://wiki.opnfv.org/display/kvm/Nfv+Hypervisors-kvm。

2. Open vSwitch

Open vSwitch（简称 OVS）是由 Nicira Networks 主导的，运行在虚拟化平台（例如 KVM、Xen）上的高质量的、多层虚拟交换机。在虚拟化平台上，OVS 可以为动态变化的端点提供 2 层交换功能，很好地控制虚拟网络中的访问策略、网络隔离、流量监控等。

OVS 遵循开源 Apache 2.0 许可证，通过可编程扩展，OVS 可以实现大规模网络的自动化（配置、管理、维护），同时支持现有多种标准的管理接口和协议（例如，NetFlow、sFlow、IPFIX、RSPAN、CLI、LACP、802.1ag 等）。OVS 也提供对 OpenFlow 协议的支持，用户可以使用任何支持 OpenFlow 协议的控制器对 OVS 进行远程管理控制。此外，OVS 支持多种 Linux 虚拟化技术，包括 Xen/XenServer、KVM 等。

OVS 的组成部分见表 5-2。

表 5-2　OVS 的组成部分

组成	含义
ovs-vswitchd	守护程序，实现交换功能，和 Linux 内核兼容模块一起，实现基于流的交换 flow-based switching
ovsdb-server	轻量级的数据库服务，主要保存了整个 OVS 的配置信息，包括接口、交换内容、VLAN 等。ovs-vswitchd 会根据数据库中的配置信息工作
ovs-dpctl	用来配置交换机内核模块，可以控制转发规则
ovs-vsctl	主要是获取或者更改 ovs-vswitchd 的配置信息，此工具操作的时候会更新 ovsdb-server 中的数据库
ovs-appctl	向 OVS 守护进程发送命令
ovsdbmonitor	GUI 工具来显示 ovsdb-server 中的数据信息
ovs-controller	OpenFlow 控制器
ovs-ofctl	用来控制 OVS 作为 OpenFlow 交换机工作时候的流表内容

OPNFV 针对 OVS 发起的项目名为 Open vSwitch for NFV，相关资料可参考 https://wiki.opnfv.org/display/ovsnfv/Project+Proposal。

5.3.3　OPNFV 模块交互接口

模块间交互的接口包括下述四个部分。

（1）Virtualization Layer-Hardware Resources (Vi-Ha)

这个接口在虚拟层和底下的硬件间创建公共通道，实现软硬件的解耦。此接口具备以下功能：根据不同的需求分享基础资源；根据不同的需求重新分配资源；平行地管理软件和硬件；可以利用来自不同厂商的软硬件。

（2）VNF-NFV Infrastructure (Vn-Nf)

NFVI 通过此接口为 VNF 提供虚拟资源。此接口是承载功能和运行软件的集成点。无论是将现有的 VNF 迁移到虚拟基础设施层，还是直接在一个虚拟化环境中部署 VNF，应用程序开发人员都需要保证应用的性能、可靠性和可伸缩性。

（3）NFVI-Virtualized Infrastructure Manager (Nf-Vi)

通过此接口，VIM 把资源请求信息发送给 NFVI，实现资源的分配；NFVI 将底层资源信息上报至 VIM。这些接口提供的功能包括：一致性地管理硬件资源；实现虚拟基础设施的分配和连接；提供监控系统的使用率、性能以及故障管理。

（4）Orchestrator-Virtualized Infrastructure Manager (Or-Vi) 和 Virtualized Infrastructure Manager-VNF Manager (Vi-Vnfm)

通过 Or-Vi 接口、Vi-Vnfm 接口、NFVO 和 VNFM 向 VIM 下发资源请求信息，同时 VIM 也会将相关的配置和状态信息进行交换。通过为 NFVO 和 VNFM 系统提供其与 VIM 的交互能力，这些接口就可以掌握虚拟系统的操作和状态行为。因此，NFVO 可以协调提供端到端服务的元素；VNFM 还可以管理 VNFs 的生命周期，优化系统。

5.3.4 Arno 版本

OPNFV 的 Arno 版本于 2015 年 6 月发布。OPNFV Arno 不仅是针对 NFV 推出的第一个开放源码平台，而且是为开发者提供的更便于 NFV 开发和部署的环境。开发者能在 Arno 上部署、测试自家或来自第三方平台的 VNFs。Arno 平台也支持多个开源工程，包括了 Ceph、KVM、OpenDaylight、OpenStack 以及 Open vSwitch 等技术。这些技术通过 Arno 完成持续整合、自动化部署和元件测试等功能。此外，Arno 框架还提供了一个基于社区测试的试验基础架构（Community Test Labs Infrastructure），可让开发人员在不同地理和硬体平台上开发测试和部署虚拟化网路功能，例如敏捷式测试等。

OPNFV Arno 版本提供了由电信服务供应商及开发者整合的一个开放源码平台，这个平台加快了虚拟化网路功能的测试和部署，而且帮助企业尽快从 NFV 应用及服务测试走向商用市场。Arno 的发布给所有这些正在探索 NFV 部署、开发 NFV 应用、对 NFV 性能感兴趣并想做一些基于案例的测试的人带来了极大的便利。

OPNFV Arno 的关键特性如下。

（1）平台的可用性：Arno 能够持续集成、自动化部署和测试上游工程的组件。Arno 允许开发者和用户自动安装和探索平台。

（2）部署和测试多种 VNF 的能力：终端用户和开发者可以在 Arno 上部署他们自己的或者第三方的 VNF，在多种场景和使用案例下测试 VNF 的功能和性能。

（3）社区测试实验室中测试架构的可用性：Arno 上发布了一个社区测试实验室的架构，用户可以在不同的环境和硬件条件下测试实验平台。这个架构能够让实验平台在不同的 NFV 场景下运用，确保多种开源组件可以一起满足供应商和终端用户的需求。

（4）允许特定组件自动并持续集成：上游工程是独立开发的，需要对各种 OPNFV 用例进行测试，确保无缝集成和平台的互联。OPNFV 的自动化工具链满足连续自动构建和验证。

Arno 版本的 OPNFV 架构如图 5-5 所示。图 5-5 中，左边强调上游组件以及社区实验室基础设施，用户可以在不同的环境和不同的硬件上测试平台；右边列出了部分 OPNFV Projects。

图 5-5 的左图中，Pharos Project Compliant Community Labs 和 OPNFV Bare Metal Lab 实验室提供基础设施，包括标准服务器、存储设备以及网络设备。全球 Pharos 实验室共有 13 个，其中中国有三个，分别在中国移动、华为、中兴。实验室的目标是提供实验室环境和硬件设施用于 OPNFV 集成开发和测试；为 Octopus 项目和 Bootstrap/GetStarted 项目提供集成开发环境；提供用例的测试；提供 OPNFV 的认证。不同的技术和地理位置使 OPNFV 的部署和测试基于各种不同的硬件环境，有助于确保 OPNFV 不是绑定到一个特定的硬件架构或供应商。上游工程中，KVM 提供虚拟化平台，Ceph 提供低成本且可大规模扩展的存储平台，OpenDaylight 和 OVS 提供虚拟化网络。

OpenStack 作为 VIM，对物理和虚拟资源进行管理和控制。NFV MANO 对 NFVI 上运行的 VNFs 进行编排和管理。

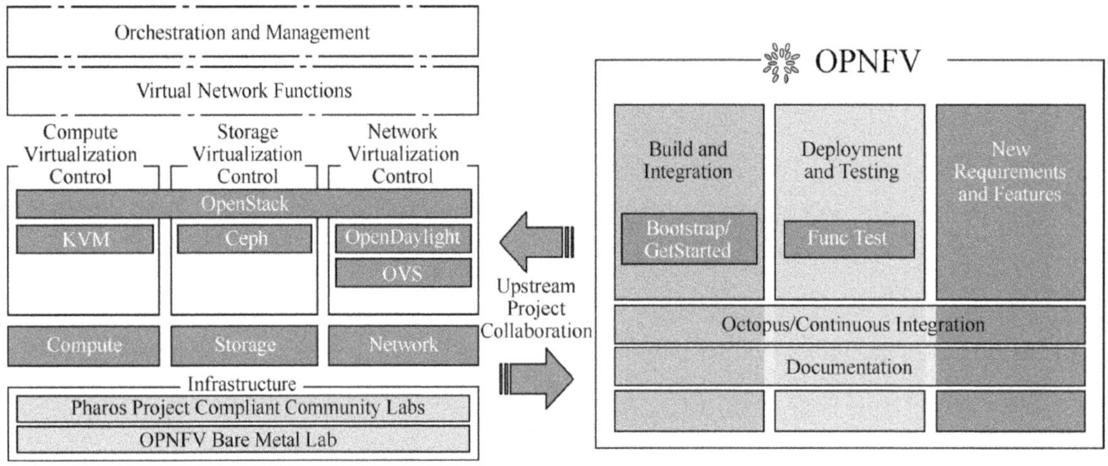

图 5-5 OPNFV 架构 - Arno 版本

图 5-5 的右图中，OPNFV 利用相关文档，基于 Octopus 项目不断整合上游工程。Octopus 项目也称为持续集成 Continuation Integration (CI) Project，目标是提供一组上游工程的集成。它将提供自动化测试和验证的开发环境，既对上游工程进行改进，又提高 NFV 参考平台。OPNFV 整合上游工程包括三个项目：Bootstrap/Get Started(BGS) 项目、Functest 项目以及进一步开发电信级需求。Bootstrap/Get Started 项目组装和测试 OPNFV 的基础设施组件以运行 VNFs 的实例，它把单个部署类型进行集合，既可以供开发人员使用，又可以在持续集成中使用。Bootstrap/Get Started 项目的目标是尽快搭建一个或多个组件栈，总结组件间的部署差异和共性，以此产生一个更灵活的网络框架。项目最初将关注一个组件的组合。Functest 项目使用“自上而下”的方法，先选择 ETSI NFV 中的用例和开源 VNFs 进行功能测试。此项目的目标是利用 BGS 项目的输出，在托管的测试床（test-bed）环境中对 OPNFV 平台进行测试（例如使用全球范围内的 OPNFV 测试实验室）。具体目标包括：定义测试工具；定义测试套件（SLA）；安装和配置测试工具；在 CI 下自动化地进行测试。

5.3.5 Brahmaputra 版本

2016 年 3 月发布了 OPNFV 的 Brahmaputra 版本。此版本是基于 OpenStack Liberty 版本，Liberty 加强了平台所需要的电信级功能，比如：可选择安装包和操作系统；IPv6 路径部署和 Linux 内核的提升；通过 OpenStack Neutron、Ceilometer 和 Monasca 显著提升了错误检测和恢复功能；虚拟网络功能的 Service Function Chaining(SFC) 功能；Layer 3 VPN 的实例化和配置；通过 OpenStack 顶端的中介层的基础资源预定；为 Open vSwitch 和 KVM 虚拟管理加强了 DPDK 性能；在默认的 OpenStack 网络选项之外，OPNFV 支持通过使用各种 SDN 控制器，如 OpenDaylight、ON.Labs 的 ONOS 和 OpenContrail，安装和进行功能性的 Tempest。

整体上，OPNFV Brahmaputra 重要的性能提升总结如下。

1. **强化特征增强**

（1）3 层 VPN 的安装与配置；

（2）IPv6 的部署和对 IPv6 环境试验的初步支持；

（3）利用 OpenStack 的 Neutron 和 Ceilometer 以及 DPDK 的协同发展提高故障的检测和恢复能力；

（4）OpenDaylight 的 Beryllium 版本提供初始服务功能链接的能力；

（5）利用 NFV 集中加强的 OVS、KVM 和数据平面加速，来增强性能和吞吐量。

2. **增强测试能力**

扩展了 Arno 中 Functest 的测试套件，它增加了系统级测试和多性能测试框架及方法。Yardstick 项目实现了 ETSI TST 001 的测试基准要求的系统级验证。另外还包括详细的 vSwitch 性能特征，自上而下的系统性能基准，性能瓶颈集中测试框架的实现。

3. **基础设施和测试环境的增强**

除了由 Linux Foundation 主办的实验室之外，社区的 Pharos 实验室被用来验证 B 版本。另外，OPNFV 的 Jenkins 的持续集成和持续部署工具在自动化集成部署方案和相关测试框架中取得了长足的进步。

4. **部署和集成的增强**

Brahmaputra 包括了一些增加的组件和场景，包括了额外的 SDN 控制器和安装支持，例如 OpenStack Liberty 和 OpenDaylight Beryllium，这些都可以被搭建在平台之中。

Brahmaputra 版本的 OPNFV 架构如图 5-6 所示。相比于 Arno 版本，Brahmaputra 版本添加了 OpenContrail 和 ONOS 实现对网络的控制；在平台构建过程中，虽然还是包括三部分，但每部分都进行了扩充，例如测试过程添加了系统测试和性能测试，而如上所述，OPNFV 特性添加了 IPV6、SFC 等性能的支持。

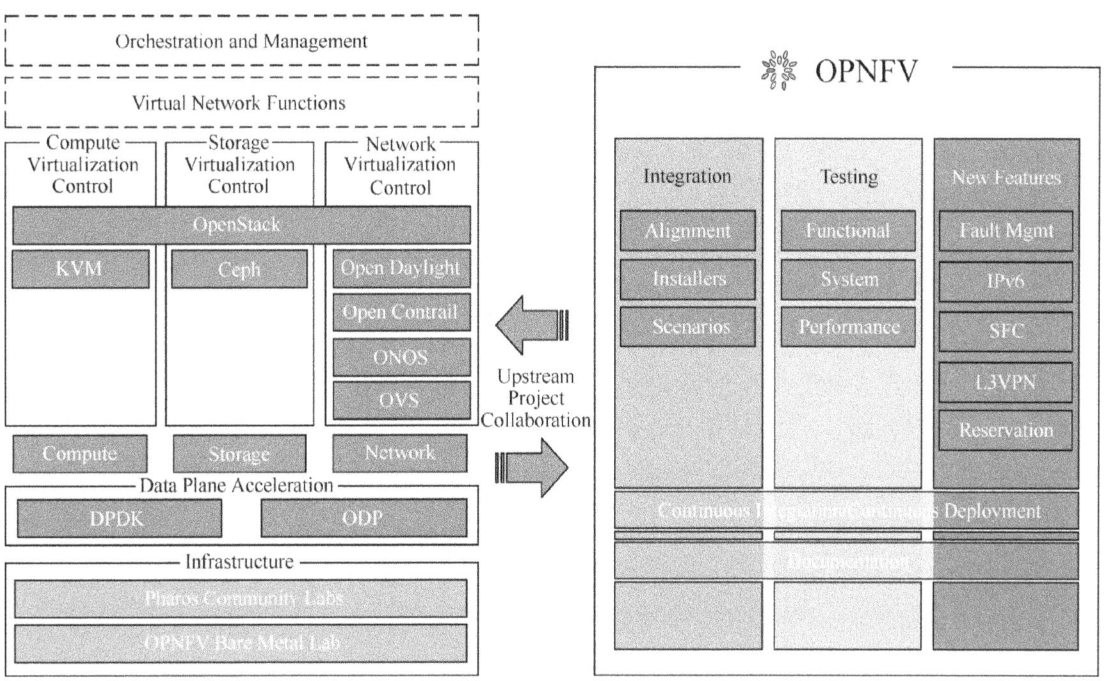

图 5-6 OPNFV 架构 - Brahmaputra 版本

5.3.6 Colorado 版本

2016 年 9 月 OPNFV 发布了第三个版本 Colorado，如图 5-7 所示，其架构与 Brahmaputra 版本相比，在数据平面添加 FD.io 和 OVS 上游组件，并且增加了以下几个新的特性。

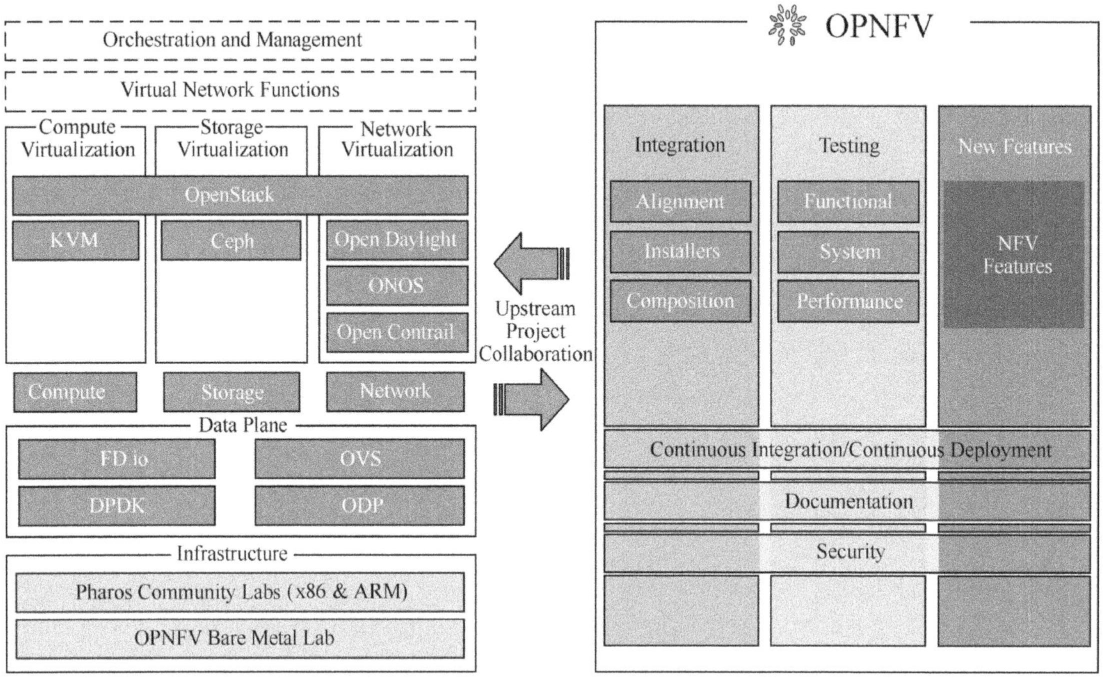

图 5-7 OPNFV 架构 -Colorado 版本

1. 核心功能的增强

安全方面（Security）：C 版本通过获取核心基础设施倡议（CII）的徽章，来提升 OPNFV 安全方面的框架。

服务功能链方面（SFC）：SFC 可以在多个节点上运行，包括对 VNF 管理（OpenStack Tacker）安装程序的支持。

IPv6 方面：支持 IPv6 的部署、underlay 和 overlay 的支持，与其他安装工具的集成。

VPN：SDN VPN 项目现在可以充分得到第 2 层和第 3 层 VPN 支持，包括在 SDN 的 BGP 项目中的 BGP 对等。

ARM：OPNFV 现在可以完全支持多个硬件平台，包括 X86 和 ARM。

2. 测试功能的增强

C 版本扩展了 OPNFV 平台的测试功能，可能的场景数量由 24 增加到了 42。自动化的测试工作流程现在可以更有效地利用资源，并整合到 Yardstick 和 VSPERF 项目中。另外还增加了安全、VPN、IPv6 和其他功能附加的测试用例。

3. 社区发展的进步

现在有一些工作组集中在基础设施、MANO、测试和安全领域的研究。OPNFV TSC 现在已经增加 5 个提交大型项目的人员，以此来增加人才管理的性质。关键的上游项目社区包括 OpenStack，OpenDayligt，ONOS，OpenContrail，FD.io，OVS，Open-O，Ceph，DPDK，ODP，OpenBaton，KVM，和 Linux kernel 社区。

5.4 OPNFV 安装

OPNFV 包含 OpenStack 和超过 30 个其他可选组件，并为它们增加了电信级功能。终端用户可以下载自己需要的安装包、操作系统和 SDN 控制器，以快速地部署一个测试平台，这些都由活跃的开源社区支持。项目团队已经在关键的部署场景上付出了诸多的努力，使其自动地安装、配置、测试。

5.4.1 安装方式

OPNFV 的 Brahmaputra 版本包含 4 种对 OpenStack 裸机安装的支持。

（1）APEX：APEX 是带有 Triple O 和 Puppet 的 RDO，支持 CentOS。

（2）Compass：Compass 依赖于 Ansible，已安装 OpenStack 和其他组件，支持 Ubuntu。

（3）FUEL：FUEL 集成了 OPNFV 功能在 FUEL Stack 安装包 / 部署工具中，支持 Ubuntu。

（4）JOID：JOID 使用了 Canonical 的 MaaS 和 JuJU，支持 Ubuntu。

OPNFV 项目 Genesis（GENEral System Install Services）旨在实现一个统一的用户体验。Genesis 指定了组件包含的内容，如 OpenStack、OVS 的哪个版本等，以组成一个 OPNFV 环境。

Pharos 项目指定一个实验室以及建立一个典型的部署配置时，所需要的网络和服务器硬件。有一个“Pod”概念，6 个物理服务器，第 1 个节点作为跳转盒，以启动另外 5 个。有 3 个控制节点和 2 个 HA 配置的计算节点。全球共有 13 个不同的 Pharos 实验室，每一个实验室都有多个 Pods，每个 Pod 来自于不同公司所贡献的资源，用以集成和测试各种组件的组合。Pods 目前已通过一个固定的 jump host（用于指定的安装包和使用特定布局的 VLAN 主干及接入端口的网络设计）被合理地统计。在未来的 OPNFV 版本中，网络将会在每一次创建中动态地进行配置。

组成一个 Pod 的 6 个服务器由 Jenkins Job Bulider 脚本控制，被储存在 OPNFV Gerrit 库中。OPNFV 核心版本团队从各种安装包和特性项目中提取代码以确保在各个实验室中的 Pod 的所有工作能够自动化进行。然后，在基础平台被验证后，来自于测试项目的代码会被添加到 Jenkins jobs 运行。至少 4 个成功的创建，才能让安装包的新功能从 Master 进入到 Stable 中。

5.4.2 安装过程介绍

1. 部署之前的工作

我们采用 Fuel 安装工具进行部署 OPNFV。在部署之前，需要做以下几步工作。

（1）获取 ISO 镜像

首先，需要获取 Fuel 部署的 ISO 镜像，可以到下面的网址进行下载：

http://artifacts.opnfv.org/arno.2015.1.0/fuel/arno.2015.1.0.fuel.iso。

此外，要熟悉 Fuel 6.0.1 版本，可以通过阅读以下文档获得相关内容。

① Fuel 规划指南：

http://docs.mirantis.com/OpenStack/fuel/fuel-6.0/planning-guide.html#planning-guide。

② Fuel 用户指南：

http://docs.mirantis.com/OpenStack/fuel/fuel-6.0/user-guide.html#user-guide。

③ Fuel 操作指南：

http://docs.mirantis.com/OpenStack/fuel/fuel-6.0/operations.html#operations-guide。

同时，也应获取部署时所需要的一些特殊参数：提供的子网和网关的信息；提供的 VLAN 的信息；提供 DNS 的地址；提供 NTP 的地址。

以上信息将会在配置的程序中用到。

（2）硬件需求

采用 Fuel 安装 Arno 所需要的最小硬件需求，如图 5-8 所示。

HW Aspect	Requirement
# of servers	Minimum 5(3 for non redundant deployment): • 1 Fuel deployment master(may be virtualized) • 3(1)Controllers • 1 Compute
CPU	Minimum 1 socket x86_AMD64 Ivy bridge 1.6 GHz
RAM	Minimum 16GB/server(Depending on VNF work load)
Disk	Minimum 256GB 10kRPM spinning disks
NICs	• 2(1)×10GE Niantec for Private/Public(Redundant) • 2(1)×10GE Niantec for SAN(Redundant) • 2(1)×1GE for admin(PXE)and control(RabitMQ，etc)

图 5-8 OPNFV Arno 版本安装硬件需求

Arno 平台的硬件配置可以阅读以下网址内容获得更多信息：http://artifacts.opnfv.org/arno.2015.1.0/docs/pharos-spec.arno.2015.1.0.pdf。

（3）OPNFV 软件的安装与部署

以下是我们试验部分。平台硬件环境包含以下几个部分：

① 一台 Linux 系统的跳跃服务器，OPNFV 平台安装程序运行在这台服务器上；

② 若干台计算 / 控制节点服务器；

③ 网络拓扑，要考虑管理网络、公有网络、私有网络和存储网络等。

图 5-9 展示了平台硬件部署环境拓扑结构，本试验硬件平台包含一台跳跃服务器、一台控制节点服务器、一台计算节点服务器、两个路由器、一台交换机。跳跃服务器作为 Fuel Master，控制 OPNFV 平台安装过程，控制节点和计算节点为 OpenStack 实际硬件平台，交换机配置 VLAN，管理网络 VLAN 标记为 1501，存储网络 VLAN 标记为

1502，私有网络 VLAN 标记为 1503，交换机另一个作用是为整个平台提供外网连接。

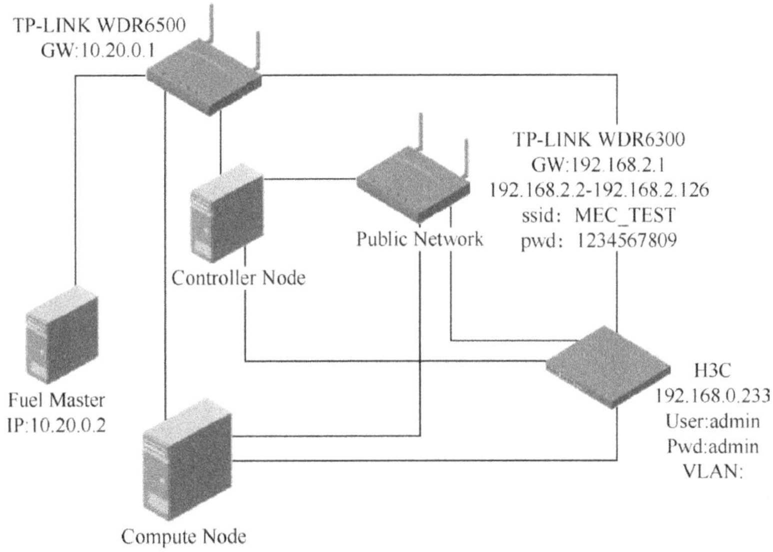

图 5-9　平台硬件部署环境拓扑示意图

2. **安装步骤**

我们使用 Fuel 安装工具进行平台软件的安装与部署，平台软件部分的安装与部署主要分为平台安装服务器（Fuel Master）的安装和整个平台在服务器集群上的部署，以下分步骤介绍。

（1）安装 Fuel Master

① 将 Fuel ISO 文件作为启动设备挂载到跳跃服务器上；

② 重启跳跃服务器，建立起 Fuel 安装服务器，会进入如图 5-10 所示的界面；

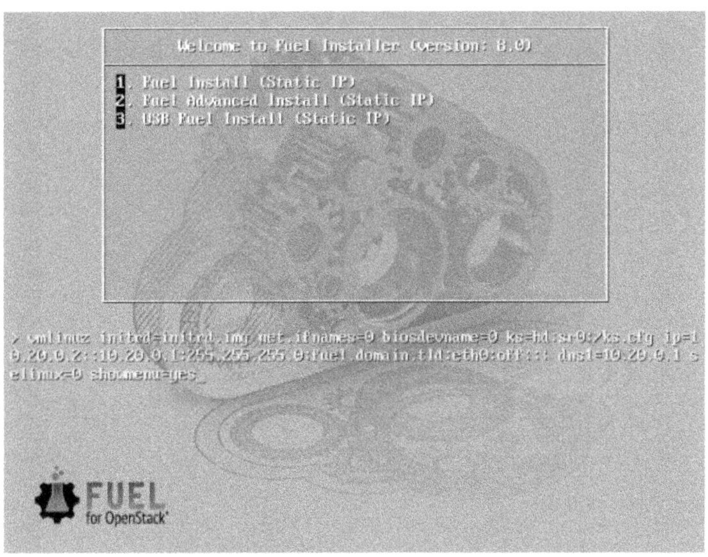

图 5-10　Fuel Installer 初始界面示意图

③ 进入“Fuel 用户”部分，修改默认密码；

④ 进入“网络设置”部分，设置 Fuel 节点的 DHCP/ 静态 IP 信息；

⑤ 进入“PXE 设置”部分，给相关参数（DHCP 池起始 IP、DHCP 池终止 IP、DHCP 池网关）设置合适的值；

⑥ 进入“DNS 与主机名称”部分，给相关参数（主机名称、域名、搜索域名、外部 DNS 等）设置合适的值；

⑦ 设置时间同步服务器；

⑧ 开始安装。

（2）启动节点服务器

Fuel Master 节点重启后给出了登录提示，这时用 PXE 启动模式启动节点（计算、控制等节点）服务器，这样 Fuel Master 便能获得对节点服务器的控制。

① 使用 PXE 启动模式，对每个控制和计算节点服务器，将 PXE 设置为第一启动设备；

② 重启所有控制和计算节点服务器；

③ 接入 Fuel UI，等待所有节点上线。

（3）在 Fuel 节点安装扩展插件。

登录 Fuel 节点系统，进入文件目录 /opt/opnfv/，安装所需插件（如 OpenDaylight 控制器）。

（4）创建一个 OpenStack 环境。

（5）配置网络环境。

（6）选取管理程序类型。

（7）使用插件。

（8）分配节点功能角色。

（9）部署环境。

第6章 NFV系统测试

本章以NFV系统的原理为基础，详细讲述NFV系统的测试需求和测试方法，选取两个核心测试点提出测试方案，分别是基于IMS业务的虚拟机动态迁移测试和业务性能测试。同时，OPNFV作为NFV的开源平台，我们给出了OPNFV的Functest测试过程。

6.1 NFV系统测试原理和方法

6.1.1 测试需求分析

核心网的IMS网络提供移动通信网络的多媒体业务，对底层的资源平台要求最小，因此最先以NFV架构对IMS网络进行了重构，基于NFV架构的IMS网络成为NFV系统的一个重要子集。本节将要以基于NFV架构的IMS网络为测试研究的对象，进行测试需求分析。具体说来，NFV系统的测试主要分以下三部分进行：一是系统平台的测试；二是业务软件测试；三是可用性测试。平台和业务的测试又分为两类进行：一是功能测试；二是性能测试。下面分条描述。

1. 平台功能与性能测试

这部分测试主要分为：系统的安装和升级、系统的配置、系统对物理资源的使用方式、网元的部署、系统的管理和维护、可扩展性测试。

（1）系统的安装和升级。测试关注网络功能虚拟化系统的安装和软件版本升级，版本升级要求支持后向兼容、不影响虚拟机运行。主要包括以下几个测试点：①系统管理平台安装；②系统控制端软件的安装系统的配置；③系统计算节点安装；④系统存储节点安装；⑤系统软件版本升级。

（2）系统的配置。测试关注计算系统、存储系统、模板和镜像的配置等。主要包括以下几个测试点：①计算节点的自动发现和注册；②存储节点管理和配置；③存储节点和计算节点关系配置；④虚拟机镜像上传；⑤虚拟机模板配置。

（3）系统对物理资源的使用方式。测试根据网络功能虚拟化系统的需要制定各种物理资源（包括处理器、内存、存储、网络等）使用方式的查看和记录，以及全虚拟化 / 半虚拟化、Hypervisor 类型、GuestOS 类型的查看和记录。主要包括以下几个测试点：①处理器资源的使用方式；②内存资源的使用方式；③存储资源的使用方式；④网卡资源的使用方式；⑤网络资源的隔离；⑥ GuestOS 的虚拟化方式。

（4）网元的部署。测试重点关注整个网元应用的部署。存在两种可能的网元部署方式。方式一：创建虚拟机，而后在虚拟机中加载网元软件。方式二：直接加载带有网元软件的镜像。具体网元使用什么样的虚拟机参数，需要根据需要提前选择和规划好。主要包括以下几个测试点：①部署虚拟机 - 手动配置；②部署虚拟机 - 模板配置；③在虚拟机中部署核心网网元；④虚拟化核心网网元的自动部署；⑤镜像导入方式配置部署网元；⑥网元部署支持亲和度判别；⑦虚拟机镜像的通用性。

（5）系统的管理和维护。测试主要关注系统是否便于管理与维护，能否提供准确有效的监控与容错体制，能否达到高可用的要求。主要包括以下几个测试点：①虚拟机与网元关系；②虚拟机与物理服务器的对应关系；③虚拟机资源使用监控及统计；④物理机资源使用监控及统计；⑤手动扩容（Scale out/up）；⑥自动扩容（Scale out/up）；⑦手动缩容（Scale in/down）；⑧自动缩容（Scale in/down）；⑨单虚拟机热迁移；⑩多虚拟机热迁移；⑪服务器聚合；⑫服务器分散。

（6）可扩展性测试。测试提供平台支持的最大服务器数量、支持的最大内存数、CPU 数、核数等系统自身的限制。主要包括以下几个测试点：①网络功能虚拟化系统整体可扩展性；②网络功能虚拟化系统单机可扩展性。

2. 业务功能与性能测试

本部分主要测试系统自身的注册与会话功能与性能，并且把这种能力与传统的物理平台对比。

（1）网元基本功能测试。测试所部署的网元的基本功能，这里仅列出了注册和会话，对于参测单位提供的业务网元，有可能根据业务类型进行其他业务功能的测试。主要包括以下测试点：①注册功能测试；②会话功能测试。

（2）虚拟平台与物理平台的业务性能对比。主要的测试点如下：①注册性能对比测试；②会话性能对比测试；③注册时延对比测试；④会话时延对比测试。

3. 系统的可用性测试

本部分测试着眼于故障发现、处理、故障切换等机制，关注由于引入虚拟化带来的新的特性和方案。主要分为以下几个测试点：①虚拟机故障处理；②物理机故障处理；③ Hypervisor 故障处理；④管理网络故障处理；⑤业务网络故障处理；⑥亚健康处理。

6.1.2 测试方法

1. **功能测试**

功能测试（Functions Testing）就是对系统的各功能进行验证，根据功能测试用例逐项测试，检查产品是否达到用户要求的功能。

（1）黑盒测试、白盒测试和灰盒测试

功能测试使用的方法众多，按照测试时是否对系统实现了解，可以分为黑盒（Black Box）测试、白盒（White Box）测试和灰盒（Gray Box）测试。

① 黑盒测试又称数据驱动测试，是把系统当作一个“黑箱”，测试者无法了解或使用系统的内部结构及知识，从系统的行为，而不是内部结构出发来设计测试。

② 白盒测试又称逻辑驱动测试，设计者可以看到系统的内部结构，并且使用系统的内部知识来指导测试数据及方法的选择。

③ 灰盒测试是一种介于黑盒和白盒之间的测试。

（2）单元测试、集成测试和系统测试

按照测试的范围从小到大、从内到外，可以分为单元测试（Unit Testing）、集成测试（Integration Testing）和系统测试（System Testing）。

① 单元测试，是最微小规模的测试，以测试某个功能或代码块。一般由程序员而非测试员来做，因为它需要知道内部程序设计和编码的细节知识。

② 集成测试，是指一个应用系统的各个部件的联合测试，以决定它们能否在一起共同工作且没有冲突。部件可以是代码块、独立的应用、网络上的客户端或服务器端程序。这种类型的测试尤其与客户服务器和分布式系统有关，一般集成测试以前，单元测试需要完成。

集成测试是单元测试的逻辑扩展。它的最简单的形式是：两个已经测试过的单元组合成一个组件，并且测试它们之间的接口，从这一层意义上讲，组件是指多个单元集成聚合。在现实方案中，许多单元组合成组件，而这些组件又聚合成程序的更大部分。方法是测试片段的组合，并最终扩展进程，将您的模块与其他组的模块一起测试。最后，将构成进程的所有模块一起测试。此外，如果程序由多个进程组成，应该成对测试它们，而不是同时测试所有进程。

③ 系统测试，是基于系统整体需求说明书的黑盒类测试，应覆盖系统所有联合的部件。系统测试是针对整个产品系统进行的测试，目的是验证系统是否满足需求规格的定义，找出与需求规格不相符合或与之矛盾的地方。

系统测试的对象不仅仅包括需要测试的产品系统的软件，还包含软件所依赖的硬件、外设，甚至包括某些数据、某些支持软件及其接口等。因此，必须将系统中的软件与各种依赖资源结合起来，在系统实际运行环境下进行测试。

2. **性能测试**

性能测试（Performance Testing）是通过模拟生产运行的业务压力量和使用场景组合，测试系统的性能是否满足生成性能要求，即在特定的运行条件下验证系统的能力状况。性能测试可以分为负载测试（Load Testing）、压力测试（Stress Testing）、扩展性测试（Scalability

Testing）、配置测试（Configuration Testing）和并发测试（Concurrency Testing）。

（1）负载测试，即在给定的测试环境下，通过在被测系统上不断增加压力，直到性能指标超过预定指标或某种资源使用已经达到饱和状态，目的是了解系统性能容量和处理能力极限。负载测试的主要用途是发现系统性能的拐点，寻找系统能够支持的最大用户、业务等处理能力的约束。

（2）压力测试，即测试系统在一定饱和状态下能够处理的会话能力，以及是否出现错误，一般用于稳定性测试，可以理解为资源的极限测试。测试关注在资源处于饱和或超负荷的情况下，系统能否正常运行，是一种在极端压力下的稳定性测试。其主要意义是通过测试调优保证系统即使在极端的压力情况下也不会出错甚至系统崩溃。

（3）扩展性测试，即在固定测试环境下，在其他测试角度（负载方面）不变的情况下，变化一个测试角度并持续增加压力，查看系统的性能曲线和处理极限，以及是否有性能瓶颈存在（拐点）。主要意义是从多个不同的测试角度去探测分析系统的性能变化情况，配合性能调优。测试角度可以是并发用户数、业务量、数据量等不同方面的负载。

（4）配置测试，即通过对被测系统的软硬件环境的调整，了解各种不同环境对性能影响的程度，从而找到系统各项资源的最优分配原则。主要用于性能调优，在经过测试获得了基准测试数据后，进行环境调整（包括硬件配置、网络、操作系统、应用服务器、数据库等），再将测试结果与基准数据进行对比，判断调整是否达到最佳状态。

（5）并发测试，即模拟并发访问，测试多用户并发访问同一个应用、模块、数据时是否产生隐藏的并发问题，如内存泄漏、线程锁、资源争用问题。测试目的并非是为了获得性能指标，而是为了发现并发引起的问题。

3. 可用性测试

可用性测试（Availability Testing）是通过给系统加载一定的业务压力的情况下，让应用持续运行一段时间，测试系统在这种条件下是否能够稳定运行。可用性测试需要和压力测试区分开，两者的测试环境和测试目的不一样。压力测试强调在资源极限情况下系统是否出错；可用性测试强调在一定的业务压力下长时间（如 24×7）运行系统，关注系统的运行情况（如资源使用率是否逐渐增加、响应是否越来越慢）是否有不稳定征兆。

6.1.3 平台测试

1. 平台功能测试

NFV 系统平台功能非常多，测试的时候需要按照一定的测试方法逐个进行。本节选取两个经典业务进行描述，分别是业务部署测试和平台扩缩容测试。

（1）业务部署

业务部署测试又分为手动业务部署和自动业务部署，二者从实现上没有本质不同，只是自动部署事先把部署需求写成了一个执行模版存储在系统中，降低了部署的复杂性，增加了系统的易用性。

测试流程如图 6-1 所示：

① 业务部署人员明确业务部署需求。

② 选择虚拟机镜像准备手动部署业务（或者选择业务部署模版自动部署业务）。

③ 手动配置虚拟机以满足业务运行条件并启动（或者虚拟机按照部署模版的要求自动配置并自动启动）。

④ 手动下载安装网元软件并配置（或者虚拟机按照预制模版自动安装配置网元软件）。

⑤ 启动网元服务，完成业务部署，查看是否可以正常对外提供服务。

（2）平台扩缩容

平台扩缩容测试和服务器的分散与聚合测试基本相同，都是预先设定扩缩容阈值，然后改变系统的负载变化，观察系统能否在达到设定阈值时完成扩缩容。

测试流程如图6-2所示：

① 设定系统扩容的下限阈值（或者缩容的上限阈值）。

② 增加系统负载（或者降低系统负载）。

③ 判断系统负载是否超过系统扩容下限（或者是否低于系统缩容上限），如不满足条件，继续等待直到条件满足。

④ 判断系统是否扩容成功（或者缩容成功）。

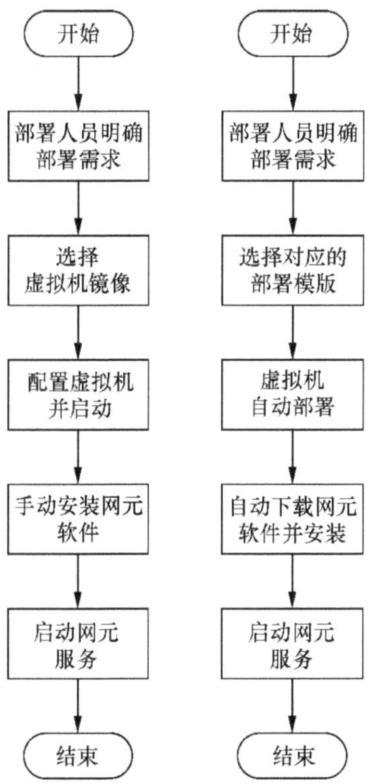

图6-1 业务部署测试流程

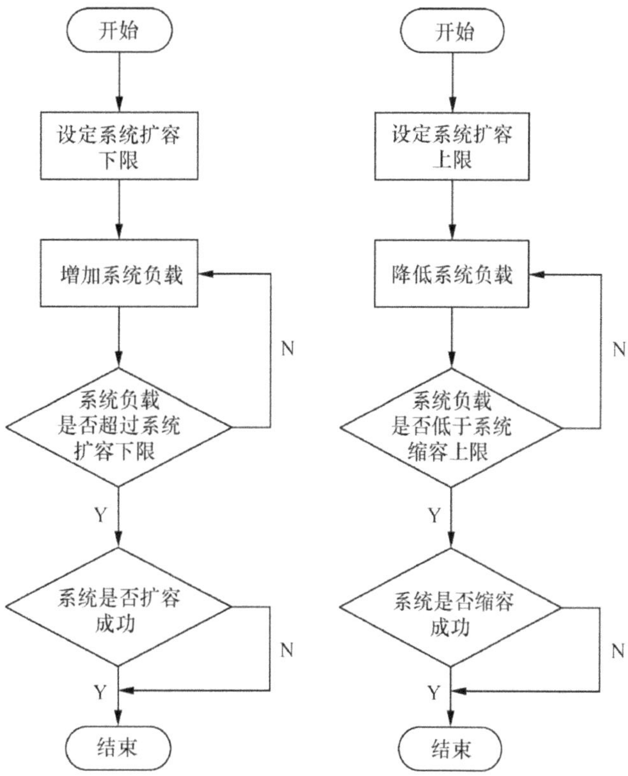

图6-2 平台扩缩容测试流程

2. **平台性能测试**

业务平台的性能测试主要以虚拟机迁移性能测试为主。虚拟机的迁移是指在VMM（Virtual Machine Monitor）上运行的虚拟机系统能够被转移到其他物理主机的VMM上运行。VMM对硬件资源进行抽象和隔离，屏蔽了底层硬件细节，而迁移技术的出现，使得操作系统能在不同的主机之间动态地转移，进一步解除软、硬件资源之间的相关性，同时为服务器虚拟化提供了便捷的资源均衡方法。

虚拟机的迁移分两大类：如果虚拟机迁移前需要关机或者暂停，这种迁移叫作静态迁移，也叫作常规迁移、离线迁移（Offline Migration）；如果迁移过程中虚拟机正常运行没有宕机中断，这种迁移就叫作动态迁移，也叫在线迁移（Online Migration）、热迁移（Live Migration）。再细分，按照部署时候使用磁盘位置的不同，迁移还分为两种：一种是基于共享存储的迁移，一种是基于本地存储的迁移。下面分两大类讨论迁移技术。

（1）静态迁移

静态迁移也叫作常规迁移、离线迁移（Offline Migration），就是在虚拟机关机或暂停的情况下从一台物理机迁移到另一台物理机。静态迁移过程需要显式地停止虚拟机的运行，从用户角度看，有明确的一段停机时间，虚拟机上的服务不可用。这种迁移方式简单易行，适用于对服务可用性要求不严格的场合。

基于共享存储的静态迁移，如图 6-3 所示，迁移前虚拟机处于停止状态，只需要逻辑上由源物理机切换到目标物理机上就可以了，下次虚拟机开机的时候直接在目标物理机上申请 CPU、内存资源。

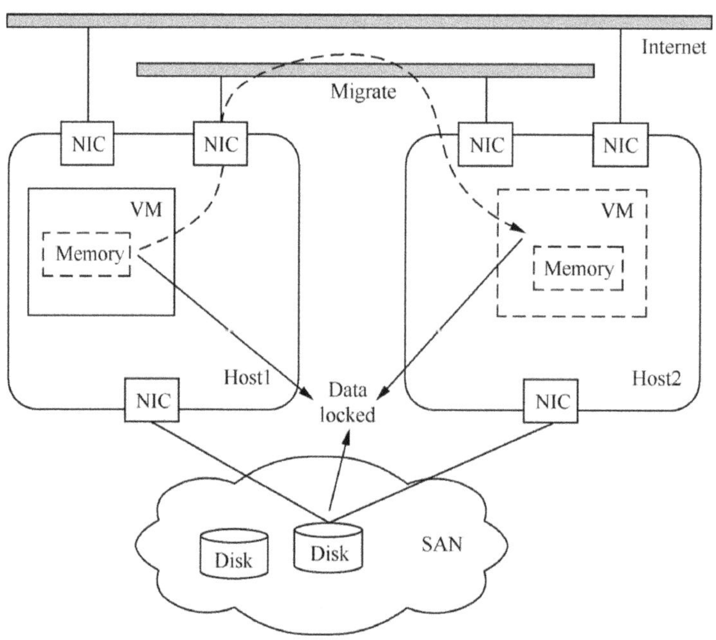

图 6-3　基于共享存储的静态迁移

基于本地存储的静态迁移，如图 6-4 所示，迁移前虚拟机处于停止状态，需要把虚拟机的磁盘（包括系统盘和数据盘）通过网络全部搬移到目的主机上，然后虚拟机下次开机的时候直接使用目的主机的 CPU、内存、硬盘和网络等资源，完成整个迁移过程。

（2）动态迁移

动态迁移（Live Migration），也叫在线迁移（Online Migration），就是在保证虚拟机服务正常运行的同时，将一个虚拟机系统从一个物理主机移动到另一个物理主机的过程。该过程不会对最终用户造成明显的影响，从而使得管理员能够在不影响用户正常使用的情况下对物理服务器进行离线维修或者升级。与静态迁移不同的是，为了保证迁移过程中虚拟机服务的可用，迁移过程仅有非常短暂的停机时间。因此，动态迁移适用于对虚拟机服务可用性要求很高的场合。

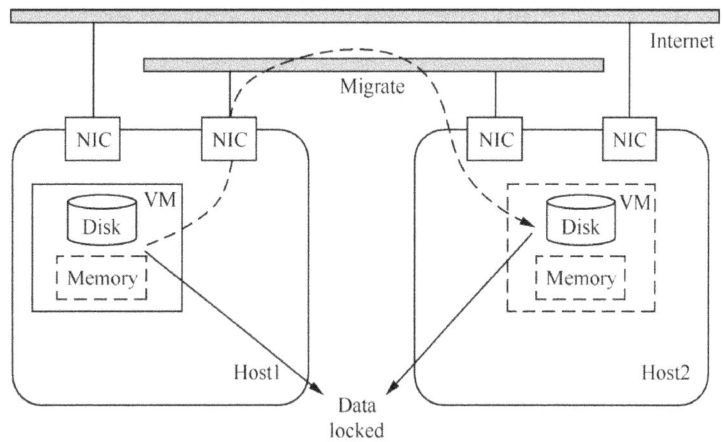

图 6-4　基于本地存储的静态迁移

虚拟机正常运行过程中，主要有两部分数据随时间不停的变动，分别是虚拟硬盘和虚拟内存，二者中数据变动频率比较高的是虚拟内存数据。无损高效地搬移虚拟内存数据是热迁移技术的一个重点。对 VM 的内存状态的迁移，XEN 和 KVM 都采用了主流的预拷贝（pre-copy）策略。迁移开始之后，源主机 VM 仍在运行，目的主机 VM 尚未启动，迁移通过一个循环，将源主机 VM 的内存数据发送至目的主机 VM。循环第一轮发送所有内存页数据，接下来的每一轮循环发送上一轮预拷贝过程中被 VM 写过的脏页内存（Dirty Pages），直到时机成熟，预拷贝循环结束，进入停机拷贝阶段，源主机被挂起，不再有内存更新，最后一轮循环中的脏页被传输至目的主机 VM。预拷贝机制极大地减少了停机拷贝阶段需要传输的内存数据量，从而将停机时间大大缩小了。动态迁移内存搬迁示意图如图 6-5 所示。

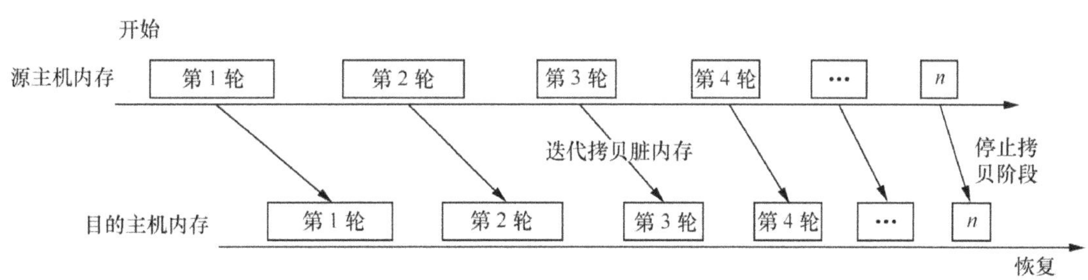

图 6-5　动态迁移内存搬迁示意图

基于共享存储的动态迁移，如图 6-6 所示，磁盘可以被所有的主机访问，只有内存数据存在于宿主机，不断变化并且不能被其他主机访问，因此迁移的目标就是把宿主机中虚拟机内存数据通过网络搬迁到目的主机。未迁移时，服务在源主机的虚拟机上运行，当迁移也就是内存搬迁进行到一定阶段，目的主机已经具备了运行虚拟机系统的必需资源，宿主机上虚拟机终止运行，开启目的主机上的对应虚拟机，经过一个非常短暂的切换，源主机将虚拟机控制权转移到目的主机，虚拟机系统在目的主机上继续运行。对于虚拟机服务本身而言，由于切换的时间非常短暂，用户感觉不到服务的中断，因而迁移过程对用户是透明的。

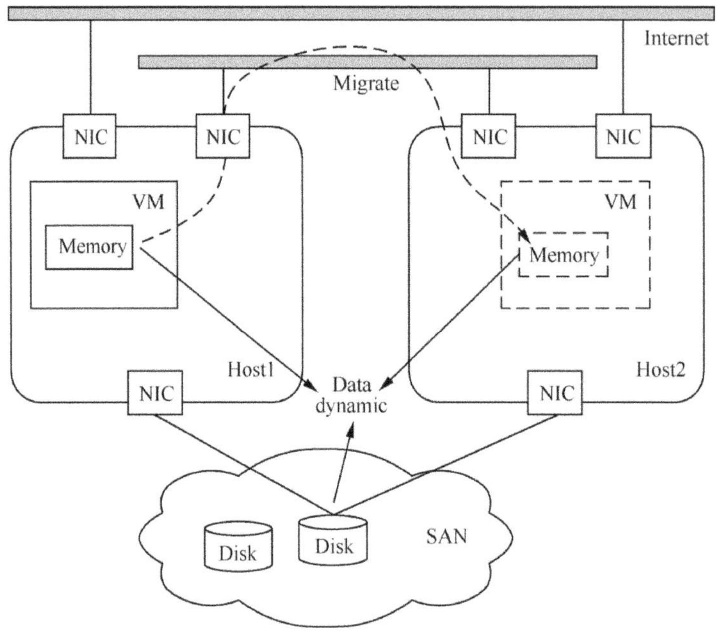

图 6-6　基于共享存储的动态迁移

基于本地存储的动态迁移，如图 6-7 所示，要求和基于共享存储的动态迁移一样，强调迁移过程中虚拟机业务不能出现中断，没有了共享存储提供虚拟机硬盘的公共访问，迁移过程中不但要迁移内存，还需要迁移虚拟硬盘。虚拟机的内存和硬盘数据通过网络迁移通道不断地复制到目标主机的对应位置，经过几个循环的数据搬移，逐步到达目标主机和源主机（同时有了该虚拟机的内存、硬盘数据），这时候源主机的虚拟机中断服务，同一时间，目标主机的虚拟机依靠前期拷贝的数据开机，完成虚拟机的迁移。迁移完成后虚拟机网络拓扑逐步收敛，达到新的稳定状态，为虚拟机业务提供服务。相比较基于共享存储的动态迁移，数据块动态迁移需要同时迁移虚拟机磁盘镜像和虚拟机系统内存状态，延长了迁移时间，在迁移性能上打了折扣。

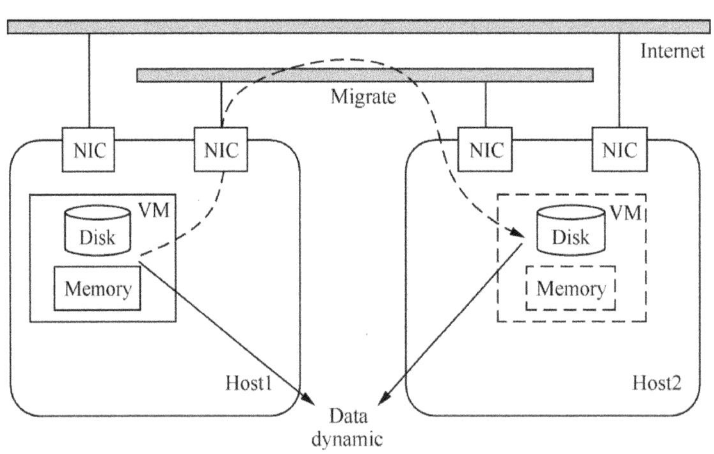

图 6-7　基于本地存储的动态迁移

显然，平台的性能测试应该着眼于虚拟机的动态迁移，因为动态迁移对 NFV 系统可用性的提高很有帮助。测试的时候也应该考虑对上层业务的影响，本节依旧采用 IMS 网络作为上层业务，测试平台的虚拟机迁移性能。

一个优秀的云平台迁移组件，目标是最小化整体迁移的时间和停机时间，并且将迁移对被迁移主机上运行服务的性能造成的影响降至最低。虚拟机迁移的性能指标包括以下三个方面。

① 整体迁移时间：从源主机开始迁移到迁移结束的时间。

② 停机时间：迁移过程中，源主机、目的主机同时不可用的时间。

③ 对应用程序的性能影响：迁移对于被迁移主机上运行服务性能的影响程度。

被测系统按照 NFV 的标准架构构建，IMS 网络分网元部署在不同虚拟机上，每个虚拟机的规格基本一致，并且这些虚拟机均匀地分布在多个不同的宿主机上，可以正常提供网络服务。测试系统需要支持 IMS 网络的 SIP 协议，可以正常对被测系统提供语音注册、通话等压力，以测试有负载压力下的虚拟机迁移情况，并可以收集及记录被测系统反馈回来的数据。

测试系统起初给被测系统施加一个较小等级的通话负载，正常情况下，IMS 系统可以正常服务，不出现任何掉话与错误，系统负载稳定后，选择一台网元虚拟机进行动态迁移测试，记录总迁移耗时、虚拟机停机时间和 IMS 业务中断时间，并且从测试系统中读取出掉话数量。然后，按照一定的增量逐级增加 IMS 网络的业务负载，每次增加负载后需要等待负载稳定再进行虚机动态迁移测试，同一次测试中最好选择同一个网元的虚拟机。测试时，负载压力增大是有上限的，不能超过系统的瓶颈，即在虚拟机不迁移的时候一定是正常服务，不存在掉话现象。

6.1.4 业务测试

1. 业务功能测试

本节业务测试研究对象为基于 NFV 架构的 IMS 网络，因此业务的功能测试主要包括 IMS 网络的注册与会话。

（1）注册测试

注册测试流程如图 6-8 所示。

① 终端向网络发起注册。

② 查看是否注册成功。

③ 终端向网络发起注销。

④ 查看注销是否成功。

（2）会话测试

会话测试流程如图 6-9 所示。

① 从终端 1 向终端 2 发起呼叫。

② 终端 2 收到终端 1 的呼叫并能够接受呼叫。

③ 查看终端 1、终端 2 是否已建立会话。

④ 终端 1 挂断呼叫。

⑤ 在终端 2 上查看呼叫是否挂断。

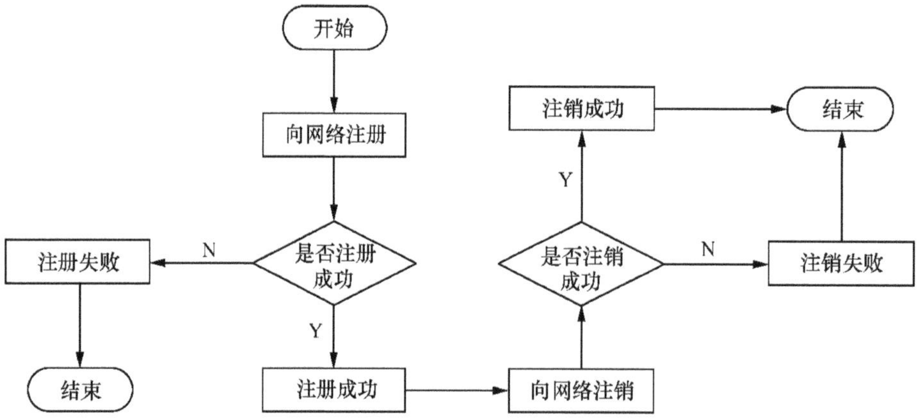

图 6-8　注册测试流程图

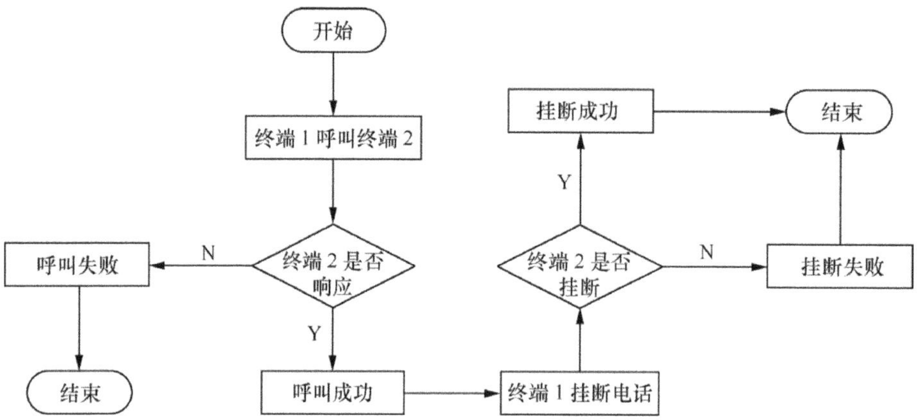

图 6-9　会话测试流程图

2. **业务性能测试**

有关 IMS 网络的性能测试，ESTI 的 INT（IMS Network Testing）工作组曾经发布了一个 IMS/NGN 性能测试参考准则，介绍了一种测试 IMS 网络的通用方法。测试准则中，整个测试被分成两部分：SUT（System Under Test，被测系统）和 TS（Test System，测试系统）。被测系统要求至少为 IMS 网络的子系统，可以提供最基本的 IMS 网络功能，例如注册、通话和短消息等；系统的构建必须按照 IMS 网络的协议标准进行，并且在被测系统的 IMS 数据库中预先配置一定的用户信息，方便测试使用。测试系统要求两点：其一，可以按照测试用例的要求提供多种接口消息的模拟，并且可以产生多种混合的测试消息，用以对被测系统增加负载；其二，可以对被测系统的状态信息进行收集汇总，例如 CPU 与内存的占用、网络带宽的占用和时延数据等。对被测系统和测试系统在测试中的具体实现不做任何要求，因此可以按照自己的资源条件自由选择。

测试分为多个场景进行，每个场景着重于一项或者多项测试点，测试进行前会对系统的架构、资源的配置和测试的流程等信息进行详细的说明，以保证测试的可复现性。IMS 通信系统测试即是将整个 IMS 域作为被测对象，验证该 IMS 域的性能、容量以及稳定性等指标。性能主要包括呼叫成功率，连接延时，语音延时，网络丢包、重传与抖动等。容量主要是指固定资源可以承载的最大用户负载，IMS 网络主要完成两个用户之间的连通与信息交互，在此过程中牵涉到许多子过程，例如用户向网络的注册、重注册、解注册，发起通话、维持通话、挂断通话，传输短消息等，一个正常运行的 IMS 的负载是这些过程的一个自由组合，并且这些负载符合泊松分布。稳定性指的是 IMS 网络在高负载环境下正常运行的时间，以及崩溃之后的自恢复时间。

测试过程主要分为三个阶段：预注册阶段（Pre-Registration Phase）、搅动阶段（Stir Phase）和压力测试阶段（Run Phase）。预注册是压力测试的基础，完成用户在系统的注册，此时不会给系统很大的注册压力，不太关心系统的性能瓶颈。搅动阶段是以注册用户为基础的随机事务测试，验证系统的可测试性。性能测试的时候，TS 会产生一个多过程的组合请求，向 SUT 施加测试压力，观察 SUT 的 CPU 负载、内存占用等信息，同时关注请求失败的比例，找到系统的阈值点，这是测试中的核心部分。

TS 产生的请求是注册、通话和短消息的混合过程，即模仿现实生活中 IMS 网络的请求类型与组合比例，通常称之为 SAPS（Scenario Attempts Per Second，每秒尝试的场景数）。逐渐增大 SAPS，网络平台压力逐渐增大，各网元资源占用不断上升，直到达到一个临界状态，不能处理更高请求频率的请求，此临界就是系统的性能瓶颈，习惯称之为 DOC（Design Objective Capacity，系统设计容量）。继续增加 SAPS，业务失败出现，通常称这种业务失败为 IHS（Inadequately Handled Scenarios，不足处理的场景数）。整个测试流程图如图 6-10 所示。

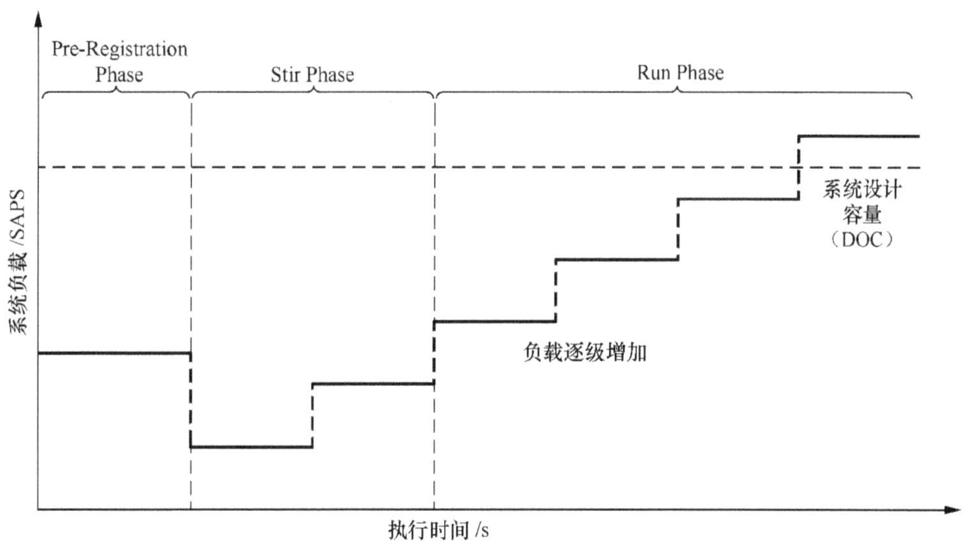

图 6-10　业务性能测试流程图

此外，我们还需要对 IMS 网络的时延进行测试。时延分为两种：一是呼叫时延，二是挂断时延。IMS 核心思想是控制与转发分离，信令与数据分离。信令主要是 SIP 协议，所以通话时延主要是 SIP 协议的信息交互时延。SIP 会话建立时延主要有两部分：一是网络传输时延，包括传输和重传时延；二是网络中节点处理时延，包括排队时延，HSS、DNS 查询时延等。其中，SIP 网络传输时延分为：无线侧的发送时延、端到端的传输时延、数据帧丢失而导致的重传时延。在 SIP 网络节点处理时延中，除了排队时延，有的节点处理时延还包括数据库查询时延、DNS 查询时延等。处理时延跟服务器的负载和响应能力有关，以及DNS和数据库所处的位置有关系，很难进行标准化计算。相对于传输时延，SIP节点处理时延对整个会话建立时延的影响较小。一个正常的呼叫过程包括很多协议流程的参与，如图6-11所示。

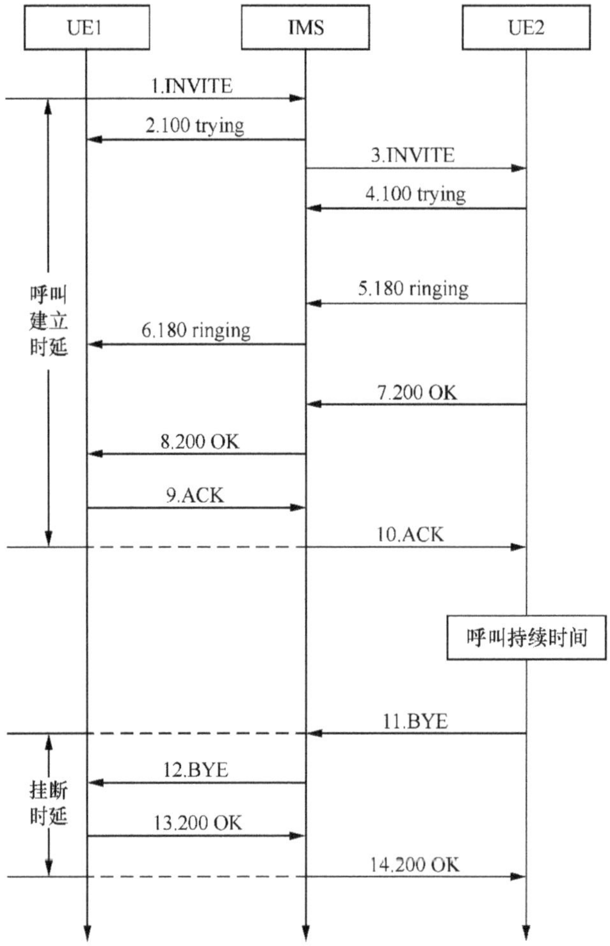

图6-11　SIP协议呼叫与挂断流程图

主叫方发出INVITE（发起呼叫），经过核心网的寻址转发顺利找到被叫方，被叫方预留呼叫资源、响铃，继而接听通话，主叫端对被叫的接听做出ACK回应，完成整个呼叫过程。从主叫发起INVITE到被叫收到ACK所用的时间为呼叫建立时延。同理，呼叫挂断的时候，由挂断方发起BYE，另一方收到后回应ACK表示挂断成功，之间所用时间即为挂断所用时延。

测试时依旧采用上述的负载增压方法，读取并记录每个数据包的时间戳，按照测试时间的推荐，得出不同负载压力下的系统呼叫和挂断时延。

6.1.5　系统可用性测试

1. 可用性测试分析

可用性测试（Availability Testing）是通过给系统加载一定的业务压力的情况下，让应用持续运行一段时间，测试系统在这种条件下是否能够稳定运行。NFV架构是分层架构，自下而上分别是基础设施、虚拟化平台和网元服务，与传统云计算的 IaaS、PaaS 和 SaaS 分层模型类似，因此在进行系统可用性测试的时候可以参考传统云计算的可用性测试方法。云服务商通过 SLA（Service Level Agreement）来量化系统可用性，同样，NFV 架构承载的是移动核心网，也有对应的 SLA，运营商要求系统年可用度为 99.999%，即 5 个 9，表示该系统在连续运行 1 年时间里最多可能的业务中断时间是 5.26min。为了方便表示，整个系统的可用性表示为 $Availability_{SYS}$，基础设施的可用性表示为 $Availability_{INF}$，虚拟化平台的可用性表示为 $Availability_{PLA}$，网元服务的可用性表示为 $Availability_{SER}$。可以说，系统的可用性与各个层次的可用性呈现出紧密相关性，用一个简单的数学式可表示为：

$$Availability_{SYS} = \cap\ (Availability_{INF},\ Availability_{PLA},\ Availability_{SER})$$

因此，要想测试整个系统的可用性，必须优先测得各层系统的可用性，然后利用各层次之间的关联性，得到最终系统的可用性。其中，系统的可用性是一个常量，和采样的周期无关。因此 SLA 的测试可以不考虑星期、月或者年的影响。因此测试系统年平均可用性的时候可以选取比较短的时间段，多测几次得到一个平均值。

2. **系统可用性与分层可用性**

NFV 系统的分层拓扑结构分为两种：一种是基础设施与虚拟化平台之间的分层；另一种是虚拟化平台与网元服务之间的分层。由于分布式技术和虚拟机迁移技术的存在，虚拟化平台上的虚拟机可以任意使用底层的基础设施，使层间拓扑呈现共享结构。又为了满足网元服务之间的高可用，每个网元服务会使用多个虚拟机进行热备份，使层间拓扑也呈现出共享拓扑结构。整个分层拓扑结构呈现一种树形构造，为了系统整体的高可用，下层服务为上层服务提供冗余的资源，如图 6-12 所示。

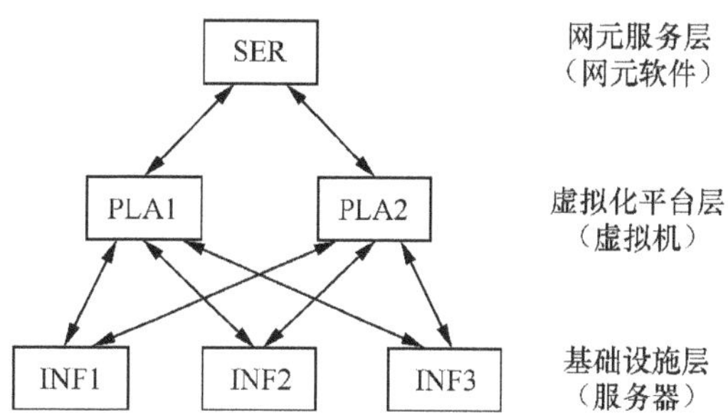

图 6-12 NFV 系统的分层可用性

每一层提供给上一层的最小基本服务单元是系统可用性计算的最小粒度，称之为可用单元（Availability Unit，AU）。同一层中多个可用单元之间互相独立，一个单元失效不会影响其他单元，单元之间拥有良好的隔离性。同一层中多个可用单元联合，合并为一个逻辑单元为上层提供服务，这个逻辑单元称之为可用集合（Availability Set，AS）。对于一个 AU 和 AS，自身的可用性称之为单独可用性（Standalone Availability，SA），它表示在不考虑任何其他单元的影响情况下，这个 AU/AS 表现出的可用性；连同它依托的底层单元一起考虑可用性叫作部署可用性（Deployment Availability，DA），它描述了一个 AU/AS 在它依托的底层单元动态变化时，这个 AU/AS 实际表现出的可用性。

因此，基础设施层各个可用单元的单独可用性为 SA_{INF1}、SA_{INF2}、SA_{INF3}，部署可用性为 DA_{INF1}、DA_{INF2}、DA_{INF3}。为了方便计算，不妨设 $SA_{INF1}=SA_{INF2}=SA_{INF3}=P_1 \leqslant 1$。虚拟化平台层各个可用单元的单独可用性为 SA_{PLA1}、SA_{PLA2}，部署可用性为 DA_{PLA1}、DA_{PLA2}。为了方便计算，不妨设 $SA_{INF1}=SA_{INF2}=P_2 \leqslant 1$。网元服务层各个可用单元的单独可用性为 SA_{SER}，部署可用性为 DA_{SER}。为了方便计算，不妨设 $SA_{SER}=P_3 \leqslant 1$。所以最终系统的可

靠性 $Availability_{SYS}$ 就是由 DA_{SER} 这个参数决定的。

对基础设施层而言，$DA_{INF1}=DA_{INF2}=DA_{INF3}=SA_{INF1}=SA_{INF2}=SA_{INF3}=P_1$，最大部署可用性 $DA_{INF}=1-(1-DA_{INF1})\times(1-DA_{INF2})\times(1-DA_{INF3})=1-(1-P_1)^3$。

对虚拟化平台层而言，$DA_{PLA1}=SA_{PLA1}\times DA_{INF}=P_2[1-(1-P_1)^3]=DA_{PLA2}$，最大部署可用性 $DA_{PLA}=1-(1-DA_{PLA1})\times(1-DA_{PLA2})=1-\{1-P_2[1-(1-P_1)^3]\}^2$。

对网元服务层而言，最大部署可用性 $Availability_{SYS}=DA_{SER}=SA_{SER}\times DA_{PLA}=P_3\times\{1-\{1-P_2[1-(1-P_1)^3]\}^2\}$。

通过对 NFV 系统进行抽象，得出了整个系统可用性与各层系统可用性的关系，可以看出：只要测试得到每层系统的可靠性数据 P_1、P_2、P_3，然后配合具体的系统分层模型拓扑，就可以算出系统最终的可用性数据 $Availability_{SYS}$。下面通过一个实例说明。

一个 VNF 网元可以分解为多个 VNSF 子功能组件，每个组件完成一个功能，同类组件可以根据处理能力要求映射为一到多个 VM，如图 6-13 所示。

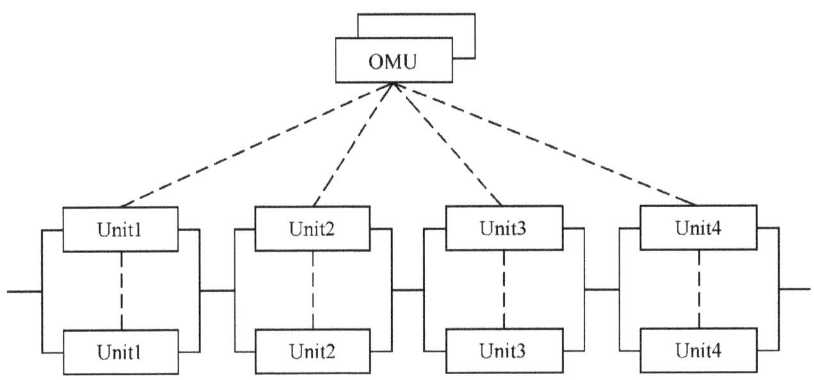

图 6-13　网元分解示意图

假设一个网元分解为 4 个组件，各组件本身可以部署在多个虚拟机上，这样系统的可靠性 $P=P_{unit1}\times P_{unit2}\times P_{unit3}\times P_{unit4}$，其中 $P_{unit1}=1-(1-P_{base\text{-}unit1})^m$，$P_{base\text{-}unit1}$ 表示一个 Unit1 组件的可靠性，m 表示 Unit1 组件数量。

如果要求网元可靠性达到 0.999 99，则每个组件的可靠性分配为：$P_{base\text{-}unit1}=0.999\ 997\ 5$。

如果组件采用 1+1 负荷分担或 1+1 主备部署在 2 个 VM 上，则 VM 可靠性要求为 0.998 5；

如果组件采用 2+1 负荷分担或 1+2 主备部署在 3 个 VM 上，则 VM 可靠性要求为 0.987；

如果组件采用 3+1 负荷分担或 1+3 主备部署在 4 个 VM 上，则 VM 可靠性要求为 0.961。

按照目前虚拟化软件水平，达到 0.999 问题不大。因此，如果同虚拟化部署场景一样的 ATCA 刀片，VM 可靠性达到 0.999 是有保证的。

但如果刀片采用普通服务器来替代，由于普通 IT 服务器可靠性通常在 0.99 的水平，按照上面的分析，上述网元软件组件必须分散到 3 个 VM 以上才能实现。

另外 VM 迁移技术也可以降低对硬件可靠性的要求，通过 VM 迁移可以大幅降低 VM 中断修复时间，也就是缩短 MTTR。这样在同样的可靠性指标要求下，MTBF 也可以缩短，相当于对刀片的可靠性要求降低。

6.2 NFV系统测试分析

本节分析NFV系统平台与业务的测试，分别是平台的虚拟机迁移测试和IMS网络业务测试。

测试研究过程使用一套基础设施，测试方案依据不同的测试点采用不同部署、配置方式，测试完成后拆除测试环境，释放基础设施资源。此次测试的基础设施是基于编者的实验室环境，利用通用X86架构服务器和网络交换机，其中服务器具体配置见表6-1。

表6-1 基础设施列表

型号	数量	CPU	内存	硬盘	网卡
IBM X3300 M4	1	Intel Xeon E2403 双路	28G	600G RAID1	Intel I350 T4 四端口 1 000 Mbit/s
IBM X3650 M4	1	Intel Xeon E2603 双路	28G	600G RAID1	Intel I350 T4 四端口 1 000 Mbit/s
Dell T20	2	Intel Pentium G3220	8G	500G	Intel I217-LM 双端口 1 000 Mbit/s
Lenovo K29/Y450/Y400	3	Intel Core i5 3230	8G	320G	Realtek PCIe GBE 单端口 1 000 Mbit/s

网络交换机采用H3C 5024P-EI千兆交换机，背板带宽48 Gbit/s，包转发率35.71 Mpps，MAC地址表8K，端口有24个10/100/1000BASE-T自适应以太网端口和2个1000Base-SX/LX SFP光口。

6.2.1 平台测试方案

NFV系统平台包含多个功能组件和接口，其中虚拟机迁移是NFV系统保障平台高可用的重要手段。一个正常运行的NFV系统平台同时可以提供三种迁移，分别是静态迁移、基于共享存储的动态迁移、基于本地存储的动态迁移。下面结合上层的业务（IMS网络）给出虚拟机迁移测试方案。

为了更好地测试虚拟机的迁移性能，本方案采用两种云平台对比研究：一种是VMware公司推出来的vCloud，负责虚拟化的软件是vSphere，为了方便描述，称之为VMware虚拟化组件；另一种是开源的OpenStack试验平台，负责虚拟化的软件为KVM。

1. 基于vCloud的测试方案

基于vCloud的测试方案如图6-14所示。此种方案采用VMware的商业云管理平台产品 vCloud5.5，VMware vCloud 基础架构是基于 VMware vSphere、VMware vCenter、VMware vCloud Director 和 VMware vShield 构建的。整个系统由四台物理服务器和一台交换机组成，分为控制节点、存储节点和计算节点。采用 VLAN 隔离的方式划分出三个网络：管理网络，完成多节点消息互通；存储网络，使计算节点的虚拟机可以访问共享存储；迁移网络，为迁移的数据提供独显的数据通道。

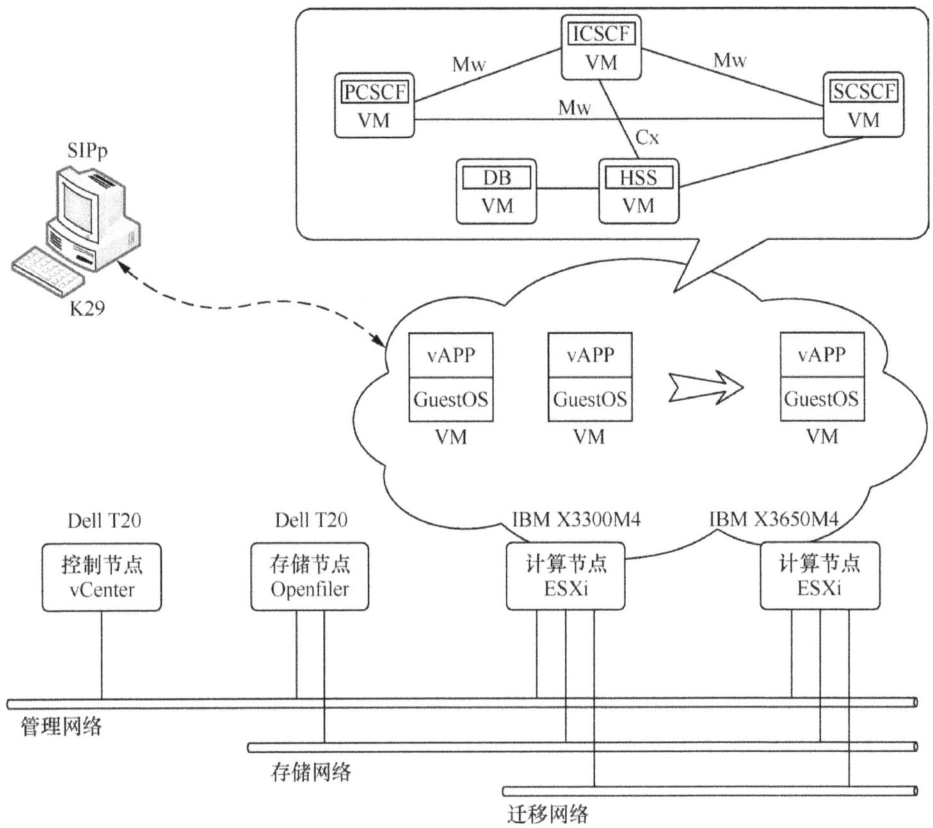

图 6-14　基于 vCloud 的测试方案

控制节点由一台 Dell T20 服务器构成，安装 vCenter 组件，通过管理网络完成对整个云平台的管理控制。

存储节点由另一台 Dell T20 服务器构成，安装开源的存储套件 Openfiler。Openfiler 是一个基于浏览器的免费网络存储管理实用程序，可以在单一框架中提供基于文件的网络连接存储（NAS）和基于块的存储区域网（SAN）。Openfiler 支持 CIFS、NFS、HTTP 和 FTP，可以为虚拟机提供完善的共享存储环境。

计算节点由两台性能强劲的 IBM 服务器提供，安装虚拟化套件 ESXi，一台服务器可以虚拟十几台虚拟机，可以使用本地磁盘存储和共享网络存储。虚拟机的迁移发生在计算节点形成的虚拟资源池内，由一台宿主机迁移到另一台宿主机，以达到资源的高利用率和系统高可用。

2. **基于 OpenStack 的测试方案**

基于 OpenStack 的测试方案如图 6-15 所示，云管理平台采用开源的 OpenStack。和 VMware vCloud 架构相似，也分为控制节点、存储节点和计算节点。控制节点中包括虚拟网络的部分。网络分为四类：管理网络，完成云平台的管理调度；虚拟机网络，完成平台内虚拟机的互通；存储网络，为虚拟机提供共享的存储通道；迁移网络，提供虚拟机迁移的数据搬迁通道。

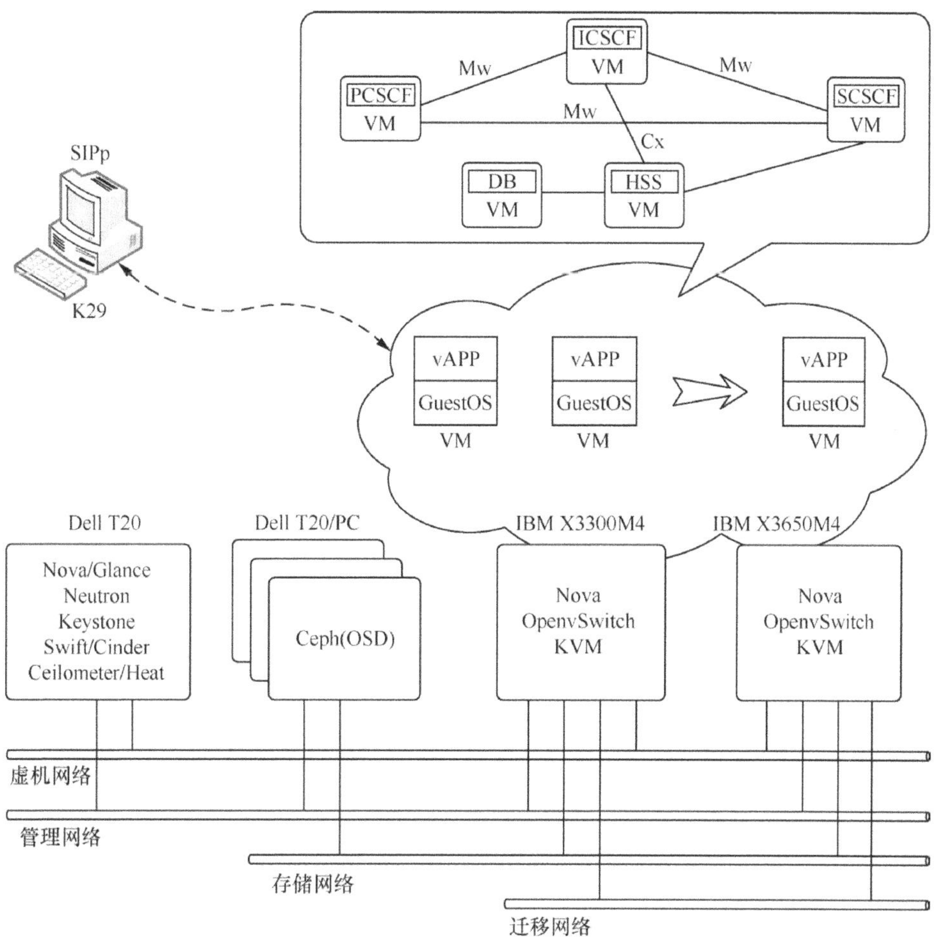

图 6-15 基于 OpenStack 的测试方案

控制节点部署在一台 Dell T20 上，统一管理调度整个分布式云平台。主要组件包括：Nova，完成计算虚拟化的调配；Glance，提供虚拟机镜像的管理；Swift，提供分布式对象存储接口；Cinder，提供块存储的管理；Keystone，完成云平台各组件、服务的鉴权认证；Horizon，对外提供云平台的 Web 界面访问；Neutron，提供完整的虚拟网络功能；Ceilometer，提供平台资源的监控；Heat，提供资源的编排；Trove，提供关系型数据库服务。

存储节点采用 Ceph 分布式存储，部署在一台 Dell T20 和两台普通 PC 上，形成三副本的分布式存储系统。Ceph 是一个符合 POSIX（Portable Operating System Interface for UNIX）、开源的分布式存储系统，依据 GNU 次通用公共许可而运行。该项目最初由 Sage Weill 于 2007 年开发，该项目的理念是提出一个没有任何单点故障的集群，确保能够跨集群节点进行永久数据复制。与在任何经典的分布式文件系统中一样，放入集群中的文件是条带化的，依据一种称为 Ceph Controlled Replication Under Scalable Hashing（CRUSH）的伪随机的数据分布算法放入集群节点中。具有 Librados 库、RADOS 网关、

RBD 和 CephFS 等几大组件，可以提供完整的对象存储、块存储和标准文件系统，并可以和 OpenStack 的 Swift 对象存储接口、Cinder 的块存储接口以及 Glance 的镜像存储接口完成对接，形成 OpenStack 平台中的共享存储节点。

计算节点依旧由两台性能强劲的 IBM 服务提供，部署 OpenStack 的 Nova-compute 组件，用于计算虚拟化；部署 Neutron 的 Agent 组件，完成虚拟机的网络通信。具体来说，计算虚拟化是由 Nova 调用 KVM 完成。可以使用命令 nova hypervisor-list 查看可用的迁移节点，使用 nova live-migration --block-migrate xxx 来进行虚拟机的动态迁移。

两种云平台方案有两种虚拟化软件，不同的虚拟化软件有不同的部署方式和迁移性能，但上层业务的测试方案基本一致。网络功能组件采用开源的 OpenIMSCore 构建，主要功能是在传统的 IP 架构下模拟 IMS 全套功能，提供端到端的通话服务。OpenIMSCore 包括 p-cscf、i-cscf、s-cscf 和 hss 四个组件，加上存储用户信息的数据库 db，一共需要 5 个虚拟机承载。每个虚拟机配置 2vCPU、8G 内存、20G 硬盘和千兆网卡，其中，磁盘的格式采用预分配模式，因为不论虚拟机真实用了多少空间，磁盘一旦分配，就会占据相应大小的物理磁盘空间。

测试系统统一安装在 Lenovo K29 电脑上，部署 SIPp 作为虚拟机负载压力测试组件；安装 PuTTY、WinSCP 等软件，远程控制云平台的虚拟机。

静态测试的时候，虚拟机处于关闭状态，无论宿主机是否有负载压力，虚拟机的迁移基本就是虚拟机数据的搬迁过程，因此测试基于共享存储的静态迁移也没有意义，故不进行测试。

虚拟机的动态迁移测试分为基于本地存储的迁移测试和基于共享存储的迁移测试。同时，虚拟机内存的负载也对动态迁移有很大影响，因为迁移成功的关键是内存的搬移，所以虚拟机迁移测试的时候也应该分为有负载迁移和无负载迁移，千兆网络环境下，内存的负载应以 100 MB/s 为上限，太大的负载会超过网络传输瓶颈，使迁移失败。

测试动态迁移的时候，虚拟机时刻处在运行状态，内存数据也是变动的，也就是迁移过程中虚拟机是活的，虚拟机上的业务也正常运行，只是迁移完成瞬间才可能中断。测试虚拟机中断时间的时候采用不间断向虚拟机发送探测报文的方法，平均每 100 ms 发送一个数据包，我们就可以根据丢失的探测数据包的个数来确定虚拟机中断时间。IMS 网络压力由 20 caps 开始测试，每次增加 10 caps，增长到 60 caps 为止，在这个区间，系统正常提供服务，没有超过系统的瓶颈。迁移过程的业务中断时间和丢包个数，可以通过测试软件读取出来。

6.2.2 平台测试结果分析

1. 基于共享存储的动态迁移

VMware 的虚拟化方案，迁移时选择 p-cscf 网元所在虚拟机，测试三组数据取平均值，见表 6-2。

OpenStack 的虚拟化方案，迁移时依旧选择 p-cscf 网元所在虚拟机，测试三组数据取平均值，见表 6-3。

表 6-2　基于共享存储的动态迁移（VMware）

呼叫速率（caps）	迁移时长（s）	虚拟机中断时间（s）	业务中断时间（s）	呼损（个）
20	173	1.5	2.5	51
30	213	1.9	2.2	80
40	202	1.5	2.7	119
50	208	1.7	2.8	154
60	238	1.9	2.9	197

表 6-3　基于共享存储的动态迁移（OpenStack）

呼叫速率（caps）	迁移时长（s）	虚拟机中断时间（s）	业务中断时间（s）	呼损（个）
20	257	3.3	4.1	88
30	269	3.9	4.7	143
40	275	4.2	4.6	210
50	302	5.0	5.8	269
60	309	5.6	6.2	351

基于共享存储的虚拟机动态迁移，总迁移时长、虚拟机的中断时间和业务中断时间，OpenStack 的 KVM 方案耗时明显高于 VMware 的平台，业务中断时间一般比虚拟机中断时间稍长一点。随着呼叫压力的增大，迁移时长也在逐步增加，呼损的个数也随着业务中断时间的增加而增加。

2. 基于本地存储的动态迁移

VMware 的虚拟化方案，迁移时选择 p-cscf 网元所在虚拟机，测试三组数据取平均值，见表 6-4。

OpenStack 的虚拟化方案，迁移时依旧选择 p-cscf 网元所在虚拟机，测试三组数据取平均值，见表 6-5。

表 6-4　基于本地存储的动态迁移（VMware）

呼叫速率（caps）	迁移时长（s）	虚拟机中断时间（s）	业务中断时间（s）	呼损（个）
20	302	5.5	6.3	130
30	310	7.4	8.1	257
40	338	7.6	9.0	388
50	335	8.3	9.3	504
60	369	8.9	9.7	742

表 6-5　基于本地存储的动态迁移（OpenStack）

呼叫速率（caps）	迁移时长（s）	虚拟机中断时间（s）	业务中断时间（s）	呼损（个）
20	589	16.4	17.2	352
30	594	17.9	18.0	583

续表

呼叫速率（caps）	迁移时长（s）	虚拟机中断时间（s）	业务中断时间（s）	呼损（个）
40	620	20.8	22.7	868
50	622	20.3	23.6	1 075
60	641	22.0	23.9	1 360

基于本地存储的动态迁移，由于迁移时不只是要迁移虚拟机的内存数据，还需要把虚拟机的磁盘一同迁移，所以迁移时间明显长于基于共享存储的动态迁移。同时，迁移时虚拟机的中断时间和业务中断时间都明显高于基于共享存储的动态迁移，也导致了呼损的个数相应增加。

基于 OpenStack 的虚拟化平台迁移性能明显弱于基于 VMware 虚拟化平台，可能原因是：大数据量迁移条件下对宿主机的资源有很高的要求，VMware 平台在迁移时会预留单独的 CPU 资源用于迁移以提高迁移性能，开源的 OpenStack 平台只能尽力而为地保证迁移性能。

虚拟机的动态迁移作为保障系统高可用的一种重要手段，需要为网络 5 个 9 的可用性服务。从现在虚拟机动态迁移过程中出现的业务中断时间和呼损个数来看，依靠虚拟机动态迁移来保证系统的高可用，显然还有很长一段路要走。因此，虚拟机的热主备等传统组网的可用性保障方案在 NFV 系统中依旧需要考虑。

6.2.3 业务测试方案

业务测试平台分为测试系统和被测系统，即 TS 与 SUT，如图 6-16 所示。被测系统按照 NFV 系统的架构，采用三层部署试验方案，分别为基础设施、云管理平台和网络功能组件；测试系统由测试软件集群构成。测试系统负责下发各个测试场景的测试数据，并且从被测系统收中集 CPU、内存，完成监测信息的统计。被测系统接收测试场景请求，不断增加系统的占用以处理不断增大的负载，最后达到处理上限，出现 IHS，得到系统的 DOC。测试系统同时也会把负载测试时每次呼叫的时间戳读取出来，依次记录，得到时延测试结果。

被测系统按照 NFV 的标准架构，采用通用的基础设施配合云平台提供资源。云平台的方案采用 OpenStack Icehouse 构建，主要功能是完成通用硬件的虚拟化，形成弹性资源池。在一台 Dell T20 服务器上安装 Nova、Glance、Keystone、Horizon、Neutron、Trove、Ceilometer 和 Heat 等多个组件，作为控制节点，负责整个平台的管理控制；在另一台 Dell T20 的服务器上安装 Cinder 和 Swift 组件，作为存储节点，负责整个平台的统一存储。在两台 IBM 的高性能服务器上安装 Nova-compute 组件，作为计算节点，利用 KVM 完成计算资源的虚拟化。

网络功能组件采用开源的 OpenIMSCore 构建，主要功能是在传统的 IP 架构下模拟 IMS 全套功能，提供端到端的通话服务。OpenIMSCore 是 3GPP、3GPP2、ETSI

TISPAN 中 IMS/NGN 规范的具体应用，实现了 IMS 核心网的基本功能，安装后可以作为 IMS 核心系统使用。由通用服务器与交换机构建的云平台上，物理资源已经被池化，建立 4 个虚拟机，配置相同，为 2vCPU、4G 内存、30G 硬盘和千兆网卡，分别部署 p-cscf、i-cscf、s-cscf 和 hss+database。按照 IMS 网元之间的协议要求，分别配置这 5 台虚拟机的网络连接与参数，其中，p-cscf、i-cscf、s-cscf 依次监听 TCP 的 4060、5060、6060 端口，hss 组件在初始化的时候预配置 20 000 个用户的数据，DNS 使用 open-ims.test。

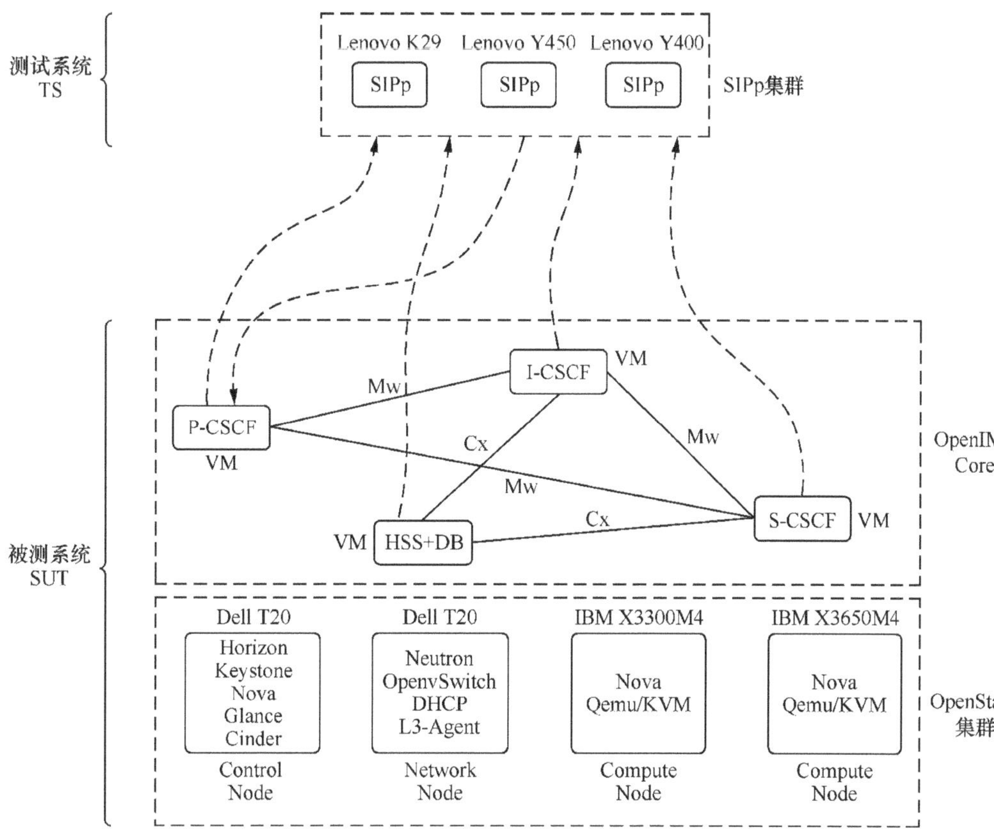

图 6-16 业务性能测试方案

测试系统由三台 PC 构建，每台 PC 均安装 CentOS6.5 系统，系统上安装开源 SIP 压力测试软件 SIPp 和数据收集软件。SIPp 是一个测试 SIP 协议性能的工具软件，包含一些基本的用户代理工作流程（UAC 和 UAS），并可使用 INVITE 和 BYE 建立和释放多个呼叫，它也可以读 XML 的场景文件，即描述任何性能测试的配置文件。每台 PC 的 SIPp 负责一项业务，即配置一个 XML 场景文件，第一台负责注册，第二台负责通话，第三台负责短消息，按照表 6-6 的比例配置三台 PC 的业务量。

表 6-6 IMS 网络业务比例

业务类型	注册	通话	短消息
占据比例	20%	50%	30%

测试系统预注册阶段SAPS设置为50，即每秒进行50次注册，大约使用40s完成2 000个用户的注册。紧接着进入搅拌阶段，对被测系统各业务进行随机验证，初试配置SAPS为30，压力业务为多业务的组合，组合比例见表6-2，每个SAPS值持续测试30s，每次测试压力步进为10，测试两次完成此阶段。最后是正式压力测试阶段，压力步进依旧为每次10，每次持续30s的压力，一直到出现IHS，系统不能处理更多请求，到达系统的瓶颈DOC。

测试时不断读取各个虚拟机的CPU、内存等占用信息，并且上报到SIPp集群的数据统计软件中记录。同时也记录每次呼叫的INVITE/ACK、BYE/ACK时间戳，计算得到各自的时延，上报测试系统，记录。

6.2.4 业务测试结果分析

表6-7展示了随着测试系统施加的压力逐级增大，系统的IHS也从0到有，总体不断增大，各个网元的CPU占用率与内存占用量不断波动，最终达到系统瓶颈。

表6-7 业务性能测试结果

压力步进	SAPS	IHS	p-cscf	i-cscf	s-cscf	hss+db
1	30	0	32.1%/509M	22.7%/333M	45.3%/780M	27.2%/732M
2	40	0	34.0%/542M	19.8%/354M	50.2%/836M	28.1%/769M
3	50	0	38.9%/488M	21.9%/387M	51.8%/868M	35.7%/879M
4	60	1.7%	40.5%/587M	30.1%/366M	59.8%/856M	32.7%/1030M
5	70	0.2%	44.0%/537M	28.7%/390M	63.6%/904M	30.9%/1100M
6	80	23.1%	45.8%/494M	24.9%/371M	69.0%/929M	34.0%/862M
7	90	59.7%	49.7%/556M	23.9%/340M	77.1%/893M	30.5%/892M

SAPS为60的时候，IHS首次出现，但是这不一定是系统的DOC，因为系统可能由于局部处理限制出现了冲突。SAPS为70的时候，IHS出现了回落，说明系统容量比70要大。压力继续增大，SAPS到80的时候，被测系统出现了大量的IHS，再增大SAPS，出现更多的IHS，基本说明系统的DOC即70～80之间。

通过分析系统压力测试时多虚拟机CPU与内存的占用与IHS的关系可知，随着SAPS的逐渐增大，CPU和内存占用都有相应的增加，一些资源出现瓶颈的时候就是IHS大量出现的时候。预注册阶段由于需要和数据库用户信息交互，所以HSS网元的资源占用比较高；正常压力测试阶段，由于各个压力数据是各个业务的组合，所以各个业务的资源压力基本相当。总体来看，p-cscf与s-cscf网元不断处理逐级增长的业务压力，CPU占用率一直较高，并在s-cscf达到瓶颈的时候，整个系统出现了瓶颈，虽然没有达到一个100%的占用。i-cscf主要用于寻址，本节测试环境为本地，不需要过多的寻址计算，因此整体资源占用处于较低的水平。hss 保有系统用户的数据信息，所以内存的占用一直较高，但基本没有出现瓶颈。业务失败率测试结果如图 6-17 所示。

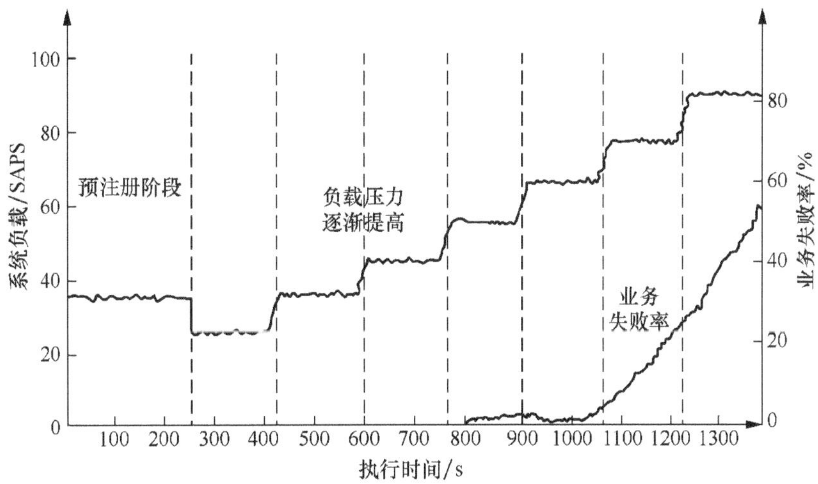

图 6-17 业务失败率测试结果

呼叫时延和挂断时延测试结果如图 6-18 所示，随着压力测试的负载增加，系统的资源占用不断增加，呼叫和挂断时延不断增减，在系统的瓶颈出现时延最大值。系统瓶颈出现后，大量业务失败，系统资源占用下降，时延稍微下降。

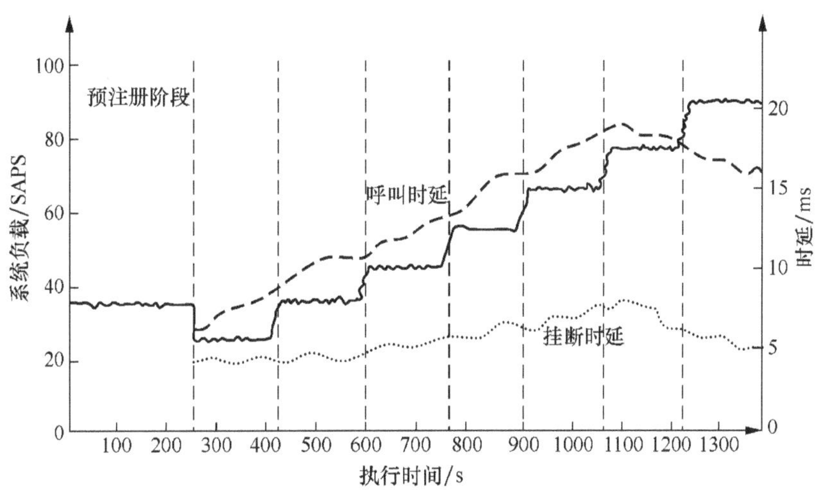

图 6-18 呼叫时延与挂断时延测试结果

NFV 系统的架构如图 6-19 所示，可以看出，相比传统设备直接利用物理资源的方式，NFV 系统利用虚拟化的思路在物理设备和虚拟机之间增加了虚拟资源调度层 VMM，也叫作 Hypervisor。

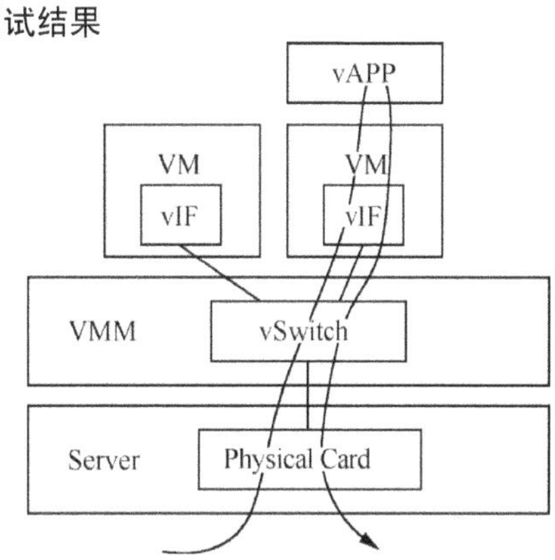

图 6-19 NFV 系统网络架构示意图

虚拟化层为了多虚拟机共同使用一块物理网卡，使用了虚拟机交换机（vSwitch）和每个虚拟机的虚拟网卡（vIF）通信。虚拟交换机不同于传统物理交换机，传统物理交换机采用专有的交换板卡和芯片，可以大大降低数据交换时对 CPU 的占用。虚拟交换机完成数据交换主要依赖宿主主机的 CPU 资源，又由于宿主机的 CPU 资源还需要提供给虚拟机完成业务，就会发生争抢宿主机资源的情况。随着业务负载的不断提高，虚拟机需要的资源越来越多，虚拟交换机分得的资源就会越来越少，虚拟交换性能就会下降，造成信令传输过程中的传输时延增大。还有，使用虚拟机来替代利用物理资源，在使用资源的效率上也比传统专有设备低，这无疑也会增加信令的处理时延，随着通话压力的逐渐加大，这样的处理时延一定是越来越明显。

6.3 OPNFV Functest 测试

OPNFV 包括系统集成（CI），测试项目包括功能测试和性能测试。

Octopus：OPNFV 和许多开源项目合作，通常情况下，这些项目是独立开发和测试的，这些项目的用例不会覆盖 NFV-specific 用例，因此，这些项目的集成可能会揭露出一些缺陷，Octopus 旨在整合这些开源项目。

BootStrap/Get Started：这个项目组装并测试 OPNFV 基础设施组件最小的能运行 VNFs 的组合，基本上该项目提供的解决方案能使现有的安装程序自动安装和配置所需的组件和配置工具，并执行一组基本的系统测试，它以 Linux 系统中安装的 Ubuntu 14.04/Cento 7 操作系统为基础。

VSPerf：该项目旨在描述虚拟交换机（vSwitch）的性能，VSPerf 致力于开发 vSwitch 测试架构和所有相关的测试，这有助于验证使用 vSwitch 的 NFV 电信级部署。

Functest：Functest 提供了全部的基础系统功能性测试方法、测试套件和测试案例，以验证 OPNFV 的功能性。这确保了平台已被正确地安装，并且各个组件正常工作。比如，创建一个网络，部署一组虚拟机，再确认它们可以通过 ping 连通。

Yardstick：YardStick 是 OPNFV 基础设施性能验证项目。这个项目将从 VNF 角度验证 NFVI，它提供了两个解决系统功能和性能测试的用例。在 ETSI GS NFV 001 中提到的用户案例展示了大量不同种类的应用，Yardstick 为每个应用界定了特殊的需求和其对应的基础设施及测试工具的复杂配置。YardStick 将典型的 VNF 工作负载性能数据分解成大量的参数 / 性能矢量，每一个都可以代表完全不同的测试案例。

Q-Tip：Q-Tip 是 OPNFV 性能基准测试套件，旨在描述平台中的裸机组件。

IPv6：这个项目将在 OPNFV 平台中创建一个启用 IPv6 的 meta-distribution，并促进 IPv6 OPNFV 的演进。IPv6 项目的可交付成果是自动化脚本、安装、用户指南、差距分析和建议。

Pharos：该项目侧重于建立 NFV 测试能力。这个测试设备由 OPNFV 社区不同的公司提供，同时考虑全世界各学科和技术环境，努力创建一个规范的 OPNFV-compliant 测试环境、工具、流程和文档，它是一个可以用来支持集成、测试、协作开发的项目。

在第 5 章里，我们已经展示了如何使用 4 个安装包创建 OPNFV，然而我们需要测试搭建后的平台是否有效以及测试应用在这个硬件平台上的性能。本节主要介绍 Functest 测试的相关步骤。

6.3.1 Functest 配置引导

Functest 提供了全部的基础系统功能性测试方法、测试套件和测试用例，以验证 OPNFV 的功能性。本小节主要描述这些测试套件、测试用例以及如何去执行这些测试。

1. **准备工作**

在执行 Functest 测试前，我们需要准备好以下几点：

一是，一个能够运行 Functest 的跳转节点（Jumphost）（一个服务器或者虚拟机）。

二是，在跳转节点上安装 Docker 容器。

三是，在 SUT（被测系统）上创建公网或者外网。

四是，连接从 Jumphost 到 SUT 的公共或外部网络。

五是，连接从 Jumphost 到 SUT 的管理网络。

（1）Docker 容器的安装

首先登录到你的跳转节点上，进行 Docker 容器的安装（操作系统以 Ubuntu 为例），执行如下命令：

```
curl -sSL https://get.docker.com/ | sh
```

然后将你的用户添加到 Docker 组中，这样可以在运行时不需要总是使用 sudo 命令进行操作，执行如下命令：

```
sudo usermod -aG docker <your_user>
```

再重新连接到跳转节点上，这里总共有两种方法：①重新登录到你的账户上；②用 su <username> 的命令。

（2）在 SUT 上创建外部网络

对 VIM 测试时需要一个连接的公共网络。例如，创建浮动 IP 地址以此通过公用网络访问实例。

（3）OPNFV 管理网络的连接

一些 Functest 工具需要有权访问 OpenStack 控制节点的管理网络。因此，应在 OpenStack 管理网络范围内配置跳转节点的接口。例如，如果是 VLAN 300 管理网络和子网 192.168.1.0/24/24，假设 eth1 与物理接口访问到的子网，就可以进行如下配置，执行的命令如下：

```
ip link add name eth1.300 link eth1 type vlan id 300
ip link set eth1.300 up
ip addr add 192.168.1.66/24 dev eth1.300
```

这只是其中一个例子，它是关于如何配置网络接口的 VLAN，但它可能根据每个安装程序的部署，设置会不同。请检查相应的安装程序说明，进行更多的信息配置的搜索，已达到相应的改动。

2. **安装和配置**

（1）准备 Docker 容器

首先从 Docker hub 上获取 Functest 的 Docker 镜像，执行如下命令：

```
docker pull opnfv/functest:brahmaputra.1.0
```

然后检查镜像是否可用，执行如下命令：docker images

再运行 Docker 容器并给出环境变量：

```
INSTALLER_TYPE: possible values are apex, compass, fuel or joid
INSTALLER_IP: IP of the installer node/VM
```

Functest 需要获取主节点 IP 以便从安装程序节点或虚拟机或实际的控制节点上自动获取凭据（Credentials）。

创建 Functest Docker 容器的最低配置命令如下：

```
docker run -it -e “INSTALLER_IP=10.20.0.2” -e “INSTALLER_TYPE=fuel” opnfv/functest:brahmaputra.1.0 /bin/bash
```

我们也可以通过 --name 参数来准确地定义需要的容器：

```
docker run --name "CONTAINER_NAME" -it -e "INSTALLER_IP=10.20.0.2" -e "INSTALLER_TYPE=fuel" opnfv/functest:brahmaputra.1.0 /bin/bash
```

我们也可以使用 -v 参数指示 OpenStack 凭据的路径：

```
docker run   -it -e "INSTALLER_IP=10.20.0.2" -e "INSTALLER_TYPE=fuel" -v <path_to_your_local_creds_file>:/home/opnfv/functest/conf/OpenStack.creds opnfv/functest:brahmaputra.1.0 /bin/bash
```

本地文件将 Docker 容器安装在 /home/opnfv/functest/conf/OpenStack.creds

如果我们的目的是针对任何受支持的 OPNFV 方案运行 Functest，那么建议设置环境变量 DEPLOY_SCENARIO，例如以下命令：

```
docker run -it -e "INSTALLER_IP=10.20.0.2" -e "INSTALLER_TYPE=fuel" -e "DEPLOY_SCENARIO=os-odl_l2-nofeature-ha" opnfv/functest:brahmaputra.1.0 /bin/bash
```

容器的目录如图 6-20 所示。容器包括两部分，分别为 Functest 目录和资料库。其中，Functest 目录用于存储配置、数据（Cirros 图像所需的一些测试）和结果（日志可能存储一些这里的临时结果）；资料库包括 Functest 存储库以及其他存储库。Functest 存储库将用于准备环境和运行测试；其他存储库用于安装所需的工具和或特征的检索项目方案。

Functest 资料库的结构如图 6-21 所示。资料库目录下有 4 个文件夹：① commons，它专用于存储通信量配置文件或任何可以重用的任何测试项目的测试输入；② docker，此文件夹中包含将用于设置环境和运行测试的脚本；③ docs，此文件夹中包含用户和安装及配置指南；④ testcases，此文件夹中包含 Functest 内部测试用例和其他功能项目测试用例所需的脚本。

运行命令后，会出现新的提示，这意味着我们现在是在容器内，并准备进行到下一步。

（2）部分 Dokcer 命令

当在容器提示符下键入 EXIT，这将导致退出容器或者可能停止它。停止运行的 Docker 容器时，所有更改将都会丢失，退出容器但没有停止它的键盘快捷方式是 CTRL + P + Q。其他部分 Docker 命令和含义见表 6-8。

Docker容器的镜像被称为opnfv/functest，它存储在OPNFV账户下的Docker镜像dockerhub

中。有许多不同的标签自动由 CI 进行标记的，但是这份镜像指的是 brahmaputra.1.0。

```
—home
  `—opnfv
     |—functest
     |    |—conf
     |    |—data
     |    `—results
     `—repos
          |—bgpvpn
          |—doctor
          |—functest
          |—odl_integration
          |—onos
          |—promise
          |—rally
          |—releng
          `—vims-test
```

图 6-20　容器内的目录结构

```
|—INFO
  |—LICENSE
  |—commons
  |    |—ims
  |    |—mobile
  |    `—traffic-profile-guidelines.rst
  |—docker
  |    |—Dockerfile
  |    |—common.sh
  |    |—prepare_env.sh
  |    |—requirements.pip
  |    `—run_tests.sh
  |—docs
  |    |—configguide
  |    |—devguide
  |    |—images
  |    |—results
  |    `—userguide
  `—testcases
       |—Controllers
       |—features
       |—tests
       |—VIM
       |—vIMS
       |—vPing
       |—__init__.py
       |—config_functest.py
       |—config_functest.yaml
       `—functest_utils.py
```

图 6-21　Functest 资料库

表 6-8　部分 Docker 命令

Dokcer 命令	含义
docker ps <copy the container ID> docker exec -ti <CONTAINER_ID> /bin/bash	重新连接到正在运行的容器（第一种方式）
docker exec -ti $(docker ps|grep functest|awk '{print $1}') /bin/bash	重新连接到正在运行的容器（第二种方式）
docker ps	列出正在运行的容器
docker ps –a	列出所有的容器，包括已经停止的
docker rm <CONTAINER_ID>	删除容器
docker -f rm <CONTAINER_ID>	使用 -f 选项，可强制使仍在运行的容器关闭

（3）准备 Functest 环境

Docker 容器一旦启动并运行，在提示符下执行以下命令：

```
${repos_dir}/functest/docker/prepare_env.sh
```

注意：${repos_dir} 是 Docker 容器，指向 /home/opnfv/repos/ 内一个默认的环境变量。此脚本将确保运行测试的要求得到满足，并将安装所需的库和工具。每次 Docker 容器开始运行时，必须确保这些脚本一次运行完成。

（4）OpenStack 验证凭证

OpenStack 验证凭据需要针对 VIM 运行测试。这里提供 Functest 的三种方法：

① 当运行 Docker 容器时，使用 -v 选项；

② 在 /home/opnfv/functest/conf/OpenStack.creds 中创建一个空文件并在其中粘贴凭据；

③ 使用下面的脚本自动检索 : $repos_dir/releng/utils/fetch_os_creds.sh。

一旦有了验证凭据，就应该在运行测试前进行 source：

```
source /home/opnfv/functest/conf/OpenStack.creds
```

或者使用环境变量的验证凭证：. $creds

在此之后，尝试运行任何 OpenStack 命令，看看是否得到任何输出。例如，运行 OpenStack user list

OpenStack 部署中，OpenStack user list 命令返回实际的用户列表。在任何其他情况下，检查凭据来源于：

```
env|grep OS_
```

此命令必须显示一组环境变量，从 OS_ 开始，例如：

```
OS_REGION_NAME=RegionOne
OS_DEFAULT_DOMAIN=default
OS_PROJECT_NAME=admin
OS_PASSWORD=admin
OS_AUTH_STRATEGY=keystone
OS_AUTH_URL=http://172.30.10.3:5000/v2.0
OS_USERNAME=admin
OS_TENANT_NAME=admin
OS_ENDPOINT_TYPE=internalURL
OS_NO_CACHE=true
```

如果 OpenStack 命令仍然不显示任何东西，或有连接问题，它可能是由于不正确的 url 给 OS_AUTH_URL 环境变量，此时需要检查部署设置。

（5）SSL 支持

如果连接时需要启用 TLS 服务器（以 https 开头的 URL 的授权机构）或者使用来自私人的 CA 证书或一个自签署的证书，这就将需要指定适当的 CA 证书用于验证服务器证书与环境变量 OS_CACERT 的路径：

```
echo $OS_CACERT
/etc/ssl/certs/ca.crt
```

然而，此证书在容器中默认情况下是不存在的。它不得不从 OpenStack 部署手动复制。这里提供两种方式：

① 手动创建该文件并从 OpenStack 控制节点复制内容；

② 启动容器时，添加一个 Docker 的 volume.

```
-v <path_to_your_cert_file>:/etc/ssl/certs/ca.cert
```

如果需要导出容器内的 OS_CACERT 环境变量，使用下面的命令：

```
export OS_CACERT=/etc/ssl/certs/ca.crt
```

证书验证可以关闭，使用 OS_INSECURE = true

（6） 代理支持

Functest 需要上网下载一些测试用例的资源。例如要安装 Rally（运行 Tempest 的环境）环境，如果通过代理服务器运行的 Jumphost，这可能无法正常工作。如果是这样，请确保 resolv.conf 以及代理服务器环境变量设置正确：

```
export http_proxy=<your http proxy settings>
export https_proxy=<your https proxy settings>
```

运行 Prepare_env.sh 之前，请确保可以 ping http 和 https 站点。例如：

```
nc -v google.com 80
Connection to google.com 80 port [tcp/http] succeeded!
nc -v google.com 443
Connection to google.com 443 port [tcp/https] succeeded!
```

3. **CI 的集成**

在 CI 中我们使用的 Docker 容器的镜像，是在 Jenkins 执行相应的命令获得的：

（1） Docker creation in set-functest-env builder；

（2） Test execution in functest-all builder；

（3） Docker clean in functest-cleanup builder。

6.3.2 Functest 使用引导

本小节的目标是描述 Functest 测试用例以及执行这些测试用例。本文档是 Functest 配置指南的延续，假定 Functest 的 Docker 容器已经正确部署。

1. **Functest 组件的概述**

Functest 是 OPNFV 项目的主要功能测试。在持续集成的过程中，它在 OPNFV 安装后启动，验证并确认基础设施的基本功能。

当前的测试内容见表 6-9，可以分为 3 个主要部分：VIM、控制器（Controllers）以及 Features。

Functest 测试中的测试套件里都有一些测试用例，其中一些测试是由 Functest 团队成员开发的，而另一些是从上游社区或其他 OPNFV 项目集成而成的。例如，Tempest 是 OpenStack 整合测试套件以及 Functest 主要负责 OPNFV 中进行自动化测试部分的选择和整合。

这些 CI 运行的测试结果被推送并收集在 NoSQL（非关系）数据库中。这样做的目的是用不同的来源和不同场景的结果去填充该数据库，并在 Dashboard 上显示它们。

表 6-9　Brahmaputra Functest 测试

域	测试套件
VIM	vPing
	vPing_userdata
	Tempest
	Rally bench
Controllers	OpenDaylight
	ONOS
Features	vIMS
	Promise
	SDN VPN

Functest 认为 OPNFV 是一个黑盒。OPNFV 自从 B 版本推出后，提供了大量潜在的组合：2 个控制器（OpenDaylight，ONOS）、4 种安装方式（Apex，Compass，Fuel，Joid），大部分的测试是可运行的任意组合，但有些可能会受到安装程序或可用的部署的功能所施加的限制。

2. VIM

根据表 6-9 可知，VIM 测试包括 4 个测试用例，分别为 vPing、vPing_userdata、Tempest 以及 Rally bench。下面分别对其进行测试。

（1）vPing_ssh

ping.sh 的脚本如图 6-22 所示。

```
#!/bin/sh
while true; do
    ping-c 1 $1 2>&1 >/dev/null
    RES=$?
    if [ "Z$RES" = "Z0" ]; then
        echo 'vPing OK'
        break
    else
        echo 'vPing KO'
    fi
sleep 1
done
```

图 6-22　ping.sh 脚本

本次测试的目的是在公共网络上使用浮动 IP 进行 SSH 连接并验证两个实例是否可以在私有的网络上进行通信，测试流程如图 6-23 所示。

这个测试用例就是测试两台虚拟机 VM1 和 VM2 能否互 ping，可以说是类似 "Hello World" 的示例。

（2）vPing_userdata

这个测试用例类似 vPing_ssh，但没有使用浮动 IP 和公共网络。它检查两个实例是否可以彼此通过私有网络进行通信，但是它还可以验证元数据服务是否正常工作，测试流程如图 6-24 所示。

VM2 启动时它会执行该脚本，得出的结果会输出到 VM2 的控制台日志中。

（3）Tempest

Tempest 是参考 OpenStack 整合测试内容。它是一套针对 OpenStack 群集运行的集成测试，主要是为了测试 OpenStack 的性能。

Functest 使用 Rally 运行 Tempest。Rally 自动生成 Tempest 的配置文件 tempest.conf。在运行实际测试用例之前，Functest 创建所需的资源（用户、 租客）并且为配置文件更新适合的参数。当 Tempest 测试套件在执行时，每个测试的持续时间都会被测量，测试的结果会在控制台中输出，并存储在日志文件中，以便做进一步的分析。

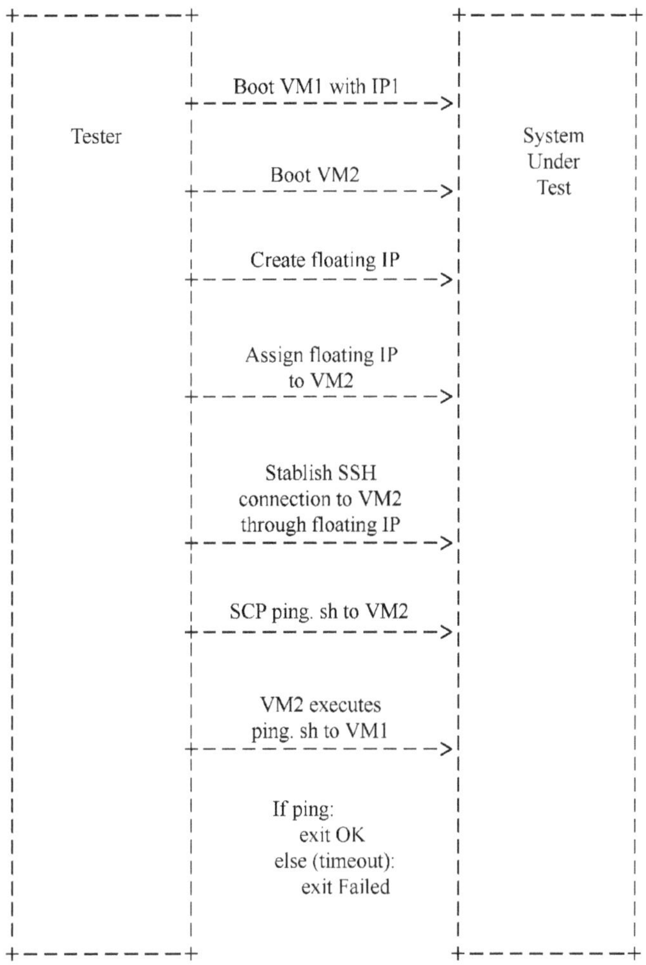

图 6-23 vPing_ssh 测试用例

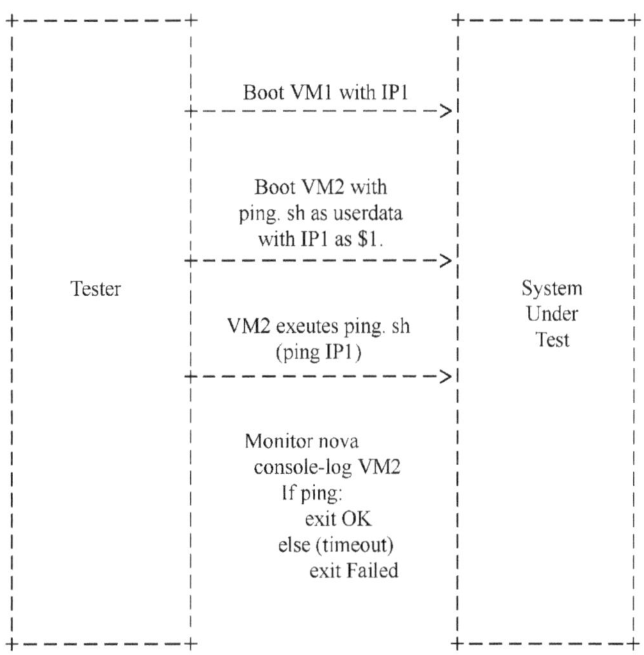

图 6-24 vPing_userdata 测试用例

（4）Rally bench

此测试内容的目标是测试 OpenStack 不同模块，获得一些有效的数据，进行基准测试并获得可以帮助定义电信云的 KPI。OPNFV Rally 方案基于实际的 Rally 场景，测试的内容包括 OpenStack 中的各个组件，包括 Authenticate、Cinder、Glance、Heat、Keystone、Neutron、Nova、Quotas、Requests。

3. SDN Controller

（1）OpenDaylight

OpenDaylight (ODL) 测试套件包括一套从 ODL 项目继承的基本测试。该套件用 OpenDaylight 以及 Neutron 验证创建和删除网络、子网和端口。测试列表见表 6-10。

表 6-10 OpenDaylight 测试列表

Restconf.basic	通过 Restconf 获得控制节点模块
Neutron.Networks	检查 OpenStack 网络：检查 OpenStack Neutron 已知的网络； 检查 OpenDaylight 网络：检查 OpenDaylight Neutron API； 创建网络：在 OpenStack 中创建新网络； 检查网络：检查在 OpenDaylight 中创建的网络； Neutron.Networks：检查在 OpenStack 中创建的网络
Neutron.Subnets	检查 OpenStack 端口：检查 OpenStack Neutron 已知的端口； 检查 OpenDaylight 端口：检查 OpenDaylight Neutron API； 创建端口：在 OpenStack 中创建新端口
Neutron.Ports	检查 OpenStack 端口：检查 OpenStack Neutron 已知的端口； 检查 OpenDaylight 端口：检查 OpenDaylight Neutron API； 创建端口：在 OpenStack 中创建新端口； 检查端口：检查在 OpenDaylight 中创建的端口； Neutron.Networks：检查在 OpenStack 中创建的端口
Delete Ports	删除以前在 OpenStack 中创建的子网； 检查在 OpenDaylight 中删除的子网； 检查在 OpenStack 中删除的子网
Delete Network	OpenStack 删除以前创建的网络； 检查在 OpenDaylight 中删除的网络； 检查在 OpenStack 中删除的网络

（2）ONOS

TestON 框架用于测试 ONOS SDN 控制器功能。这个测试用例处理 L2 和 L3 网络的功能。测试列表见表 6-11。

4. Features

（1）vIMS

IP 多媒体子系统（IP Multimedia Subsystem）或 IP 多媒体核心网络子系统（IMS）是 IP 多媒体服务架构。vIMS 已经纳入 Functest 中，它是部署在 OPNFV 平台上一个相对复杂的 NFV 场景的一项指标。

表 6-11 OpenDaylight 测试列表

onosfunctest	主要是可执行文件，包含调用的 FUNCvirNetNB 和 FUNCvirNetNBL3 函数与 Docker 环境的初始化
FUNCvirNetNB	创建网络：提交网络数据并在 ONOS 上检验； 更新网络：更新网络并在 ONOS 上进行比较； 删除网络：删除网络并检查它是否在 ONOS 上是 NULL； 创建子网：提交子网数据并在 ONOS 上检验； 更新子网：更新子网并在 ONOS 上进行比较； 删除子网：删除子网，并检查它是否在 ONOS 上是 NULL； 创建端口：提交端口数据，并在 ONOS 上检验； 更新端口：更新端口并在 ONOS 上进行比较； 删除端口：删除端口，并检查它是否在 ONOS 上是 NULL
FUNCvirNetNBL3	创建路由器：提交数据为创建路由器并在 ONOS 上进行检验； 更新路由器：更新路由器和在 ONOS 上进行比较； 删除路由器：删除路由器数据并在 ONOS 上进行检验； 创建 RouterInterface：对存在路由器提交 RouterInterface 数据并在 ONOS 上进行检验； 删除 RouterInterface：删除 RouterInterface 和检查路由器； 创建 FloatingIp：提交数据为创建 FloatingIp 并在 ONOS 上进行检验； 更新 FloatingIp：更新 FloatingIp 和在 ONOS 上进行比较； 删除 FloatingIp：删除 FloatingIp 并检查它是否在 ONOS 上是 NULL； 创建外部网关：提交数据的创建到出口路由器的外部网关并检查它； 更新外部网关：更新外部网关，并进行比较； 删除外部网关：删除外部网关并检查它是否在 ONOS 上是 NULL

此测试套件的目标包括：部署 VNF orchestrator (Cloudify)；在 orchestrator 上部署 Clearwater vIMS (IP Multimedia Subsystem) VNF；在上层的 VNF 上运行测试用例。

（2）Promise

Promise 提供一套基本的测试用例作为 B 版本的一部分。33 个可用的测试用例可以分为 7 类：

① 将新部署的 OpenStack 环境配置文件添加到资源池：为 OpenStack 注册进入一个新的资源池，并添加更多的容量与此池相关联。

② 毫无保留的分配：在 OpenStack 中创建一个新的服务器以及在 Promise 层中添加一个新的配置记录。

③ 提供预留的资源分配：创建资源预留记录并在 OpenStack 中创建一个新的服务器以及在 Promise 层中添加一个新的配置记录。

④ 保留供将来使用：创建资源预订记录，为以后开始、查询、修改和取消新创建的预留资源做准备。

⑤ 容量规划：减少或增加供应商的可用容量；查询可用资源和利用率。

⑥ 冲突下的预留冲突：目前与未来的使用存在冲突时，尝试创建预留。

⑦ 清理测试分配：清除 OpenStack 中的所有分配。

（3）SDNVPN

许多电信网络功能依赖第三层的基础设施服务，例如 VNF 之间的组件，或现有的外部网络。在许多情况下，这些外部网络是利用 MPLS/BGP 技术在现有的服务提供商的广域网（WAN）中实现的。

SDNVPN 项目定义一个 bgpvpn 套件。此 bgpvpn 测试内容包括两个 Temptest 测试，致力于测试 OpenStack bgpvpn API 接口：

```
test_create_bgpvpn
test_create_bgpvpn_as_non_admin_fail
```

6.3.3 执行 Functest 测试

Functest 测试包括手动测试以及自动测试，下面分别介绍。

1. 手动测试

手动测试需要满足：Functest 的 Docker 容器正在运行；显示 Docker 的命令行以及 Functest 的环境已经准备好了。

run_tests.sh 脚本通过自动化的方式运行测试。虽然它可以手动执行不同的测试，但还是建议使用以前的 shell 脚本，我们可以根据实际情况和需求来修改参数。run_tests.sh 测试脚本如图 6-25 所示。run_tests.sh 位于 $repos_dir/functest/docker，并且有以下几个参数选项：

```
./run_tests.sh -h
Script to trigger the tests automatically.

usage:
    bash run_tests.sh [-h|--help] [-r|--report] [-n|--no-clean] [-t|--test <test_name>]

where:
    -h|--help         show this help text
    -r|--report       push results to database (false by default)
    -n|--no-clean     do not clean up OpenStack resources after test run
    -s|--serial       run tests in one thread
    -t|--test         run specific set of tests
      <test_name>     one or more of the following separated by comma:
                          vping_ssh,vping_userdata,odl,onos,tempest,rally,vims,promise,doctor,bgpvpn

examples:
    run_tests.sh
    run_tests.sh --test vping_ssh,odl
    run_tests.sh -t tempest,rally --no-clean
```

图 6-25　run_tests.sh 测试脚本

-r 选项用于 OPNFV 持续集成自动化机制，这样可以把测试结果都整合到 NoSQL 结果集合的数据库。这个数据库对于普通用户而言是只读的，因为它需要特殊的权利和特殊条件来推动数据。

-t 选项可用于指定所需的测试列表，默认情况下 Functest 将按以下顺序来进行测试：vPing test cases → Tempest suite → SDN controller suites → Feature project tests cases (Promise，Doctor，SDNVPN) → vIMS suite → Rally suite。

可以使用 -t <test_name> 指定测试名称或用以下逗号分隔的名称：[vping_ssh，vping_userdata，odl，onos，rally，tempest，vims，promise，doctor] 来测试单个或一组用例。

-n 选项用于保存执行测试后产生的 OpenStack 资源。

-s 选项用于在单个线程中强制执行测试用例。目前此选项只影响 Tempest 测试用例，并可用于例如并发等问题。

很重要的一点，如果准备好 Functest 环境后手动创建了新的 OpenStack 资源，如果在 run_tests.sh 命令中不指定，那么它们将被删除。在 Functest 中包含此清理机制是因为，如 Tempest 或 Rally 这样的测试套件会创建大量的资源（用户、租客、网络、卷等），这些资源总是不能被很好地清理，所以此功能就是为了保持系统的“清洁”。

我们可以在执行 run_tests.sh 脚本之前编辑 test_list.txt 文件指定执行 Tempest 测试套件中那些用例，此文件位于：

$repos_dir/functest/testcases/VIM/OpenStack/CI/custom_tests/test_list.txt

虽然 run_tests.sh 提供简便的方法来运行任何测试，但是我们还是直接调用需要的测试脚本。例如：python $repos_dir/functest/testcases/vPing/vPing_ssh.py-d。

2. **自动测试**

如前所述，prepare-env.sh 和 run_test.sh 可以从 Jenkins 上的容器内调用。上一节我们提到有两个 job 自动化了所有的手动步骤。一个 job 运行所有的测试用例，另一个 job 允许指定测试的名称进行测试。用户可以根据实际需求去执行测试内容。

B 版本最具挑战性的任务之一在于处理多场景（Scenarios）和安装程序（Installers）。因此，测试时会自动化生成一个基本的算法去检测给定的测试是否可运行或给定的场景是否可运行。其中，一些 Functest 的测试套件不能系统地运行，例如 ODL 套件不能运行在 ONOS scenarios 上。

CI 会提供以下一些有用的信息给容器：

（1）Installer (apex|compass|fuel|joid)，stored in INSTALLER_TYPE

（2）Installer IP of the engine or VM running the actual deployment，stored in INSTALLER_IP

（3）The scenario [controller]-[feature]-[mode]，stored in DEPLOY_SCENARIO with
controller = (odl|onos|ocl|nosdn)
feature = (ovs(dpdk)|kvm|sfc|bgpvpn)
mode = (ha|noha)

Functest 配置文件的目录是 /home/opnfv/functest/config，目录下 config_functest.yaml 文件定义了每个测试用例的约束，/testcase-list.txt 文件罗列了所有可运行的用例。同样地，配置文件里还描述了执行的顺序。我们将按以下顺序执行测试：

vPing test cases → Tempest suite → SDN controller suites → Feature project tests cases (Promise，Doctor，BGPVPN...) → vIMS suite → Rally suite。

第 7 章 NFV 应用场景

网络功能虚拟化（NFV）旨在利用 IT 虚拟化技术将多种网络功能整合到行业标准的高容量服务器、交换机和存储器中，以此改变网络运营商的网络架构。这些通用设备位于各种 NFVI-PoPs，包括数据中心、网络节点和用户驻地网。

原则上，所有的网络功能和节点都可以通过标准的方式虚拟化，但是从 NFVI ISG 会员企业的角度出发，NFV USE CASE 标准确定了第一组重要的服务模式和 NFV 初始的应用领域。ETSI 提出了 9 个应用场景，分为服务模式和应用领域，涵盖了无线接入、固网接入、企业 / 家庭、CDN、核心网、数据中心等不同场合。服务模式包括网络功能虚拟化基础设施即服务 NFVIaaS、虚拟网络功能即服务 VNFaaS、虚拟网络平台即服务 VNPaaS 三种。应用领域如图 7-1 所示，包括 VNF 转发图、移动核心网虚拟化、移动基站虚拟化、CND 虚拟化、家庭网络虚拟化以及固定接入网虚拟化。随着 NFV 解决技术和商业挑战的发展，也许会有更多的用例。

7.1 网络功能虚拟化基础设施即服务（NFVIaaS）

虚拟化消除了网络功能（NF）和硬件间的依赖性，标准的物理设备为 VNFs 创造了标准的执行环境和管理接口。硬件进一步汇集为一个庞大而灵活的 NFVI 资源池，其实，这种现象早已存在于云计算基础设施层。类似于云计算服务模式，NFV 提供相应的服务模式，NFV 基础架构即服务（Network Functions Virtualization Infrastructure as a Service，NFVIaaS）允许服务提供商直接利用资源提供计算、存储、网络等服务的保证。与传统的 IaaS 不同，NFVIaaS 基于 ETSI NFV 标准接口，包括一个信息模型和多个网络服务接口，使得 NFV 基础设施（NFVI）可以跨多个服务提供商所在的管理域。

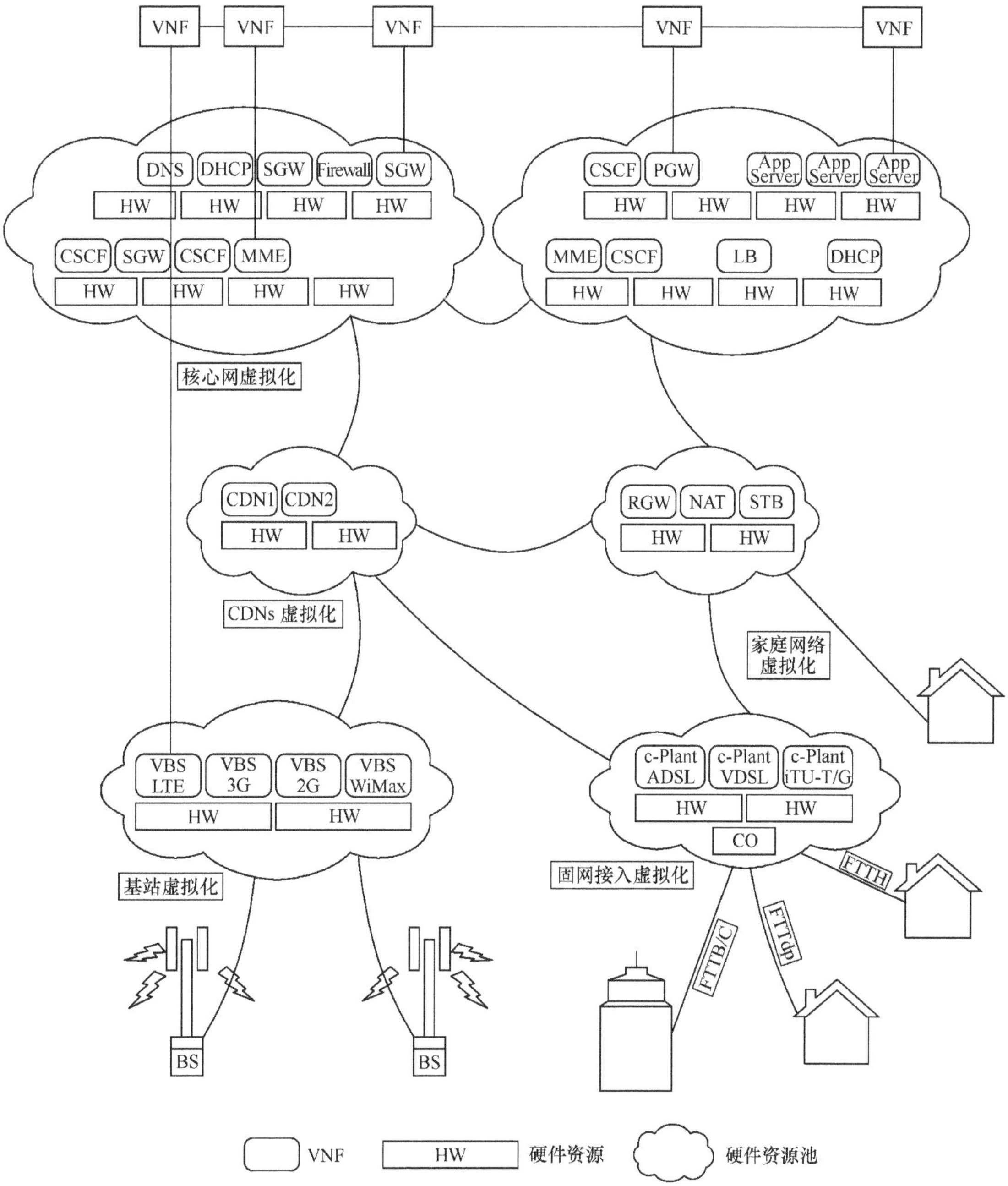

图 7-1　NFV 的应用概述

7.1.1　概述

目前，许多服务供应商提供云计算服务以及网络服务，此时它们作为云服务提供商（CSP）。云计算服务需要计算、网络和存储资源，同样虚拟化网络功能也需要物理的计算、网络和存储资源。资源池是云计算中重要的特性，它也是 NFVI 中重要的一部分，其中资源池能够将计算、网络和存储资源池化，使得服务提供商能够基于通用基础设施提供云计算服务以及网络服务。

NIST 根据云计算服务的实体类型定义了四种部署模型：私有云、社区云、公共云、混合云。云计算基础设施针对私有的实体，即为私有云；针对公共的实体，即为公共云；针对特定的群体，即为社区云；或者这些的结合，即为混合云。一个服务提供商利用云计算服务实现 VNF 实例的网络服务时，应该考虑选取适合的部署模型来满足目标需求。实际应用中，私有云部署模型对于大部分服务提供商而言可能是个普遍的方法。

服务提供商应能够基于 NFV 基础设施去运行 NFV 实例，同时还要满足网络服务性能的目标（时延、可靠性）以及管理需求。服务提供商几乎不会在全球范围内部署物理基础设施，然而它们的用户以及企业却需要全球范围的服务。因此，可以考虑利用另一个服务提供商的 NFV 基础设施远程地部署、运营 VNF，以此更有效地服务全球的客户。同时相对的，服务提供商提供 NFV 基础设施，这种服务的能力可以作为一种附加的商业服务模式。

云计算提供三种服务模式：基础设施即服务 IaaS、平台即服务 PaaS、软件即服务 SaaS。其中，IaaS 提供处理、存储以及基础的计算资源。消费者可以利用这些资源去运行特定的应用，但是他不能控制底下的基础设施。有些文章中提到网络即服务 NaaS，现在还没有标准的定义。

NFVI 为 VNF 提供执行环境，包括 IaaS 能力以及 NaaS 的动态网络连接功能。因此，NFVIaaS 匹配为云计算提供的 IaaS 以及 NaaS，它在 NFV 基础设施上作为一个整体的元素，如图 7-2 所示。基于私有云部署模型的服务提供商利用自身的 NFVI / 云计算基础设施实现软件实体，即 VNFs。

池化的资源包括物理的网络、存储和计算资源。NFV 模型下，这些将分别被视为计算域、虚拟域和网络域（详见第 2 章）。云计算里，这些资源被视为支持 IaaS 或 NaaS 云计算服务模式的元素。PaaS 和 SaaS 的云计算服务模型必须运行在一些基础设施（也许是给 IaaS 或 NaaS 提供相同服务的基础设施）才能提供软件的功能。NFV 基础设施的计算节点将设在不同的 NFVI-PoPs，如局端、室外，或嵌入到其他网络设备或移动设备里。物理基础设施的位置与云计算服务是无关的，但许多网络服务对位置有一定程度的依赖。资源池包括多租户的概念——同一个资源池支持不同管理域或信任域中的多个应用程序。图 7-3 展示了 NFVIaaS 支持来自不同管理域的云计算应用 Cloud App 以及 VNF 实例 VNF1、VNF2。

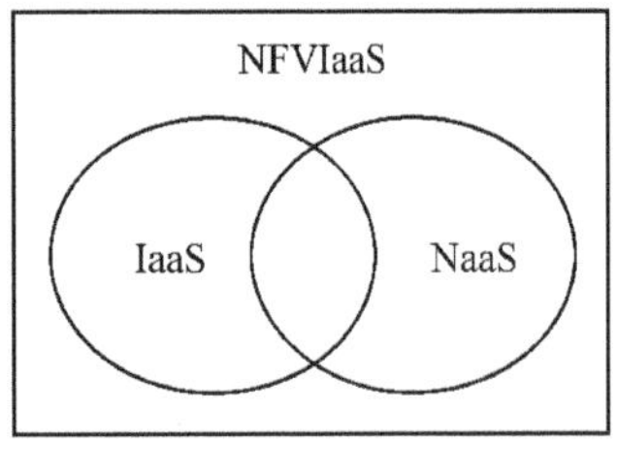

图 7-2 在 NFV 基础设施内匹配 IaaS 以及 NaaS

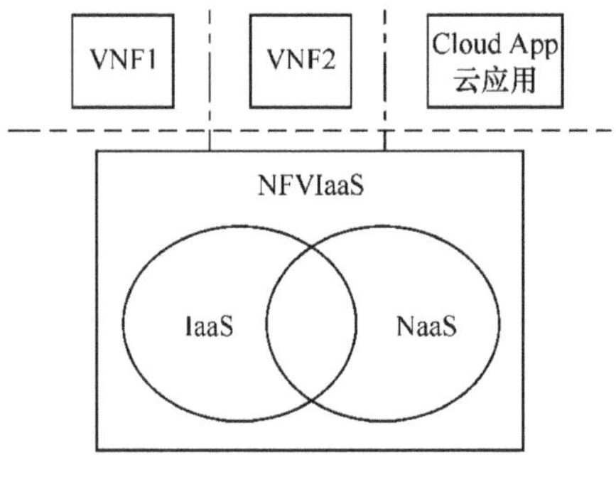

图 7-3 NFVIaaS 支持多租户

服务提供商 #2（管理域 #2 的提供商）利用另一个服务提供商 #1（管理域 #1 的提供商）提供的基础设施运行 VNFs 如图 7-4 所示。服务提供商 #1 为服务提供商 #2 提供 NFVIaaS，因此只有授权的实体才能够在它的 NFV 基础设施上加载和操作 VNF 实例，当然这些资源也是会被限制的。服务提供商 #2 能够整合 VNF 实例，组成一个端到端的网络服务，即使这些 VNF 实例运行在它们各自的基础设施上，如图 7-4 中的管理域 #1 以及管理域 #2。

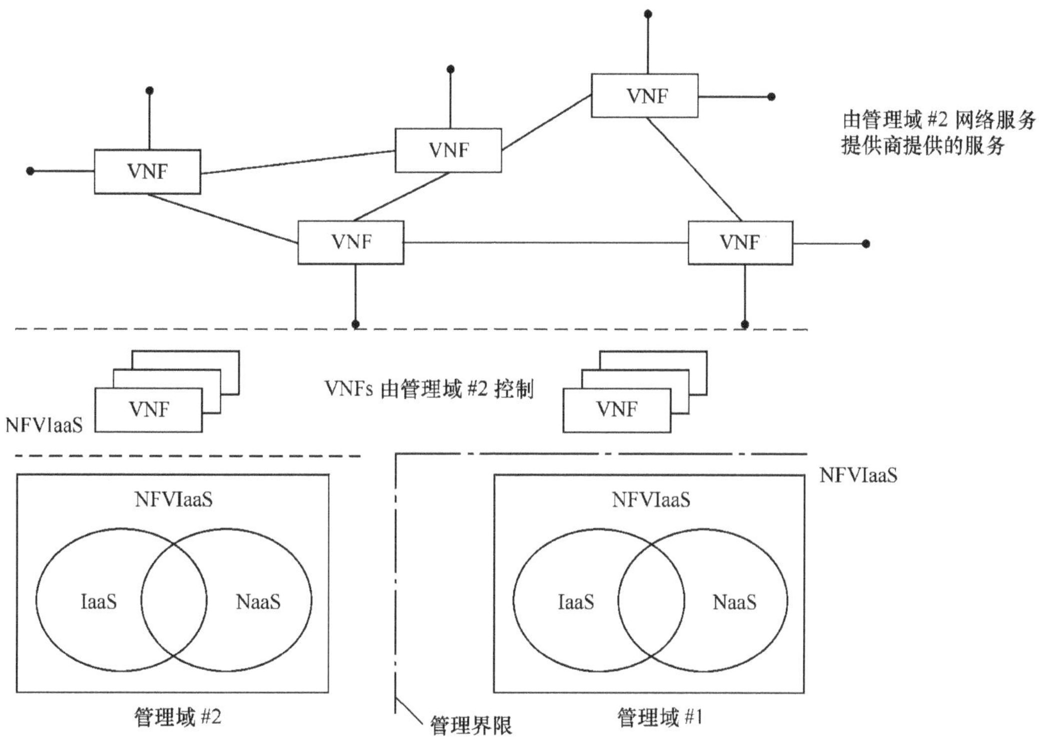

图 7-4　管理域 #2 基于管理域 #1 提供的基础设施运行 VNFs

7.1.2　虚拟化目标

NFVI 的虚拟化目标是为 VNF 提供执行环境。NFVIaaS 应该提供 VNF 实例生命周期所需要的基础设施服务，也能够在虚拟和物理的网络端点间提供动态的连接（例如 NaaS）。同样地，NFVIaaS 也应能够在 IaaS 基础上支持通用计算的负载（“云应用”，Cloud APP），如图 7-3 所示。NFVIaaS 提供的服务可以交付给一个或多个管理域。

为了提高弹性，服务提供商 #2 可能会有选择地利用服务提供商 #1 的 NFV 基础设施或者自身的 NFV 基础设施。由于两个服务提供商的基础设施不同且独立，其中一个 NFV 基础设施出现故障时，另外一个基础设施是不受影响的。服务提供商 #2 在其他服务商的 NFV 基础设施上运行冗余的实例，这样就能够提供更高的弹性服务。当 NFV 基础设施由不同的管理域管理时，虚拟化也应建立机制去实现故障恢复，也要证明其独立性。

为了减少时延，提高客户的服务体验，服务提供商 #2 可能会选择基于服务提供商 #1 的 NFV 基础设施。我们可以有选择性地在靠近用户侧放置网络功能，这样就可以减少时延。CDN 服务通过将内容缓存在接近用户的地方减少了时延，也降低了成本。某些靠近 RAN 的 EPC 网元可能也会减少时延，提高吞吐量。虚拟化也应该建立机制去测量特定部署的时延。

为了符合监管要求，服务提供商 #2 可能会选择基于服务提供商 #1 的 NFV 基础设施。

监管部门可能对用户的信息有一些地域上的限制，而服务提供商 #1 的 NFV 基础设施如果位于相应的地理区域内，服务提供商 #2 可能为了方便处理而选择提供商 #1 的 NFV 基础设施。虚拟化也应该建立机制以识别和限制信息被存储和处理的位置。

7.1.3 虚拟化网络功能的共存

多个服务提供商的虚拟化网络功能可以在同一个 NFV 基础设施中共存。NFV 基础设施分配给不同的服务供应商时，这些资源应当被适当地隔离。这里，也有必要去执行 IP、以太网以及其他分组转发机制来互连并管理其他服务提供商基础设施上的 VNF 实例，以及连接其他服务提供商的用户。

7.2 虚拟网络功能即服务（VNFaaS）

虚拟网络功能即服务（VNFaaS）允许服务提供商直接为用户提供虚拟化的网络功能。一个 VNF 拥有者可以在不需要拥有 NFV 基础设施的前提下，执行 VNF 相关的功能和操作。

7.2.1 动机

目前，很多企业在他们的分支机构部署了大量的网络服务应用，包括接入路由器、WAN 优化控制器（WOC）、防火墙、入侵检测系统和 DPI 分析设备，这些应用由专用的设备构成。对于这些分支机构而言，这些设备不仅昂贵、不灵活，而且安装缓慢、难以维护。随着企业的不断发展，更多的服务和应用程序迁移到企业数据中心或公共云，改变了企业网络的创建方式。

面对巨大的投资，许多企业都在寻找外包的替代品。一种替代方案就是企业分支机构订购那些托管在网络服务提供商的接入网 PoP 服务器上的 VNFs。类似于云网络 SaaS 应用，VNFs 为一个个服务，订购者只需要支付服务接入费用，不需要关心服务托管的基础设置的费用。

这些替代方案可能包括虚拟化的客户终端设备（Customer Premise Equipment，CPE）中的接入路由器以及边缘路由器（Provider Edge，PE）。服务提供商面临 OPEX 和 CAPEX 增加的压力，但是与 NFV 虚拟化结合的发展趋势为他们提供了巨大的商机，不仅可以控制成本，还能满足客户不断增长的需求。传统专用硬件和软件的 IP 路由器是服务提供商基础设施中资本最密集的部分。服务提供商为了提高可伸缩性，可以考虑将 PE 边缘路由器的控制平面功能实现虚拟化。

如果专用路由器的功能能够在 COTS 硬件环境中实现，那么就可以大大节省成本。为企业提供的 VNF 功能和云计算的软件即服务 SaaS 的概念类似。NIST 中定义了 SaaS 为消费者提供一些运行在云基础设施上的软件。消费者能够配置管理应用程序，但无法控制底层的基础架构。

虚拟化的企业服务中，VNF 是服务提供商的应用程序。企业是服务的消费者，它不管理或控制 NFVI 或 VNF。企业作为 VNFaaS 的消费者，并不需要在网络功能上投入资金；相反，它可以根据需求从服务提供商的基础上获得这些服务。服务提供商可以根据 VNF 实例的需求分配 NFVI 资源。

SaaS 模式包含下列优点，它也应适用于 VNFaaS：可重复利用；成本较低；能够更快地供给处理计划；有效地使用软件许可；相称企业的进展形式；更好地扶持；更好地处理计划；为企业提供所需的 IT 资源。

7.2.2 描述

原始的服务供应商网络包括核心边缘上的边缘路由器以及面向客户的终端设备（CPE），如图 7-5 所示。

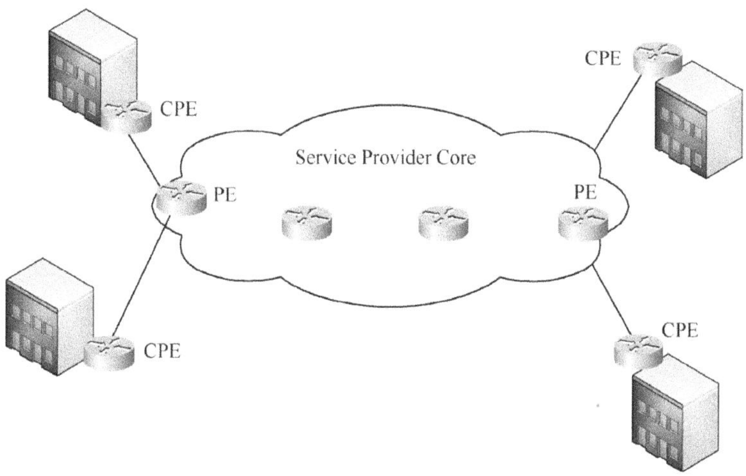

图 7-5 传统的服务提供商网络

企业虚拟化可能包括 CPE 功能的虚拟化（vE-CPE）以及 PE 功能的虚拟化（vPE）。这两步是独立的，可能被分别部署或者一起部署。PE 路由器由许多用户共享，而 CPE 路由器只能由一个用户独享。CPE 虚拟化获得的经济效益要比 PE 虚拟化高很多，因此 NFV 可能首先会实现 CPE 虚拟化，为企业用户以及服务提供商带来利益。PE 虚拟化可能会在后面阶段实现。在某些架构中，vE-CPE 和 vPE 可能利用 SDN 架构原则和标准通过一个中心控制器去控制。

服务提供商需要去部署、配置、升级以及管理 VNF 实例，为 VNFaaS 的订阅者提供相应的 SLA。

7.2.3 vE-CPE

本节以 vE-CPE 为例进行说明，vPE 不再赘述，若想深入了解可以查看 NFV 标准等相关资料。

vE-CPE 的解决方案加强了企业网络，设备被取代为 NFV 兼容的虚拟化解决方案，它们位于企业云或运营商 NFV 框架中。vE-CPE 所提供的服务可能包括一个提供 QoS 的路由器以及其他高端的服务，如 7 层的状态防火墙，入侵检测和预防等。

图 7-6 展示了一个典型的大企业，它由一个集中化的 IT 基础设施构成的总部以及很多个分支组成，这些分支连接到另一个分支然后连接到总部。vE-CPE 可以被放置到多个地方。未来，原本在企业实现的各种网络服务功能都将转交由运营商局端部署的虚拟化网络提供。这样，不仅实现了客户网络简化、成本降低；同时，运营商端到端网络的电信级管理能力增强，改变了运维方式，也为电信运营商进一步拓展增值业务奠定了基础。

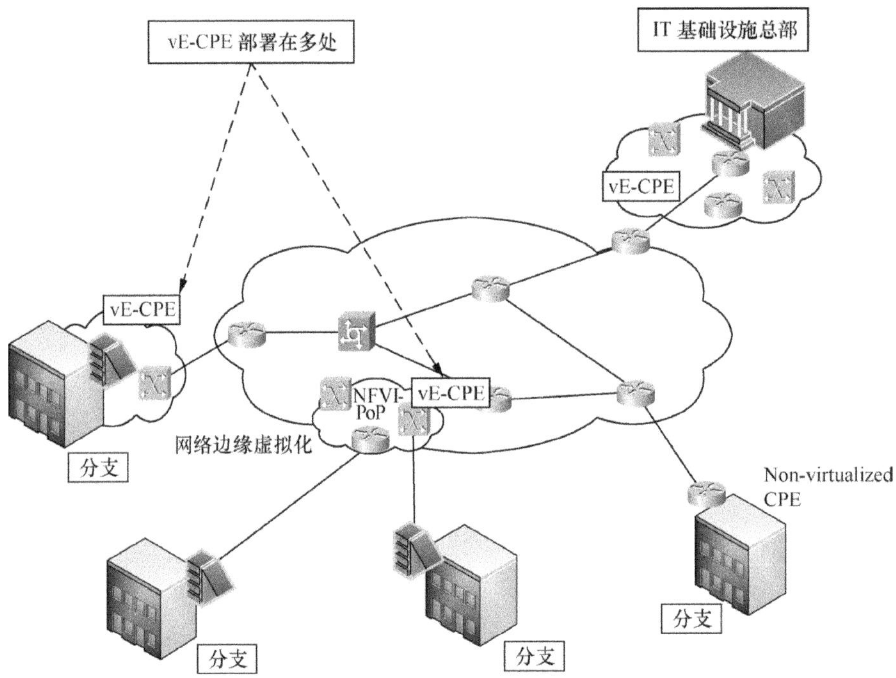

图 7-6　vE-CPE 位置例子

由于 CPE 的虚拟化，我们对比了未虚拟化 CPE 服务和虚拟化 vE-CPE 服务，如图 7-7 所示。企业本地的流量由提供物理连接的 L2 和 L3 交换机处理，企业局域网 LAN 扩展到位于 vE-CPE 处的运营商 NFV 网络。图 7-7 中，vE-CPE 提供的功能包括路由、VPN 终止、QoS 支持、DPI、NG-FW、WOC（WAN 优化控制器），图中的虚线表示图顶部的虚拟化网络功能（WoC、NG-FW、DPI 等）可能放置的位置。

7.2.4　虚拟化目标

目前企业网络中有许多网络功能部署在专用硬件基础设施上，未来服务提供商可能会基于 VNFaaS 基础为企业提供以下网络功能：

（1）AR 企业接入路由 / 企业 CPE。

（2）PE 边缘路由器。

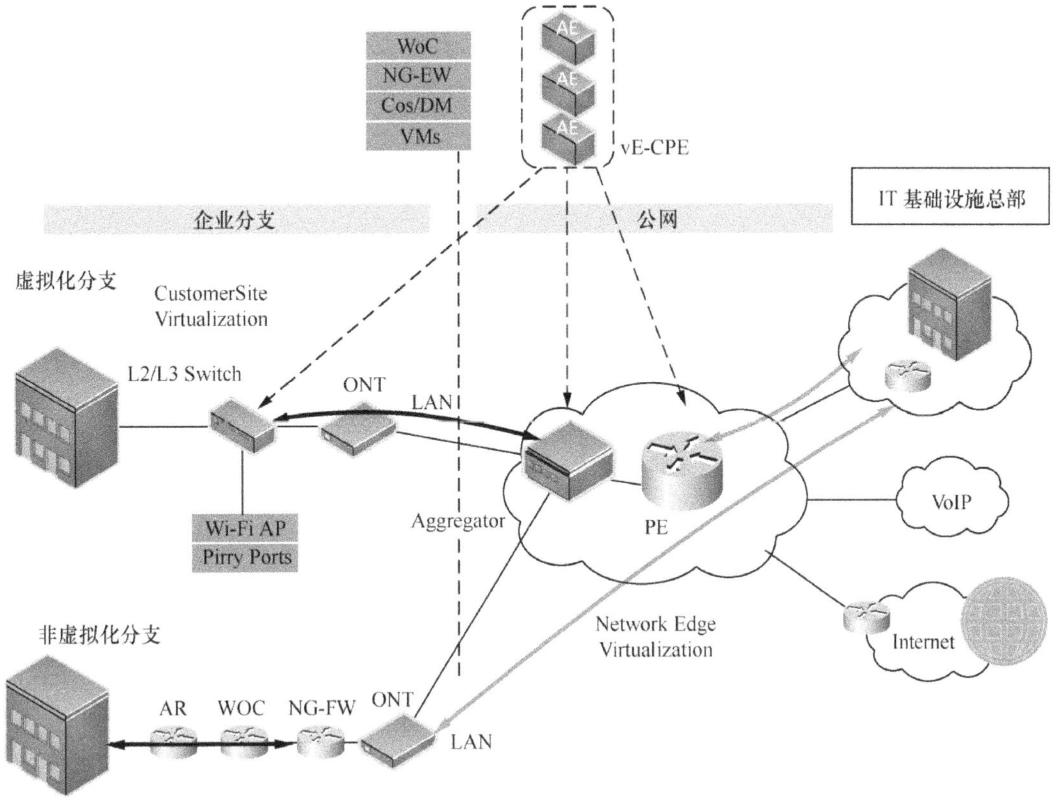

图 7-7 vE-CPE 和未虚拟化 CPE

（3）FW 企业防火墙。

（4）NF-FW。

（5）WOC WAN 优化控制器。

（6）DPI 深度包检测。

（7）IPS。

（8）网络性能检测。

7.3 虚拟网络平台即服务（VNPaaS）

云计算中的 PaaS 是指将软件研发的平台作为一种服务提供给用户。用户或者企业基于 PaaS 平台可以快速开发自己所需要的应用和产品。同时，PaaS 平台开发的应用能更好地搭建基于 SOA 架构的企业应用。PaaS 作为一个完整的开发服务，提供了从开发工具、中间件到数据库软件等开发者构建应用程序所需的所有开发平台的功能。

虚拟网络平台即服务（VNPaaS）允许服务提供商直接为用户提供服务平台，用户可以控制管理多个 VNFs。VNPaaS 和 VNFaaS 十分相似，但主要的不同在于服务和可编程性的规模不一样，以及提供给消费者对服务控制的范围也不同。VNPaaS 提供大规模服务，通常提供一个虚拟的网络，而不是一个单一的虚拟网络功能。VNFaaS 只能配置服务提供者提供的 VNF 实例，而 VNPaaS 通常为用户提供包含自己的 VNF 实例的服务。

VNPaaS 使用的编程开发工具允许用户创建和配置 ETSI NFV 兼容的 VNFs，从而可以扩大服务提供商提供的 VNFs 目录。这使得所有第三方和常用 VNFs 可以在 VNF-FG 中实现可编程。

虚拟化的目标是所有网络功能与第三方共享。服务提供商将定义工具包的功能。此工具包能够对选择的 VNFs 进行实例化和配置，并且开发其他应用程序。

7.4 VNF 转发图（VNF-FG）

一旦不同的非虚拟化 NFs 虚拟化成 VNFs，系统就必须组织 VNFs 的一个有序图，以实现一个完整的网络服务。这个有序图称为 VNF-FG（VNF Forwarding Graph，虚拟化的网络功能转发图）。VNF-FG 是连接网络功能节点的各条逻辑链路的汇总，用以描述这些网络功能节点之间的数据流向。如前所述，任何 VNFs，例如网络地址翻译（NAT）、负载均衡器、防火墙等，都可以是 VNF 转发图中的一个元素。VNF 转发图为运营商提供抽象、动态和简化的服务组合，网络功能的虚拟化增强了这种服务组合的能力。

网络服务提供商提供基于基础设施的云服务（例如 IaaS）时，需要编排和管理虚拟化服务平台（例如 VNFs）和物理设备之间的业务流，从而为终端用户提供完整的服务。VNF-FG 基于管理和编排系统的信息模型，描述了 VNFs 和物理实体之间的业务流。该信息模型描述了实体的特性，包括每个 NFV 基础设施对 IaaS 服务中每个 VNF 的接入需求、VNF 与物理网络之间的连接需求等。为了保证端到端服务的性能和弹性，信息模型需要在图中详细说明每个 VNF 的容量、性能和弹性需求。为了满足 SLAs，管理和编排系统必须监控图中所有的节点和链路。VNF-FG 理论上应该是可以跨多网络服务提供商的设备。

7.4.1 动机

网络功能转发图 NF-FG 是数据包流遍历 NFs 的一组序列。一个简单的网络服务可以在 NFV 环境中使用点对点链路来实现。但是针对复杂的结构，可能就需要 VNF 转发图（VNF-FG）。VNF-FGs 类似电缆连接现有的物理设备。VNF-FG 为虚拟设备（即 VNFs）提供逻辑连接。

为了实现 NFV 的目标，服务提供商需要在抽象的层面开发网络服务，然后将它们部署在指定的 NFVI 资源上（计算节点、基础设施网络终端点、现有的物理网元等）。基于 VNFs 的抽象网络服务有可能包括 VNFs 类型的识别、VNFs 之间的关系以及互连（转发）拓扑。当然，VNF-FG 还可以互连物理网络功能以提供网络服务。VNF-FG 与物理设备转发图的比较见表 7-1。

表 7-1　VNF 转发图与物理设备转发图比较

属性	物理设备转发图	VNF 转发图
效率	专用功能和网络的容量是基于高峰负荷设计的	专用功能和网络的容量基于当前负荷设计，并且是共享的
弹性	使用特定的硬件和专用网络容量进行备份	在 NFV 基础设施上，备份功能可以共享硬件资源和网络容量
灵活性	因为功能都是基于硬件的，升级或新功能的添加都是一个漫长的周期	因为功能都是基于软件的，升级或新功能的添加很快就可以实现
复杂性	为了实现中间件转发图，需要为客户端 - 服务器的 IP / 以太网交换提供额外的配置、物理接口以及支持系统	利用虚拟交换功能以及 VNFs 的配置实现转发图，这是一个更直接更有效的方式
可部署性	另一个运营商或者企业的网络连接到用户时，需要部署物理盒子、接口、配置等	虚拟化功能和虚拟化交换更容易部署。虚拟化网络功能可以减少配置的复杂性

7.4.2　描述

VNF-FG 中 VNFs 有标准的接口（例如，L1、L2、L3、L4 或 L7）。在某些 VNF-FGs 中，一些包有特定的目的（例如，服务器功能），而一些包没有特定的目的（例如，因特网）。与其他用例一样，VNF-FG 需要满足共同的特征（需求、架构和规范等），满足 NFV 目标。

其中需要解释的是，VNF 供应商为 VNF 实现软件；NFV 的管理和编排是一组支持 NFVI 的“操作系统”。VNF-FG 用例包括逻辑部分和实体间的关系，如图 7-8 所示。下面对逻辑部分进行解释。

Physical Network Function（PNF，物理网络功能）：通过一个紧密耦合的软件与硬件系统实现的 NF（Network Function，网络功能）。作为未虚拟化的服务部分，由网络服务供应商部署、管理、操作。

Physical Network Logical Interface（物理网络逻辑接口）：由网络服务提供商指定的 VNF-FG 和物理网络功能间的边界。

Packet Flow（分组流）：一些特定的分组按照相同的路径通过 VNF-FG。注意，VNF 的功能、配置和状态决定了分组流是否经过 VNF-FG，数据包遍历的 VNFs 在方向上可能也会不同。

NFV Network Infrastructure（NFV 网络基础设施）：基于硬件和 / 或软件，提供 VNFs 之间的连接服务，在 VNF 节点间实现转发图链路。它包含以下功能：流分类、隧道封装 / 解封装和某种形式的负载平衡。

在这个例子中，服务提供商设计了两个物理网络功能间端到端的网络服务，其中涉及了几个 VNFs（VNF-A、VNF-B、VNF-D1、VNF-D2、VNF-E）。这些 VNFs 由一个或多个 VNF 提供商提供。如图 7-8 所示，实际的网络服务就是所有可能的数据包流遍历 VNF-FG 以及 PNFs。

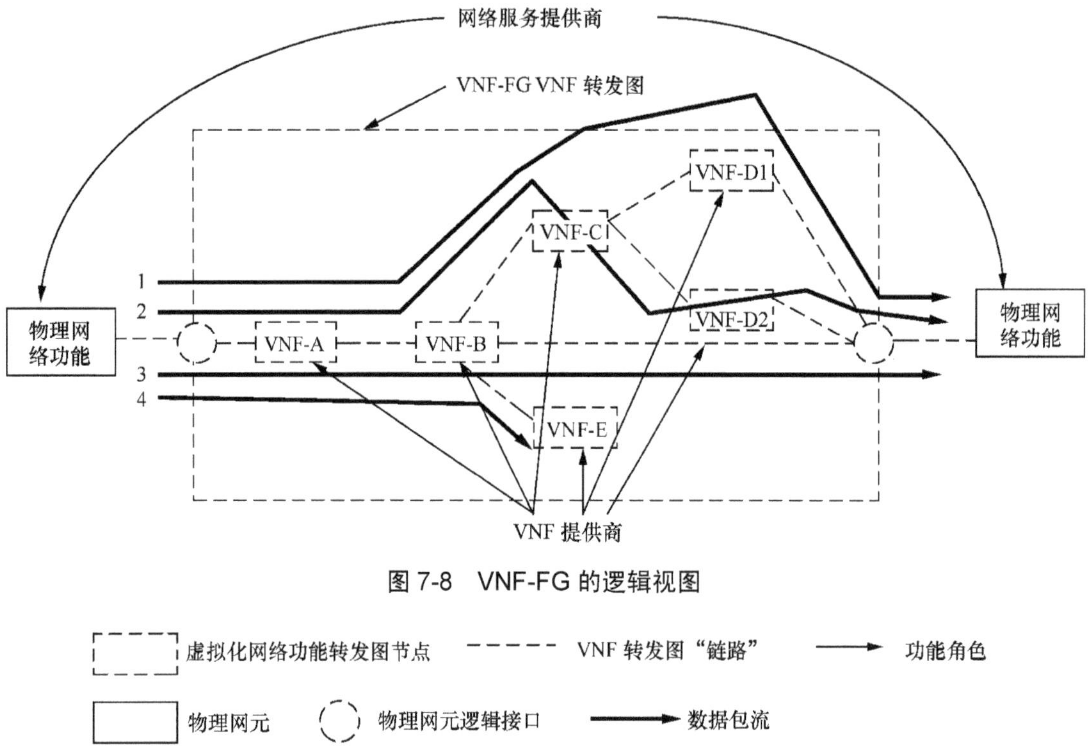

图 7-8　VNF-FG 的逻辑视图

选取图 7-8 中的一条“链路”（图中共有 4 条“链路”，分别用 1、2、3、4 标明），将 VNF-FG 用例映射到物理网元和附加的实体上，如图 7-9 所示。下面对其中的一些术语进行解释。

Physical Network Association（物理网络关联）：NFV 网络基础设施和一个物理网络端口间的关联关系。这可能是 NFV 网络基础设施和（物理）现有网络间的互连接口。

Physical Network Port（物理网络端口）：物理网络功能、物理网络交换机 / 路由器、物理网卡上的物理端口。

Network Forwarding Path（网络转发路径）：NFV 网络基础设施上硬件 / 软件交换端口和操作的序列，由管理和编排系统配置，实现逻辑 VNF 转发图“链路”连接到 VNF“节点”的逻辑接口（例如，虚拟机上 vNIC）。实现网络转发图的传统方法包括：基于物理设备间转发的物理接口、基于 VLAN 的桥接域、IP 子网、隧道的配置以及具体的 BGP 配置。SDN 可以实现这些传统的方法，但也可以直接用不同的、动态的以及独特的方式建立网络转发图。

Virtual Machine Environment（虚拟机环境）：针对一个特定的 VNF 给定的计算、存储和网络环境。

服务提供商需要实例化这些所有的 VNFs，能够预测端到端网络服务的行为和性能要求，理解抽象网络功能“捆绑选择”的影响。图 7-9 展示了两个物理网络功能间的网络服务，这个服务由 VNFs 组成，这里的流量经过两个物理设备和两个 VNFs（VNF-A、VNF-B）转发。VNF-A 是一个完全虚拟化的网络功能，因为交换机也虚拟化了，所以网络连接也是虚拟化的；但 VNF-B 只是部分虚拟化的，因为其数据平面的流量经过一个物理交换机，而非虚拟的交换机。

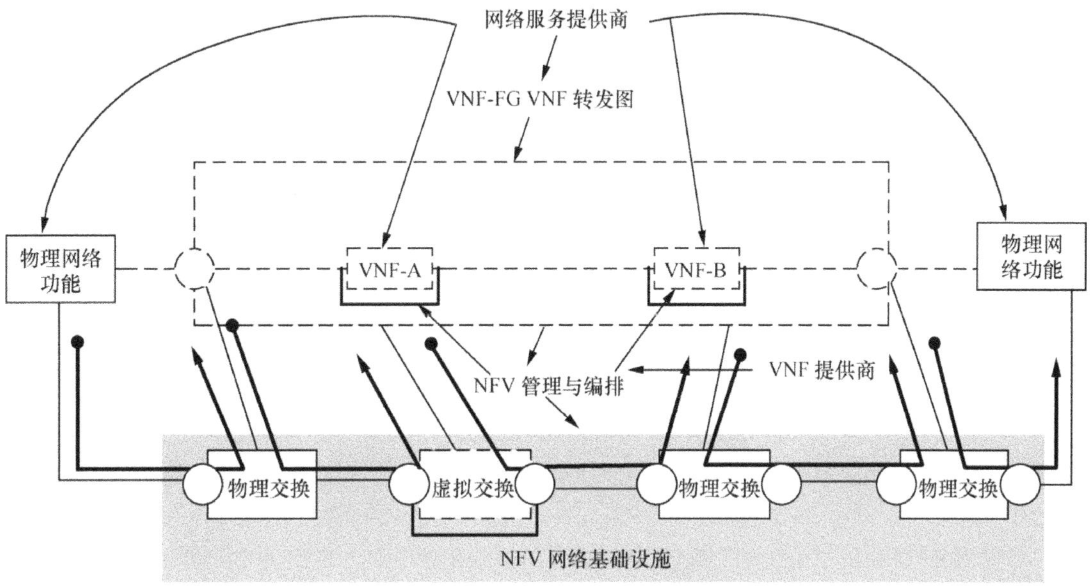

图 7-9　VNF-FG 的物理视图

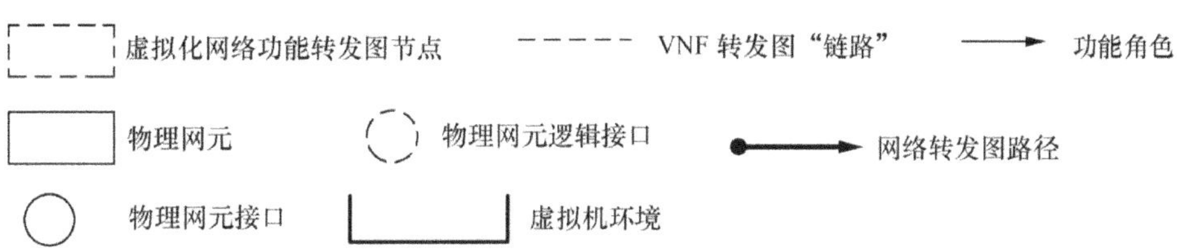

7.4.3 虚拟化目标

为了支持 VNF-FG 需要达到以下的虚拟化目标：

（1）提供一个信息模型，使得网络服务提供商能够向管理与编排实体描述 VNF-FG 节点和链路的一些特性，例如容量、性能、弹性、限制、安全性、所需的虚拟计算 / 网络环境和其他的参数。

（2）VNF 提供商提供一个信息模型去描述一个 VNF 实例所需的 NFVI 资源（如虚拟的计算、存储和网络资源）。

（3）网络服务提供商需要能够指定 VNF-FG 的映射，这将决定 NFV 基础设施上物理或虚拟交换元件的选择和配置。

（4）提供一个信息模型，使得网络服务提供商能够指定 NFVI 与物理网络功能间逻辑和物理的互连点，这些互连点可能连到其他的管理域（其他的运营商）或其他的 VNF-FGs。

（5）网络服务提供商要能够识别被映射到 NFVI 资源（例如计算域节点、虚拟域资源、基础设施网络资源）的 VNF-FGs。

7.5 移动核心网虚拟化

EPC是LTE中的核心网，提供用户追踪、移动性管理和回话管理等功能。如图7-10所示，左侧是不具备NFV功能的LTE基础架构，用户设备（User Equipment，UE）通过LTE的接入网（E-UTRAN）连接到EPC，其中eNodeB是LTE的无线基站。EPC由服务网关（S-GW）、移动性管理（MME）、分组数据网关（P-GW）、策略与计费规则功能（PCRF）等部分组成。现网中的EPC网络都是由专用设备构成的，因此，如果设备需要在功能、容量上做一个微小的改动，就可能需要更换一台设备。图7-10右侧是应用了虚拟化后的EPC架构，图中的设备全部或者部分实现了功能虚拟化。vEPC能够提供更好的灵活性和动态地缩/扩容，所以运营商的管理可以更灵活，更节约。例如，图中的设备可能需要在不影响控制面的前提下增加用户面的资源。VNFs根据资源的需求，能够自动地扩容或缩容，这种灵活性能够提高资源利用率；vEPC中的设备更容易升级，可以实现服务创新，这都有效降低了运营商的TCO（Total Cost of Ownership，总体拥有成本）。

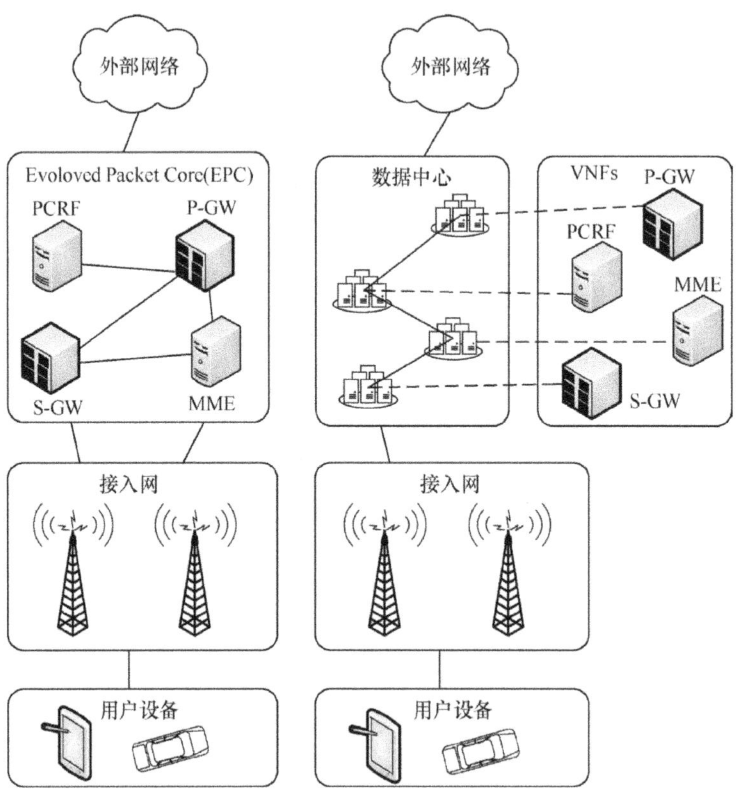

图7-10 非虚拟化EPC和虚拟化EPC

7.5.1 动机

移动网络由种类繁多的专用硬件设备组成。网络功能虚拟化的目的是降低网络的复杂性，以及利用标准的 IT 虚拟化技术将各种各样的设备整合到行业标准的服务器中以降低 TCO。在这样的硬件资源池上，灵活配置网络功能能够大大地提高网络的使用效率，在大规模的自然灾难发生时也有助于容纳一些特别服务（如语音）需求的增加，而不完全依赖于呼叫限制控制机制。例如汶川大地震发生时，因为大多数人迫切想知道自己的家人、朋友是否安全，移动网络面临着巨大的来电语音通信尝试的需求。移动核心网 EPC 和 IMS 的虚拟化可能带来的优点包括以下几个方面：

（1）降低 TCO（总体拥有成本）。

（2）基于资源池灵活配置网络功能，提高网络使用效率。

（3）动态地配置网络，给用户提供的服务具有更高可用性和弹性。

（4）伸缩性：网络功能容量可根据实际负载动态修改，从而增加可扩展性。

（5）拓扑重构：网络拓扑结构可以重新动态地配置以优化性能。

7.5.2 描述

演进的分组核心网（EvolvedPacket Core，EPC）是一种用于蜂窝系统的核心网络架构（4G）。该系统的特点是仅有分组域而无电路域、基于全 IP 结构、控制与承载分离且网络结构扁平化，其中主要包含 MME、SGW、PGW、PCRF 等网元。

IP 多媒体子系统（IP Multimedia Subsystem，IMS）是一个会话控制架构，支持 EPC 和基于 IP 网络的其他多媒体服务，其网络功能包括 P-CSCF、S-CSCF 等。在端到端的结构中，HSS、PCRF 以及其他 3GPP ™的网络功能要求与 EPC 和 IMS 的网元相结合以提供服务。在线和离线计费系统（OCS 和 OFCS）是捕捉消费记录的系统，作为会话管理的一部分。

这个用例主要是将虚拟化应用到 EPC、IMS 以及上面提到的其他网络功能。基于 NFV 的虚拟化 EPC 如图 7-11 所示。

虚拟网络功能（VNFs），例如 S/P-GW、MME，可独立地根据自己的具体资源需求进行伸缩，例如提高用户平面资源而不影响控制平面，反之亦然。此外，处理数据平面的 VNFs 和那些只处理信令的 VNFs 相比可能需要更多的 NFV 基础设施资源。

为了提供连续性和高可用性的服务，需要确保控制平面和数据平面的弹性，例如利用 VNF 实例的可移植性（VM 的迁移、复制）。图 7-12 展示了虚拟化的 EPC 和 IMS，其中虚拟化的 P/SGW 和 IMS 功能分别处理 PDN 连接和 IMS 会话。当虚拟机发生过载或故障时，VNF 实例需要动态地重定位，以达到运营商所需的服务连续性和高可用性。

7.5.3 虚拟化目标

下面的网络功能需要进行虚拟化。

（1）移动核心网功能：EPC 核心和附属网络功能，例如 MME、S/P-GW、PCRF 等；3G/EPC 网络的互通功能，如 SGSN，GGSN 等。

（2）所有 IMS 网络功能，例如 P/S/I-CSCF、MGCF、AS。

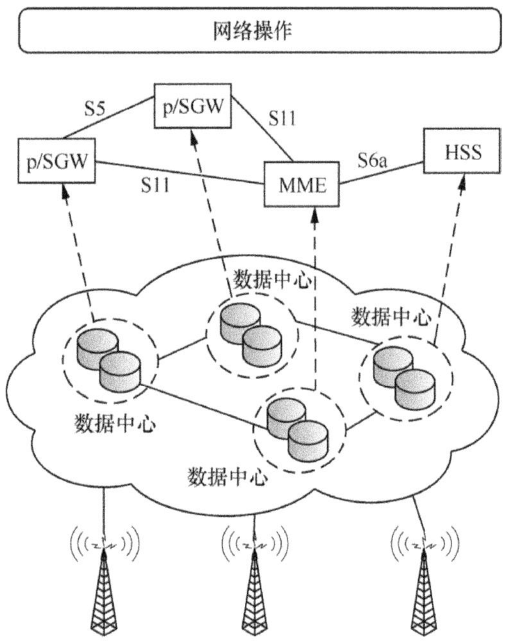

图 7-11　虚拟化 EPC

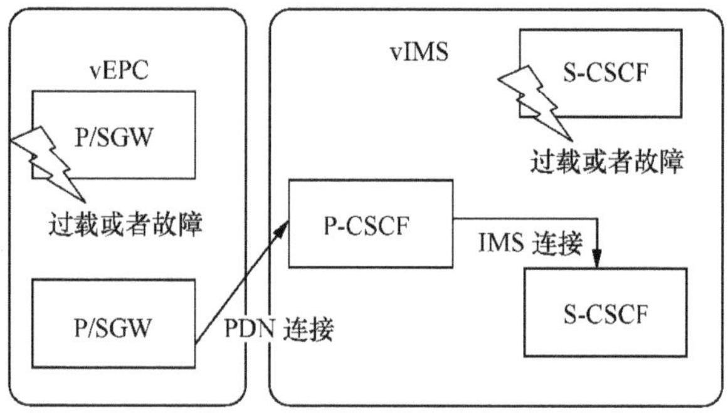

图 7-12　VNF 重定向

7.5.4　物理和虚拟化网络功能的共存

基于 NFV 的虚拟化移动核心网络需要与现有的移动核心网络共存，如图 7-13 所示。网络运营商应该根据想要的迁移计划，自行选择 NFV 部署方案。

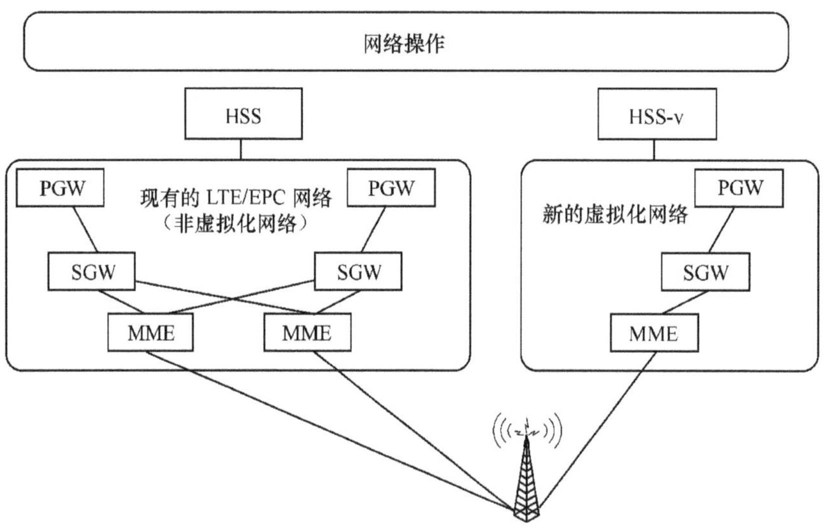

图 7-13　虚拟化和非虚拟化移动核心网共存

根据运营商的选择，可能存在不同的核心网虚拟化方式，包括以下两种情况：

一是，移动核心网络中部分组件实现虚拟化。在这种情况下，只有某些 NFs 是虚拟化的，如图 7-14（a）所示。它们可以是 EPC 控制功能（例如 MME/SGSN），HSS 或服务节点（例如IMS）。

二是，虚拟化和非虚拟化的移动核心网络的共存。在这种情况下，运营商需要部署一个完整的虚拟化核心网，同时仍具有非虚拟化的传统核心网，如图7-14(b)所示。虚拟化的核心网可用于特定的服务、设备（例如machine-to-machine）或超出非虚拟化网络容量的流量。

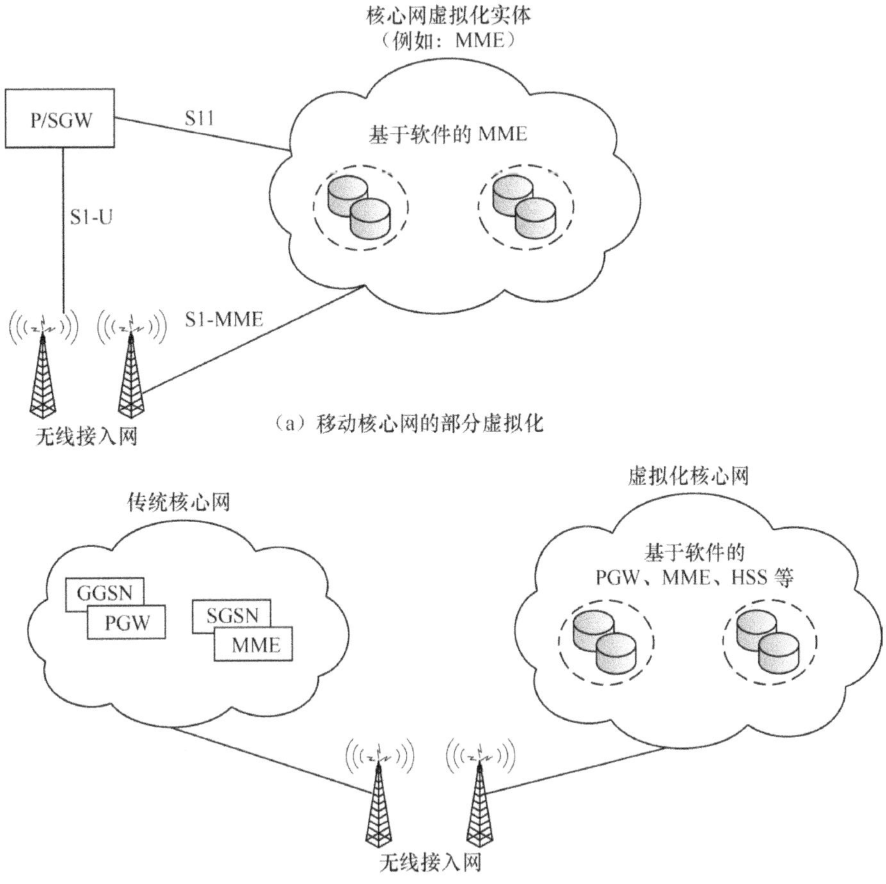

（a）移动核心网的部分虚拟化

（b）移动核心网虚拟化和传统核心网共存

图7-14　移动核心网虚拟化的两种情况

EPC以及IMS的虚拟化必须考虑到以下高层次的挑战。

（1）资源伸缩：虚拟化EPC和IMS网络资源的向上/下伸缩。

（2）虚拟化对服务的透明性：运行服务时不需要知道网络功能是否被虚拟化。

（3）虚拟化对网络控制和管理的透明性：网络控制和管理平面不需要知道网络功能是否被虚拟化。

（4）状态维护：在网络功能复制、迁移以及资源伸缩时，网络及网络功能的状态需要保持正常。

（5）监测/故障检测/诊断/恢复：提供适当的机制用于虚拟化组件的监测/故障检测/诊断/恢复。

（6）服务可用性：与非虚拟化的网络一样，虚拟化的移动核心网提供相同水平的服务可用性。

（7）流量控制分离机制：提供虚拟化和非虚拟化核心网中数据及管理流量的认证与分离。

（8）相关功能的影响：尽量减少对现有的非虚拟化网络功能的影响。

7.6 移动基站虚拟化

移动服务提供商在控制成本的同时，还需要部署以及上线更多的 RAN（Radio Access Network）。为了能够增加用户基础，增强竞争力，就需要开展新的业务，扩大偏远地区的网络覆盖，以提升服务。移动基站虚拟化就是考虑将原先运行在基站专用硬件上的功能，迁移到当地通用服务器的一台或一组虚拟机上，上移至汇聚接入点，或者云平台上。这能够使运营商降低投资成本并取得规模经济效益。

基站功能（如 eNodeB）使用通用的计算平台也能够使运营商获得更好的灵活性。这是一种经济有效的方式，可以根据需要进行部署，也可以确保服务的冗余保护，能够全面提升可用性和可靠性。RAN 的虚拟化结合移动核心网的虚拟化，能够支持自包含（Self-contained）的部署方式，这能够用于偏远地区的服务提供，从而提升客户满意度，扩大收入。

7.6.1 动机

移动网络的流量基于移动设备 APP 的需求在显著地上升，然而 APRU 却很难上升。随着蜂窝网络系统选择的出现，3GPP LTE 的标准由高数据率、服务质量、低复杂度、资费下降等需求所促进。LTE 也被认为是 EPS 的无线接入部分，它需要实现高的频谱效率、高的峰值数据率、短的 RTT（Round-Trip Time）往返时延和无线接入网中频率灵活性。为了盈利，运营商应该降低 CAPEX/OPEX，同时能够为他们的用户提供更好的服务。在运营商关注的 TCO 和移动网能源消耗中，RAN 节点占据很重要的一部分。大部分的无线网络节点，例如 eNodeB（LTE 基站）通常基于专用平台，它的生命周期需要经历开放、部署和操作等阶段。

移动基站的虚拟化是通过利用 IT 虚拟化技术，利用标准的 IT 服务器、存储器和交换机实现部分 RAN 节点。它能够动态地分配、操作资源，实现流量的负载均衡、简易的管理以及快速地进入市场，以此降低能源的消耗。

7.6.2 描述

在移动运营商的主要网络中，来自多个供应商的同一个区域的多个 RAN 节点通常具有不同的移动操作网络系统，例如 3G、LTE 和 WiMAX。这些平台希望能够整合到一个基于 IT 虚拟化技术的物理基站（BS）上。

一个RAN节点的利用率通常小于最大容量值，因为系统是基于峰值负载设计的，然而平均负载低很多，并且每个RAN节点的资源不能与其他节点资源共享。基站虚拟化使得多个来自不同系统的逻辑RAN节点实现资源的共享，动态地分配资源，同时降低能源的消耗。虚拟化的C-RAN技术（图7-15）能够在不同的物理基站上更有效地利用资源。

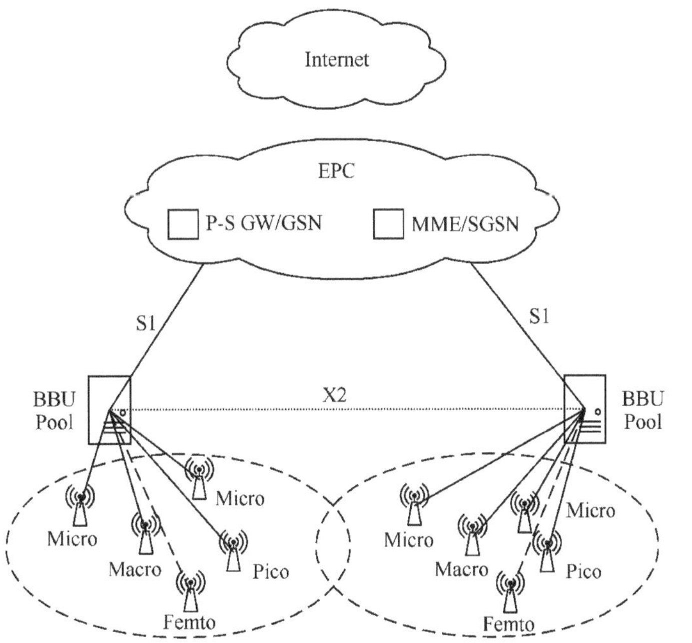

图7-15 LTE RAN创新架构-中心化的BBU池

基站（2G中的BS，3G中的Node B，4G中的eNodeB）提供无线接入功能。在LTE中，基站负责PHY、MAC、RLC、RRC和PDCP功能。物理层提供计算密集的功能，包括信道编码和解码、FFT/IFFT。

基站虚拟化需要利用IT虚拟化技术实现基带无线处理，例如高性能的通用处理器和实时的处理虚拟化，以提供所需的信号处理容量。而且，C-RAN中基站的虚拟化需要建立处理资源，也就是BBU池将资源整合到集中的虚拟环境中，例如数据中心DC或者云基础设施层。

7.6.3 虚拟化目标

本节侧重于C-RAN架构的LTE和LTE-Advanced（图7-16），然而2G、3G、Wimax以及其他移动网络系统也应该以类似的方式虚拟化。

（1）对于传统的RAN节点，例如eNodeB、家庭eNodeB、Femto/Picocell虚拟化目标是基带无线处理单元MAC、RLC、PDCP、RRC、Control和CoMP。（注：小型蜂窝基站包括Femtocell、Picocell、Metrocell及Microcell四大类。其中，最小的Femtocell主要用于家庭等室内场所，也被称为家庭基站；Picocell主要用于企业办公楼等场所；Metrocell与Microcell则主要用于大都市公共场所或农村地区。）

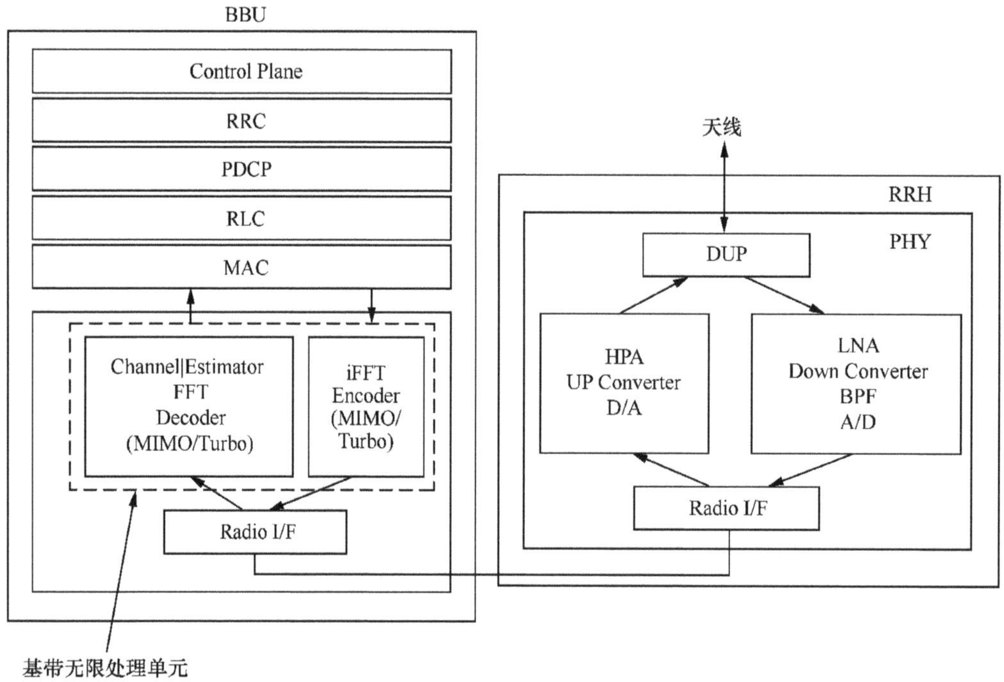

图 7-16　C-RAN 上的功能模块

（2）对于 C-RAN，我们考虑 BBU 交换功能和负载均衡所有功能的虚拟化。

7.6.4　物理和虚拟化网络功能的共存

移动基站的虚拟化应该支持部分元素（部分功能）的虚拟化，还需支持不同移动通信系统的虚拟化，所以我们就要考虑物理和虚拟化移动基站的共存问题。下面是一些可能的使用案例：

（1）传统的虚拟化 eNodeB 和未虚拟化 eNodeB 的共存。一个虚拟化 eNodeB 和未虚拟化 eNodeB 通过标准的 X2 接口通信，只要两者的时延和抖动都遵从 3GPP 规范，两者不可能存在互操作性问题。

（2）虚拟化 BBU 池和未虚拟化 eNodeB 的共存。虚拟化的 BBU 与未虚拟化的 BBU 之间应该有标准化的 X2 接口。未虚拟化 eNodeB 是一个典型的物理基站，在地理上与 BBU 池是分离的。

在一个 RAN 节点内，专用硬件可能仍然存在，因为所有的基带处理功能不会都在软件上很好地实现。我们还需要实现加速器和标准 IT 平台间的 API 接口。

7.7　家庭网络虚拟化

NFV 家庭环境虚拟化与 VNFaaS 类似。家庭网关（RGW）和机顶盒（STB）都虚拟化为驻留在网络服务提供商 PoP 的服务器上的 VNFs。这些设备的所有功能都以

VNFs 形式提供，包括 IP 路由、NAT、防火墙、DHCP、VoD 客户端等。家庭环境虚拟化的优点在于大大简化了住宅用户的电子环境，降低了终端用户和运营商的资本支出（CAPEX）。用户就只需要一个支持无线上网的二层交换机。另一个优点是简化了 RWGs 和 STBs 的维护工作，降低了运营商的运营成本（OPEX）。然而远程接入 VNFs 需要增加网络接入带宽。另外，人口稠密的居住区需要托管大量的 VNFs，这就要求大吞吐量处理能力，并且需要提供方案解决多个 VNFs 共用一个虚拟机的情况。

7.7.1 动机

当前的网络运营商通过使用网络后端系统和专用 CPE（用户预置设备）设备提供“上门服务”。这些 CPE 设备作为运营商或服务供应商存在的标记，通常包括家庭网关（RGW）和机顶盒（STB）。

高带宽接入的可用性（如通过光纤提供）和 NFV 技术的出现推动了家庭环境的虚拟化。家庭环境的虚拟化只需要在用户驻地网提供简单的物理连接，成本相对较低而且维护设备也很少，这种新结构增加了家庭和网络之间带宽的需求，对运营商和终端用户而言有很多的优点：

（1）消除昂贵的机顶盒（每个电视一台）和 RGW，降低了 CAPEX。

（2）不再需要对 CPE 不断地维护和升级，降低了 OPEX。

（3）远程地诊断用户设备，以便为用户网络提供直接的解决办法。

7.7.2 描述

图 7-17 展示了没有虚拟化的家庭网络。每个家庭都配有一个 RGW 和 STB。RGW 接收所有服务，将公共 IP 地址转换成私有的 IP 地址并传送到家庭。RGW 连接到 BNG（通过 PPPoE 通道或 IPoE），然后 BNG 连接到因特网或 DC。在这个例子中，VOIP 和 IPTV 业务绕过 BNG。

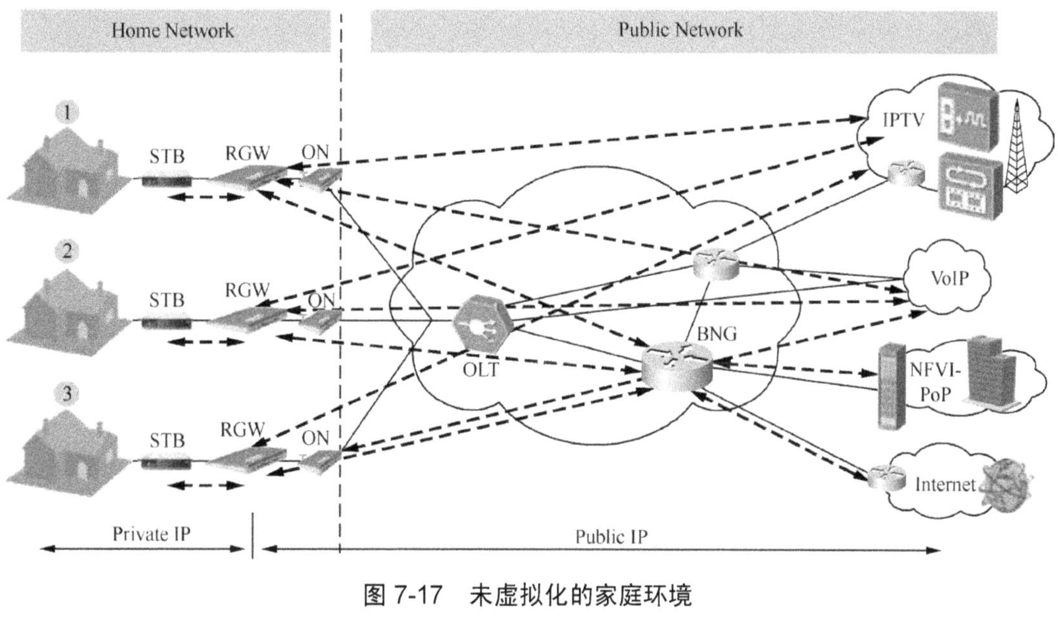

图 7-17 未虚拟化的家庭环境

NFV 技术推动网络服务和功能从家庭设备迁移到 NFV 云中，如图 7-18 所示。RGW 虚拟化成 vRGW，STB 虚拟化成 vSTB，同时尽可能保持接口不变。实现家庭接入组网虚拟化后，家庭网关及机顶盒等应用外设终端功能将极大地简化，相关较高级的网络功能将转由运营商局端的虚拟化网络提供，可以方便地支持互联网应用创新部署，增强家庭用户端到端网络的电信级管理能力，并降低家庭组网的复杂度，提升用户感知。

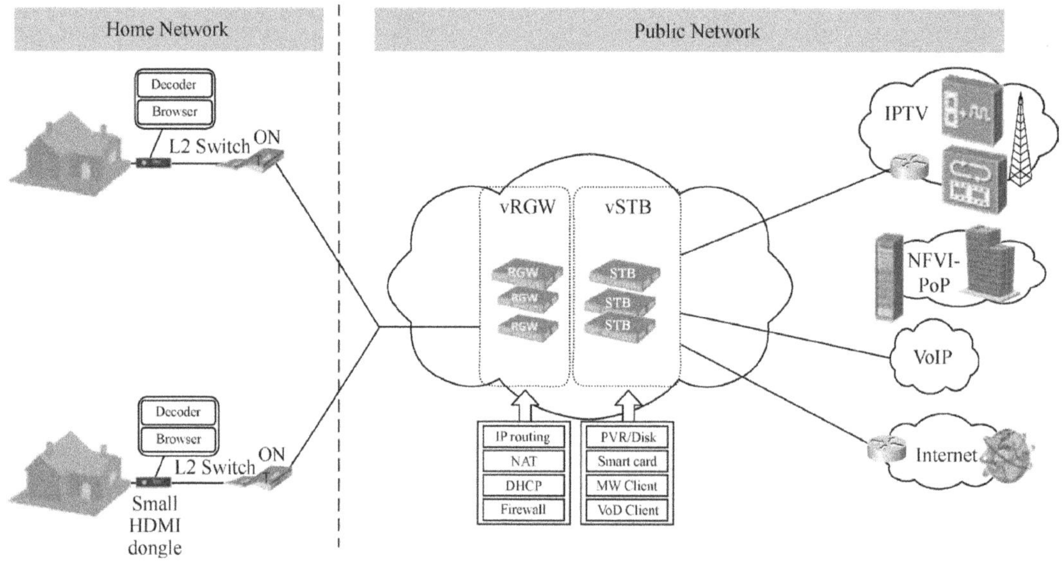

图 7-18　虚拟化的家庭环境

7.7.3　物理和虚拟化网络功能的共存

虚拟化家庭设备和未虚拟化家庭设备的共存是必须的，因为服务提供商可能根据现有的接入技术和用户的需求逐步推出虚拟化服务。家庭网关和机顶盒是虚拟化的主要候选者，两者的虚拟化也有着很多不同的部署组合。

不同于之前提到的一些虚拟网络功能，家庭虚拟化带来一些部署变化有：虚拟化设备从家庭转移到运营商网络，私有 IP 空间转换成公共 IP 空间。家庭虚拟化的部署方案是复杂的，包括只有 RGW 虚拟化、只有 STB 虚拟化、RGW 和 STB 都虚拟化三种方案。

图 7-19 描绘了家庭 #1 的 RGW 虚拟化的场景。在这种情况下，vRGW 给家庭 #1 提供私有 IP 地址，并直接连接到如 IPTV 和 VoIP 的一些服务。对于互联网服务，vRGW 使用隧道或会话连接到 BNG。对于所有的服务，vRGW 执行 NAT 的所有功能（转换为私有 IP 地址）。

图 7-20 描述了家庭 #2 的 RGW 和 STB 都虚拟化的场景。vSTB 通过公共 IP 地址与 vRGW 和服务平台（IPTV 或 Internet）通信。

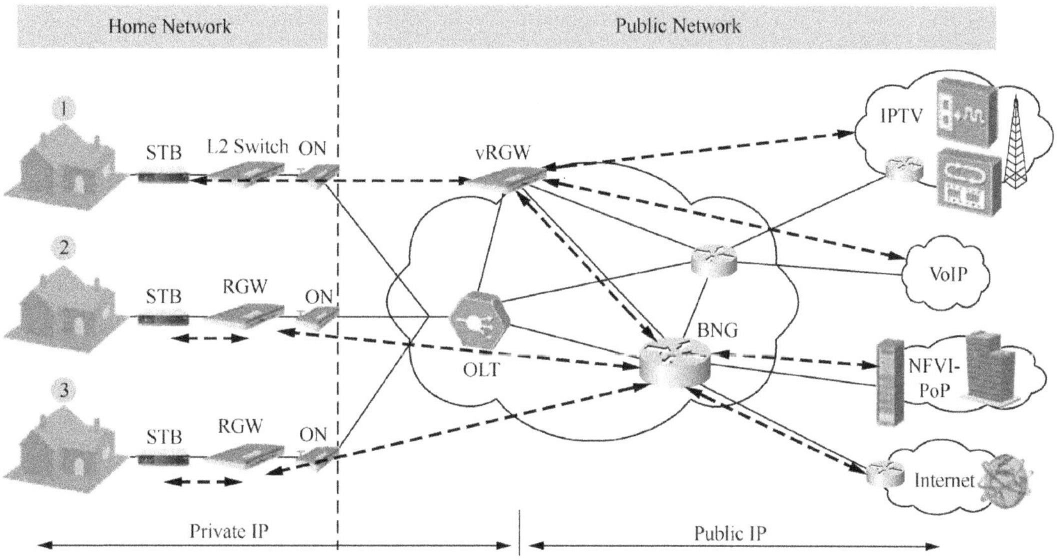

图 7-19 RGW 虚拟化

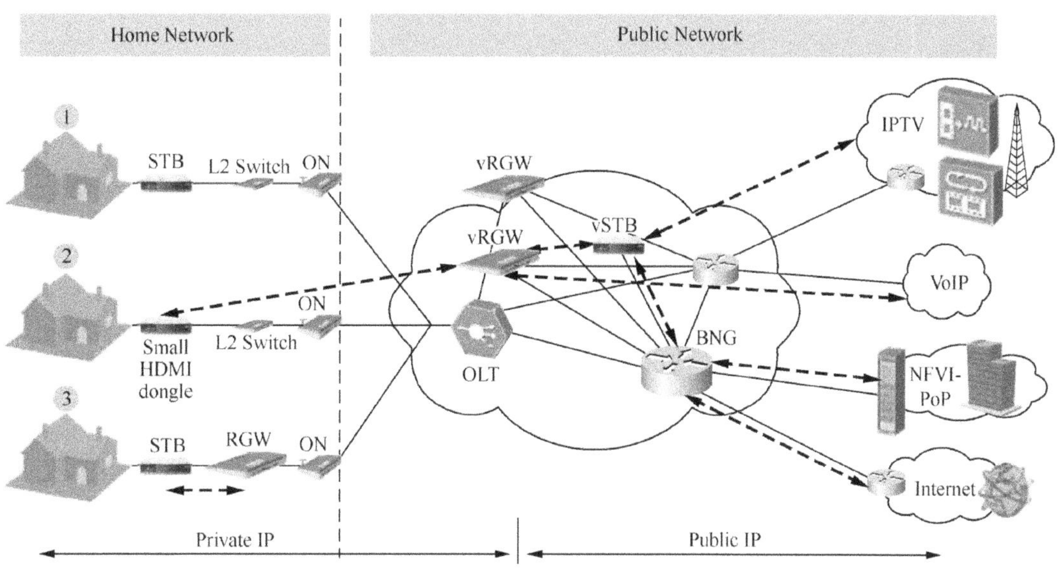

图 7-20 RGW 和 STB 虚拟化 - 公共 IP

图 7-21 描述了家庭 #2 的 RGW 和 STB 都虚拟化的场景，两者物理地连接到 BNG。这个用例更准确地模拟了家庭环境，vSTB 逻辑上使用私有 IP 地址连接到 vRGW。vRGW 使用公共 IP 地址连接到网络服务。

图 7-22 描述了家庭 #3 的 STB 虚拟化的场景。STB 与现有的 RGW 保持互操作性。vSTB 使用公共 IP 地址与其服务平台进行通信，同样也使用公共 IP 地址与 RGW 通信。

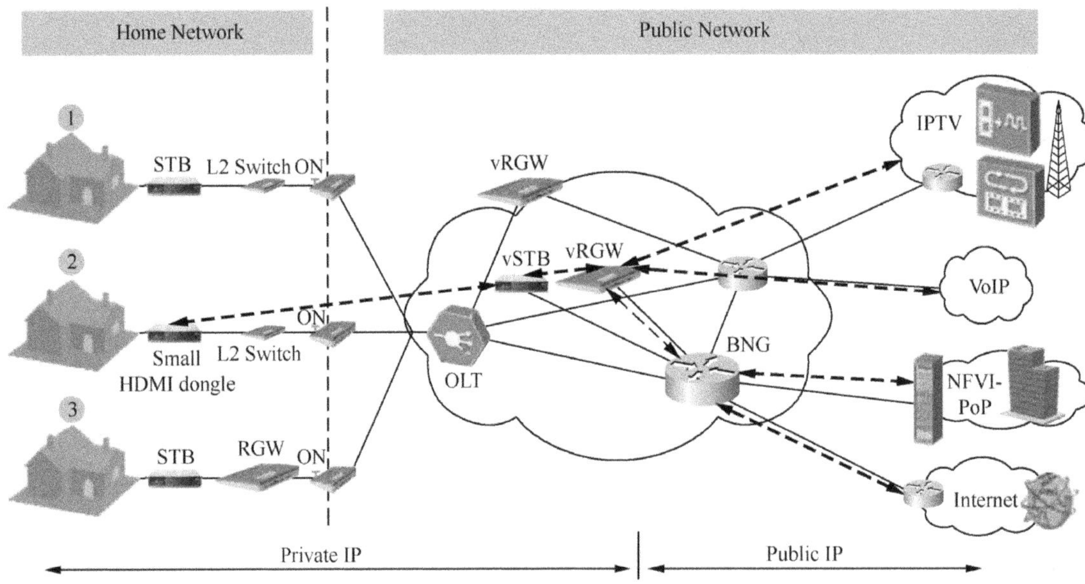

图 7-21　RGW 和 STB 虚拟化 - 私有 IP

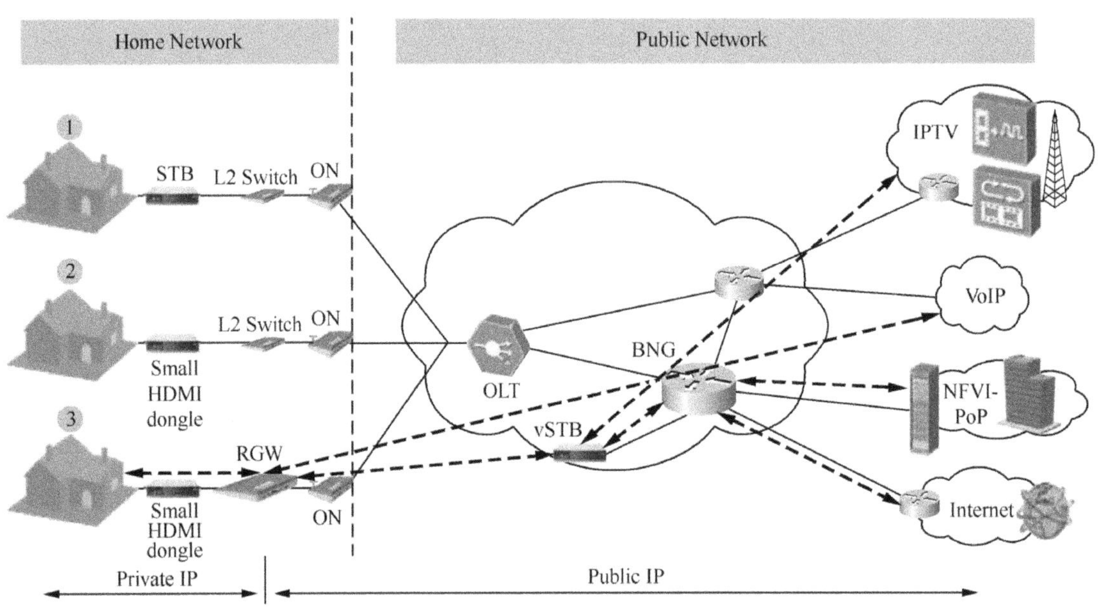

图 7-22　STB 虚拟化

7.8　虚拟化内容分发网络（vCDN）

CDN（Content Delivery Networks，内容分发网络）是指服务提供商一般都将内容缓存器部署在离网络边缘较近的区域，以此解决由于网络带宽不足、用户访问量大等原因导致用户访问网站速度慢的情况。缓存器使用专用的硬件，这些硬件资源的尺寸是在高峰负荷标准下设计的，而通常情况下网络很少达到峰值，所以导致缓存器利用率低下，浪费了大量的处理能力和能耗。通过部署和应用虚拟缓存器，底层的硬件资源以更加动态的方式被整合在多供应商的 CDN 缓存器中，因此可以提高资源利用率。

7.8.1 动机

内容分发是所有运营商网络的主要挑战之一，尤其是视频，因为大规模的流量需要被传输到终端用户。视频流量上升主要由三个因素驱动：①广播转变为单播的形式；②出现各种视频消费设备；③通过分辨率和帧速率提高了视频的质量。

视频流量在不断增长的同时，我们对视频质量的要求也在发生变化：为用户提供直播以及点播的内容服务，这些要求以往是针对传统电视服务的。而且越来越多的云供应会急剧增加存储内容的数量，当传送这些内容时，好像就在本地存储一样。

7.8.2 描述

将 CDN 内容分发网络节点整合到运营商网络是一种有效的、具有成本效益的方式，以便应对视频流量传输的挑战。在靠近用户处产生的内容流节约了网络设备，并允许以更高的带宽和更可靠的质量传送流。

运营商正在整合 CDN 到自己的网络，以提供自己管理的视频服务，还提供批发的 CDN 服务，并解决 OTT 视频流量（通过透明缓存）。第三方如 CDN 提供商或大型内容提供商要求运营商部署他们自己的高速缓存节点到 ISP 网络（如 Netflix OpenConnect 方案、Akamai Aura CDN 解决方案）。这给双方都带来了福利，但是运营商最终要监管大量的设备。

目前，CDN 缓存节点都是基于特殊需求的专用标准硬件实现的物理设备或软件，所以通常用于不同目的的物理设备和服务器就需要并排部署，这会带有如下一些缺点：

（1）设备的能力都是根据峰值设计的（通常在周末晚上），而在平日的上班时间，专用硬件设备和 CDN 服务器大部分是闲置的。

（2）对不可预见的容量需求不能及时作出反应，如某些实况事件需提前进行部署。

（3）CDN 节点平均峰值利用率和弹性都低于利用 NFV 基础设施实现的方式。

（4）来自多个厂商的物理设备和服务器增加了运营商网络的复杂性，也增加了运营成本。

（5）内容分发是一个非常不稳定的市场，内容的格式、协议、设备类型等要求变化很快，专用硬件阻碍了必要的灵活性。

7.8.3 虚拟化目标

CDN 包括多个组件，如高速缓存节点和 CDN 控制器。CDN 控制器的目标是选择一个高速缓存节点（或高速缓存节点池）来应答用户的请求，然后将用户重定向到选定的缓存节点，高速缓存节点回应终端用户的请求并提供所请求的内容。CDN 控制器是一个集中的元件，而 CDN 缓存节点分布在网络中。

原则上，CDN 的虚拟化可以覆盖 CDN 的所有部件，但是为了达到可接受的性能（例如吞吐量、延时），一开始可能只会针对缓存节点。在标准化的环境下，CDN 节点虚拟化需要克服很多挑战：

（1）平日办公时间内资源可以分配给其他应用程序。

（2）总容量能够被所有内容分发应用共享。

（3）各方在资源操作过程中能够很好地协调。

（4）内容分发过程中若有新的需求产生，软件能够很容易被更换或添加。

（5）运营商环境下利用一个标准的方式部署以及操作第三方的 CDN 节点。

虚拟环境下部署不同的 vCDN 缓存节点如图 7-23 所示。

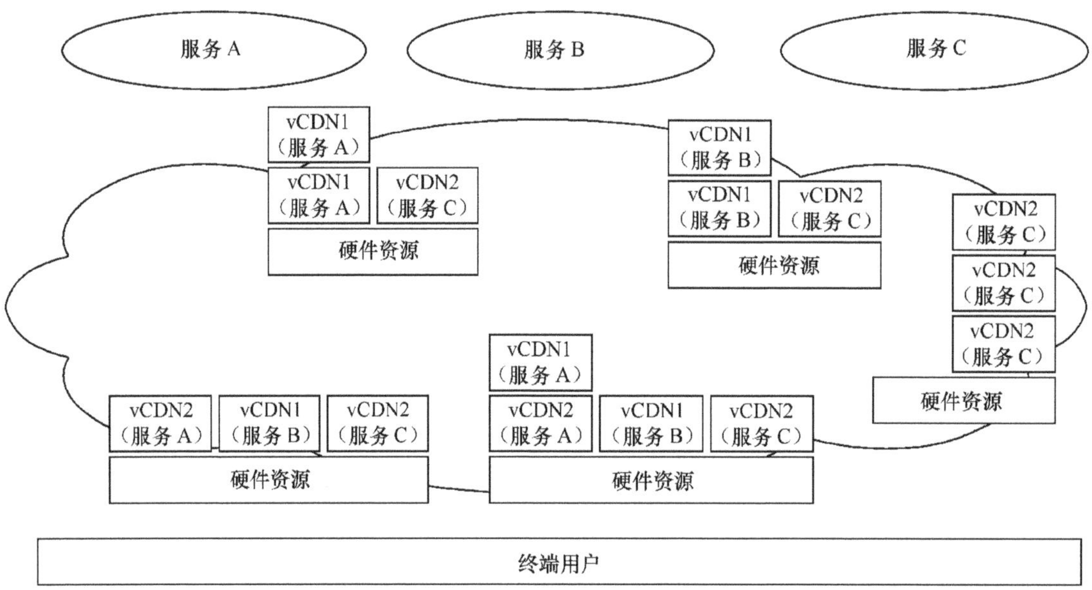

图 7-23 虚拟环境下部署不同的 vCDN 缓存节点

7.8.4 物理和虚拟化网络功能的共存

假设 CDN 控制器能够集中控制部署在虚拟化和非虚拟化服务器上的高速缓存节点，那么，下列情况是可能的：

（1）位置集中的缓存节点可以运行在虚拟化的资源（云）上，而一些分布式的缓存节点可能因为一些操作上的原因运行在物理设备上。

（2）集中的缓存集群可能会由于性能原因运行在专用的非虚拟化服务器上，而一些分布式的缓存节点运行在虚拟化的资源上。

（3）非虚拟化迁移到虚拟化的场景。传统场景下，高速缓存节点可以保持运行直至硬件生命周期结束（即操作效率仍然足够）；而虚拟化场景下，通过在虚拟化资源上部署相同的软件为 CDN 添加新能力。

7.9 固定接入网络功能虚拟化

7.9.1 动机

一个网络中主要成本和瓶颈发生在接入网。对于有线固定接入网，最流行的宽带接入技术是基于 DSL，最广泛的部署是 ADSL2+，最大下行比特率达到 26 Mbit/s。然而，如今的趋势是在新的 FTTcab 中应用 VDSL2。VDSL2 可以提供达到 100 Mbit/s 的比特率。目前，ITU-T/G.fast 正在研究一个新的 DSL 标准，利用现有的铜线连接用户分配点（FTTdp），其数据率能高达 1 Gbit/s。

无论是 FTTcab/VDSL2 还是 FTTdp/G.fast 系统，都需要在道路或多居住大厦的远端节点去部署电力系统。这些系统需要是高效节能的，以减少散热问题，并允许采用新的供电方案包括客户端的反向供电。这些新的低功率的远端节点和相应的用户调制解调器、OAM（操作、管理、维护）需要尽可能的简单，并且有一个长的生命周期。为了达成这些目标，我们提出以下几个要求：

（1）低费用。

（2）远端节点最少的功耗。

（3）复杂的处理移到头端（主设备）。

（4）低功率的待机和部分操作模式。

（5）自动化地分配控制。

接入网虚拟化可以直接解决问题（3），同时可以实现（1）和（2）。

现在的接入网设备通常由一个组织实体所拥有和被操作。接入网虚拟化同样可以支持多租户，多个组织实体可以对虚拟接入节点直接控制。

7.9.2 描述

接入网络功能虚拟化将首先被应用到混合的光纤 -DSL 节点，例如 FTTcab 和 FTTdp。这些节点位于接入网，对于 FTTcab，利用已有的或者新的街道交换箱；对于 FTTdp，放置在地下、电线杆或者大楼内。为了低的电力消耗和维护费用，FTTdp 的节点尤其应该紧凑。通过应用 NFV 原则，远端节点的硬件复杂性可以被降低，能够降低费用的同时可以实现中心化的软件升级。

为了完成接入网络功能虚拟化的目标，需要解决的挑战有：灵活性的上升，服务交付的透明性和最优性；提供“绿色”的虚拟化平台，通过绿色操作实现网络硬件的最优化。通过绿色操作实现网络能耗下降，包括以下三个层面：

一是，节点水平，利用能耗可调的组件、低能耗的组件、复杂性的降低减少能源的消耗。

二是，链路水平，利用不同操作参数的动态适应和睡眠模式减少能源消耗。

三是，网络水平，利用在某些情况下使链路或节点进入睡眠模式、资源的整合、“绿色”路由等方法减少能源消耗。

通过改善网络架构来解决这些挑战：

（1）计算密集的节点移动到一个更中心化的位置。网络中的资源需要被更有效地使用，这意味着更多的用户共享计算资源。这也将简化端节点的设计。相似的，用户终端设备中的功能可以移动到一个更中心化的位置（家庭环境虚拟化）。

（2）光纤 - 铜线的混合解决方案，最后的铜线处能够提供 1 Gbit/s 的速度。和 FTTP（光纤入户）相比，这将大幅度降低宽带安装的 CAPEX，因为终端节点被移动到离用户几百米远的地方，没有将光纤放置到个人家庭的需求。只有一根远端节点光纤需要被部署。

（3）在同一个物理节点上部署无线接入节点作为 FTTdp 节点，可以产生更好的效果。这些节点可以共享光纤回传和电源连接，中心化的计算资源也可以被共享，所以降低了费用和能源消耗。

如果 QoS 政策、过滤、组播控制、3A 认证、动态地址分配等这样的功能能够集中实现，那么这些远端节点可以实现更短的创新周期，只需在远端节点去简单、灵活地控制硬件。

总的来说，接入网虚拟化将针对不同的应用、用户、租户产生一个公共平台，服务提供商共享一个管理连接资源池，根据不同用户动态地分配资源以部署需要的服务。宽带资源将被更有效地使用，新的模型也会产生。

7.9.3 挑战

一般的用户订阅服务时希望不管技术，也不需要重新配置，就通过任何一个接入点获取相应 QoS/QoE 的服务。然而，实现这样的目标有一系列的技术问题需要解决：

（1）现有的接入技术需要改进以支持新服务，例如容量、稳定性或实时响应。

（2）现有的技术和服务要与新技术新服务相互兼容。

（3）网络管理根据容量参数和一系列服务定义的 QoS 快速地配置宽带接入。

（4）网络管理能够允许在节省模式下，网元进入休眠状态。

7.9.4 虚拟化目标

图 7-24 展示了各种接入网场景中 L2 层功能和控制平面的虚拟化。ONT、ONU、MDU 等网元，它们的转发功能和控制平面功能被分离，控制功能运行在 CO（中心机房）。虚拟化的目标平台是网络供应商或者其他合作伙伴能够操作符合 NFV 的通用 IT 服务器。

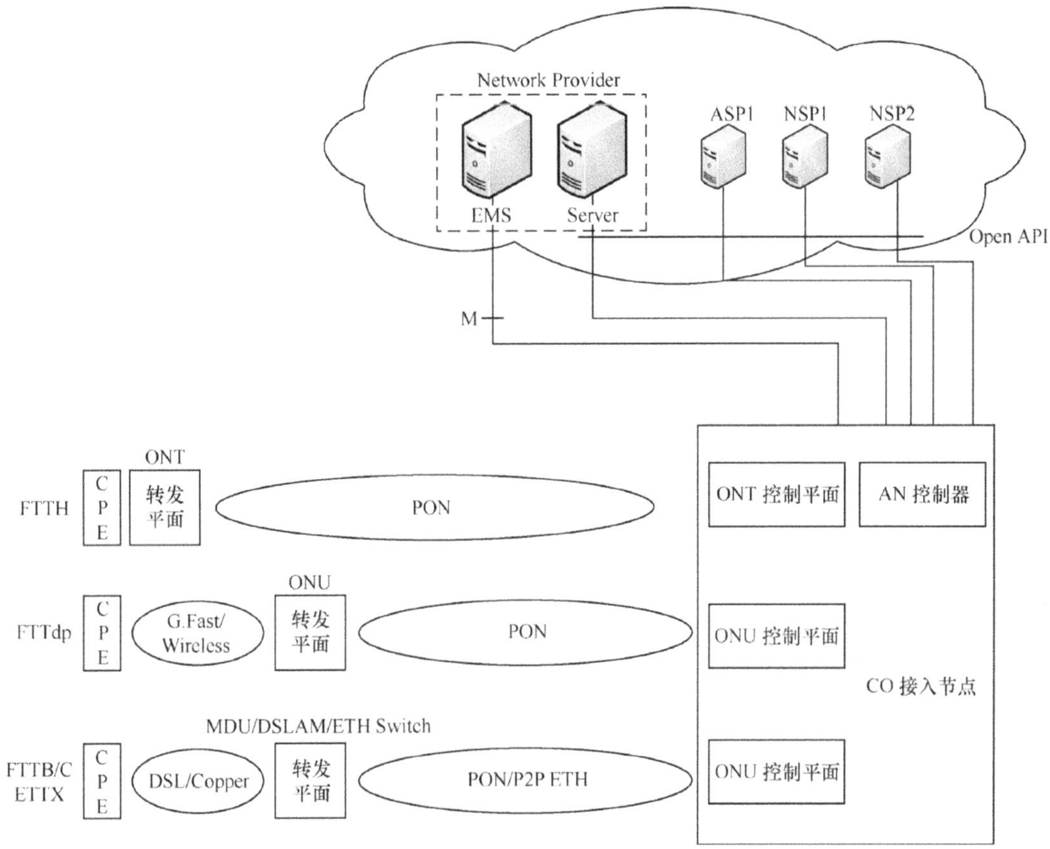

图 7-24 接入网虚拟化和开放的接口

接入网中网元控制平面的虚拟化可能包括：OLT、DSLAM、ONU、ONT、MDU、DPU。

7.9.5 物理和虚拟化网络功能的共存

如图 7-25 所示，虚拟化接入网和传统接入网可以互相兼容，共享光纤接入网络、公共的 Aggregation 以及服务平台。

（1）传统接入网中（图 7-25 底部），每个网络功能包含它自己的控制平面。

（2）混合网中（图 7-25 中部），接入节点支持传统（xDSL、FTTH）和虚拟化接入节点（FTTdp），其控制功能在 CO 中实现。

（3）虚拟化接入网中（图 7-25 顶部），所有的接入节点在 CO 中虚拟化了它们的控制平面。

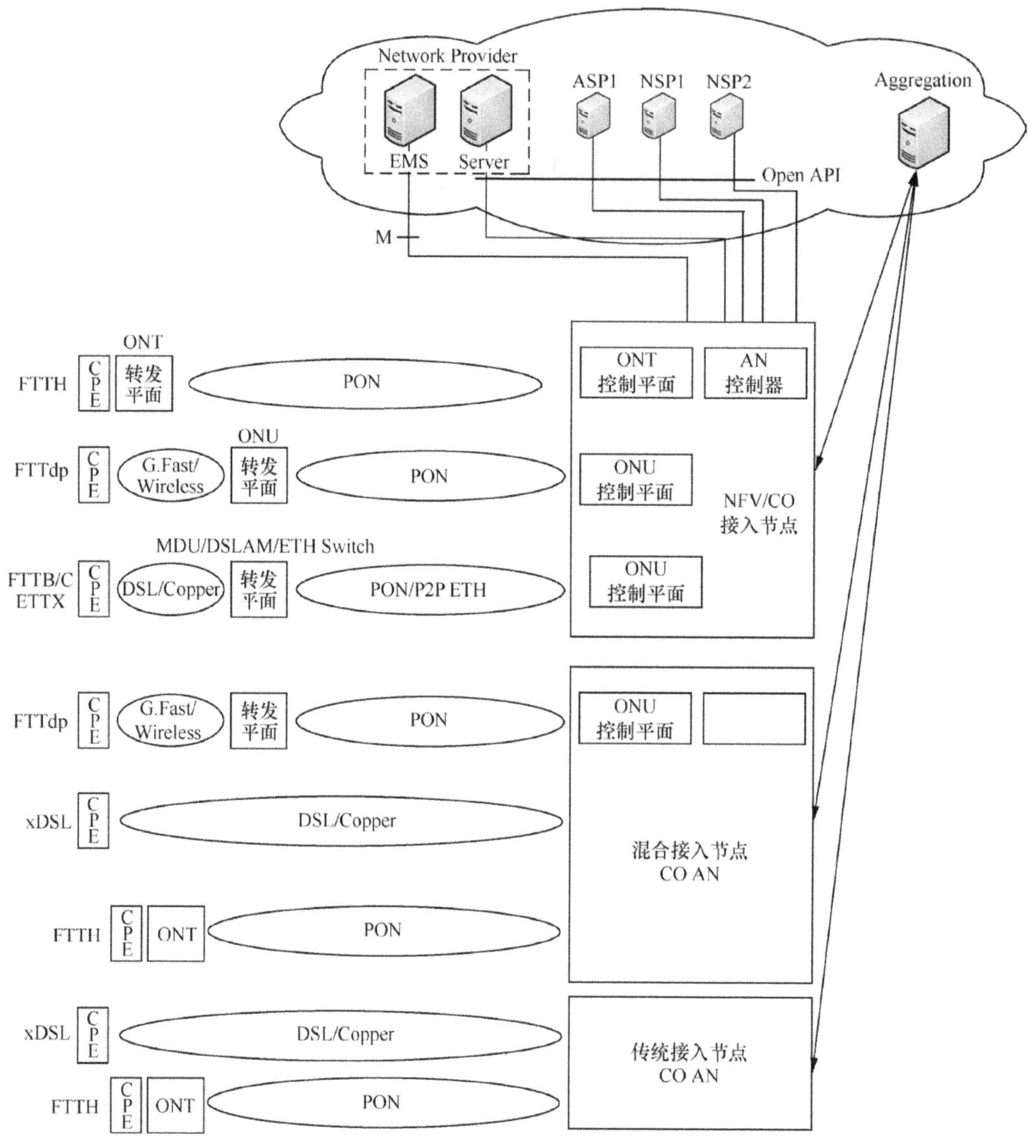

图 7-25　虚拟化接入网和传统接入网

第8章
5G中的NFV/SDN

8.1 5G发展背景

从20世纪70年代第一代移动通信的出现开始，移动通信给社会的政治、经济以及人们的生活、工作等方面都带来了巨大的影响。从第一代移动通信发展至2G、3G、4G，人们一直在追求更高性能的移动通信网络。国际电信联盟（ITU）从2012年开始组织全球业界开展第五代移动通信系统（The Fifth Generation Mobile Communication System，5G）愿景、未来技术趋势和频谱等5G国际标准化的前期研究，全球主要国家和企业加大投入并快速推进5G研发工作；3GPP也讨论并形成了初步的5G研究工作计划。在我国，IMT（International Mobile Telecommunication）-2020(5G)推进组对5G需求、主要场景和关键技术进行深入研究，归纳了5G关键特征，提出了5G概念。可见，5G已经成为通信业界和学术界探讨的热点，制定全球统一的5G标准已经成为业界共识。

5G的发展主要有两个驱动力：一方面是长期演进技术（Long Term Evolution，LTE）为代表的第四代移动通信系统（The Fourth Generation Mobile Communication System，4G）已经全面商用，因此国际上需要对下一代技术的讨论提上日程；另一方面，人们对移动数据的需求爆炸式的增长，现有的移动通信系统难以满足未来的需求，因此亟需研发新一代通信系统。

目前，LTE系统已在全球范围内得到高速的发展。据全球移动供应商联盟（The Global Mobile Supplier Association，GSA）统计，2016年第一季度，全球LTE用户增加了1.82亿，增长速度几乎达到了3G/HSPA系统的4倍之多。3G/HSPA用户增长了

4 800 万，而 GSM 用户在本季度则减少了 1.2 亿。全球 LTE 和 LTE-A 用户数有望在 2020 年超过 3G/WCDMA-HSPA 用户数。全球大约有三分之一的运营商进行了 LTE-A 系统的部署。大约有 25% 的 LTE 运营商推出了 LTE-A 商用服务，其中包括一些引入 LTE-A Pro 技术（也称作 4.5G）的 LTE 运营商。中国也一直在大力支持 TD-LTE 技术的发展，早在 2013 年底就向中国移动、中国联通和中国电信正式颁发了分时长期演进技术（Time Division Duplex-LTE，TD-LTE）的经营许可。同时，TD-LTE 技术在全球范围内也有良好发展，目前共有 34 个国家的 54 个运营商提供了 TD-LTE 商用服务。随着 LTE 在全球成功展开商用化，业界和学术界开始考虑下一代技术 5G 的研发。

除了 LTE 成功商用的推动，5G 的发展也来自于对移动数据日益增长的需求。随着移动互联网的发展，越来越多的设备接入到移动网络中，新的服务和应用层出不穷。移动数据流量的暴涨将给网络带来严峻的挑战。首先，如果按照当前移动通信网络的发展，容量难以支持千倍流量的增长，网络能耗和比特成本难以承受；其次，流量增长必然带来对频谱的进一步需求，而移动通信频谱稀缺，可用的频谱呈大跨度、碎片化分布，难以实现频谱的高效使用；此外，要提升网络容量，必须智能高效地利用网络资源，例如针对业务和用户的个性进行智能优化；最后，未来网络必然是一个“多网并存”的异构移动网络，要提升网络容量，必须要高效地管理各个网络，简化互操作性，增强用户体验。为了应对上述挑战，亟需发展新一代 5G 移动通信网络。ABI Research 等调研机构报告显示，第五代移动通信网络预计在 2017 年开始确定相关标准，并在 2020 年正式开始进行商业化使用。

8.2 5G 研发进展

8.2.1 5G 的标准组织

与 4G 技术相似，5G 最重要的标准化组织有三个：ITU、3GPP 以及 NGMN。其中 ITU 是联合国机构，其下分为电信标准化部门（ITU-T）、无线电通信部门（ITU-R）和电信发展部门（ITU-D），每个部门下设多个研究组，每个研究组下设多个工作组。5G 的相关标准工作是在 ITU-R WP5D 下进行的。3GPP 是一个产业联盟，其目标是根据 ITU 的相关需求，指定更加详细的技术规范与产业标准等。NGMN（Next Generation Mobile Network）由全球八大移动通信运营商（中国移动、沃达丰、法国 Orange、日本 NTT DoCoMo、T-mobile、荷兰 KPN、美国 Sprint、美国 Cingular）于 2006 年发起成立，是全球运营商凝聚共识的一个主要平台，其目标是保证下一代移动网络基础设施、服务平台和终端的功能及性能能够满足运营商的要求，并最终满足消费者的需求和期望。

1. ITU

为推动 5G 国际标准化工作进程，ITU-R WP5D 会议主席和副主席在 2014 年 2 月会议上提出了面向 2020 年及未来的“IMT-2020 工作计划”讨论稿，并于 2014 年 10 月形成最终方案，具体进程如图 8-1 所示。主要内容包括：2015 年前，通过需求分析明确 5G 的愿景，即通过研究潜在的市场需求、用户需求、技术发展的趋势以及未来频谱发展动向等，规划 5G 网络的整体框架，给出其预期的能力；其次，在关键技术方面，2015 年前要明确 5G 技术的发展趋势以及未来网络关注的重点，包括频谱效率、带宽、业务、用户体验、节能、终端以及安全等，分析 5G 技术应具备的能力。2015 年 6 月，国际电信联盟对外宣布已制定 5G 的总体路线图并将其命名为“IMT-2020”，这也沿袭了 3G 和 4G 的命名规则（IMT-2000 和 IMT-Advanced，它们是当前 3G 和 4G 移动系统的基础）；2017 年底启动 5G 候选技术征集；2018 年底启动 5G 技术评估及标准化；到 2020 年底，5G 技术应具备商用能力。另外，在频谱方面，在 2015 年世界无线电通信大会（World radio communication conference-15，WRC-15）之前完成对 5G 频谱需求的分析。

其中，2015 年中期至 2020 年的标准化及其准备工作共分 10 个步骤，具体如下。

步骤 1 和 2：IMT-2020 的背景研究，方案提交、评估和标准制定的准备工作；

步骤 3：明确 IMT-2020 的基本技术性能需求；

步骤 4：明确评估指标和评估方法；

步骤 5：明确候选技术的具体性能需求和评估指标，形成提交模板；

步骤 6：ITU-R 发出征集 IMT-2020 技术方案的正式通知及邀请函；

步骤 7：候选技术方案提交；

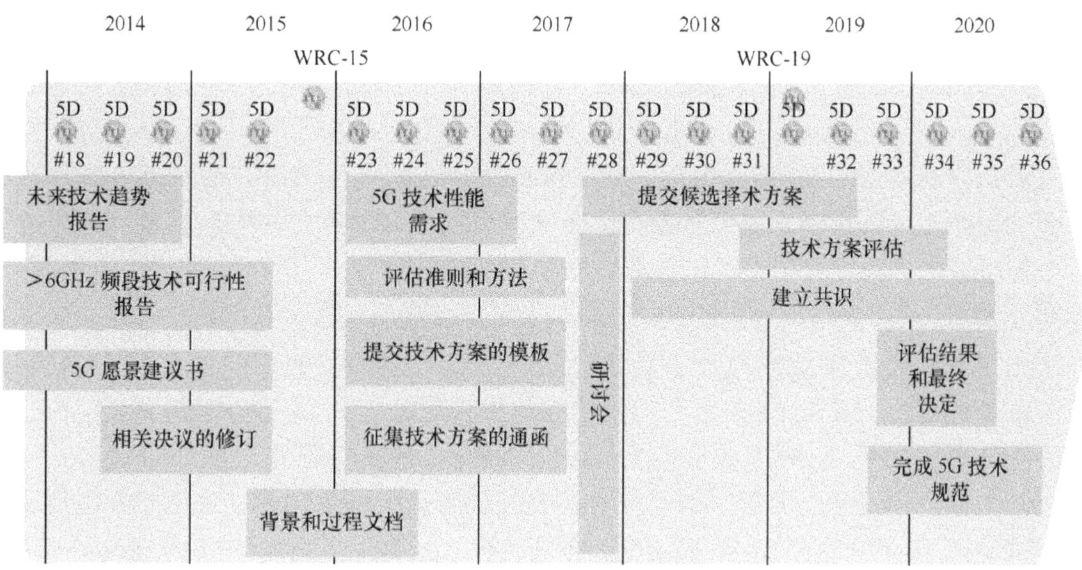

图 8-1 ITU 的 5G 标准化时间表

步骤 8：候选技术方案评估；

步骤 9：形成评估结果；

步骤 10：IMT-2020 标准确定。

目前，ITU 提出了面向 5G 的三类应用场景，包括增强型移动宽带、大规模机器间通信以及高可靠低时延通信。

2. 3GPP

目前，3GPP 已启动 5G 议题讨论。2015 年 3 月，业务需求（SA1）工作组启动了未来新业务需求的研究，无线接入网（RAN）工作组启动了 5G 工作计划讨论；2015 年年底，启动了 5G 接入网需求、信道模型等前期研究工作。2015 年 9 月，3GPP 首个 5G Workshop 讨论了信道模型，2016 年 3GPP R13 将被冻结，2019 年 6 月 5G 技术提交结束，2020 年 10 月详细的技术标准完成。

3. NGMN

NGMN 于 2014 年 6 月着手 5G 通信技术研究，该组织对于 5G 场景、5G 需求、5G 架构和 5G 关键技术都有专门的小组讨论研究，以白皮书的形式发布研究成果，并且供 ITU、3GPP 等标准化组织参考。2015 年 3 月，NGMN 发布了 5G 白皮书，主要包括愿景、需求、技术和架构，以及频谱等相关内容。针对应用场景这一块，NGMN 提出了 8 大应用场景，包括密集区域的宽带接入、随时随地宽带接入、更高的用户移动性、大规模物联网、极端实时通信、救生通信、高可靠通信、广播服务。

8.2.2 各国政府及组织对 5G 的支持

1. 欧盟

欧盟于 2012 年 9 月启动了“5G NOW”的研究课题，项目归属于欧盟第七框架计划 FP7，课题主要面向 5G 物理层技术进行研究。2012 年 11 月，欧盟正式启动名为“构建 2020 年信息社会的无线通信关键技术”（Mobile and Wireless Communication Enablers for the Twenty-twenty Information Society，METIS）项目，进行了 5G 移动通信网络的研究。作为 5G 研发初始阶段的重要项目，METIS 的研究成果集中体现了欧盟各国在 5G 方面的重要观点。在 5G 场景方面，METIS 提出了虚拟现实办公、超密集城区、移动终端远程计算、传感器大规模部署和智能电网等 31 个典型的 5G 应用场景，并分析了每个典型场景下的用户分布、业务特点和相应的系统关键能力需求。在 5G 业务方面，METIS 提出了 5G 应包含增强型移动互联网业务、大规模机器类通信和低时延高可靠通信。METIS 项目对 5G 需求进行了系统性的研究，重点强调了新一代系统需要更好地支持物联网类业务，该项目的阶段性研究成果将作为欧盟在 5G 关键技术和系统设计的重要参考，输入 ITU、3GPP 等国际标准组织，体现欧盟的核心观点。

除了 METIS 之外，欧盟还启动了规模更大的科研项目 5G-PPP，进行 5G 移动通信网络的研究，旨在加速欧盟 5G 的研究和创新，确立欧盟在 5G 领域的主导地位。

2. 中国

为推动 5G 的研发，我国工业和信息化部、发展和改革委员会和科学技术部在 2013 年 2 月联合成立了 IMT-2020（5G）推进组，集中国内“产学研用”优势单位，联合开展 5G 策略、需求、技术、频谱、标准、知识产权研究及国际合作，并取得了阶段性研究进展。先后发布了《5G 愿景与需求白皮书》《5G 概念》《5G 无线技术架构》和《5G 网络技术架构》，其中的主要观点已在全球取得高度共识。《5G 概念》中提到 5G 的 4 大应用场景，包括无缝广域覆盖、热点高容量、低功率大连接、低时延高可靠。并且我国在核心技术方面提到，5G 是由一组关键技术来共同定义的，即大规模天线阵列、超密集组网、全频谱接入、新型多址技术、以及新型网络架构（NFV、SDN）将成为 5G 的最核心技术。

3. **其他国家**

日本无线工业商贸联合会在 2013 年 10 月设立了 5G 研究组“2020 and Beyond AdHoc”，其目标是研究 2020 年及未来移动通信系统概念、基本功能、5G 潜在关键技术、基本架构、业务应用。日本计划在 2020 年东京奥运会之前实现 5G 商用，以支持东京奥运会。韩国于 2013 年开启了“GIGA Korea”5G 项目，韩国将于 2018 年初开展 5G 预商用试验，支持平昌冬奥会，并计划 2020 年底实现 5G 商用。美国运营商 Verizon 成立 5G 技术论坛，并计划于 2016 年启动 5G 外场试验。

此外，全球各大企业和研究机构如爱立信、华为、中移动等纷纷发表企业白皮书，阐述各自对 5G 的观点。

8.3 5G 网络的需求和挑战

目前，移动用户的爆炸式增长、频率资源紧缺、数据传输速率的几何级数式增长需求、能源的巨大消耗以及网络的优化问题等，都将是 5G 中亟待解决的核心问题。由于频谱资源的稀缺以及空口技术频谱效率提升空间也受限于香农极限，因此在 5G 系统的研究中，研究人员逐渐认识到网络架构对网络容量提升的重要性。而移动通信系统从 2G、3G 逐步演进到现在的 LTE，相对于接入网技术的变革，核心网络架构并没有发生根本性的变化。

未来 5G 移动通信系统不管是从接入、运营还是业务需求等方面来讲，都对核心网络提出了新的挑战。从接入需求的角度分析，我国 IMT-2020 推进组认为 5G 关键能力体系将体现在 100 倍增长的巨量连接数、1000 倍的流量增长、至少 100 倍的数据传输速率、1 ms 的时延、高密度部署等方面。从运营需求的角度分析，将面临每比特的能耗和成本压力、升级困难、扩展性差、资源利用率低以及多网并存导致的管理、用户体验等问题。从业务需求的角度分析，网络服务的继承、提升及创新都要求更高的带宽，更低的时延，而虚拟运营方式的引入，要求能够提供更细粒度的划分及更灵活的策略控制、新业务的部署以及与第三方的合作。虽然现有网络的性能已经有了极大提升，但随着流量等的进一步激增，用户对网络性能的需求将进一步加大，使得网络的一些性能不能适应现在的发展，缺点不断暴露出来。如移动网络体系结构越来越复杂，设备臃肿，性能提升小；网络设备种类繁多，导致运营商升级困难，扩展性差；现有的接入技术之间还不能实现无缝切换；控制和转发紧耦合，数据面过于集中，而控制面过于分散，无线资源配置效率低；P-GW（分组数据网关）功能过分集中，导致设备极其昂贵，成本和收益形成剪刀差；P-GW 造成路由迂回；单点失效导致整个系统的可靠性变差等。

现有的这种垂直封闭的网络体系和耦合私有的网元架构的形式，决定了路由、流量、传输性能等网络行为的不确定性，难以支持 QoS，难以满足扩展性、安全性、可管、可控、可信任等要求。为此，亟需对体系结构进行变革，要求新的网络可以实现功能灵活部署、快速升级且易于扩展等。

2015 年 9 月，ITU 发布 IMT-2020 Vision 报告，这是定义 5G 愿景和关键能力的官方文件，是 5G 的基础性文档。ITU 定义了 8 项 5G 的核心能力指标，见表 8-1。

表 8-1　5G 的核心能力指标

流量密度（$Tb.s^{-1}\cdot km^{-2}$）	连接数（$M\cdot km^{-2}$）	延时 ms	移动性（$km\cdot h^{-1}$）	能效	用户体验速率（$Gbit\cdot s^{-1}$）	频谱效率	峰值速率（$Gbit\cdot s^{-1}$）
10	1	1	500	相对 4G 提升 100 倍	0.1 ～ 1	相对 4G 提升 3 倍	20

综合未来市场趋势、用户和业务需求，结合表 8-1，我们总结出 5G 的 4 个特点。

（1）广域覆盖：对用户来说，要求体验速率至少达到 100 Mbit/s。因为 5G 的覆盖不再局限于目前小区的概念，而是多种接入模式的融合，通过智能的调度为用户提供更快的体验速率。

（2）高容量：在用户的集中区域，如大型演唱会、车站等人口密度大、流量密度高的区域，5G 要根据动态的资源调度，满足体验速率 0.1 ～ 1 Gbit/s 和流量密度 10 $Tbit/km^2$ 的网络要求。

（3）低时延、高可靠：在未来的自动驾驶和工业控制领域，对时延和可靠性的要求是非常严苛的，未来端到端 1 ms 级的延迟和接近 100% 可靠性的网络要求是 5G 必须满足的。

（4）低功耗、大连接：万物互联将是下一代信息技术革命的目标，未来在智慧城市、环境监测、森林防火等以传感和数据采集为目标的应用场景，具有小数据包、低功耗、海量连接等特点，这类终端分布范围广、数量众多，不仅对连接数密度有很高的要求，而且还要保证终端的超低功耗和超低成本，能效相对于 4G 提到 100 倍。

综上所述，为了满足未来 5G 网络性能要求，需要从无线频谱、接入技术以及网络架构等多个角度综合考虑。图 8-2 给出了 5G 网络需求、关键技术以及 5G 蜂窝网络架构的主要特征。由图 8-2 可以看出，未来 5G 蜂窝网络架构的主要技术特征包括：接入网通过控制面与数据面分离实现覆盖与容量的分离或者部分控制功能的抽取。通过分簇化集中控制实现无线资源的集中式协调管理；核心网则主要通过控制面与数据面分离以及控制面集中化的方式实现本地分流、灵活路由等功能。除此之外，通过软件与硬件解耦和其他关键技术特征的有机结合，使得未来 5G 网络具备网络能力的开放性、可编程性、灵活性和可扩展性。

目前针对 5G 网络架构，有改进性和革命性两种路线。改进性路线希望基于现有网络，通过协议更新、网元改造等来适应网络的发展。革命性路线考虑可以复制计算机领域的成功经验来解决现有网络所遇到的问题，认为将来的网络必将是底层的数据通路（交换机、路由器），是“哑的、简单的、最小的”，并定义一个对外开放的关于流表的公用的 API，同时采用控制器来控制整个网络。

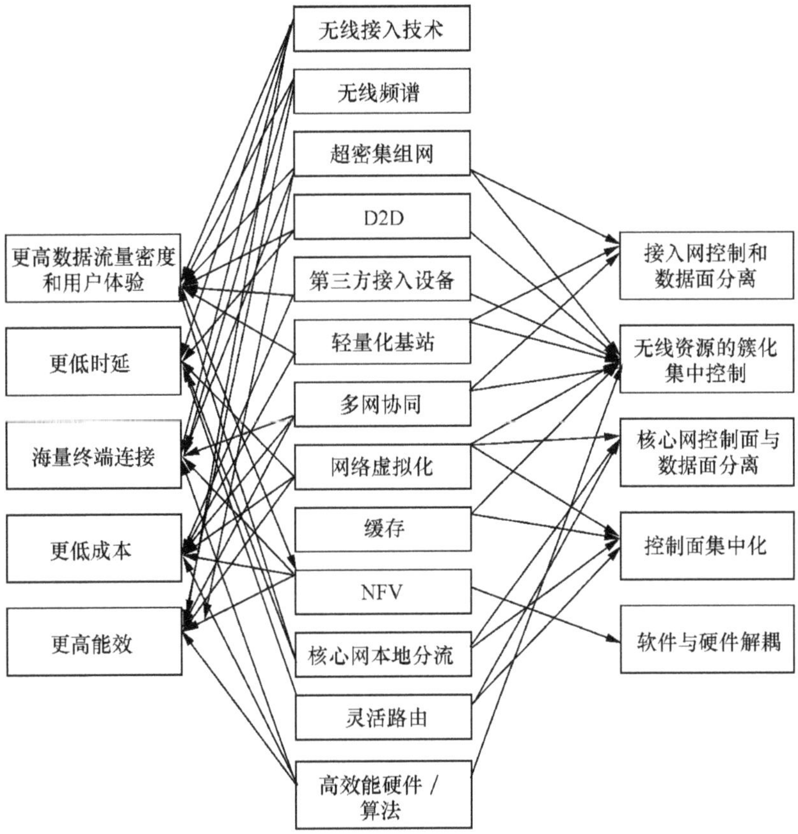

图 8-2　5G 网络关键技术与架构特征

而 IT 领域涌现的新技术，如云计算、网络功能虚拟化（NFV）、软件定义网络（SDN）、移动边缘计算（MEC）等，正不断对无线和移动通信技术产生重大的影响。如云计算技术在无线接入网中的应用（C-RAN）、NFV 技术在 EPC 中的应用（vEPC）等都为革命性路线提供了有力的技术支持。国际主流运营商也开始考虑如何借助虚拟化技术和软件定义网络技术在电信网络中的应用，提升网络效率、降低网络 CAPEX/OPEX，以实现移动网络高效建设、扩容及运营，实现新网络能力的快速开发和新业务的灵活应用。

8.4　基于 NFV/SDN 的 5G 网络架构设想

8.4.1　NFV/SDN 在 5G 中的优势

随着网络通信技术和计算机技术的发展，互联网 +、三网融合、云计算服务等新兴产业对互联网在可扩展性、安全性、可控可管等方面提出了越来越高的要求。SDN/NFV 作为一种新型的网络架构与构建技术，其倡导的控制与数据分离、软件化、虚拟化思想，为突破现有网络的困境带来了希望。其中，以控制面与数据面分离和控制面集中化为主要特征的 SDN 技术以及以软件与硬件解耦为特点的 NFV 技术的结合，有效地满足未来 5G 网络架构的主要技术特征，使 5G 网络具备网络能力开放性、可编程性、灵活性和可扩展性。更进一步，基于云计算技术以及网络与用户感知体验的大数据分析，实现业务和网络的深度融合，使 5G 网络具备用户行为和业务感知能力，更加智能化。IMT-2020 推进组发布的《5G 网络技术架构白皮书》指出，5G 网络将以全新型网络结构及 SDN/NFV 构建的平台为主要特征。

从网络部署模式来看，SDN 和 NFV 的结合将形成完整的解决方案。基于控制转发分离和控制功能重构的技术设计新型网络架构，提高网络面向 5G 复杂场景下的整体接入性能；基于虚拟化技术按需编排网络资源，实现网络切片和灵活部署，满足端到端的业务体验和高效的网络运营需求。

NFV 技术实现各网元设备的虚拟化，而 SDN 技术则实现虚拟设备之间的数据交换与转发、业务编排。运营商借助开放的、可编程的 NFV/SDN 技术，可以部署通用的硬件和高级软件来替代昂贵的专业设备，令企业和运营商得以摆脱不同厂商种类繁杂的设备束缚；硬件设备的标准化，网络功能的虚拟化，使得网络更加开放和更具可编程能力，令运营商不再需要硬件升级即可进行网络和应用的革新，这极大地降低了运营商的资本支出和运维成本，也为运营商的网络架构创新和转型提供了良好的契机；控制的集中化，可以获得全网统一视图，从而实现了网络流量的灵活控制和网络资源的动态分配，大大增强了网络资源的使用效率，缩短了业务的开发部署周期，为系统级应用的创新及业务扩展提供了良好的平台。

8.4.2 基于 NFV/SDN 的 5G 网络架构设计

基于 SDN 和 NFV 在 5G 网络中的优势，下面分析 5G 移动通信网络架构的设计思路。

1. 网元功能的设计思路

现有的网络封闭无序，有部分功能重复且冲突，需要对网络功能进行重新梳理和划分。首先就要实现控制与转发的分离及软件与硬件的解耦。通过控制与转发的分离，控制功能集中在 SDN 控制器上，转发面可以采用标准的通用转发设备，成本优势明显，两者通过南向接口连接。控制面和转发面可以分别进行扩容或升级，更加灵活且高效。通过软硬件解耦，将网元设备的各功能从专有硬件中分离出来，这样可以实现虚拟化。各功能通过软件实现，接口标准化并运行在高性能的基于 X86 的通用硬件平台上，通用设备成本低廉，能够为运营商节省巨大的投资成本。网元功能的设计思路，为运营商节省了巨大的投资成本，有利于保证设备建设初期以较低成本获取长远发展。

2. 网络功能抽象的设计思路

对现有各网元功能进行分解之后，需进行共性提取，逻辑化地抽象概括和封装，划分出不同子功能模块，各模块间接口标准化，便于功能重构。相对于现有网络功能，分解后的网络功能模块将变多，接口和协议将有可能变得复杂，但相对于已有网元内部各接口的私有化、软件化，组件化的网络功能模块将为运营商的业务部署带来便利和灵活性。

通过网络功能抽象，将网络功能模块化、组件化，各功能模块间采用开放的 API 接口，可以按照标准进行重新组织，使得新的网元功能以全网的视图，结合全局上下文，综合考虑用户多样的业务需求，提供最优的业务数据流传输与处理方法，从而增强全网的资源利用效率和网络服务能力。例如，不同接入系统的移动性管理存在共同的特征，将这些功能（如切换管理、合法侦听、跟踪和寻呼、网络边缘设备选择等）集中重组，可以实现面向异构接入系统的融合流移动性管理功能。

今天的互联网能够蓬勃发展，各式各样的创新层出不穷，这与互联网采用通用硬件平台、开放 API 接口给用户、降低用户参与创新的门槛有着极大的关系。因此，抽象网络功能并开放 API 给开发者，网络设计开发从以往的面向运营商转向更多地面向用户，使得运营商也能获得更多、更灵活的网络能力，从而克服现有网络因设备种类繁多而导致的升级困难、扩展性差、新业务成熟周期过长、增值服务创新难度大等缺点。

在这样的背景环境下，网络功能抽象化的设计思路可以使运营商获得更多的网络能力，使系统升级变得更加容易，更利于系统扩展。

3. 网络功能重构的设计思路

对开放接口的各功能子模块进行灵活组合，可以实现现有网络的各个功能且每个组件相互独立，可动态伸缩，同时也可以根据未来新业务的创新及多样性需求，进行快速开发、测试和灵活部署，实现新的功能。这样资源可以充分灵活地共享并基于实际业务需求进行按需编排、自动部署、弹性伸缩、故障隔离和自愈等。这是网络功能重新划分并抽象的主要目的。

电信网络借鉴吸收 IT 技术灵活快速的特点，5G 时代的网络架构不应再是 2G 到 4G 这样固定、封闭的架构，而应是基于虚拟化的技术。其采用模块化的功能组件、开放的 API 接口，能够按照业务的实际需求进行灵活组合，快速重构架构，如可针对某类业务、某个用户甚至某一种业务数据流的特定需求来提供网络资源和功能。

模块划分及重构不仅能组合实现现有的网络功能，也能够减少冗余的功能。如果某些功能或业务达到了生命周期，就可以方便地退市。基于模块化，运营商则可以按需选择，在节约投资的同时减少了冗余。

8.5 5G 网络架构

当前，阿朗、IMT-2020、5G Forum、华为、中兴等多个公司、研究组织及论坛相继发布了 5G 白皮书，阐述了各自对 5G 愿景及需求的理解。对于 5G 网络架构，大都处在提出初步设想并逐步进行仿真评估及样机试制等功能验证的阶段。本节将列出部分组织提出的 5G 架构。

8.5.1 NGMN 5G 网络架构

2015 年 2 月 17 日，NGMN 发布了 5G 的白皮书。白皮书提到 5G 的架构需要遵从无线、网络、操作与管理的设计原则，其提出的 5G 架构如图 8-3 所示。此架构也采用了软硬件分离，以及利用 SDN 与 NFV 技术实现网络的可编程。SDN/NFV 技术涉及的范围从设备、移动或固定的基础设施、网络功能、管理功能到 5G 系统的编排。图 8-3 中，为了支持最顶层上的 Use cases、business models 以及 value proposition，架构中提供了相应的 APIs。

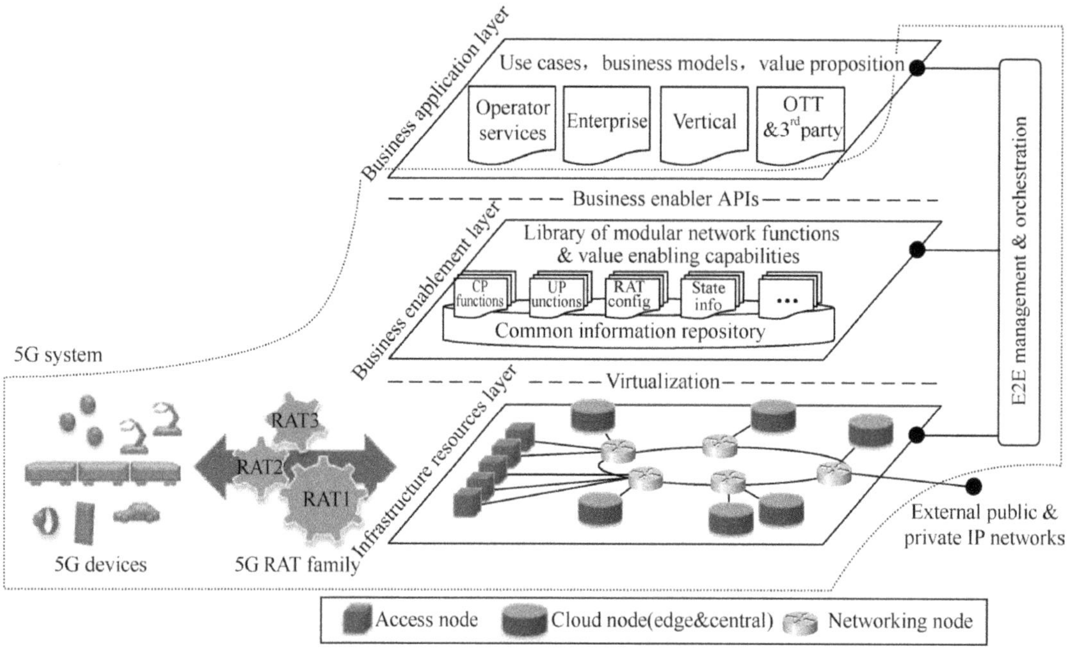

图 8-3　NGMN 5G 架构（NGMN 5G White Paper_NGMN 5G）

此架构包括三层以及一个端到端的管理与编排实体。最底层的是基础设施资源层，包括接入节点、云节点、网络节点以及相关的链路，其中 5G 的设备也被认为是基础设施资源层的一部分。第二层是业务支撑层，基于一些公共的信息库提供模块化的网络功能。最顶层为业务应用层，此层包含了运营商、企业、第三方等所需的专用应用和服务，促进业务和应用的创新。端到端的管理与编排实体通过 APIs 分别与这三层进行交互。

8.5.2　IMT-2020 5G 推进组网络架构

《5G 网络架构白皮书》提出，5G 网络架构设计包括系统设计和组网设计两部分。系统设计考虑逻辑功能实现以及不同功能之间的信息交互过程，构建功能平面，划分为更合理、统一的端到端网络架构逻辑。组网设计聚焦设备平台和网络部署实现方案，以充分发挥基于 SDN/NFV 技术的新型基础设施环境在组网灵活性和安全性方面的潜力。

1. 系统设计

系统设计如图 8-4 所示。5G 的系统设计也称为“三朵云”架构，其网络逻辑视图由 3 个功能平面构成：接入平面、控制平面和转发平面。左边的无线接入云支持接入控制和承载分离、接入资源的协同管理，满足未来多种的部署场景（例如集中、分布、无线 Mesh），实现基站的即插即用。右上角的云表示控制云，控制云实现网络控制功能集中，网元功能具备虚拟化、软件化以及重构性，支持第三方的网络能力开放。右下角的云为转发云，转发云将控制功能剥离，转发的功能靠近各个基站，将不同的业务能力与转发能力融合。其中，网络的控制功能会根据物理区域进行划分，具体分为本地、区域和全局集中 3 种，一般来说控制功能会部署在数据中心，并通过北向接口来实现移动性管理、会话管理、资源控制和路由寻址等功能。

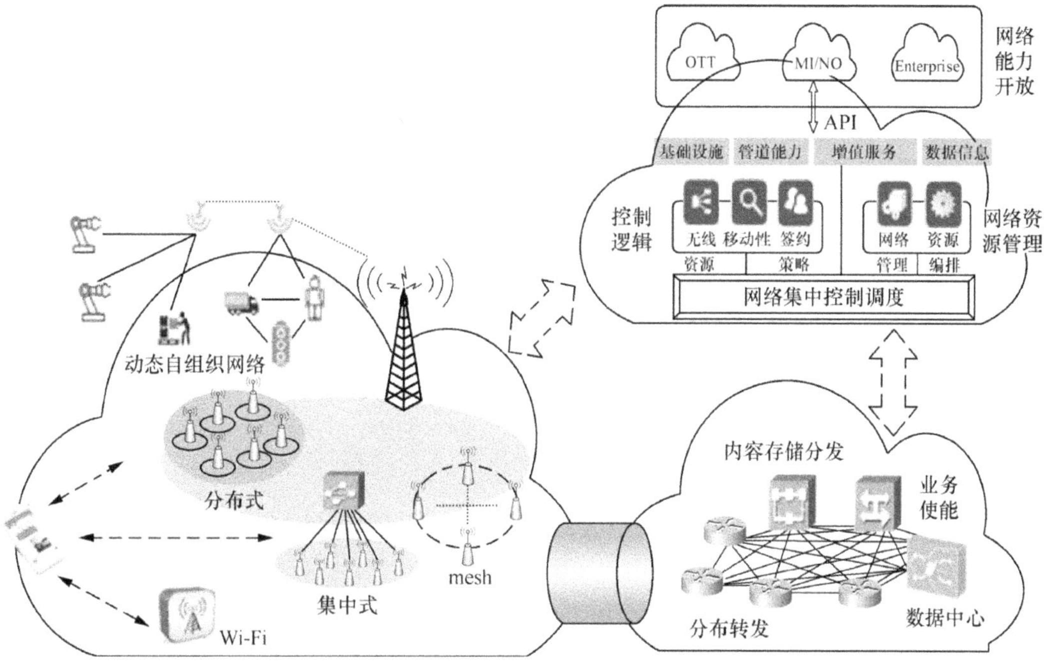

图 8-4 5G 网络逻辑视图

2. 组网设计

5G 组网设计包括平台视图和组网视图。5G 基础设施平台将更多地选择由基于通用硬件架构的数据中心构成支持 5G 网络的高性能转发要求和电信级的管理要求，并以网络切片为实例，实现移动网络的定制化部署。引入 SDN/NFV 技术，如图 8-5 所示，5G 硬件平台支持虚拟化资源的动态配置和高效调度，在广域网层面，NFV 编排器可以实现跨数据中心的功能部署和资源调度，SDN 控制器负责不同层级数据中心之间的广域互连。城域网以下可部署单个数据中心，中心内部使用统一的 NFVI 基础设施层，实现软硬件解耦，利用 SDN 控制器实现数据中心内部的资源调度。

NFV/SDN 技术在接入网平台的应用是业界聚焦探索的重要方向。利用平台虚拟化技术，可以在同一基站平台上同时承载多个不同类型的无线接入方案，并能完成接入网逻辑实体的实时动态的功能迁移和资源伸缩。利用网络虚拟化技术，可以实现 RAN 内部各功能实体动态无缝连接，便于配置客户所需的接入网边缘业务模式。另外，针对 RAN 侧加速器资源配置和虚拟化平台间高速大带宽信息交互能力的特殊要求，虚拟化管理与编排技术需要进行相应的扩展。SDN/NFV 技术融合将提升 5G 进一步组大网的能力：NFV 技术实现底层物理资源到虚拟化资源的映射，构造虚拟机（VM），加载 VNFs；虚拟化系统实现对虚拟化基础设施平台的统一管理和资源的动态重配置；SDN 技术则实现虚拟机间的逻辑连接，构建承载信令和数据流的通路。最终实现接入网和核心网功能单元动态连接，配置端到端的业务链，实现灵活组网。

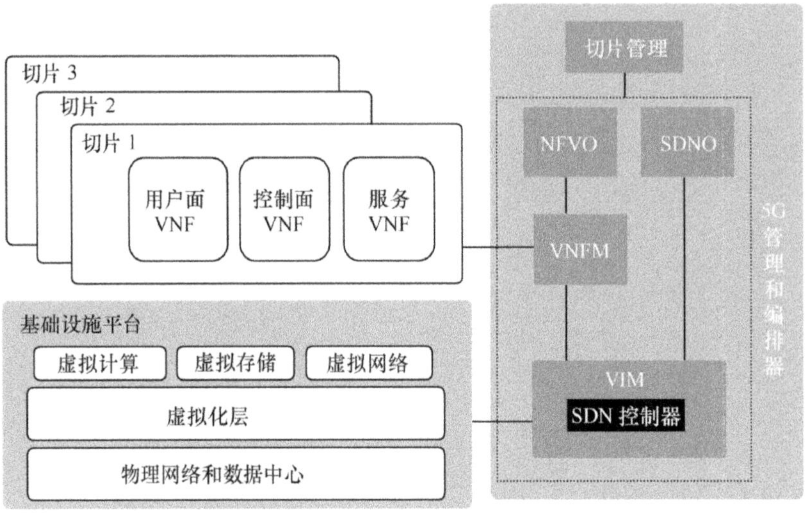

图 8-5　5G 网络平台视图

如图 8-6 所示，一般来说，5G 组网功能元素可分为四个层次：

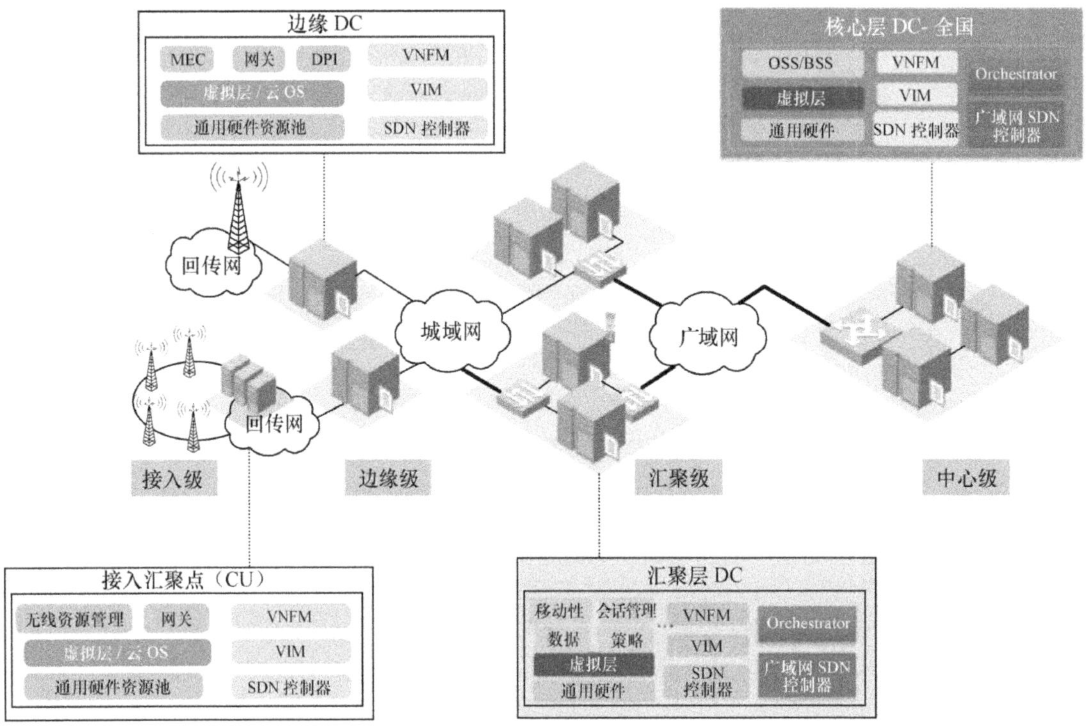

图 8-6　5G 网络组网视图

中心级：以控制、管理和调度职能为核心，例如虚拟化功能编排、广域数据中心互连和 BOSS/OSS 系统等，可按需部署于全国节点，实现网络总体的监控和维护。

汇聚级：主要包括控制面网络功能，例如移动性管理、会话管理、用户数据和策略等，可按需部署于省份一级网络。

区域级：主要功能包括数据面网关功能，重点承载业务数据流，可部署于地市一级。

移动边缘计算功能、业务链功能和部分控制面网络功能也可以下沉到这一级。

接入级：包含无线接入网的CU和DU功能，CU可部署在回传网络的接入层或者汇聚层；DU部署在用户近端。CU和DU间通过增强的低时延传输网络实现多点协作化功能，支持分离或一体化站点的灵活组网。

借助于模块化的功能设计和高效的NFV/SDN平台，在5G组网实现中，上述组网功能元素部署位置无需与实际地理位置严格绑定，而是可以根据每个运营商的网络规划、业务需求、流量优化、用户体验和传输成本等因素综合考虑，对不同层级的功能加以灵活整合，实现多数据中心和跨地理区域的功能部署。

8.5.3 移动5G网络架构

中国移动5G移动网络设计借鉴IT技术和互联网思维，以满足5G多样的场景需求。中国移动借助云计算、虚拟化技术等以实现5G的目标：简单性、有效性、灵活性和开放性。5G的网络包括简化的网络功能、协议和接口；通过实现本地IP包的高效转发和集中化的管理及控制实现高效性；快捷更新网络功能，灵活配置和修改网络功能，接入网与核心网解耦以分别支持独立演进，以上三个方面体现5G网络的灵活性；开放性是通过以用户和服务为向导，并且网络是可编程的。

中国移动的网络设计理念是基于IT技术，以新的移动服务为导向的未来网络架构。网络可编程，开放网络，灵活组网实现服务的定制化；网络功能趋于原子化、模块化，按需组网以实现功能的定制化；利用NFV技术实现基础设施的虚拟化以及通过集中管理编排网络功能和服务实现管理的集中化。

基于以上设计目标和设计原则，中国移动的5G网络架构如图8-7所示。

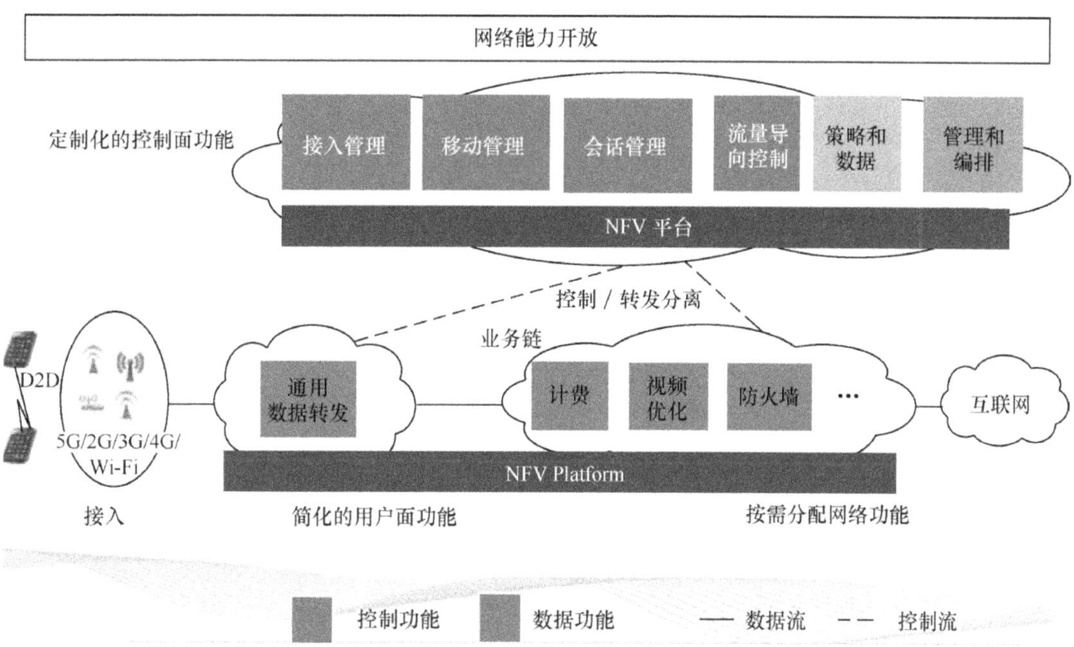

图8-7 中国移动5G网络架构示意图

中国移动的 5G 架构采用 NFV 与 SDN 技术。分离的控制与转发平面分别基于 NFV 平台，其上提供开放的网络功能。其中，基础设施平台由集中的 MANO 管理。NFV/SDN 技术使基础设施可以在统一的通用平台上进行管理，MANO 增强来支持分布式的 DC 以及传输、DC 和 IP 网之间的管理和编排；网络切片和功能得以在各处都可以灵活地按需部署。

关于 5G 无线网接入网方面，2016 年 11 月 22 日，中国移动与华为、中兴、诺基亚、爱立信、大唐、英特尔、赛灵思、红帽、风河、思博伦等公司共同发布了《迈向 5G C-RAN：需求、架构与挑战》白皮书。其中，C-RAN 是一种具备集中 (Centralized)、协作 (Cooperative)、云化 (Cloud)、绿色 (Clean) 特征的先进的无线接入网络架构。基于分布式拉远基站，云接入网 C-RAN 将所有或部分的基带处理资源进行集中，形成了一个基带资源池并对其进行统一的管理与动态分配，在提升资源利用率、降低能耗的同时，通过对协作化技术的有效支持而提升网络性能。

从无线接入网的角度看，未来 5G 网络存在灵活的无线资源管理需求，空口协调和站点协作需求，功能灵活部署及边缘计算需求以及增强网络自动化管理需求。基于这些需求，5G C-RAN 引入集中和分布单元 CU/DU 的功能重构及下一代前传网络接口 NGFI 前传架构。

4G 的 BBU 是单节点的，而 5G 的 BBU 功能被重构为 CU 和 DU 两个功能实体，两者是以处理内容的实时性区分的。CU 主要负责非实时的无线高层协议栈功能，同时也支持部分核心网功能下沉和边缘应用业务的部署，而 DU 设备主要负责物理层功能和实时性需求的两层功能。引入 NFV 框架后，在管理编排器 MANO 的统一管理和编排下，配合 SDN 控制器和传统的操作维护中心 OMC 功能组件，可实现包括 CU/DU 在内的端到端灵活资源编排能力和配置能力，满足运营商快速按需的业务部署需求。

为了解决 CU/DU/RRU 间传输问题，引入 NGFI 架构，如图 8-8 所示。CU 通过交换网络连接远端的分布式功能单元，此架构可以依据场景需求灵活部署功能单元，传送网资源充足时，可集中化部署 DU 功能单元，实现物理层协作化技术；当传送网资源不足时，可分布式部署 DU 功能单元。此架构可在最大化保证协作化功能的同时，兼容不同的传送网功能。

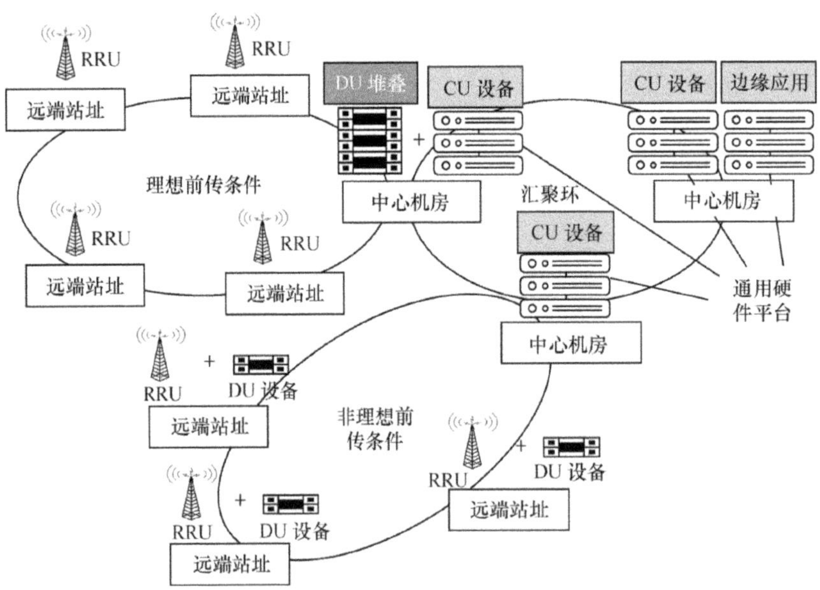

图 8-8　基于 CU/DU 的 C-RAN 网络结构

5G C-RAN 基于 CU/DU 的两级协议架构、NGFI 的传输架构及 NFV 的实现架构，形成了面向 5G 的灵活部署的两级网络云架构，将成为 5G 和未来网络架构演进的重要方向。

8.5.4 联通 5G 网络架构

中国联通在 2016 年 6 月 29 日上海召开的世界移动通信大会（Mobile World Congress，MWC）上阐述了中国联通 5G 移动通信网络演进的发展愿景，展现了关键技术研究成果，包括 5G 网络架构、5G 空口技术、5G 虚拟化基站、5G 物联网业务应用。

其中，5G 网络架构展示了未来网络架构的愿景、主要的业务应用以及中国联通针对未来多样化移动互联网和物联网业务需求的网络解决方案。中国联通云化网络架构包括用户层、控制层和能力开放层，可以按需实现网络切片功能，满足不同场景的业务通信需求。如图 8-9 所示，5G 网络将部署 4 级数据中心，分别为核心网数据中心、汇聚层数据中心、边缘数据中心、接入汇聚点中心。所有的数据中心都利用 NFV 技术实现虚拟化的网络资源，然后利用 NFV 编排器以及 SDN 控制器对资源池及网络进行统一的控制。

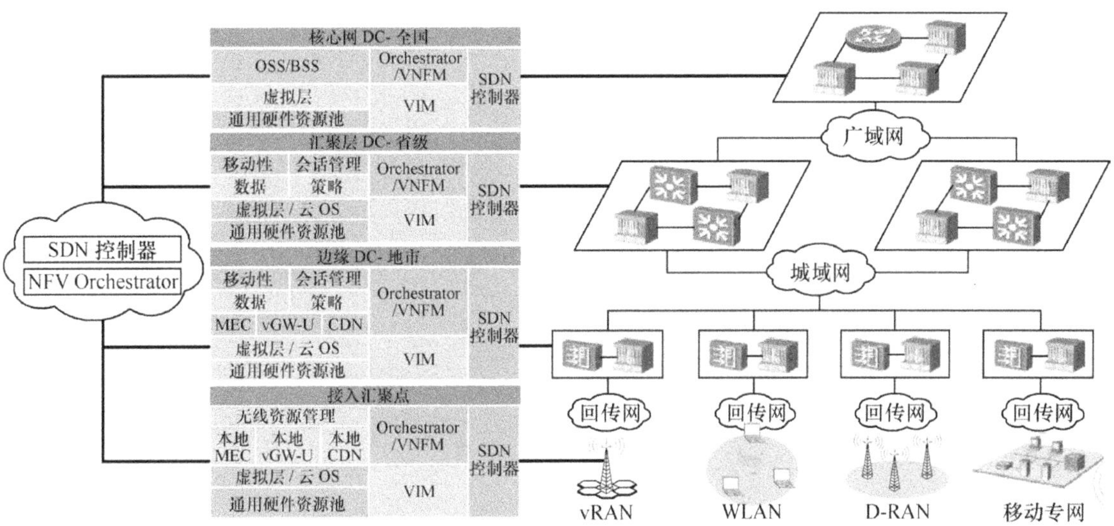

图 8-9 中国联通 5G 网络架构示意图

8.5.5 电信 5G 网络架构

中国电信 5G 相关研究分为以下三步。

第一步，至 2018 年，中国电信继续深入开展 5G 网络演进构架与关键技术研究及技术概念验证，依据自身需求提出 4G 向 5G 演进技术方案，把握影响技术发展和标准走向，适时开展部分关键技术实验室测试与外场测试。

第二步，2018 ～ 2020 年，中国电信开展 4G 引入 5G 的系统和组网能力验证，制定企业技术规范，为引入 5G 技术组网提供技术指导，实现部分成熟 5G 技术的试商用部署。

第三步，2020 ～ 2025 年，中国电信按照 CTNet2025 网络发展目标，持续开展 5G 网络后续技术的研究、试验和预商用工作。

2014 年 9 月，中国电信首次提交 5G“三朵云”架构，写入《IMT-2020(5G) 网络技术白皮书》初稿。2015 年 5 月，IMT-2020 峰会正式对外发布的中英文《5G 网络技术架构》中采用了“三朵云”5G 网络架构，如图 8-4 所示。

中国电信具体的 5G 研究内容包括 5G 总体网络架构、5G 无线接入网架构。在 5G 总体网络架构方面，中国电信基于 SDN/NFV 的“三朵云”移动网络架构，依场景灵活部署，在“三朵云”架构基础上进一步研究与固网的互通架构。在 5G 无线接入网架构方面，中国电信提出了智能无线接入网架构（S-RAN），包括：控制与承载分离、无线接入簇化集中控制和无线网络虚拟化等核心思想。

中国电信在 5G 接入技术和 5G 标准上都取得了不错成果。在 5G 关键技术试验方面，中国电信积极参与第一阶段所有关键技术的技术测试规范编写，在第二阶段测试关注不同场景性能测试。

2016 年 7 月，中国电信发布了 CTNet2025 网络架构白皮书，全面启动了网络智能化重构。白皮书提出中国电信 CTNet2025 目标网络的架构，如图 8-10 所示。2016 年 10 月，中国电信成立 “网络重构开放实验室”和“5G 联合开放实验室”。这两个实验室聚焦于以“SDN、NFV、云”为代表的网络重构和 5G 技术，旨在实现网络的重构和 5G 的研发。中国电信一直朝着 5G 及未来网络的目标在探索。

如图 8-10 所示，面向 2025 年的中国电信目标网络架构从功能层划分，将由“基础设施层”、“网络功能层”和“协同编排层”三个层面构成。

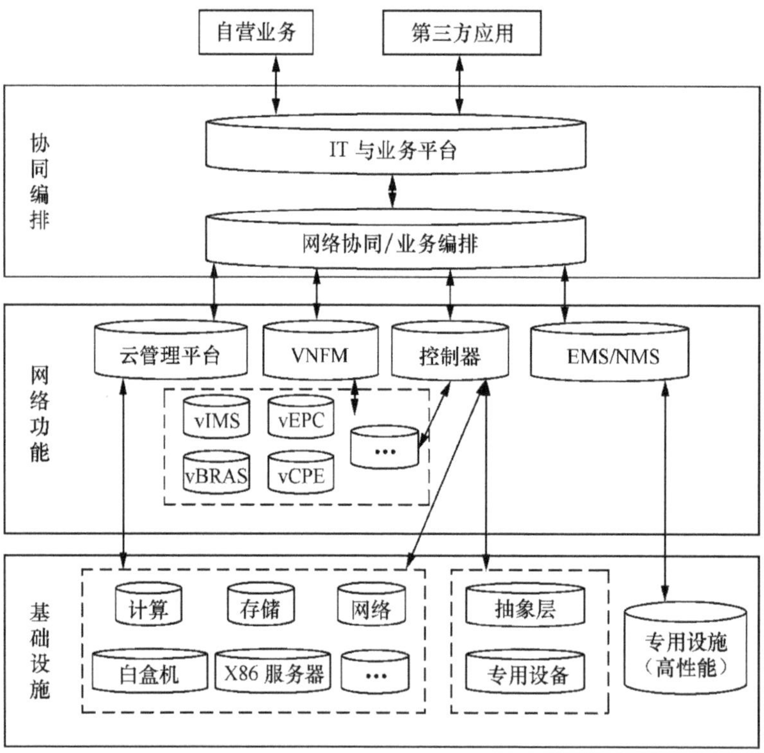

图 8-10　中国电信 CTNet2025 目标网络架构（功能图）

基础设施层：由虚拟资源和硬件资源组成，包括统一云化的虚拟资源池、可抽象的物理资源和专用高性能硬件资源，以通用化和标准化为主要目标提供基础设施的承载平台。其中，虚拟资源池主要基于云计算和虚拟化技术实现，由网络功能层中的云管理平台、VNFM 及控制器等进行管理，而难以虚拟化的专用硬件资源则依然主要依赖于现有的 MS 和 NMS 进行管理，某些物理资源还可以通过引入抽象层的方式被控制器或协同器等进行管理。

网络功能层：面向软件化的网络功能，结合虚拟资源和物理资源的管理，实现逻辑功能和网元实体的分离，便于资源的集约化管控和调度。其中，云管理平台主要负责对虚拟化基础设施的管理和协同，特别是对计算、存储和网络资源的统一管控；VNFM 主要负责对基于 NFV 实现的虚拟网络功能的管理和调度，控制器主要负责基于 SDN 实现的基础设施的集中管控。为便于快速部署实施，简化接口和协议要求，规避不同管控系统间信息模型不同造成的互通难度，这些系统与现有的 EMS/NMS 间不建议直接进行互通，可通过网络协同和业务编排器进行梳通和协调，完成端到端的网络和业务的管理。

协同编排层：提供对网络功能的协同和面向业务的编排，结合 IT 系统和业务平台的能力化加快网络能力开放，快速响应上层业务和应用的变化。其中，网络协同和业务编排器主要负责向上对业务需求的网络语言翻译及能力的封装适配，向下对网络功能层中的不同管理系统和网元进行协同，从而保证网络层面的端到端打通；IT 系统和业务平台的主要作用则是将网络资源进行能力化和开放化封装，便于业务和应用的标准化调用。

为使中国电信的网络具备快速、有效支撑互联网应用和“互联网 +”应用的能力，同时也为了能在网络性能和功能上具备差异化的竞争优势，中国电信面向 2025 年的目标网络能力将达到如下指标。

1. 简洁：以传送网一二干融合为抓手促进网络层级的减少；保证全国 90% 的地区提供不大于 30ms 的传送网时延；网络种类、网元数和网络节点数明显减少。

2. 敏捷：全面规模提供“随选网络”业务，具备分钟级的配置开通和调整功能。

3. 开放：提供用户自定义的服务，具备 4 个维度（网络、业务、资源、服务）的功能开放。

4. 集约：80% 网络功能软件化，全部业务平台实现云化，业务可全网统一调度。

通过上述各个组织和运营商 5G 网络架构的分析，我们可以总结出：未来的 5G 网络架构实现网络功能的虚拟化，将控制面与数据面解耦，并抽象底层的网络能力，实现网络能力的开放。不管是标准组织还是运营商，他们都利用了 NFV/SDN 带来的优势，并将其作为 5G 的关键技术，所以 NFV/SDN 被视为未来 5G 网络发展的关键特性。

|第 9 章|

NFV 与移动核心网

目前，电信转型已经成为全球业内共同的话题。国外电信运营商早于 20 世纪就开始了浩大的从传统通信供应商向现代综合信息服务提供商的转型运动，并提出了 ICT（Information Communication Technology）融合的理念。ICT 是信息技术与通信技术相融合而形成的一个新的理念和新的技术领域，随着技术的不断发展，计算机技术与通信技术相互融合的趋势已经不容置疑，而以数据中心为中心的 IT 和 CT 基础设施的融合，成为适应信息化发展的基本要求。如今，4G 核心网分组域采用了基于全 IP 的平面架构，以此在电信网中凸显 Internet 的开放性。同时移动性管理的控制面功能抽象为单独网元 MME，使得 EPC 的控制转发功能相互分离，从而移动性管理功能具有更好的可扩展性。而核心网 IMS 域完成电信业务的集中控制，从而将电信业务与接入网解耦合，使得电信业务的发展也具有了更好的可扩展性。引入 IP 架构及网络分层解耦的概念始终贯穿于 4G 核心网的整个架构设计。

然而网络的快速发展，新技术、新需求的不断提出也促使我们对核心网的长期演进作出新的思考。一方面，从 2G 到 3G 再到 4G 网络，核心网的演进部署并不平滑。数据面和控制面功能的高度耦合，导致控制面功能的任何改动都可能会影响数据面，从而导致设备退网及升级。另一方面，网络功能的部署严重依赖于集成硬件设备的部署，导致部署周期长，资源调整不灵活，设备资源利用率低，电力及占地成本比重居高不下，多厂家设备的差异性更导致维护复杂。此外，网络的发展越来越需要核心网能够提供更好的灵活性以及动态的资源分配能力等，例如部署虚拟运营商及多租户、创新网络环境、提供即插即用的数据流处理及数据业务增强优化平台等。

基于上述需求，我们需要“垂直”地改造电信网架构，也就是将电信网功能网元以虚拟化的形式部署在通用 X86 服务器上，从而以通用硬件资源池的方式提供电信网网元功能所需的计算、存储、网络资源，减少对特定硬件的依赖。NFV 的出现，势必影响核心网架构的演进。本章我们将探讨基于 NFV 的核心网架构演进及应用领域。

9.1　基于 NFV 的核心网演进

核心网网元功能的虚拟化主要需要考虑两个方面的影响，即网元性质的区别和网元部署位置的区别。这两个方面决定了核心网虚拟化采用的架构形式及虚拟化部署的先后顺序。对于控制面功能网元，其主要需要资源是计算资源，并且很多已经部署在 X86 架构上，因此这些网元具有虚拟化部署的条件。然而数据面功能网元需要提供高转发能力，目前都是基于专用的转发芯片，简单将数据面虚拟化部署在传统 X86 通用服务器上，其性能难以达到专用转发芯片的效果。虽然 NFV 白皮书中建议数据面和控制面功能都可以虚拟化，但是仍然需要区别对待和分析。现网中核心网可以分为 IMS、EPC、2G/3G PS、2G/3G CS、HSS 5 个主要组成部分，见表 9-1。

表 9-1　核心网网元特征

	IMS					EPC				2G/3G-PS		2G/3G-CS		HSS	
	CSCF	SBC Trgw	IBCF/MGCF/BGCF	IM-MGW	AS	xGW	MME	DRA	PCRF	SGSN	GGSN	MSC	MGW	HSS	HLR
功能	控制	转发	控制	转发	控制	控制＋转发	控制	控制	控制	控制＋转发	控制＋转发	控制	转发	控制	控制
接口	全 IP	全 IP	全 IP	非全 IP	全 IP	全 IP	全 IP	全 IP	全 IP	全 IP	全 IP	非全 IP	非全 IP	全 IP	非全 IP
设备形态	ATCA	ATCA	ATCA	ATCA	服务器	ATCA	ATCA	ATCA	ATCA	ATCA 或私有平台	ATCA 或私有平台	ATCA 或私有平台	ATCA 或私有平台	ATCA	小型机和私有平台
部署方式	省或大区	地（市）	省或大区	地（市）	省或大区	省或地（市）	省或地（市）	省	省	省或地（市）	省	地（市）	地（市）	省或地（市）	地（市）

注：本文中网元特征基于当前现网普遍情况，不能代表所有网络情况。

由表 9-1 可知，IMS 网络中的网元 IT 化程度最高，网元接口基本都已经实现了 IP 化，并且硬件也是基于刀片服务器（Blade Server）的。除了媒体转发设备需要部署在地（市），控制网元如 CSCF、AS 等都可以集中部署，因此各大厂家都优先推出 IMS 虚拟化产品。未来 IMS 扩容及升级可以考虑采用虚拟化的方式。本章 9.2 节也会介绍中国移动针对虚拟化 IMS 网络系统架构的研究。

EPC 网络中，MME、DRA 和 PCRF 与 IMS 控制网元类似，对计算资源有较大的需求，可以集中部署并利用虚拟化技术实现。但是 SGW 和 PGW 承担了控制面和转发面功能，其转发面功能显然是不能集中部署的，而且随着业务流量的增加，其部署位置可能反而需要下沉；另外 xGW 中的控制面功能，如 GTP 隧道管理、IP 地址分配及流量统计等，与转发面功能紧密结合在一起，虽然 xGW 的控制面功能存在虚拟化的可能，但是需要重构 xGW 架构，目前仍然处于探讨阶段，相关实现也可能会涉及到标准的改动。本章 9.3 节介绍华为提出的 EPS 业务链虚拟化的方案。

2/3G PS 域中的 SGSN 和 GGSN 面临 SGW/PGW 相同的问题。转发面功能虚拟化目前主要有两种实现方式：（1）采用专用转发面芯片及板卡处理数据转发；（2）采用通用 X86 架构，但是需要 Intel 的 DPDK 加速网卡和加速软件包。无论选择哪种方式，数据面功能仍需要在特定硬件上部署，难以做到自由迁移。此外，在 LTE 与 3G 混合组网的情况下，为了保证 LTE 和 3G 互操作，往往把 MME 和 SGSN 合设，此时需要综合考虑 MME-SGSN 的虚拟化，即控制面和转发面都需要考虑，这也提高了 MME 虚拟化的难度。

9.2 IMS 网络虚拟化系统架构研究（中国移动）

9.2.1 虚拟化 IMS 网络系统架构

虚拟化 IMS 网络的目标系统架构如图 9-1 所示。该架构由硬件资源层、虚拟资源层、网元逻辑层和虚拟化配套管理模块构成。传统的 IMS 核心网网元即以软件形态运行在网元逻辑层上，网元本身功能以及网元之间的逻辑接口与虚拟化之间保持一致。

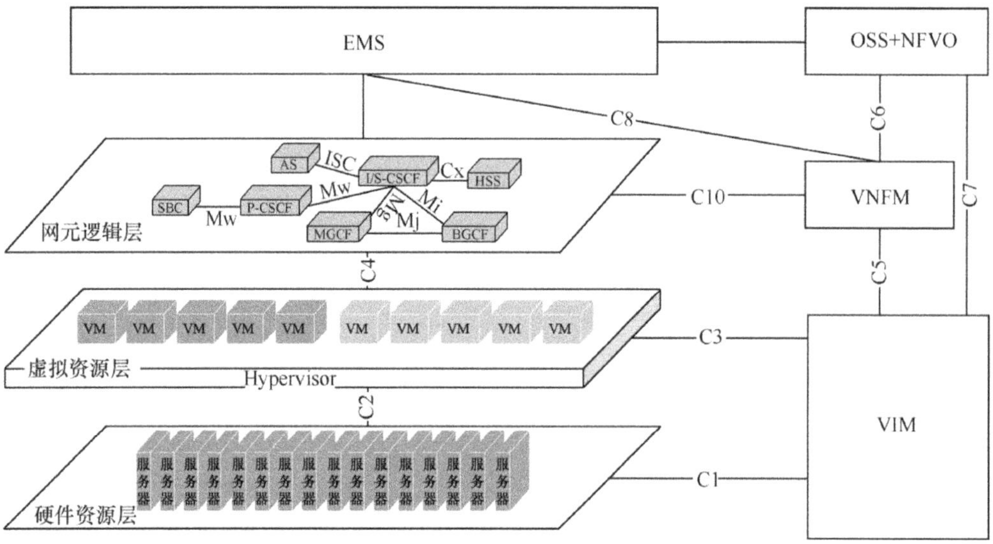

图 9-1 虚拟化 IMS 网络目标架构

硬件资源层包括计算、存储和网络资源三部分。计算资源是指本地的一台通用服务器，包含 CPU、内存、本地存储和网卡等，对于某些特定网元，如 SBC，也可以包含加速的硬件（如硬件加解密、包交换、包转发加速）。存储资源包含 IP-SAN 和 FC-SAN 等外接存储方式，存储资源可选，由业务场景需求决定，也可以通过分布式共享存储的方式实现。网络资源是指交换机、路由器等通信连接设备，提供虚拟化系统与外部系统的互联互通能力。

虚拟资源层提供虚拟计算资源、虚拟网络资源和虚拟存储资源。虚拟资源由 Hypervisor 在硬件资源上提供，按上层应用需求将硬件资源进行统一调配，形成不同规格的虚拟机，以运行 IMS 网元软件。

网元逻辑层由虚拟网元（VNF）组成，VNF 所提供的网元功能与非虚拟化时的网元功能应保持一致，与其他网元实体的接口与非虚拟化时的接口应保持一致。

VIM 是虚拟化资源管理系统，主要负责硬件资源和虚拟资源的管理、监控和故障上报。

VNFM 实现虚拟化网元（VNF）的生命周期管理，包括 VNF 网元模板（VNFD）的管理、VNF 实例的初始化、VNF 的扩容 / 缩容以及 VNF 实例的终止。

EMS 是面向网元功能的管理模块。在 IMS 引入虚拟化初期，EMS 需要具备同时管理物理网元（PNF）和虚拟网元（VNF）的能力。

OSS+NFVO 为引入虚拟化之后的网管系统，其中 OSS 为传统网管，NFVO 主要负责提供硬件资源和虚拟化资源的视图，硬件资源和虚拟化资源的监控、性能统计和故障管理，并通过 VNFM 实现 VNF 软件包的管理，以及 VNF 的创建、更新、终止和弹性伸缩。

9.2.2　虚拟化 IMS 网络主要接口

IMS 引入虚拟化之后，网元之间的逻辑接口（基于 SIP）并没有发生变化，只是引入了与虚拟化管理系统（MANO）的新的管理接口（此类接口同样适用于其他核心网虚拟化）。参照图 9-1，主要新增接口如下。

C1：VIM 与硬件资源之间的接口，用于 VIM 对包括物理服务器、外接存储和交换机在内的硬件资源的管理和监控，VIM 通过此接口收集硬件资源的故障和状态信息。

C2：Hypervisor 与硬件资源接口，Hypervisor 通过该接口对硬件进行虚拟化。

C3：VIM 与 Hypervisor 之间的接口，VIM 通过该接口向 Hypervisor 执行虚拟机管理，包括虚拟机的创建、回收、配置和监控等；VIM 还通过该接口采集虚拟机性能和故障信息。

C4：网元与虚拟机之间的接口，是标准的 X86 指令集。

C5：VNFM 与 VIM 之间的接口，VNFM 通过该接口完成业务应用的部署，以及对业务应用所分配资源进行状态监控，例如各网元实际消耗的资源情况；VIM 还会将从硬件资源收集到的故障信息通过 VNFM 上报到 EMS，使得 EMS 对故障信息做到业务层和资源层的关联。

C6：OSS+NFVO 与 VNFM 之间的接口，NFVO 通过该接口进行业务应用生命周期管理（包括网元部署、网元扩 / 缩容）以及业务应用资源申请鉴权。

C7：OSS+NFVO 与 VIM 之间的接口，NFVO 通过该接口进行资源管理，包括资源申请 / 预留、释放和查询，物理 / 虚拟资源状态、故障告警、性能数据和配置信息等上报。

C8：EMS 与 VNFM 之间的接口，用于网元相关的业务信息的交互，例如 VNF 资源分配完成后通知 EMS 进行 VNF 应用加载和配置，VNF 业务指标（如 CAPS、TPS、用户量等）获取，作为弹性伸缩的输入条件，网络扩展或减少时通知 EMS 修改网元的连接，VNF 扩容或缩容时通知 EMS 进行业务迁移。

C10:VNFM 与 VNF 之间的接口，用于 VNF 向 VNFM 上报网元状态，再由 VNFM 进行扩 / 缩容的决策和执行。

9.2.3　虚拟化 IMS 网络主要设备及设备形态研究

虚拟化 IMS 网络的硬件平台应采用基于 X86 体系的通用硬件，例如 COTS 和 ATCA 服务器。硬件应能够满足电信级可靠性要求，支持部署在核心网机房或数据中心机房，满足电信级的防尘、防振要求。

对于服务器单板，应采用通用 X86 CPU，需支持完善的虚拟化增强特性和较完善的可靠性、可用性、服务性（RAS）特性，支持板载硬盘本地存储和共享式存储；应支持硬件加 / 解密，满足软硬件系统完整性（Integrity）检测和保护要求；还应支持 RTC 精确时间。

对于存储系统，应确保单硬盘故障不影响业务，且硬盘要求支持热插拔，便于更换。

对于网络设备，应至少支持管理流量和业务流量物理隔离，整系统（插框交换、服务器单板、共享存储、交换机、路由器）端到端支持融合以太网 DCB 特性，确保组网安全可靠。

关于硬件的其他要求可参考 CCSA《核心网虚拟化为硬件服务器的要求》研究报告。

9.3 EPS 业务链虚拟化方案研究（华为）

9.3.1 业务链架构

目前，运营商在 Gi-LAN 部署了不同功能的业务使能器为客户提供个性化的网络服务，如视频优化、Web 缓存、HTTP 头增强、网络加速等。但现有部署中，每个 APN 对应的业务使能器间的组网拓扑相对静态，加入或移除一个业务使能器，或者简单改变业务链的逻辑，都会导致网络拓扑的更改。这将为运营商的业务部署和管理带来一系列问题。现有的增值业务部署形态很难适应运营商应对移动互联网进行新网络功能的灵活和快速引入的需求，尤其是在运营商引入 NFV/SDN 技术后，将更多的业务功能部署在虚拟化的云平台中，更需要一种弹性的、自动化的增值业务部署方案，并且按需创建业务链，业务的变更更具灵活性，同时降低部署成本和开销，增强网络流处理能力，提高资源利用率。在上述背景下，提出了一种在 EPC 网络功能虚拟化下的架构方案，如图 9-2 所示。

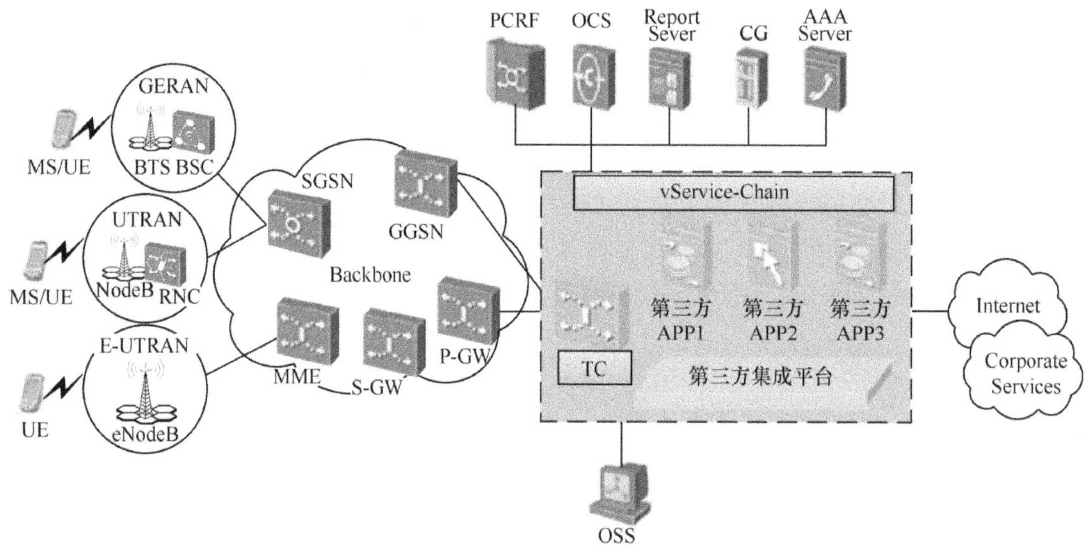

图 9-2　基于虚拟化架构的业务链功能实现

需要说明的是，该方案架构只是实现虚拟化架构下的其中一种，不限于有其他的方案。

9.3.2 业务链关键功能模块与接口

vTC（virtual Traffic Classifer）流分类器的功能是业务链实现的关键。

当用户进行数据业务时，vTC 根据用户信息或者业务类型对业务数据流进行识别及业务链信息的匹配，业务链携带匹配结果，将业务数据流转发到对应的 Gi-LAN 服务进行增值业务的处理，其方案模块组成见表 9-2。为实现 Gi-LAN 业务链功能，流分类器特性是必不可缺的特性。

表 9-2 vTC 方案模块组成

模块	虚拟机类型	虚拟机数量	功能描述
vTC	数据交换	2（根据吞吐量规划）	接口处理单元。负责 IP 转发和负载均衡功能
	网络管理	2（主备）	操作维护单元。对系统中设备管理、部署等功能的操作维护
	数据存储	2（根据话务模型规划）	会话数据库单元。用于存储用户的会话数据
	业务处理	3（根据话务模型规划）	业务处理单元。完成业务识别和业务链的匹配功能

Gi-LAN 业务链的实现过程如图 9-3 所示，具体过程如下：

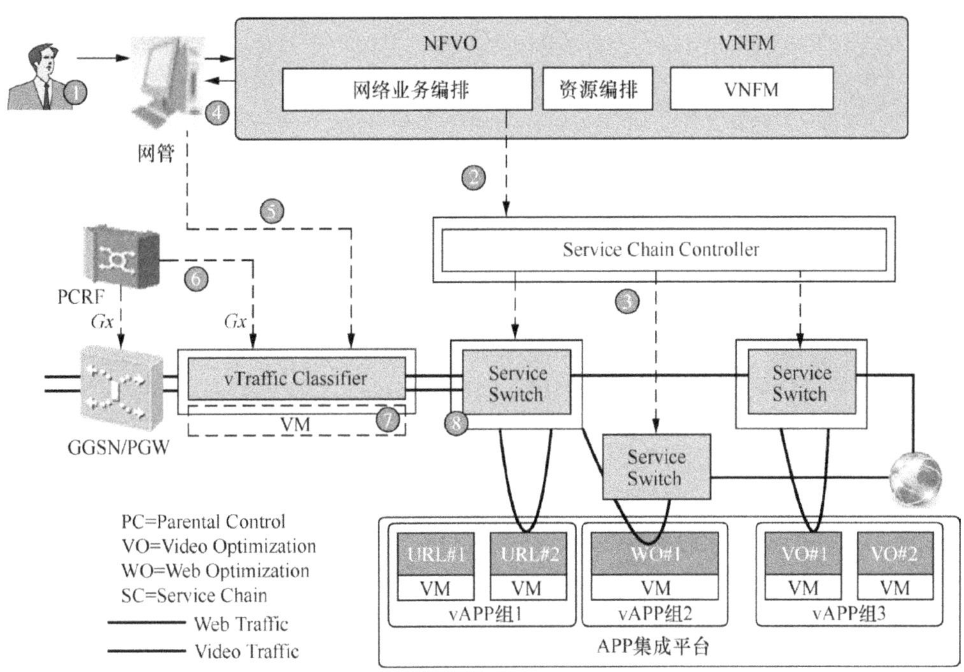

图 9-3 Gi-LAN 业务链方案示意图

（1）运营商在网管上面定义数据流的业务链策略；

（2）NFVO 发送业务链信息和 vAPP 信息（业务链信息包括业务链 ID 表示的 vAPP 的序列顺序，vAPP 信息包括各 vAPP 包含的实例信息）给 ServiceChain（简称 SC）Controller；

（3）SC Controller 向 Service Switch 下发业务链转发表项，业务链转发表项包括业务链标识信息对应的 vAPP 的类型序列信息，vAPP 信息包含 vAPP 实例信息；

（4）网管从 NFVO 同步业务链信息；

（5）vTC 配置预定义规则内容，网管向 vTC 发送业务链与规则名映射关系；

（6）用户上线时，vTC 激活预定义规则，可以通过 PCRF 激活预定义规则；

（7）收到数据包时，vTC 根据策略匹配业务链，并将业务链标识封装到业务报文数据流中；

（8）Service Switch 根据业务链标识匹配流表转发流量，相同 vAPP 内部的不同实例间的 Load Balancing 由 Service Switch 负责执行。

9.4 NFV 开源软件

下面的内容参考于 DNLAB（http://www.sdnlab.com/16444.html）。

在 NFV 方面，目前市场主要聚焦于交换机元件、网络设备、网络服务和应用。NFV 的典型网络功能被认为是交换机元件、运营商级 NAT 和路由器、家庭 / 小型办公室路由器功能、流量分析设备、IP 多媒体子系统（IMS）、应用层优化功能和安全功能。下面列举核心网中的 NFV 开源软件包。

9.4.1 EPC/IMS 开源软件

表 9-3 给出了 EPC/IMS 系统中部分的开源软件包，例如 OpenIMSCore 开源软件实现 IMS 的核心，即呼叫会话控制功能（CSCF）以及 HSS；nwEPC 开源软件实现 P-GW 以及 S-GW 功能。

表 9-3 EPC/IMS 的部分开源软件包

EPC/IMS 组件	开源软件
HSS	OpenIMSCore，OpenHSS，Clearwater IMS
P-GW	nwEPC
S-GW	nwEPC
IMS Core	OpenIMS core，Clearwater IMS，
PCRF	FreePCRF
PCEF	OpenIMS
BBERF	–NA–
CDF	OpenCDF
CGF	Open-CGF
ePDG	–NA–
AAA	OpenDPS，OpenBloX
MME	OpenAirINterface
ANDSF	Libdmclient，Funambol DM Server and Client
eNB	Openairinterface

续表

EPC/IMS 组件	开源软件
UE	Openairinterface
Network Management	OpenNMS
Service Availability	OpenSAF
SS7，SIGTRAN，MGCP，VoIP	OpenSS7
BI	Pentaho
ERP+CRM	OpenTaps
Enterprise Automation	Ofbiz
Decision Support System	OpenCDS
Billing	jBilling
Service Accounting	OpenPortal

9.4.2 虚拟路由和交换

NFV 的目标是在商业硬件或虚拟机上运行虚拟路由和交换机来支持各种标准协议，例如 BGP 和 OSPF。下面，我们将介绍一些用于实现交换和路由功能的开源软件，见表 9-4。

表 9-4 虚拟路由和交换开源软件

虚拟路由和交换软件	介绍
Linux 网桥	Linux 网桥是一种通过 IEEE 802.1D 协议基于软件的交换机，自带的 Linux 发行版作为内核模块。它包括 FDB（转发 DB）、STP（生成树）、混杂模式以接收所有数据包过滤和流量整形支持，这使得它比通过硬件实现的网桥功能更强大
Open vSwitch（OVS）	OVS 可能是目前最流行和广泛使用的软件交换机。它支持 OpenFlow，并且可作为一个通用的交换机。它包括各种功能，例如 as VLAN 标记、VXLAN、GRE、粘接（bonding）、基于流的转发（flow based forwarding）、用户空间的控制台（user space control plane）等
Lagopus	Lagopus 是另外一种兼容 OpenFlow 1.3 的软件交换机。它与 Intel DPDK 非常匹配。它们在路线图中计划集成其他控制台方案，如 Quagga 和 GoBGP，这非常有利于各种开放的用户解决方案
Vale/Netmap	类似于 Linux 网桥和 OVS，Vale 连接了物理或虚拟网络接口。然而，较之其他软件的交换机，它拥有更高性能（高吞吐量和低 CPU 使用率）和可扩展性。更好的性能是通过 Netmap 的 API 来实现的，事实上，Vale 是作为 Netmap 分发（Distribution）的一部分提供的
BIRD	BIRD 是一个由布拉格查理大学数学和物理学院教授们开发的项目。目前，它由 CZ.NIC 实验室开发和支持。BIRD 项目旨在开发一个功能齐全的动态 IP 路由程序，主要是针对于（但不限于）Linux、FreeBSD 和其他类 UNIX 系统及 GNU 通用公共许可证下发布的系统。它同时支持 IPv4 和 IPv6（需要使用 -enable-IPv6 来进行配置），多种路由表 BGP、RIP、OSPF、静态路由及 IPv6 路由器公告等
Quagga	Quagga 是一个拥有许多小型后台进程的集合，每一个后台进程都有一个特定的任务。这个任务可能是运行一个 OSPF 或 BGP 等路由协议。Zebra 后台进程负责与内核进行交互，并提供了一个简单的 API（称为 Zserv）供其他后台进程使用，所以它们并不需要直接调用内核。其他的后台进程运行各自的协议。用户可以配置 Quagga，使所有这些后台进程从同一个位置查看它们的配置文件，或者单独配置每个后台进程
VyOS	VyOS 是一款基于 Linux 的网络操作系统，它提供基于软件的路由功能，包括各种 OSPF、BGP 路由协议，集成了防火墙和 VPN 的支持功能。VyOS 其实是 Vyatta（被博科通讯 Brocade Communications 收购）的一个分支

9.4.3 其他开源网络设备

网络服务，如DHCP、防火墙、NAT、DNS（vDHCP、VFW、vNAT、VDNS）都可以通过开源实现，并且可以作为标准的Linux发行版的一部分发行。例如，DNS和DHCP可以用dnsmasq来部署，以及用于实现NAT和防火墙的IPtables。如IPtables（netfilter）和Radius-server（freeRADIUS）之类的软件都属于标准Linux发行版的一部分，可分别用于虚拟防火墙和虚拟AAA。snort软件在一些NFV应用部署中被用于虚拟入侵检测系统（virtual IDS）。并且，例如Quagga、VyOS和BIRD这样的软件，都可以用来实现众多PE（骨干网边缘路由器）的功能。此外，其他的软件如MPLS-Linux和xl2tp-daemon也可实现虚拟化的PE功能。最近，AT&T和爱立信共同通过OpenDaylight控制器提出了基于SDN的L3VPN。

9.5 NFV开启现网试点

网络功能软件化和硬件云化已经成为网络未来发展的趋势。NFV作为重塑网络架构的主流技术，受到运营商的推崇。但对一个新技术，全球各大运营商更多持谨慎态度，通过现网试点工作来验证方案的可行性。

9.5.1 AT&T

AT&T计划到2020年，利用SDN/NFV虚拟化并控制超过75%的网络以满足不断上升的流量需求。2014年9月，AT&T利用NFV和SDN技术，部署了第一个用户定义网络云（User-Defined Network Cloud），同时推出了一个随选网络（Network on Demand）服务，并将400个IT应用移动到云中。现在基本上是每天迁移一个APP。他们有400 000个核心处理器来运行这些IT APPs，操作效率提高了50%。预计到2017年可以将所有的APP迁移到云中。同时，AT&T实现基于虚拟化支持。

具体内容请参考网址：http://about.att.com/innovationblog/3215howdoyoukeeppace。

9.5.2 中国移动

中国移动考虑大规模发展的新网络、灵活开放的新能力、面向未来灵活简化的新架构等需求场景，将围绕以下三大应用领域开展技术推进。

VoLTE：利用NFV快速部署和升级的特点，利用规模性发展VoLTE新网络。推进VoLTE网络中虚拟化技术的采用，重点考虑S-CSCF和AS等信令面网元，深入研究SBC媒体面虚拟化可行性，考虑是否将全部IMS网元虚拟化。

物联网专用：利用NFV的灵活扩展能力，提供多样的物联网服务。依托专用EPC实现虚拟化的IoT网络平台，满足万物互联快速部署和灵活应用的需求。由于物联网用户数据的定制化要求高，正重点考虑加快物联网 HSS 虚拟化的重点攻关。

固定接入：利用 NFV 架构优势，高起点发展固网，推进降本增效。采用 NFV 技术重点推进 BRAS 的 C-U 分离，有利于高起点推进固定接入网络，满足固定接入快速升级、自动开通和灵活的能力开放等需求。

中国移动的相关实践包括 vIMS 以及虚拟化 RCS 及 Nanocell 商用。

目前，中国移动已开展基于 vIMS 的核心网云化外场试点验证工作，初步验证了核心网云化快速上线、弹性伸缩、网络快速更新的能力。

（1）总体目标：验证厂家虚拟化系统成熟度，挖掘核心网云化管理要求。

（2）试点范围：3 个系统厂商，4 个试点城市，与现网 IMS、EPC、网关对接。

（3）验证内容：虚拟化系统集成，云管理、网管、硬件、可靠性、业务测试，共 6 大类 123 个用例。

（4）进展情况：已完成针对试点的试验室验收测试，初步验证了核心网云化的三大能力（快速上线、弹性伸缩、网络快速更新）。当前正在进行阶段性试点总结。

中国移动融合通信业务平台（新消息、VoEWi-Fi、业务管理功能）基于 NFV 架构进行部署，采用软硬件解耦方案，由中兴提供虚拟化层和虚拟网元功能并完成系统集成，硬件由 HP 和 CISCO 提供。2015 年初启动 1 期试商用，支持 1 700 万 IMS 注册用户（1 亿开户用户）。2016 年 5 月启动 1.5 期商用。

具体内容请参考 2016 年全球 SDNFV 技术大会三大运营商 NFV 实践报告。

9.5.3 中国联通

中国联通在 NFV 方面的实践包括基于沃云的网络功能虚拟化以及 vCPE。

参考 ETSI NFV 架构，中国联通搭建基于沃云 +WoMANO+VNF（vEPC+vIMS）的 NFV 开放平台，并在此基础上延时 VNF 承载在云平台上的业务运营流程。

（1）模板定义：上传 NSD 和 VNFD 的 MANO，经过有效性检查后，将其录入到相应的目录中，演示的 NSD 为 vEPC+vIMS，VNFD 为 vIMS 的相关网元 P-CSCF、I-CSCF、HSS、XDMS、MME、SGW、PGW。

（2）实例化：通过 MANO 自动化部署 vEPC+vIMS，15 min 可搭建完成系统，在 vCPE 的研发工作中，利用 NFV 技术，极可能将网关的功能移动到网络侧，降低实体网关的复杂度和成本；新业务在网络侧部署，有利于开发、运维和灵活部署。

具体内容请参考 2016 年全球 SDNFV 技术大会三大运营商 NFV 实践报告。

9.5.4 中国电信

中国电信从边缘到核心引入 NFV 的实践。中国电信下一步打算从边缘到核心将 SDN/NFV 引入实践。第一步将开展 vCPE 商用解决方案 WIFI 建设引入 NFV；第二步将 SDNO 开展流量调优；第三步 IDC 网络自动化部署，网络基础设施云化。

中国电信已完成全球首个虚拟企业用户驻地设备 vCPE 现网试验，主导了 vCPE

国际标准的制定，牵头国际宽带论坛 BBF《Network Enhanced Gateway For Home and Bussiness Customers》标准的制定；联合华为发布业界首个 vCPE 商用解决方案，企业侧的业务功能云化、虚拟化到运营商网络中，易于提供标准化设备，简化企业分支部署，降低运营成本和投资成本。

具体内容请参考网址：http://www.lightreading.com/nfv/nfv-elements/china-telecom-huawei-test-virtual-cpe/d/d-id/710978?。

9.5.5 相关报道

1. **信息产业网**（http://www.cnii.com.cn/industry/2016-04/21/content_1719805.htm）

2015 年，中国移动选取四个省份展开核心网云化现网试点工作，华为作为唯一一家同时主导两个试点的设备商于 2015 年 9 月率先携手陕西移动和安徽移动启动试点工作。两试点分别从不同侧重点，对云化后的 IMS 从组网方案、技术指标、业务能力、运维能力以及全生命周期管理等方面进行了全面验证。在不到三个月时间内，即完成了多厂商硬件环境下云化 IMS 的部署及现网的对接，打通首个云化 VoLTE 高清视频通话，并实现陕西与安徽两省试点间首个跨省云化 VoLTE 高清视频通话。2016 年 1 月，完成了 6 个测试分册、100 多个测试用例的首轮测试，并确定了后续需要深入研究的 60 多个子课题。

第一阶段测试结果显示，华为云化 IMS 系统承载下 VoLTE 业务质量及业务可靠性相对传统设备无下降。系统安装基本实现自动化，具备基本的自动扩容、无损升级和 VNF 全生命周期管理能力。

2. **通信世界网**（http://www.cww.net.cn/news/html/2016/4/25/2016425175327552.htm）

目前中国移动研究院、中国联通网研究院、中国电信北京研究院都已经设立了 vBRAS 相关项目测试，而诸如江苏移动、福建电信、广东移动等地已经开始了 vBRAS 的现网试验。

vCPE 模式目前已经得到国内三大运营商的高度认可。虽然此前 vCPE 应用于家庭客户并未引发如预期的市场爆发点，但对于具备深厚市场扩展潜力的政企客户和广大中小企业客户而言，vCPE 所倡导的网络服务模式将更加有的放矢，诸如中国联通研究院、中国联通网络技术研究院以及福建电信等都已经进行了关于 vCPE 的场景测试和现网接入测试。

3. SDNLAB(http://www.sdnlab.com/16117.html)

中国联通研究院验证基于沃云的 VCDN 平台。中国联通研究院基于沃云的 VCDN 平台，具备了 VCDN 统一管理和 VCDN 网络虚拟化功能。VCDN 一改传统的所有网元分功能各自部署在物理机上的模式，将缓存节点部署于切分出来的虚拟机上，将管控节点进行云化，将存储资源、计算资源及网络资源按需切分提供给多个 CP，实现实时分配及回收，达到资源最大化利用、快速响应业务需求的目的。

|第 10 章|

NFV 与移动边缘计算（MEC）

10.1 背　　景

随着移动设备的不断普及，智能手机和平板电脑将逐渐取代个人电脑，成为消费者最主要的计算设备，大部分数据流量将从固网转向无线网络，移动网络数据流量将会大幅提升，智能手机和流媒体视频成为推动移动数据流量增长的中坚力量。据预测，到 2018 年，移动数据流量将增长 12 倍。此外，增强现实、虚拟现实、超高清视频、物联网、智能可穿戴设备等概念的流行和实现，将带来新一轮的移动数据流量爆发式增长。

事实上，大部分的移动网络运营商用 2G 网络来承载话音流量，而带宽、数据业务主要由 3G 网络提供。最近，随着 4G（LTE）技术的不断成熟，移动网络运营商开始大规模部署 LTE 基站来为用户提供更快的带宽服务。对他们而言，面临的巨大挑战不仅仅是要想办法将这些巨大的数据流量转化成利润，更重要的是怎样才能满足不断增长的网络带宽需求，为用户提供更好的移动互联体验。这迫使他们在不断提升现有网络技术和资源服务能力之外，不得不考虑在基础设施中整合新技术来面对巨大的流量带宽需求的挑战。在传统的移动云计算（MCC）中，移动用户在使用云服务时，流量需经过移动核心网络才能到达云服务器，随着移动云计算的发展和移动终端设备的指数增长，移动核心网络的流量压力会变得越来越大。2014 年提出的 MEC（Mobile Edge Computing，移动边缘计算）可以将计算任务从远端云服务器迁移到移动边缘网络，从而减小移动核心网络的压力，解决移动运营商的难题。

针对接入网，IT 和通信网络的融合为边缘网络提供了新的能力以及可能性，如图 10-1 所示。通过应用云计算的概念，ICT 技术实现在边缘网络的服务器（MEC Server）上提供计算能力。MEC 作为一种全新的技术，能够在无线接入网络边缘提供 IT 和云计算能力，在离用户最近的地方为其提供计算、网络、存储等资源，具有超低时延、超高带宽的优势，在满足用户网络带宽需求的同时，能够明显改善用户体验。

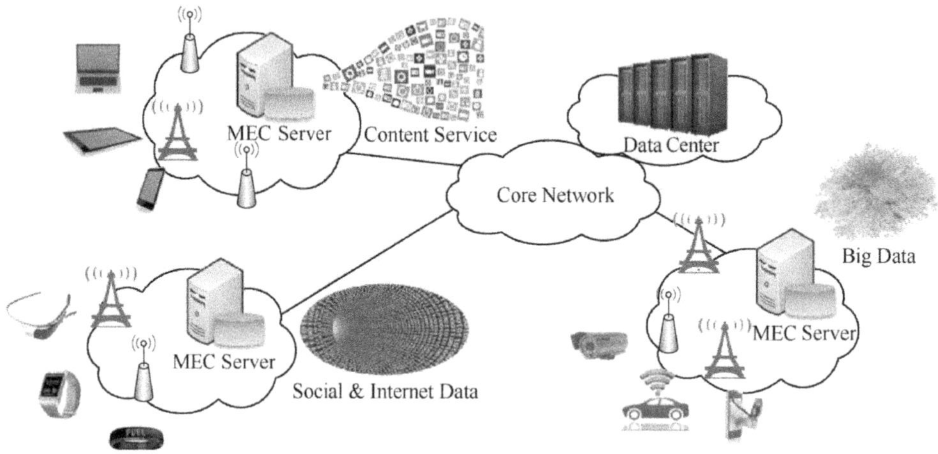

图 10-1　移动边缘计算域组网架构

10.2　MEC 工作原理及优势

MEC 在最靠近用户的无线接入网络（RAN）里提供电信和云服务，具备了超低时延、超高带宽以及边缘网络信息开放的能力，是一种能够减轻移动核心网络压力、减少用户等待时间以及增强用户体验的技术。RAN 提供超低延迟和高带宽的服务环境以及能够直接获取实时的无线网络信息（例如用户位置、小区负载等）。对于应用程序开发者和内容提供商，他们可以利用这些实时的网络信息为用户提供与这些信息内容相关的服务，以此改变移动宽带体验。

移动运营商将服务直接部署在离用户最近的位置，避免了用户不断地上传和下载。部署在基站附近的 MEC 服务器在卸载核心网络流量的同时，增加了移动应用的灵活性。此外，全新的个性化服务产品和更高的性能，为移动运营商提高用户体验提供了机会。随着 MEC 的不断发展，基站将能够基于用户环境发送定制内容，这将从根本上改变用户个性化服务。此外，MEC 提供了一个新的生态系统和价值链。移动网络运营商可以将他们的无线接入网络（RAN）边缘对授权的第三方开放，使他们能够灵活、迅速地向手机用户、企业和垂直市场部署创新的应用和服务。移动运营商、网络设备供应商和第三方服务商可以利用 MEC 的邻近、感知、敏捷、快速的响应时间和速度等特性，在各自的商业模式中发挥互补的作用，从移动宽带流量中获取收益，并允许他们将移动宽带的体验实现货币化。

10.3 MEC关键技术

10.3.1 虚拟化技术

为了最大限度地满足用户的需求，移动边缘网络和设备的部署必须具备灵活性和可扩展性，同时需要对来自不同设备供应商的不同的软件和硬件进行整合。云和虚拟化技术已被MCC和NFV证明为解决平台灵活性、可扩展性的有效途径，对于MEC而言，云和虚拟化也是在移动网络边缘整合云计算能力和IT服务环境的关键技术。

平台虚拟化技术：虚拟化能够在硬件层面之上抽象出一层孤立的逻辑结构，使得资源可以被灵活动态地使用。这种按需提供计算和存储资源的特性在IT领域的应用促进了IT产业的变革。此外，虚拟化还可以在网络领域引入更高级别的自动化和灵活性，这将为MEC融合IT和电信能力起到至关重要的作用。

ETSI的NFV工作组对于电信网络的虚拟化技术做了研究和讨论，他们通过虚拟化技术来实现在通用的架构之上运行标准化的业务和产品。对于MEC而言，在移动网络的边缘，不仅需要在通用的架构之上运行标准化的业务和产品，更需要为第三方服务商提供IT能力。虚拟化在MEC中的应用，使得在一个MEC平台之上可以部署多个虚拟机，通过高效灵活的控制原则，这些虚拟机可以共享硬件资源，并且虚拟机中第三方服务商的应用和软件环境得以与底层的硬件资源解耦，极大地增强了MEC服务器的通用性和可扩展性。

网络虚拟化技术：在网络领域，SDN是一种不断流行起来的架构，它将控制层和转发层分离，将网络交换机看作是受中心控制的虚拟包转发设备。与传统的网络架构相比，SDN有很多优势，它使得网络设备有了全局视图。尽管SDN主要应用于核心网络，但是在无线接入网络中，SDN也会带来极大的便利。而且在MEC中，SDN交换机可以整合进MEC服务器当中，使得MEC服务器具备控制整个无线接入网的能力。

10.3.2 无线接入技术

基于不同的接入技术，有不同的方式来实现MEC。随着5G时代的到来，最有前途的接入技术为LTE和Wi-Fi，它们分别贡献了室外和室内绝大部分的移动数据流量。在室外，将计算和虚拟化能力整合进宏蜂窝，运营商可以加速OTT服务以及提供新的高价值服务；在室内，将边缘云服务器整合进Wi-Fi接入点，可以汇聚接入设备信息，为大数据分析、物联网应用提供平台。无线接入技术的发展将影响着MEC的部署和应用方向。

LTE：蜂窝网络正面临着巨大的数据流量增长需求，为了支持流量的增长，3GPP 提出了 LTE 标准。LTE 是由 2G/3G 网络进一步演化而来的技术，在提高移动带宽的同时降低了技术复杂度，能够为移动用户提供更高的数据速率和更低的时延。爱立信预测到 2020 年将有 500 亿设备需要接入网络，LTE 的设计实现使得监控成千上万的机器成为了可能。此外，LTE 无线网络提供一系列措施来简化和减少下一代网络的建设和管理，主要包括自配置和自优化，从而最大程度地减少运营商的干预和维护成本。更重要的一点是，LTE 网络将会与 IP 核心网络并行部署，这将极大地减小建设和维护的难度。

Wi-Fi：Wi-Fi 已经成为人们日常生活中不可缺少的无线接入方式，为边缘网络贡献的无线流量越来越大。自 1997 年制定第一个 802.11 协议以来，IEEE 802.11 工作组先后推出了 802.11b、802.11g/a、802.11n、802.11ac 标准，Wi-Fi 技术不断增强和扩展，Wi-Fi 的应用场景越来越丰富，覆盖区域已经从热点分布向大范围热区分布发展，并且随着 Wi-Fi 协议族的不断充实，Wi-Fi 网络的功能变得越来越细化，Wi-Fi 网络也变得越来越复杂。为了能够长远地发展，Wi-Fi 技术会变得更通用、更灵活，以适应不同场景的需要。因此，IEEE 802.11 工作组不断定义和开发了一系列先进的 Wi-Fi 技术，在吞吐量增强、覆盖范围拓宽和更加易用等方面，与 LTE 宏基站形成强有力的竞争。

LTE 作为在全球范围内最突出的蜂窝技术，主要工作在授权的 700 MHz ～ 2.6 GHz 频段，并且受到严格控制，Wi-Fi 无线接入方式工作在非授权频段，更加开放与自由，但是工作在 5 GHz 非授权频段的 LTE 系统也逐渐提上了日程。此外，在室内环境下，运营商往往将 Wi-Fi 网络作为卸载流量的第二选择，随着 802.11af 和 802.11ah 协议的提出，为 Wi-Fi 技术在室外环境下的应用提供了可能。随着技术的发展，Wi-Fi 技术和移动蜂窝技术之间的差别会越来越小，基站和 AP 将会共同承担起用户接入的任务。

10.4 MEC 特点

典型的移动边缘计算特点可以被归纳为以下几点。

（1）本地：本地意味着 MEC 可以独立地运行于网络的“剩余部分”，同时还可以接入本地的资源。

（2）邻近：MEC 接近信息资源，可以采集到许多关键信息，例如用户实时的信息等，这对于数据分析、应用供应是很重要的。边缘计算还可以整合到相关设备中，这可以很容易地通过商用的一些特殊应用来实现。

（3）低时延：因为边缘服务是在接近终端设备处运行的，它当然就减少了延迟。这样可以提供更快的反应时间，提升用户体验以及减少网络其他部分的拥塞。

（4）位置感知：当网络边缘采用无线网络时，不论是 Wi-Fi 还是蜂窝网，一个本地的服务可以通过信号信息来判断每一个连接设备的位置。这就可以产生一整套面向服务的使用案例，包括位置服务、位置分析以及其他的应用。

（5）网络上下文信息：实时的网络数据（比如无线状况、网络统计数据等）能够被用于提供相关内容的服务，此服务可以使移动宽带体验变得更好，并且产生更好的经济效益。

10.5 ISG MEC 工作组工作

10.5.1 ISG MEC 的基本理念与目标

为了给价值链中所有参与者创造可持续的业务，开发有利的市场条件，促进全球市场的增长，我们需创建一个标准化、开放式的环境，使得移动边缘计算平台上多厂商的应用能够高效、无缝地集成。因此，ETSI 提出一个新的行业规范组（Industry Specification Group，ISG），以此规范移动边缘计算（MEC）行业，加速整个行业在边缘应用上的发展，加大市场规模，完善市场经济。

2014 年 10 月 14 日至 17 日，在德国杜塞道夫举行的 SDN & OpenFlow World Congress 会议上，ETSI 为 MEC 成立了一个新的行业规范小组（ISG），提出了在靠近移动用户的地方整合 IT 和云计算能力的设想。2014 年 12 月 2 日至 4 日，ETSI MEC ISG 在慕尼黑召开了第一次会议并制定了详细的工作计划，明确提出 MEC 在离移动用户最近的无线接入网内提供 IT 和云计算能力，为应用和服务提供实时的无线信息和网络信息，同时为应用开发者和内容服务商提供一个超低时延、超高带宽、具备邻近性、位置感知以及网络边缘信息开放的服务环境。此外，ETSI 组织还制定了 MEC 白皮书，介绍了 MEC 的趋势、技术优势以及部署场景，描绘了架构蓝图，就技术挑战和要求作了详细的说明。

ISG MEC 的目标是建立一个标准化的、开放的环境，让来自不同厂商、服务提供商以及跨多厂商移动边缘计算平台的第三方应用程序能够高效、无缝地集成。此外，该组织还将致力于实现、加速整个行业中边缘应用的发展以及扩大市场规模、提高市场经济。ISG MEC 还将起到监管、督促方面的作用。

10.5.2 MEC 服务器部署方案

ISG MEC 第一个版本的白皮书提供了三种 MEC 服务器部署方案。MEC 服务器可以被部署在以下任何地方：LTE 宏基站（eNodeB）、3G 无线网络控制器（RNC）以及多技术融合的小区基站。多技术融合的小区基站可以被安放在室内，例如企业内部（如医院、大型企业总部），或在露天的大型公共场所（如商场、体育馆），提供无线覆盖。图 10-2 描绘了移动边缘计算服务器的部署方案，分别位于 LTE 宏基站、多技术融合的小区基站以及 3G 无线网络控制器（RNC）。

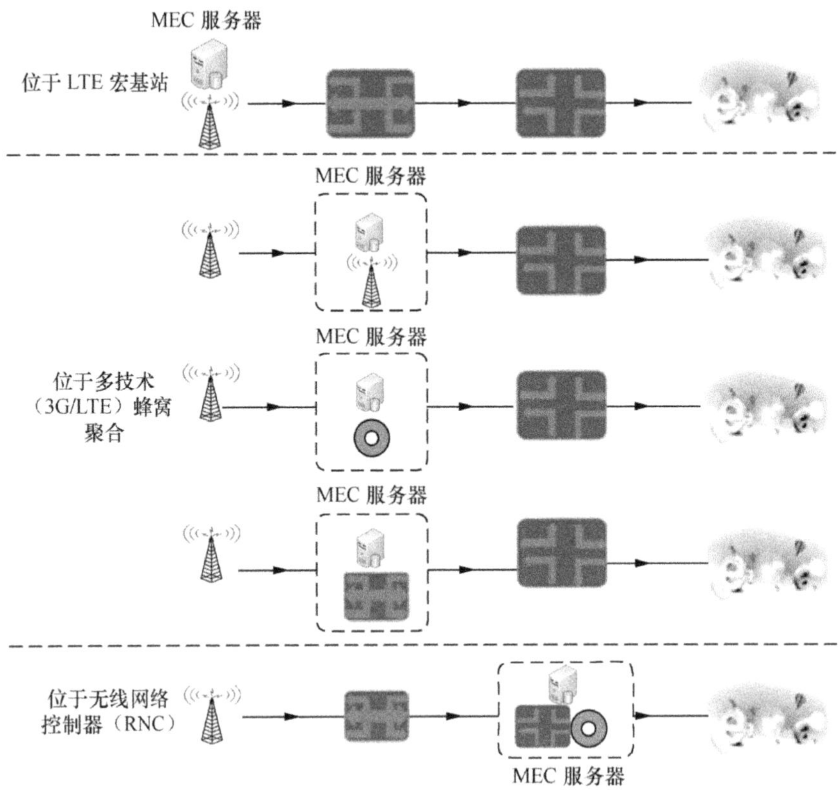

图 10-2　MEC 服务器部署方案

10.5.3　MEC 体系架构

移动用户通过基站（例如 LTE 宏基站、3G 无线网络控制器、多技术融合接入点）与移动边缘网络建立和控制连接。MEC 服务器部署在离基站设备最近的位置，并连接到基站设备上，MEC 服务器同时具有处理和控制用户数据流量的能力。用户的请求和信息通过无线接入网络发送到本地 MEC 服务器。MEC 服务器上有移动网络运营商部署的用来控制用户流量的转发和过滤规则，以及第三方服务供应商的应用和服务。因此，在移动网络边缘，MEC 服务器既可以处理也可以转发用户的请求，MEC 服务器收到无线接入网络发来的用户请求后，作出相应的响应，当本地 MEC 服务器能够处理用户请求时，便可直接提供相应的云服务；当本地 MEC 服务器中没有对应服务时，可以将请求转发到邻近的 MEC 服务器上，或者将用户请求直接转发到核心网络进行处理。

在移动云计算中，用户的请求和信息首先被传送到提供移动网络接入服务的中央处理器，通过网络运营商的认证、授权、统计后经由移动核心网络被转发到云数据中心来获取不同的服务（例如数据库、虚拟化、计算中资源、存储服务等）。与移动云计算不同，在 MEC 架构中，云数据中心的功能被迁移到移动网络边缘，直接在无线接入网络中对用户的请求进行处理和响应。

ETSI 在 MEC 白皮书中提出一种四层架构的 MEC 模型供参与者参考。如图 10-3 所示，MEC 服务器的平台由基础设施和应用程序平台组成。

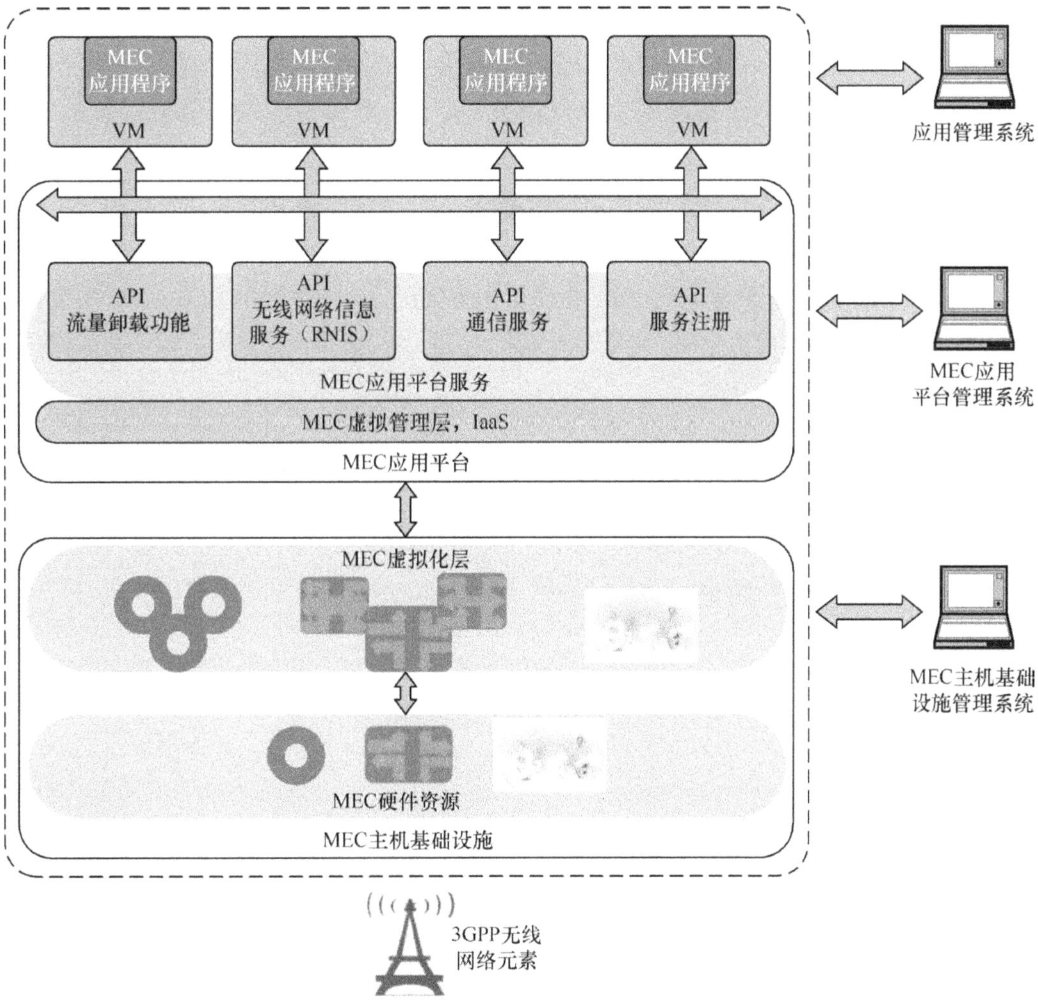

图 10-3 MEC 平台

通常，为了满足系统可管理和可扩展的需求，云架构一般包括基础设施层、虚拟化层和应用平台层。其中最上层为应用平台层，为不同种类的应用程序提供运行环境；虚拟化层为中间层，主要提供虚拟化资源；最底层为基础设施层。

（1）基础设施层：这一层主要提供硬件资源，包括计算、存储和网络资源。网络资源主要由无线接入网（RAN）的基础通信设备组成，例如 LTE 基站、无线接入点、交换机等设备。计算和存储资源由一系列服务器提供，服务器与网络基础设施直接相连。

（2）虚拟化层：虚拟化层位于基础设施层之上，对基础设施层提供的物理资源进行抽象，形成虚拟化平台，通过虚拟资源来支撑应用平台层，同时保证 MEC 的可扩展性。

（3）应用平台层：MEC 应用平台层具有运行应用程序的能力，为应用提供虚拟化管理和平台级服务。第三方服务供应商的 MEC 应用在虚拟机中部署和运行，并且被相应的应用管理系统管理。

MEC 应用平台主要提供的服务有：基础设施服务（通信服务、服务注册）、无线网络信息服务和流量卸载服务。

通信服务：通过专门设计的系统接口，运行于平台之上的应用程序之间可以通过基础设施服务进行相互通信。此外，基础设施服务还支持应用程序与平台之间的通信。通信服务模块可以实现一对多消息发布，同时能够提供保护机制来防御恶意应用。

服务注册：MEC 服务器提供服务类型清单，通过解耦合为应用提供灵活的部署策略。除了服务清单以外，服务注册模块还提供相关的接口及其版本。应用程序可以用它来发现和定位所需的服务位置以及广播自己的位置来为其他应用提供服务。

无线网络信息服务：MEC 允许运行于 MEC 服务器中的应用获取实时的网络和无线信息。MEC 平台中的无线网络信息服务模块能够为认证通过的应用提供相应边缘网络信息。第三方应用可以根据这些开放的网络信息进行高层次的处理。该模块提供的信息主要为：用户设备接入的相关信息（如 QoS、小区 ID 等），与用户相关的测量和统计信息等。

流量卸载模块：流量卸载模块可以对整个无线接入网络内的流量在数据包层面上进行控制，可以通过设定规则优先服务那些经过认证的应用的流量。对整个系统的流量均衡、QoS 具有重要作用。

除了以上三层之外，MEC 服务器还提供对整个平台进行管理的接口，运营商通过该接口管理 MEC 应用平台、应用生命周期以及对应用的其他操作。除了 MEC 应用平台管理外，还应该有应用管理系统用来管理各个应用的业务逻辑。

10.6 应　用

10.6.1 应用分类

MEC 融合了 IT 和电信网络能力，为所有参与者提供了一个全新的价值链条和应用生态，移动边缘服务器的大规模部署可以创造新的商业盈利模式，将使面向移动用户和企业用户的垂直业务得到极大的发展。ETSI 将 MEC 的应用场景归结为以下 6 类：视频分析、位置服务、物联网、增强现实、优化本地内容分发和数据缓存。

视频分析：视频作为移动互联网中主要流量贡献者，会对网络造成非常大的压力。在 MEC 中，可以直接在基站分析直播视频流，减少大量视频流量对网络造成的伤害。也可以通过在视频流量变大之前在离视频产生最近的地方对其进行处理，减轻核心网络的压力。此外，通过视频分析可以自动进行事件触发（比如移动物体、被遗弃的垃圾、人群异常等）。

位置服务：GPS 作为一种成熟的定位方式，在户外得到了广泛的应用。但是，在室内条件下，GPS 定位往往不能有效服务。作为 GPS 在室内的补充，基于基站（Wi-Fi、LTE 等）的定位方式能够有效解决室内定位的问题，但需要大量的计算资源。MEC 在基站附近提供计算资源的方法，为确定移动设备的实时位置提供了可能。此外，通过 MEC 服务器的位置服务，还能够获得人群的分布特点以及为精准广告投放提供条件。

物联网：在物联网当中，高数据速率的传感器变得越来越普遍，将所有的传感器数据都传输到远端的云中来处理将会变得非常困难。移动边缘服务器的分布式结构和运用虚拟化技术来实现灵活部署的模式，为物联网当中数据的采集提供了很好的方法。传感器采集的数据直接采样处理再传到云中会大大地降低原始数据的保真度，而在网络边缘直接将原始数据进行分析，将会在高保真度的同时，满足实时性的要求。

增强现实：移动边缘服务器具有丰富的计算、存储和网络资源，此外还具有低时延、高带宽的特性。通过在本地提供增强现实内容缓存，本地内容本地分发，移动边缘服务器提供的增强现实服务能够消除传统移动云计算当中本地内容经过核心网络回传的时延，还能动态地在本地进行广告注入，具有很高的用户体验和工作效率。

优化本地内容分发：通过边缘网络功能的开放，部署在移动边缘的应用可以根据实时的边缘网络状态信息，动态地调整内容分发，提高视频质量和网络吞吐量。

数据缓存：作为部署在移动网络边缘的服务器，MEC 服务器可以作为数据中心使用，通过将流行的内容和数据存储在基站附近的 MEC 服务器上，可以减少回传，提高用户体验。

由于 MEC 仅仅是在文章中讨论，还没有运行于现网，哪种应用部署在网络边缘将会获得更大的收益还有待观察。Micheal 等人指出，不同的文章中分类方法虽然有些不同，但是都不可能全部覆盖所有的能从 MEC 当中获益的应用类型，现阶段只是对受到 MEC 影响最大的应用种类的预测。他们将 MEC 应用分为：卸载、边缘内容分发、聚合、本地连接、内容压缩以及增强现实，并通过功耗、时延、带宽、可扩展性四个维度对 MEC 应用进行了评估。通过评估，他们得出移动终端用户从减少的通信时延当中得到最大的利益。就卸载类应用而言，因为 MEC 服务器与终端用户之间的邻近性，许多新型的卸载类应用都可以部署到上面去。而对于移动运营商而言，带宽的减少和可扩展性是他们最关心的，比如边缘内容分发、汇聚和本地接入。可扩展性和快速部署服务为服务提供商带来了更大的利益，MEC 服务器允许他们在网络边缘提供服务，降低了数据中心的带宽需求。更重要的是，因为网络边缘信息的开放，使得服务提供商能够在增强现实类应用当中整合进数据流量等信息。由于技术的限制，在传统的网络中，这是不可实现的。

10.6.2 应用例

下面描述一些应用例以及相应的优势。

使用案例 1：位置跟踪

图 10-4 展示了一个位置跟踪设备的应用例。这个案例的可行性是基于终端设备网络测量的实时性跟踪、第三方的定位算法以及运行在 MEC 服务器上的定位应用。LTE 基站 /RNC 将用户的信息传输至 MEC 服务器，定位应用分析用户的位置坐标，如图 10-4 中的坐标（x，y），并传输到核心网。GPS 在场馆、零售区域和一些覆盖区域的覆盖并不是可用的，我们就可以利用位置跟踪的应用实现企业和消费者的位置服务。这些服务的应用范围可以包括移动广告、智慧城市、客流量分析、校园管理等。

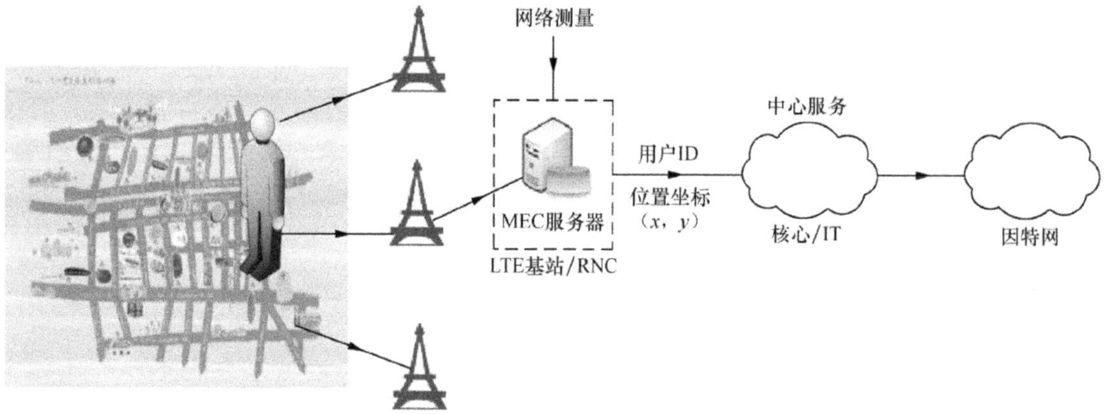

图 10-4　激活装置位置跟踪

使用案例 2：增强现实

运行在智能手机或者平板上的增强现实的应用提供了相应物体增强现实的信息。如图 10-5 所示，MEC 服务器上的应用可以提供物体的跟踪和局部实时内容的缓存。AR 信息（用户位置及摄像头视角）是高度本地化的，对这些信息的实时处理最好是在本地（移动边缘计算服务器）进行而不是在云端集中进行，以最大程度地减小 AR 时延，提高数据处理的精度。

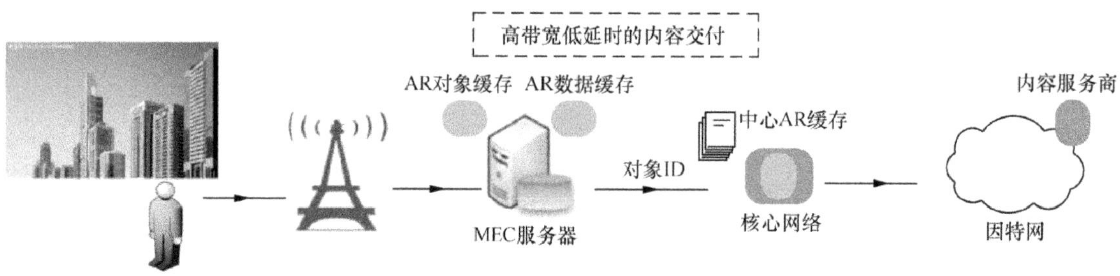

图 10-5　增强现实

使用案例 3：监控视频分析

图 10-6 展示了一个分布式的视频分析的方案。目前，我们的视频监控业务都需要把视频流全部上传至服务器或者在摄像头处进行视频处理。这两种方式的成本开销都很大，效率都较低。而在 MEC 监控视频应用中，视频管理应用将获取 LTE 传输来的视频流并进行编码和存储。因此，如果用户只需要一小段视频信息时，就没必要回传大量的监控视频到应用服务器。这些应用将低带宽的视频数据元发送到核心的管理服务器上进行搜索。视频分析应用可以用来检测或者通知特殊的事件，比如物体的移动、小孩的丢失、行李箱的丢失等。应用范围可以从个人安全、公共安全到智慧城市。

使用案例 4：无线接入网的优化

基于 RAN 感知的内容优化如图 10-7 所示。在这个使用案例中，此应用给内容优化器传输精确的小区和用户的无线接口信息，可以实现内容的动态优化，提高网络的有效性以及终端用户体验质量（QoE），这使得新的服务和收入机会变得可能。视频动态内容优化的提高可以减少内容交付时间以及初始时间，提供更好的视频质量。

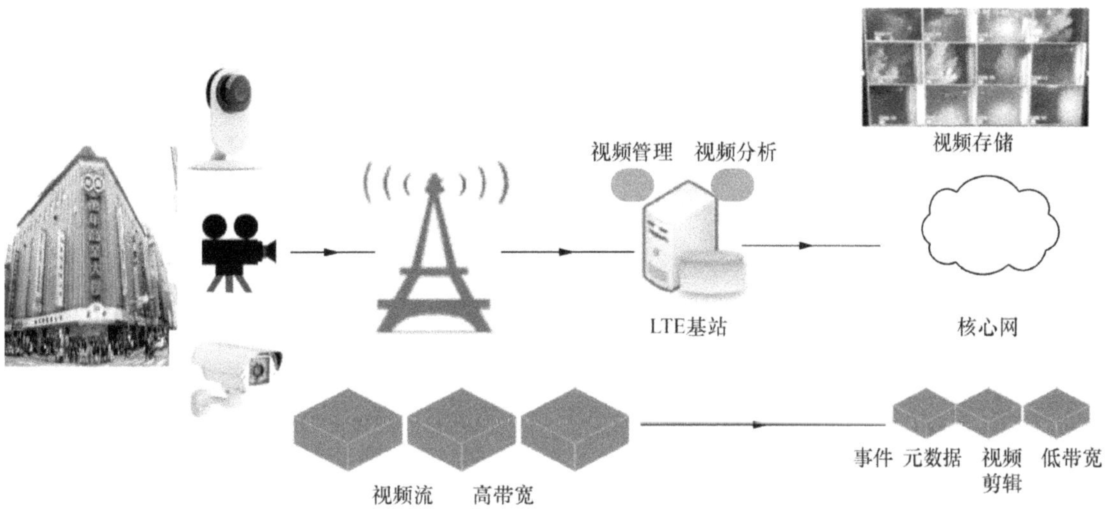

图 10-6 监控视频分析

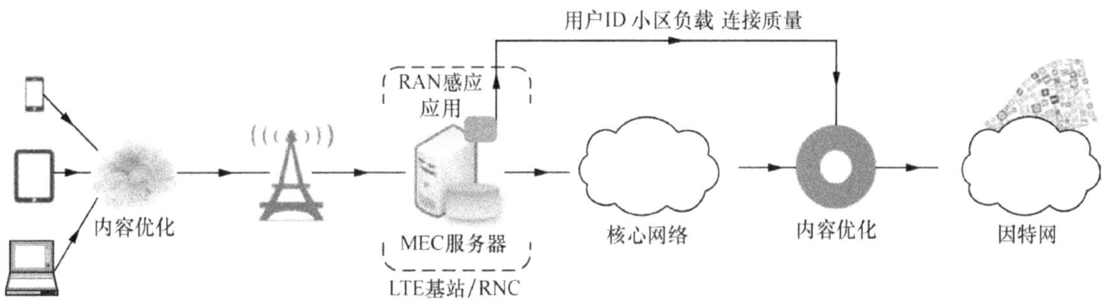

图 10-7 基于 RAN 感知的内容优化

使用案例 5：分布式内容和服务器存储

如图 10-8 所示，分布式的存储技术可以提供回传和传输保存，提高服务 QoE。内容存储可提供减少高达 35% 的回传能力。本地的域名存储系统可以减少 20% 网页下载时间。

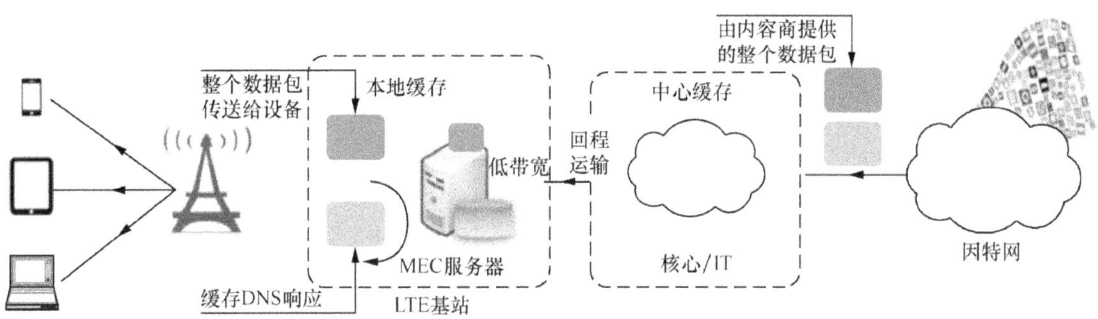

图 10-8 分布式内容和服务器存储

使用案例 6：感知应用的性能优化

实时的应用感知优化可以提高网络有效性和消费者的体验。如图 10-9 所示，小区的流量包括视频和浏览器所消耗的流量，利用感知应用的性能优化可以减少视频的卡顿，增加浏览器的吞吐量，同样时延也可以得到显著的改善。

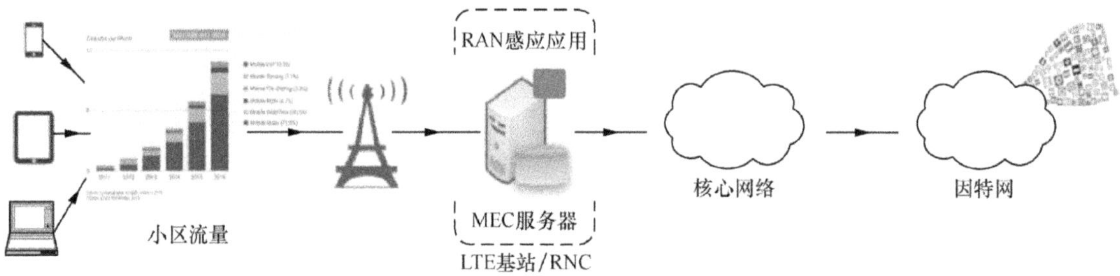

图 10-9　感知应用的性能优化

使用案例 7：智能视频加速

终端用户体验质量（QoE）和无线网络资源的利用率可以通过智能视频加速得到改善。现在网络媒体与文件传输通常都通过 TCP 协议使用超文本传输协议（HTTP）播放或下载。TCP 协议很难实时地适应快速变化的无线网络条件——比如，在蜂窝网络内，如果底层无线信道环境发生变化（如由用户终端的快速移动引起），或者系统负载增大，都将会导致移动终端的可用无线接入带宽在数秒之内下降一个数量级，这都可能导致宝贵的无线资源利用不足和次优的用户体验。

图 10-10 给出了试图克服上述挑战的智能视频加速服务情形的一个例子。在这种情况下，在 MEC 服务器上部署无线电分析应用（Radio Analytics Application），为视频服务商提供无线下行接口的实时吞吐量指标，使其作出更为科学的拥塞控制决策。例如选择初始窗口尺寸，拥塞避免阶段设定拥塞窗口值，调整所述拥塞窗口的大小，同时也要确保应用层编码能与无线下行链路的预估容量相匹配。

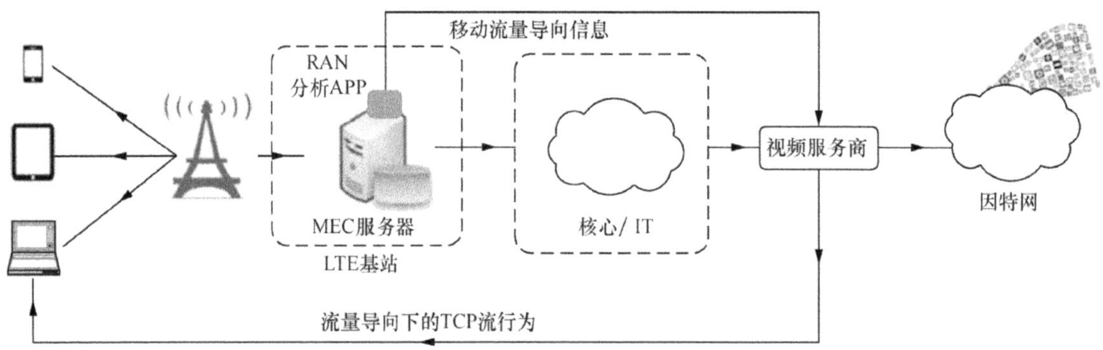

图 10-10　智能视频加速服务

视频服务器可以利用这些信息来决策 TCP 拥塞控制，那么相应的内容的缓冲时间（time-to-start）以及视频卡顿等可被减少，视频质量和吞吐量得到改善。

另外，在移动边缘技术中，“无线分析”这项应用还将可以跨设备商或跨网络部署，从而进一步提高网络资源利用效率，并提高绝大多数用户的业务体验质量。

使用案例 8：车联网

目前，基于 DSRC（专用短距通信）及 LTE 长距离连接的联网汽车数量越来越大。车联网可为用户提供道路故障通知服务、减小交通拥堵、感知其他车辆行为 / 动作等，还可提供诸如汽车找回、泊车点找寻、车内信息娱乐（如移动视频分发）等各种增值服务，从而提高交通系统的安全性、效率及便捷度。

车联网的数据传送量将会不断增加，其对于延迟 / 时延改善的需求也越来越大。将移动边缘计算技术应用于车联网之后，可以把车联网云“下沉”至高度分布式部署的移动通信基站。部署于基站、小基站甚至汇聚站点的 MEC 服务器，通过运行移动边缘计算应用提供各种车联网功能。

移动边缘计算可以使连接车辆云延伸到高度分布的移动基站中，以及使数据和应用程序在接近车辆处进行处理，这样就可以减少数据的往返时间。MEC 应用程序部署在 LTE 基站边上的 MEC 服务器上以提供相关的路边功能。MEC 应用程序可以直接从车辆的应用程序和路边的传感器处接收本地消息，然后分析它们，接着以极短的时延给邻近区域内其他汽车发送危险警告和其他延迟敏感的信息（如图 10-11 所示），所以附近的汽车在几毫秒内接收数据，驾驶员可以立即作出反应。

图 10-11　连接车辆服务

使用案例 9：物联网网关

基于 GSM、3G、LTE、Wi-Fi 等无线技术的蜂窝 / 无线物联网设备越来越多。一般来说，物联网数据基本都是采用不同协议的加密的小包。而这些 IoT 设备产生的“海”量数据需要很大的处理及存储容量，从而就需要有一个低时延的汇聚节点来管理不同的协议、消息的分发、分析的处理 / 计算等。

利用移动边缘计算技术，上述汇聚节点就将被部署在接近物联网终端设备的位置上，可用于连接和控制远程设备，并对传感数据进行实时分析。如图 10-12 所示，MEC 使物联网服务的聚合和分发整合到高度分布式移动基站的环境中，使得应用程序能够得到实时的响应。移动边缘计算服务器的计算能力和存储能力可提供以下几项服务：业务的汇聚及分发；设备消息的分析；基于上述分析结果的决策逻辑；数据库登录；对于终端设备的远程控制和接入控制。

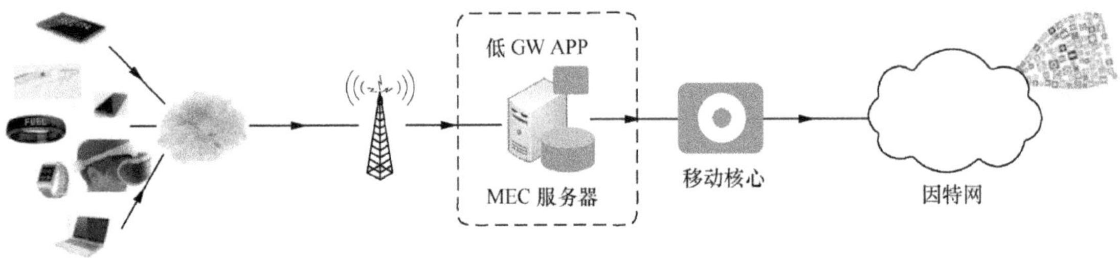

图 10-12　IoT 网关服务

10.6.3　5G 中的 MEC 应用

《5G 网络架构设计》白皮书中提到，与 4G 时期相比，5G 网络服务具备更贴近用户需求、定制化能力进一步提升、网络与业务深度融合以及服务更友好等特征，其中代表性的网络服务能力包括：网络切片、移动边缘计算、按需重构的移动网络、以用户为中心的无线接入网和网络能力开放。下面我们主要介绍 5G 中的 MEC。

移动边缘计算（MEC）改变了 4G 系统中网络与业务分离的状态，它将业务平台下沉到网络边缘，为移动用户提供就近的业务计算和数据缓存能力，实现网络从接入管道向信息化服务使能平台的关键跨越，这也是 5G 的代表性能力。如图 10-13 所示，MEC 核心功能如下。

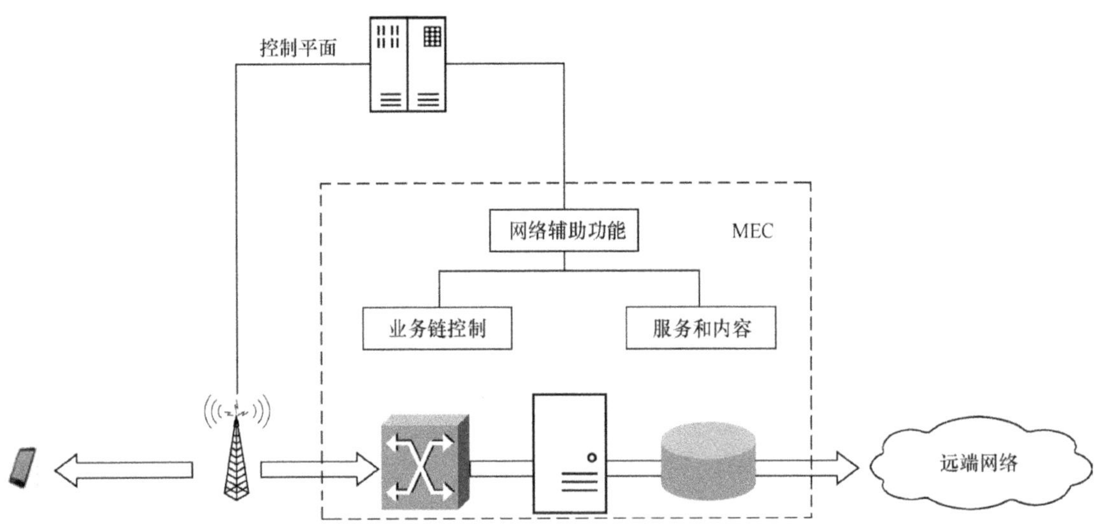

图 10-13　5G 网络中的 MEC 架构

（1）应用和内容进管道。MEC 可与网关功能联合部署，构建灵活分布的服务体系。特别针对本地化、低时延和高带宽要求的业务，如移动办公、车联网、4k-8k 视频等，提供优化的服务运行环境。

（2）动态业务链功能。MEC 功能并不限于简单的就近缓存和业务服务器下沉，而且随着计算节点与转发节点的融合，在控制面功能的集中调度下，实现动态业务链（Service Chain）技术，灵活控制业务数据流在应用间路由，提供创新的应用网内聚合模式。

（3）控制平面辅助功能。MEC 可以和移动性管理、会话管理等控制功能结合，进一步优化服务能力。例如，随用户移动过程实现应用服务器的迁移和业务链路径重选；获取网络负荷、应用 SLA 和用户等级等参数对本地服务进行灵活地优化控制等。移动边缘计算功能部署方式非常灵活，既可以选择集中部署，与用户面设备耦合，提供增强型网关功能，也可以分布式的部署在不同位置，通过集中调度实现服务能力。

10.7 MEC 与触感互联网

触感互联网（Tactile Internet）能够支持未来网络中人与人之间、人与机器之间、机器与机器之间的通信与互动。触感互联网要求极高的可用性、可靠性、安全性和极低的时延，其中端到端时延要低于 1 ms。触感互联网基于极低的时延，建立区域性实时交互系统，提供极高的可用性、运营商级的可靠性、安全性以及极快的反应速度。MEC 是靠近用户本地的云平台，可以快速接受、处理、反馈信息，为触感互联网提供所需的极低的时延与高可靠性、安全性。因此，MEC 是实现触感互联网的关键技术。

人类与环境的互动来自于我们的感官对自然的反应，其过程受限于我们的反应速度，感官过程也会影响实时交互系统的技术指标。在智能设备日益普及的情况下，人类与机器之间的视觉触感交互变得更加重要了。

如图 10-14 所示，触感互联网应用反应过程包括传感器接收到信息后通过嵌入式计算进行数据的预处理，然后再将数据通过协议层传递到物理层。接着在移动边缘云中进行处理整合之后，将相应反馈信息沿反向链路发送到执行器。此系统提供极低的端到端时延与实时响应级的可靠性。

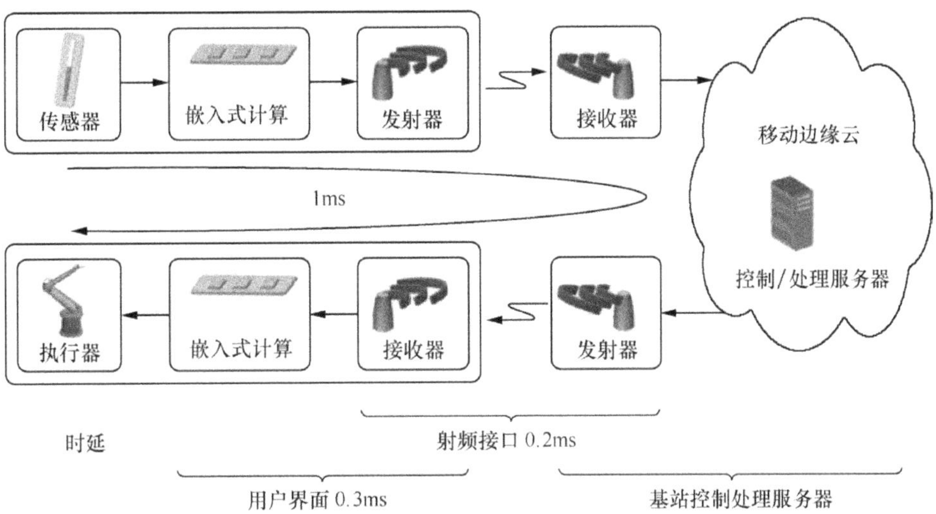

图 10-14 触感互联网反应过程

要实现触感互联网所要求的高可用性、可靠性、安全性以及极快的反应速度，系统需要选择分布式的服务平台体系结构。此外还必须保持系统的本地性，即需要离用户很近，这样才能够保证低时延，提高可靠性。

触感互联网的系统结构如图 10-15 所示，通过与 Mini Cloud 交互提供低时延的应用时，端到端时延会达到 10 ms ～ 20 ms；但是 Tactile Application 与移动边缘云交互时，端到端时延就可以达到1 ms～5 ms。Mini Cloud 和移动边缘云需要提供三个基本的功能：基于云计算的服务平台、虚拟化网络控制功能以及提供与无线接入网相连的接口。考虑到光传播 1 km 约为 5 μs，以及信号处理、协议处理和切换等时延，移动边缘云一定要靠近触感交互点。

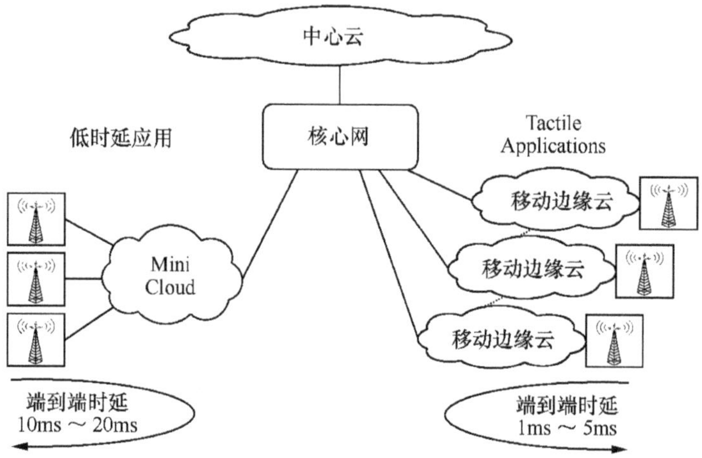

图 10-15　5G 触感互联网系统结构

触感互联网通过与移动边缘计算 MEC 相结合，为本地用户快速地处理与反馈信息，建立起实时的触感互联网系统，使得 MEC 与触感互联网的应用越来越丰富，能够解决更多复杂的问题，应对更困难的挑战。触感互联网高速的反应与互动将使得人与人之间、人与机器之间的交流成为更加现实、真实化的社交互动。其高可用性、可靠性、安全性和迅速性的特性能够帮助解决许多复杂的社会问题，比如说老龄化、交通管理、能源转型等。

触感互联网使得包含大量传感器的工业系统的自动化成为可能，各个工业设备与传感器能够相互关联互动，实现工业以太网。机器人在未来的工业生产、自动驾驶、灾害救援、社会服务等方面具有很大的潜力，而要确保机器人实时地与控制方交互，必须要有极低的时延与快速的处理过程。同时，高可靠性和迅速性为 VR 的高保真交互、远程医疗提供可靠迅速支持，确保道路交通中车辆通畅安全运行，为训练、模拟、教育方面的游戏提供良好的用户体验，实时精确地调整控制教育者与被教育者的互动，以及提供智能电网的调控等。MEC 与触感互联网结合下的应用不仅仅包括上述提到的例子，一切时延极敏感的、区域性强的应用都是可以实现的。因此，不止物联网，人与人、人与物之间的互动方式都将发生巨大改变。

10.8　MEC 的挑战

10.8.1　安全问题

现有移动通信系统有着严格设计的安全体系架构，基站系统有严格的安全保障机制，保证其不受物理和网络攻击。而 MEC 要求打开基站系统，并加入 IT 系统软硬件，两个互异的系统的融合带来安全方面的挑战。目前解决方案有支持应用隔离的安全沙箱法，具体方法包括：虚拟机（VM）隔离，虚拟机接入平台资源的认证管理，平台软件和中间件的安全保护，业务流量隔离，物理平台安全保障，可信计算平台构建等。

从用户角度考虑，在传统的网络结构中，用户的安全问题往往是通过在不同的终端设备上安装安全软件来实现的，但是这种以设备为中心的保护机制有很多局限性。而且，一个用户平均可能有很多的设备（手机、平板、笔记本等），这些设备往往具有不同的架构，所以同一种方法在不同的设备上不可能都是有效的。G.Auer 等人提出一种以用户为中心的安全策略，在无线接入网络中完成对用户的安全保护，这为 MEC 在用户安全方面的研究提供了方向，因为在 MEC 环境下，以用户为中心的安全策略更容易得到部署。

10.8.2 平台管理和应用可移植性

为了能够承载各种类型的应用，MEC 平台必须满足一定的要求。首先，MEC 平台应该能够将离散的硬件资源转换为大型机式的共享计算平台，并且具有恢复能力，能够以接近本机的性能运行要求最为苛刻的应用程序。其次，应具备跨多个集群聚合计算资源，并基于业务优先级将资源动态分配给虚拟机，从而通过自动化降低管理复杂性的能力。为了支持在虚拟环境下更高效地利用存储资源，平台的文件系统应该能够隐藏底层硬件资源的复杂性，实现存储的高效共享，并能控制虚拟化服务器对存储的并发访问。虚拟环境下，网络的管理和维护变得尤为重要，MEC 服务器还应该支持虚拟机网络的调配、管理和控制以实现最佳网络管理和维护。最后，平台应该能够在不中断用户使用和不丢失服务的情况下在服务器间实时迁移虚拟机和虚拟机磁盘，从而无需为计划内的服务器维护和存储设备维护或迁移安排应用程序宕机。

应用可移植性是保证 MEC 发挥最大效能的前提条件之一，即跨厂商应用的无缝移植和运行。可移植性避免了跨平台的二次开发和集成，从而保证应用开发者快速开发和部署创新应用的能力。定义标准的应用程序接口 API 和高一致性的平台管理系统是未来 MEC 解决该挑战的有效手段。

10.8.3 顽健性和弹性

由于 MEC 服务器基于 IT 架构，并采用虚拟化技术，整合在电信级的移动基站上，IT 服务器一方面要保证足够的健壮性，尤其是硬件对虚拟化环境的支持；另一方面还要有足够的弹性，即使在服务不可用或软硬件故障的情况下，不允许对基站设备的性能产生任何负面影响，平台要有高效机制保证处于错误运行的应用程序不会对用户业务数据产生误操作。

从应用程序的顽健性角度来看，移动应用必须考虑到 MEC 服务器的部署是分布式的，由于移动用户的位置不是固定的，可能是时刻在变化着的，存在移动设备从一个基站切换到另一个基站的情况，在这种场景下需要考虑用户在不同 MEC 服务器之间的切换问题，依赖于 MEC 服务器的应用必须具有移动感知能力，能够在不同服务器之间平滑切换。

10.8.4 用户隐私和计费挑战

MEC 需要对用户数据进行深度分析，涉及隐私保护，需要用户事先许可。同时，MEC 不能影响移动网络对合法监听等监管要求的支持。最近美国 FCC 批准的“网络中立”原则，对移动边缘计算也提出了新的要求，即在提供“网络能力开放和业务优先级处理”时，如何以保证最终用户权益而执行“透明和非歧视”的原则，值得认真研究。

当然，运营商希望通过移动边缘计算带来的新商业模式来作为利润增长点，计费体系和方法需要创新。

10.8.5 网络整合和服务器部署

现在的移动运营商网络是在 3GPP 制定的网络结构和协议下运行，MEC 的加入不应该影响到现存的核心网络要素和用户设备，MEC 服务器中运行的服务也应该考虑现存的网络结构和接口协议。

Mahadev 等人提到 MEC 面临许多挑战，比如，MEC 服务器集群大小的问题，部署在基站附近的服务器应该具备多少计算、存储、网络资源，这些资源应该如何分配才能更好地支持运营商的应用，管理系统应该怎样在用户体验和降低成本之间权衡。

10.8.6 能源效率

MEC 在能源效率方面面临的挑战主要是 MEC 系统能源消耗衡量和 MEC 部署为用户带来的节能效益衡量两方面。

从用户方面考虑，MEC 用来卸载移动端计算密集型应用的重要目的是节省移动设备的电量消耗，Barbarossa S 等人对 VoIP 系统的卸载方法对电量的影响做了初步的分析和试验，具有明显的效果，但是卸载机制的影响因子需要进一步评估，以确定什么样的业务何时卸载到边缘服务器来运行。系统方面，G.Auer 等人对无线接入网中的功耗和能源效率问题进行了详细研究，提出一套完整的功耗评价体系，未来的工作中可以通过这套体系建立整合进 MEC 的无线接入网评估体系，通过构建能量模型、流量模型、部署模型对 MEC 架构的能源效率问题进行系统的分析和评测。

|第 11 章|

MEC 应用实例——WiCloud

NFV 为 MEC 提供 IT 虚拟化、网络虚拟化等关键技术。在 NFV 的用例中，MEC 是一种面向实际应用的典型案例。远端云的大规模应用解决了移动终端电池容量、存储有限等问题，但是移动核心网络的时延和抖动严重影响了用户体验和服务质量，MEC 的提出弥补了远端云的不足，同时为创新型应用的产生提供了可能。

移动边缘计算与组网总体架构示意如前章中图 10-1 所示，利用分布式的 MEC 服务器和无线接入网（例如 LTE 宏基站（eNodeB），3G 无线网络控制器（RNC），以及多技术融合的小区基站、Wi-Fi 热点），提供多种多样的面向用户的应用，例如高清视频分发、增强现实、人机交互、位置服务、数据缓存、移动大数据分析等。由于内容供应商提供的应用或者网络运营商提供的服务都是部署在 MEC 服务器上，所以在网络边缘对用户流量的控制和响应是很方便的。MEC 服务器收到一个请求时，它可以直接处理或者将这个请求转发到远端数据中心或者附近的 MEC 服务器上。

本章我们将基于一个项目实例 WiCloud 来展开讨论 MEC 在 NFV 中的应用。首先对 WiCloud 的整体架构进行说明展示，然后对运行于 WiCloud 平台的应用进行详细的介绍。

11.1 WiCloud 架构

传统远端云服务存在时延不敏感、不安全等不足，移动边缘计算（MEC）将云计算深入到网络边缘，其优势包括邻近服务、极低时延和位置感知等。WiCloud 是 MEC 的典型平台，能够提供云计算能力和超低时延、超高带宽、边缘网络信息开放的服务环境。如图 11-1 所示，WiCloud 平台的终端设备包括智能手机、平板、可穿戴设备以及智能行业设备等。为了满足系统的可管理和可扩展性要求，WiCloud 平台还提供了功能和服务的编排，其中，SDN 控制器实现网络的控制，NFV 编排器实现对整个平台进行管理和编排，NFV 编排器可以管理 MEC 应用平台、应用生命周期以及对应用的其他操作。

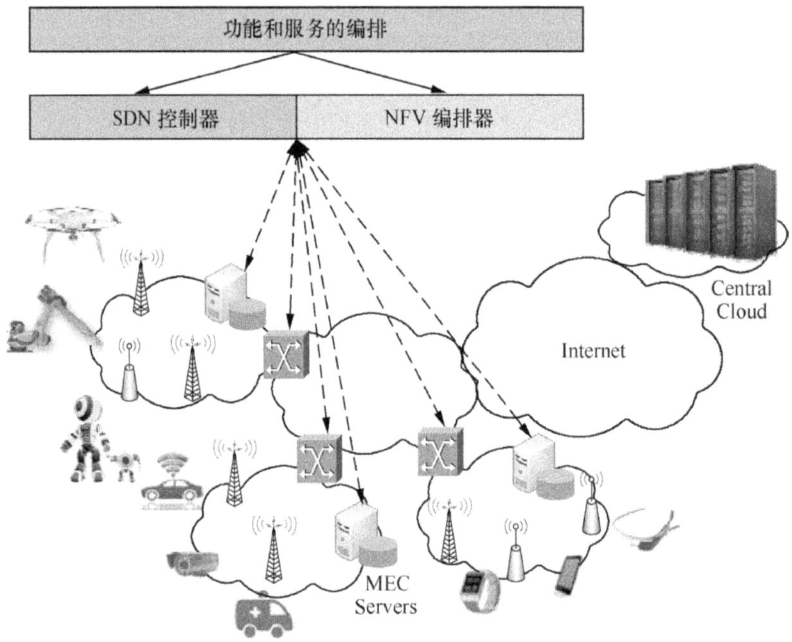

图 11-1　WiCloud 应用示意图

WiCloud 平台的边缘云服务器是由多台工业级服务器组成的小型数据中心，部署在 Wi-Fi 热点附近，并直接与其相连。组成数据中心的服务器都配有工业级硬件，即包含了 CPU、内存和通信接口等硬件。WiCloud 平台提供虚拟机管理程序，用于部署运行 MEC 应用的虚拟机。第三方应用提供商可以将自己的服务应用部署到 WiCloud 平台的虚拟机当中，移动网络运营商也可以通过虚拟机为路由流量定义转发和过滤规则集，实现移动流量的路由。基于隐私的考虑和应用提供者的需求，这些规则集具体指定哪些数据被发送到哪些类型的应用程序。对于每个规则，它来验证对应此规则的应用程序是否运行起来，例如，虚拟机托管的应用程序是否被激活。在这样的情况下，该过滤规则集被应用于识别允许由应用程序进行访问的信息。最后一步是实际的路由决定。正常执行之后，信息对其他虚拟机可见，并可在虚拟机之间实现共享。

WiCloud 平台逻辑上分为三层，包括基础设施层、虚拟化层以及应用功能层，如图 11-2 所示。其中顶层为应用功能层，为不同种类的应用程序 APP 提供运行环境；中间是虚拟化层，主要提供网络操作控制、虚拟化资源管理等；最底层为基础设施层，包括网络与云计算的平台设施。另外，为了便于管理，WiCloud 服务器提供统一的硬件管理、虚拟化基础设施管理和应用管理接口。

（1）基础设施层：这一层主要提供硬件资源，包括计算、存储和网络资源。网络资源主要由无线接入网（RAN）或者光与无线（Wi-Fi）接入网及基础通信设备组成，例如基站（BS）、无线接入点（AP）、交换机 / 网关（OFS/GW）、光传输系统等。计算和存储资源由一系列服务器提供，分布式服务器通过网络基础设施相互连接。

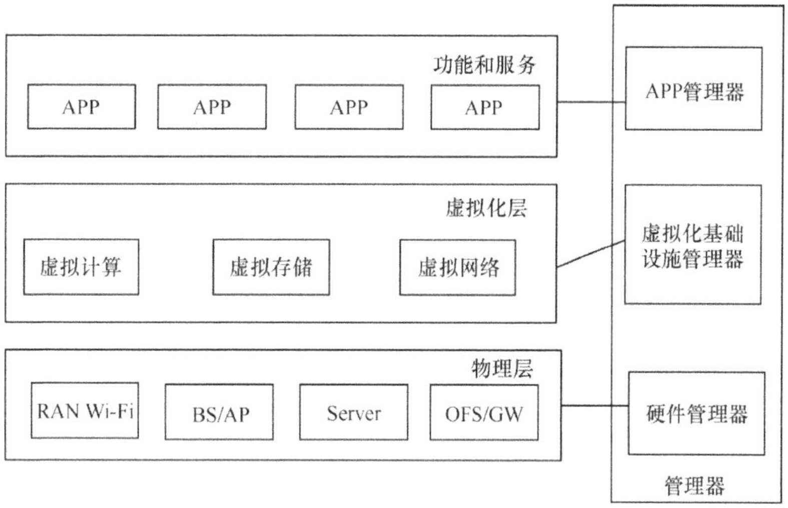

图 11-2 WiCloud 分层结构图

（2）虚拟化层：虚拟化层位于基础设施层之上，对基础设施层提供的物理资源进行抽象，形成虚拟化平台，基于 SDN、NFV 技术实现网络操作控制，通过虚拟资源来支撑应用功能层，同时保证平台的可扩展性。

（3）应用功能层：WiCloud 应用功能层具有运行应用程序的能力，为应用提供虚拟化管理和平台级服务。第三方服务供应商的 MEC 应用在虚拟机中部署和运行。同时，该层还提供应用管理能力，以及基本通信服务（包括网络分析、无线信息共享以及注册服务等）。

（4）管理模块：主要提供对硬件平台、虚拟资源以及虚拟机的管理，包括用来监测硬件运行状态的硬件管理接口，管理虚拟资源分配和虚拟机认证授权的虚拟资源管理接口以及控制虚拟机生命周期、虚拟机运行状态的虚拟机管理接口。

11.2 WiCloud 应用

WiCloud 作为 MEC 在 NFV 中的应用实例，能够为所运行应用和服务在 WLAN 网络内提供云计算能力和 IT 服务环境，具备超低时延、超高带宽、位置感知、邻近服务等特性，同时能够将 WLAN 的无线和网络信息开放给应用和服务使用。WiCloud 结合移动互联网，通过探测与人密切相关的终端无线信号，提供创新性的云计算大数据分析服务平台；同时，WiCloud 将云计算深入到移动网络边缘，从而为移动设备提供低时延、高带宽的移动云服务。WiCloud 系统的典型应用包括视频分发的云服务、移动运营商网络群智感知与运维分析以及校园、商业客流分析 / 智能客户服务三大类。本节我们主要介绍云计算大数据分析服务平台。

WiCloud 提供云计算大数据分析服务平台的结构如图 11-3 所示。WiCloud 系统是一个漏斗形的体系，越往上层应用层面，可以扩展的内容就越多。在最上层基于大数据分析的可视化呈现上，我们进行了很多应用和功能的创造和尝试。我们针对线下商铺提供了一系列创新型尝试，主要包括客流量分析服务、用户消费能力和精准广告投放服务；针对校园环境，做了人员活动分析、人员轨迹追踪、校园无线网络质量分析与优化等。此外，无线指纹、人流量统计与预警等，在实际场景中都具有很高的应用价值。

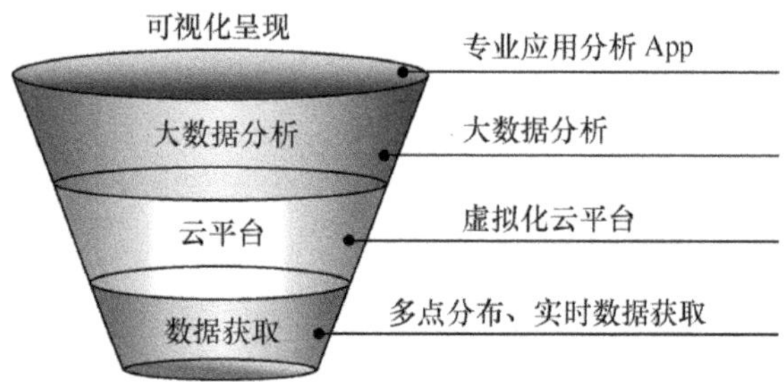

图 11-3　WiCloud 结构图

11.2.1　商铺客流分析服务

商业和工业领域一直在不断寻找新的方法来区分和识别客户，随着智能手机的大范围普及，基于 Wi-Fi 的线下商铺流量分析成为了可能。基于 WiCloud 平台，移动运营商开放基站附近的用户信息，服务提供商根据运营商分享的移动终端位置、品牌等信息为商户提供客流量服务。WiCloud 分析系统对客流的实时监测，能够揭示顾客行为与营业业绩的相关性，帮助商铺 / 商场发现改善营业业绩的机会。系统能用于单个商铺、单个商城，大至跨区域商业的大规模分析。

商铺客流分析类应用主要分为如下几类。

1. 客流量统计

移动运营商可以通过基站获取客户的位置信息以及客户的运动方向，将用户的位置信息、时间信息和用户识别码（mac、手机号等）记录并开放给服务提供商。服务提供商便可以根据这些信息对商铺的客流量做出分析统计，例如，入店客流量、店铺实时流量、店铺周边客流量、店铺客流周汇总、店铺客流月汇总等，如图 11-4 所示。客流分析提供客流数据实时采集、云存储和智能分析，为商家提供及时、全面的客流分析结果，帮助商家了解客流状况，进而改善营销策略，提高效益。通过这些数据分析，可以得到三方受益者：移动运营商和服务提供商通过开放的边缘网络信息找到了新的商业模式，将手上的粗略的数据进行数据挖掘成为具有商业价值的数据，实现了价值变现；商铺通过客流量统计和分析的应用可以真正了解顾客情况，并可以根据不同的实际情况优化商业策略，针对性地加强服务吸引客户，从而提升收益。

2. 消费等级划分

手机 mac 地址作为智能手机的自然属性，不仅可以用来识别顾客，还能用来识别顾客的消费能力。移动运营商可以根据无线网络的特有性质，捕获到基站周围的手机 mac 地址。如图 11-5 所示，WiCloud 分析系统基于无线探测技术，能高效、快捷地针对特定区域中的移动智能终端品牌进行分析，可应用于市场调查、品牌推广评测评估、消费群体分析、公益形象宣传等。基于品牌分析的能力，我们实现了分区域、分时段品牌分布分析、品牌占比变化及走势分析、不同区域品牌对比分析品牌用户量的同比变化、品牌用户量的环比变化等功能。相比传统的调查方式，WiCloud 系统能够自动获取数据并做大数据分析，具有人工品牌调查无可比拟的速度与效率；能够选择不同区域、不同时间（段）对相应品牌推广的事先、事后精细化分析；可做短期或长期、单次或多次、间隙或连续地探测与分析；自动采集的数据消除了人为主观影响，真实可靠；而且无线探测设备小巧轻便，可以很方便地移动应用，具有高效快捷、针对性强、应用灵活、准确度高、部署简单等优势。消费能力分析等消费等级一定程度上反映了顾客的消费水平，这也将对商铺的针对性经营策略产生重要的影响。

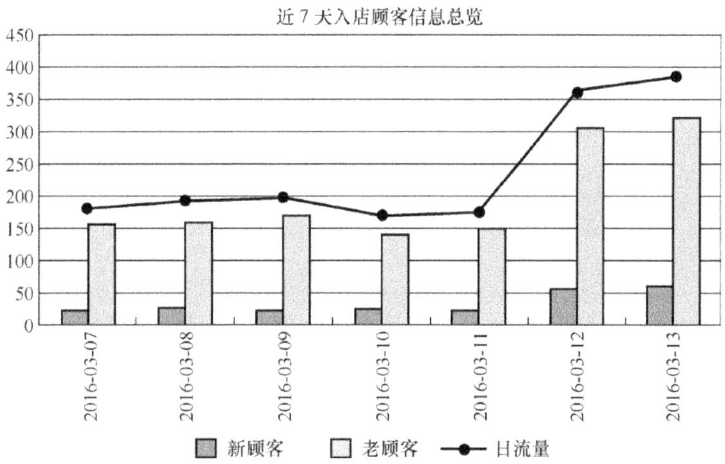

图 11-4　WiCloud 客流量统计图示例

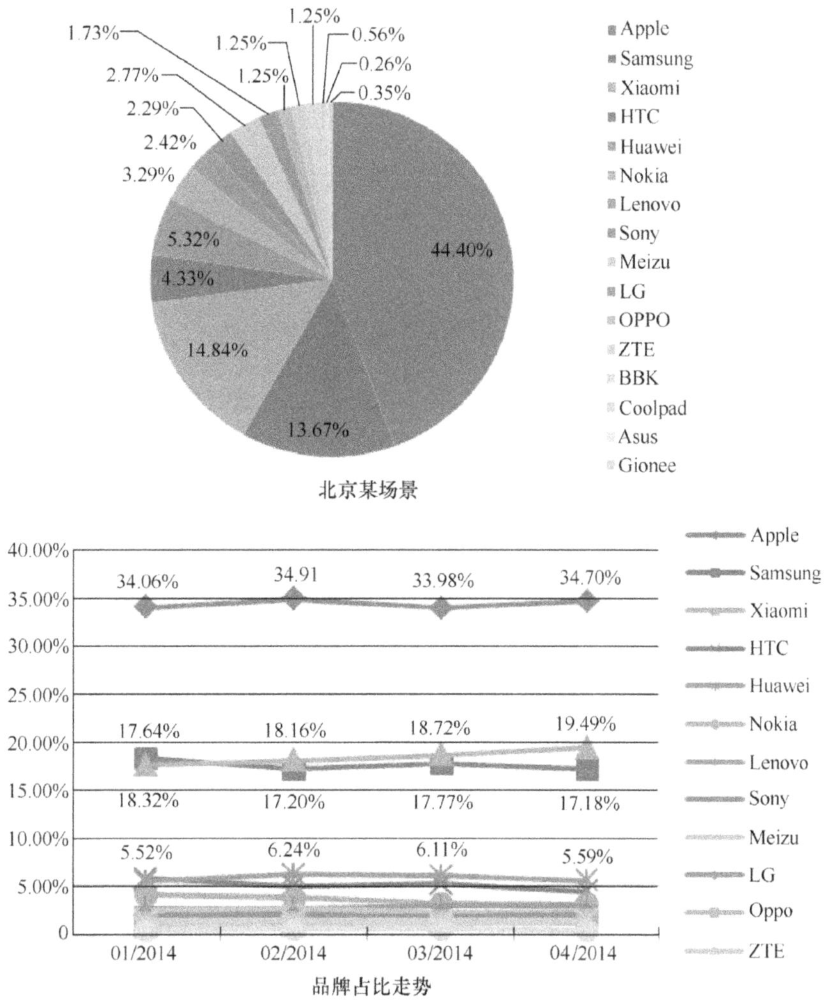

图 11-5　WiCloud 得到的品牌分布图

11.2.2 智能客户分析服务

MEC 作为移动云计算的演进，不仅能够提供 IT 基础服务，还能为开发者提供强大的计算资源。移动运营商和服务提供商可以将网络边缘的移动用户信息进行记录、分类和清洗。结合移动边缘服务器强大的计算能力，运用数据挖掘等技术，对客流信息进行深层次挖掘。

客流深层次挖掘：WiCloud 系统能够采集到大量的顾客数据，基于移动边缘服务器的计算能力，对顾客数据进行深层次挖掘。如图 11-6 所示，WiCloud 分析系统利用顾客出现的时间及次数、入店客流、周边客流、转化率、新老顾客占比等，多方面了解顾客流量信息，可以对商业场所进行针对性分析与服务改进。

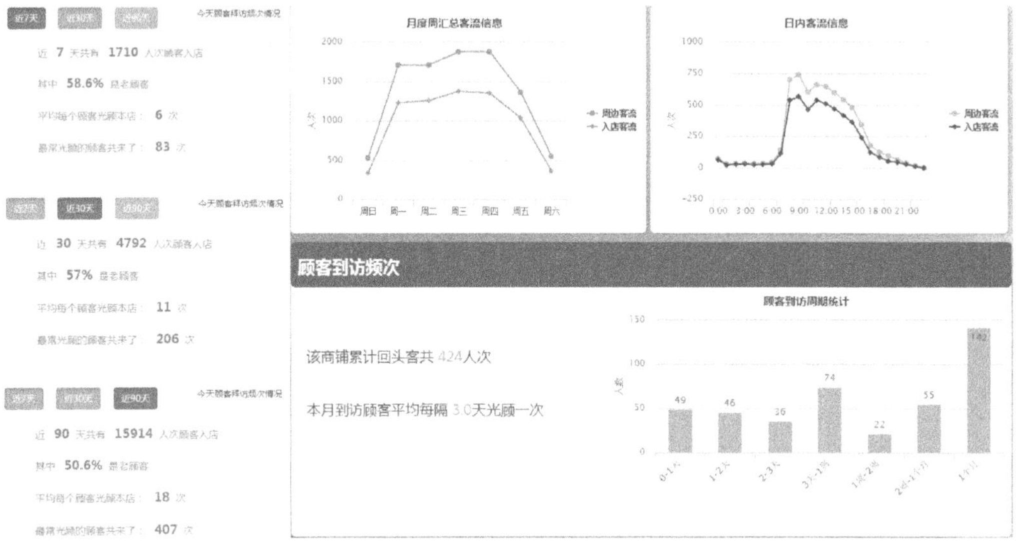

图 11-6　客流信息深层挖掘示意图

顾客个体信息分析汇总：如图 11-7 所示，基于 mac 地址的唯一性，WiCloud 系统能够精准地记录每一个顾客的每一次到店，再基于单个店铺分析汇总的顾客数据，为商铺提供准确的分析结果，包括累计到店顾客分析、到店顾客驻留时间分析、周边顾客驻留时间分析、新老顾客分析、新老顾客到店人次分析、累计回头客分析、老顾客访问频次分析、新老顾客访问周期分析、顾客访问周期分布统计等。

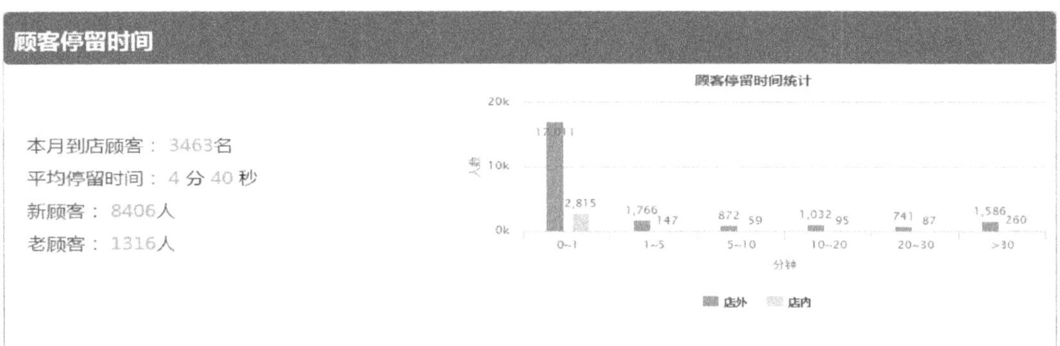

图 11-7　顾客个体信息分析汇总图

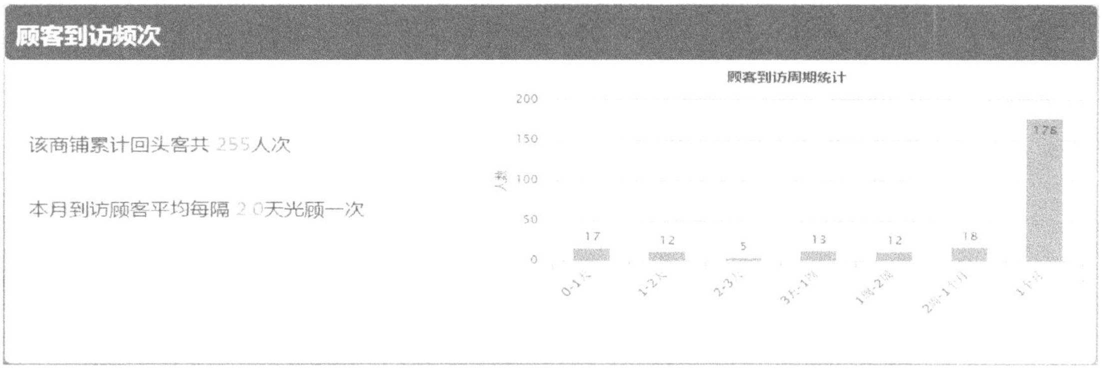

图 11-7　顾客个体信息分析汇总图（续）

客流关联性分析：针对大型商场等多个具备区分度地点的场景，WiCloud 提供了更多客流数据的采集和关联性分析。通过分析顾客在商场中的流动轨迹，了解顾客在不同区域的流动与关联关系，WiCloud 可以帮助商场了解顾客购物和消费行为，实现商场 / 商业中心营销活动前中后的客流分析，持续跟踪营销活动。

11.2.3　个性化定制服务

以上两点主要基于商家的角度，侧重于服务提供商的角度进行数据分析。而对个体用户而言，同样基于个体的长期数据，可以结合 WiCloud 平台得到个性化的定制服务。一方面对商家来说，更精准地服务和营销到个体；另一方面用户也能得到体验上的提升。

1. **精准广告投放**

移动运营商可以在商铺附近划分虚拟区域，投放定制化的商铺信息服务，当移动设备进入到商铺虚拟范围之内，便可以触发广告信息，下发到用户移动终端。基于用户位置的精准广告投放主要有以下特点。

（1）邻近性：移动边缘服务器部署在离基站最近的位置，部署在 WiCloud 服务器上的应用可以根据顾客进入商场的位置和时间，将目标广告投放到离用户最近的公共显示设备上。

（2）可识别性：顾客到达特殊店铺时，基于用户设备的可识别性信息，WiCloud 服务器可将附近店铺的优惠信息（折扣券、优惠活动等）下发至用户终端。

（3）可扩展性：在机场、博物馆、酒店等大型公共场所，基于室内定位等技术，WiCloud 可以做到将室内地图和路线下发至用户终端，引导顾客流。

2. **无线指纹监测**

WiCloud 分析系统基于无线探测技术，能高效、快捷地探测特定区域中人员的“无线指纹”。如图 11-8 所示，将 Wi-Fi 探针获取的原始数据经过预处理导入数据库，形成“无线指纹”的时空记录，详细记录“无线指纹”（mac）的出现时间（inTime）、消失时间（offTime）、停留时间（dwellTime）以及捕获该“无线指纹”的设备编号（monid）。获得区分个体特征的唯一标识号，分析时间、空间、人员的关联性，发现个体和群体流动规律，可用于人员筛选、追踪、出场记录、关系分析等。

mac	inTime	offTime	dwellTime	monid
8CBEBE7114DD	1434880523	1434880545	22	0C82[redacted]0E64
E0191DD5C984	1434880310	1434880346	36	14E4E[redacted]7648
88E3AB194D3B	1434880310	1434880328	18	0C826[redacted]D6C
48D2242C1222	1434880223	1434880343	120	0C826[redacted]FB8
7451BAF932A0	1434880200	1434880201	1	0C826[redacted]D6C
F8A9D054D44C	1434880103	1434880104	1	14E4E[redacted]460
2CD05A6F6630	1434880098	1434880520	422	0C826[redacted]518
F8A45F770306	1434880076	1434880077	1	0C826[redacted]4F8
E45AA24EDFF8	1434880069	1434880070	1	0C826[redacted]518
7451BA5F4EC5	1434880058	1434880084	26	14E4E[redacted]90A
28E02C6F7099	1434880036	1434880114	78	0C826[redacted]504
24FD521DA119	1434880010	1434880011	1	0C826[redacted]F32
64B47336248B	1434880005	1434880118	113	14E4E[redacted]2EA
64B47336248B	1434880005	1434880118	113	14E4E[redacted]A34

图 11-8　无线指纹时间记录图

3. 个体路径追踪

此项功能基于无线指纹进一步地发展得到用户指纹和相应的位置，根据“无线指纹”的唯一性和 Wi-Fi 探针数据记录的长期性，可以获取“无线指纹”的历史足迹。根据监测用户的位置变化得到轨迹。用户位置追踪具有方便、精确、静默的优势，在安全领域具有较大的价值。图 11-9 显示的就是某个用户在北京邮电大学的行动轨迹。

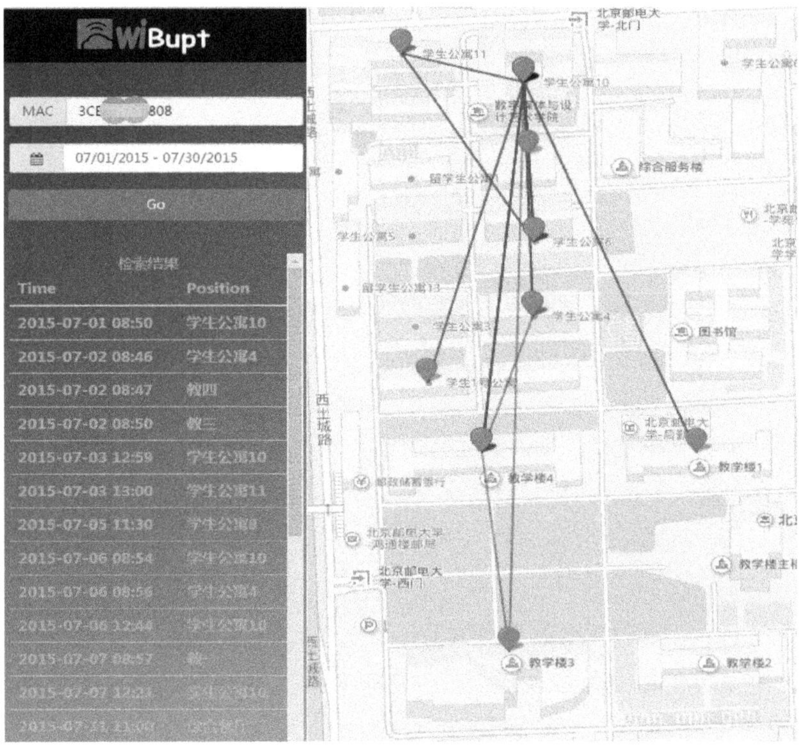

图 11-9　个体轨迹追踪图

11.2.4　公共场所人员空间分析服务

公共场所一般是指具备多个邻近地点的一块区域，通过部署大量的无限探测设备（AP），能在上述功能之上具备更多的关联信息用以数据分析。以我们在北京邮电大学部署的实际项目为例。我们在全校范围内部署了 40 个 Wi-Fi 热点，为全校的师生提供服务，同时这些热点也可以获取周围的移动设备信息（比如 mac 地址、信号强度等）。

在 WiCloud 服务器上我们开发部署了基于 Wi-Fi 的人员流动统计应用，将每个 Wi-Fi 热点扫描到的周围的移动设备信息收集整理，经过清洗统计后，做了人员实时分布分析、校园内各楼宇的人流量分析、校园整体人员流动分析以及校园内各楼宇之间的人员流动关系分析。例如，图 11-10 展示的是某一确定时刻，整个校园的人员分布情况。系统统计了每个楼宇附近 5 min 内的人次，然后以热图的形式直观地展现给移动用户，可以让用户得到实时的场所人员分布情况。同时，在后台的数据管理上，也可以有效地对拥堵、人员过密等情况进行预警。

图 11-10　场所人员分布热力图

11.2.5　无线网络质量分析与优化服务

WiCloud 系统一方面作为数据的采集分析方，同时也作为网络服务的提供者。Wi-Fi 作为人们生活中不可缺少的一部分，越来越多地影响着人们的生活。无线信号的质量更是直接影响着用户体验。同样以在北京邮电大学部署的系统为例，我们通过该系统的数据应用，制作出无线网络质量分析。

WiCloud 系统基于通用的移动互联网业务 QoE 模型，采用众包技术和大数据分析，通过网络数据、客户数据和其他类型数据为运营商提供一个完整的端到端的网络运行状况可视化呈现。移动终端会将网络数据、客户数据和其他类型数据上传至 WiCloud 服务器，WiCloud 系统进行网络质量分析后以 QoE（Quality of Experience，体验质量）热图的形式展现整个网络的状况，如图 11-11 所示。这对后续的网络部署与建设具有重要的参考价值。

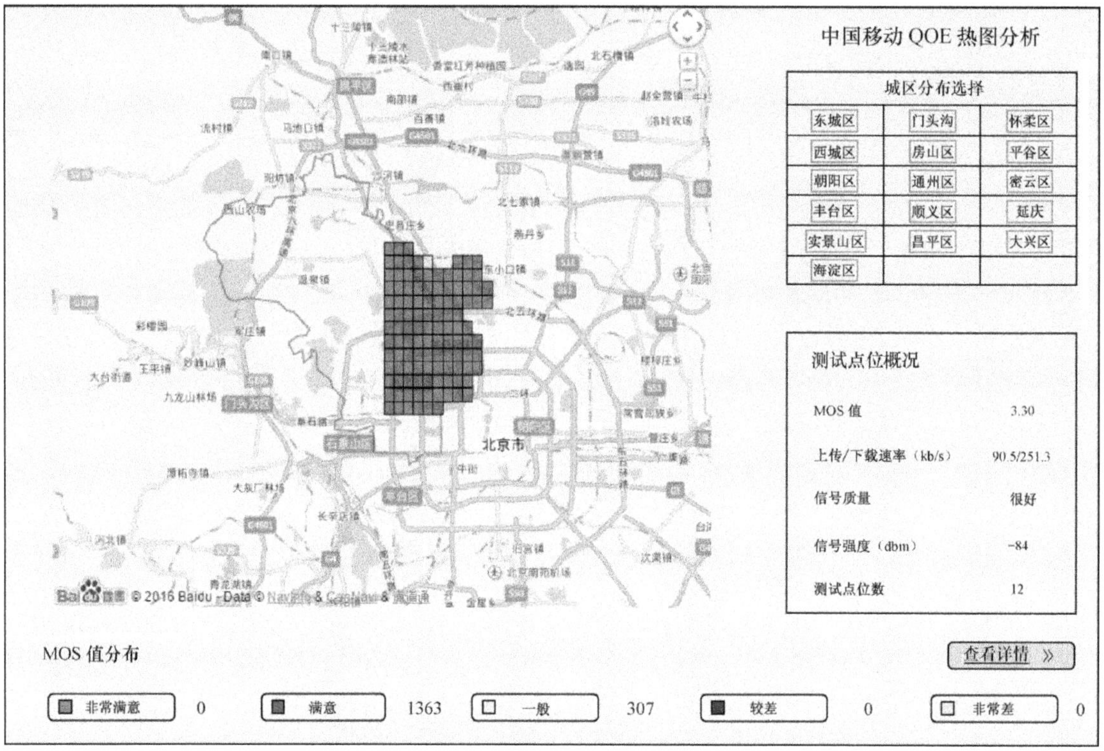

图 11-11　场所无线网络质量 QoE 热图（以中国移动海淀区为例）

主要概念术语

3GPP ™，3rd Generation Partnership Project，第三代合作伙伴计划。

AAA，Authentication，Authorization and Accounting，认证、授权和计费。

Accelerator（加速器），协调处理器或其他专门的硬件实体，改善运行在主处理器的软件性能。

AD-SAL，API-Driven SAL，API 驱动 SAL。

ADSL，Asymmetric Digital Subscriber Line，非对称数字用户线。

AN，Access Node，接入节点。

API，Application Programming Interface，应用程序编程接口。

ARPU，Average Revenue Per User，每用户平均收入。

AS，Application Server，应用服务器。

ATCA（Advanced Telecom Computing Architecture，先进电信计算架构），电信级硬件平台的开放式标准架构。

Application Rules and Requirements（应用规则和要求），移动边缘应用相关的规则和要求，比如需要的资源、最大延迟、需要或有用的服务、流量规则、DNS 规则、移动性支持等。

BBU，Base Band Unit，基带单元。

BGP，Border Gateway Protocol，边界网关协议。

BNG，Broadband Network Gateway，宽带网络网关。

BRAS，Broadband Remote Access Server，宽带远程接入服务器。

BS，Base Station，基站。

BSS，Business Support System，业务支撑系统。

CAGR，Compound Annual Growth Rate，复合年均增长率，是指一项投资在特定时期内的年度增长率。CAGR 通过总增长率百分比的 *N* 次方根求得，*N* 相等于有关时期内的年数。

CAPEX（Capital Expenses，资本支出），一般是指资金或固定资产、无形资产、递延资产的投入。

CDN，Content Deliver Network，内容分发网络。

CIO，Chief Information Officer，首席信息官。

Cloud Computing（云计算），基于互联网的相关服务的增加、使用和交付模式，通常涉及通过互联网来提供动态易扩展且经常是虚拟化的资源。

CO，Central Office，中心局。

Container Interface（容器接口），实现 VFB 或配置 HFB 的环境。注 1：这包括环境的可配置性和编程语言。容器接口不是功能块之间的接口。注 2：容器接口不应与 Unix 类型的操作系统中使用的“容器”混淆，它们是将虚拟机代替为容器。

COTS（Commercial-off-the-shelf，商用现成品或技术），可以采购到的具有开放式标准定义的接口的产品。COTS 的最大优点就是它的大量生产以及相对的低成本。

CoMP，Coordinated Multiple Points，协同多点传输。

Compute Domain（计算域），NFVI 内的域，包括各种服务器与存储设备。

Compute Node（计算节点），服务器的抽象定义。NFVI 节点内提供计算资源的单个可识别、可访问、可管理的要素。注 1：计算节点通常是可编程的，可以支持 hypervisor 的运行以实例化虚拟机。独立的加速设备也是计算节点。

CPE，Customer Premise Equipment，客户终端设备

CPU（Central Processing Unit，中央处理器），NFV 计算域的设备，提供主要的容器接口。

C-RAN，Cloud Radio Access Network，云无线接入网。

CSCF，Call Session Control Function，呼叫会话控制功能。

CSP，Cloud Service Provider，云服务提供商。

CTO，Chief Technology Officer，首席技术官。

DC，Data Center，数据中心。

DDoS，Distributed Denial of Service，分布式拒绝服务。

DevOps（Development and Operations），一组过程、方法与系统的统称，用于促进开发（应用程序 / 软件工程）、技术运营和质量保障（QA）部门之间的沟通、协作与整合。

DHCP，Dynamic Host Configuration Protocol，动态主机配置协议。

Domain（域）：一个更大的实体基于给定的标准分离出的特定部分。注：域可以因为不同的目的进行区分，根据环境的不同，分类的标准也不同。例：NFVI 中分出的计算域、虚拟机域以及基础设施网络域可能不是管理域。

DPDK（Data Plane Development Kit，数据平面开发套件），一个专为 Intel 架构处理器提供的多核 CPU 数据平面开发套件，用于快速地包处理。

DPI，Deep Packet Inspection，深度包检测。

DPU，Distributed Processing Unit，分散处理单元。

DSLAM，Digital Subscriber Line Access Multiplexer，数字用户线路接入复用器。

EMS，Element Management System，网元管理系统。

ENodeB，Evolved Node B，演进型 Node B。

EPC，Evolved Packet Core，演进分组核心网。

FFT，Fast Fourier Transformation，快速傅氏变换。

FTP，File Transfer Protocol，文件传输协议。

FTTcab，Fibre To The Cabinet，光纤到交接箱。

FTTdp，Fibre To The Distribution Point，光纤到分配点。

FTTH，Fibre To The Home，光纤到户。

FTTP，Fibre To The Premises，光纤到驻地。

Function Block（功能块），一个系统的基础元素。注：功能模块有两个接口（输入接口和输出接口），可以保持、更新状态。

Gateway Node（网关节点），NFVI 节点内实现网关功能的单个可识别、可访问、可管理的要素。

Host Function Block（HFB，承载功能块），可以被构造或编程的功能块。注：当主机功能块进行适当的配置或编程时，它就好像是一个或多个功能块。一个 HFB 可以配置成一个或多个虚拟功能模块。

HSS，Home Subscriber Server，归属签约用户服务器。

Hypervisor（虚拟监视器），可划分底层物理资源以及创建虚拟机的软件，并将虚拟机彼此隔离开来。注：Hypervisor 是一块直接运行在裸机（bare metal Hypervisor）或运行在托管的操作系统（hosted hypervisor）上的软件，并抽象了计算机 / 服务器内可以访问到的资源，例如处理器、内存、硬盘、网卡等。Hypervisor 能够实现虚拟机在不同硬件的可移植性。

Hypervisor Domain（虚拟域），主要包括 hypervisor 的域。

IaaS，Infrastructure as a Service，基础设施即服务。

ICT，Information Communications Technology，信息与通信技术。

IFFT，Inverse Fast Fourier Transform，快速傅里叶逆变换。

IMS，IP Multimedia Subsystem，IP 多媒体子系统。

Infrastructure Interface（基础设施接口），2 个 HFBs 之间的接口。注 1：一个基础设施接口可以传输虚拟化界面，而无需依赖于任何特定类型的虚拟化接口。

Infrastructure Network Domain（基础设施网络域），NFVI 内的域，连接计算和存储基础设施。注：NFV 基础设施网络域的部署先于 VNFs。

IP，Internet Protocol，互联网协议。

IPS，Intrusion Prevention System，入侵防御系统。

IPSec（Internet 协议安全性），一种开放标准的框架结构，通过使用加密的安全服务以确保在 Internet 协议（IP）网络上进行保密而安全的通讯。Microsoft®Windows®2000、Windows XP 和 Windows Server 2003 家族实施 IPSec 是基于“Internet 工程任务组（IETF）”

IPSec 工作组开发的标准。

ISP，Internet Service Provider，互联网服务提供商。

KPI，Key Performance Indicator，关键绩效指标。

LAN，Local Area Network，局域网。

Lifecycle Management（生命周期管理），对 VNF（网络功能虚拟化）或 NS（Network Service，网络服务）的实例化、维护以及终结进行管理所需的一组功能。

M2M，Machine to Machine，机器对机器。

MAC，Media Access Control，媒体介入控制层。

MANO，Mangement and Orchestration，编排与管理。

MD-SAL，Model-Driven SAL，模型驱动 SAL。

MDU，Multiple Dwelling Unit，多用户居住单元。

MEC，Mobile Edge Computing，移动边缘计算。

MGCF，Media Gateway Control Function，媒体网关控制功能。

MME，Mobility Management Entity，移动管理实体。

Mobile Edge Application（移动边缘应用），可以在移动边缘系统中的移动边缘主机上进行实例化的，并有可能提供或使用移动边缘服务的应用程序。

Mobile Edge Host（移动边缘主机），包含能为移动边缘应用提供计算、存储和网络资源的移动边缘平台和虚拟化基础设施的实体。

Mobile Edge Host Level Management（移动边缘主机级管理），处理一个特定的移动边缘平台、移动边缘主机和在其上运行的移动边缘应用的移动边缘特定功能管理的组件。

Mobile Edge Management（移动边缘管理），移动边缘系统级管理和移动边缘主机级管理。

Mobile Edge Platform（移动边缘平台），在一个特定移动边缘主机的虚拟化基础架构上运行移动边缘应用，并使其能够提供和使用移动边缘服务，还可以提供自己的一些移动边缘服务的功能的集合。

Mobile Edge Service（移动边缘服务），无论是移动边缘平台本身还是移动边缘应用程序，通过移动边缘平台所提供的服务。

Mobile Edge System（移动边缘系统），在运营商网络或运营商网络子集内运行的移动边缘应用的移动边缘主机和移动边缘管理的集合。

Mobile Edge System Level Management（移动边缘系统级管理），包含完整移动边缘系统概述的管理组件。

NaaS，Network as a Service，网络即服务。

NAS，Network Attached Storage，网络附属存储。

NAT，Network Address Translation，网络地址转换。

Network Controller（网络控制器），将一个网络域中部分或全部控制与管理功能集中化的功能模块，通过已经定义好的接口为其他功能模块提供所在网络域的抽象视图。

Network Element（NE，网元），独立的电信实体，通过一个特定的接口管理，如RNC。

Network Forwarding Path（网络转发路径），由一系列NF（Network Function，网络功能）组成的连接点序列，其中也包含序列的转发策略。

Network Function（NF，网络功能），网络基础设施中的功能模块，明确定义了各个外部接口以及功能性行为。注：实际上，网络功能就是目前的网络节点或者实体设备。

Network Function Forwarding Graph（NF-FG，网络功能转发图），连接网络功能（模块）节点的各条逻辑链路的汇总，用以描述这些网络功能（模块）节点之间的数据流向。

Network Function Set（NF Set，网络功能集），具有未指定连接的所有网络功能（模块）的集合。

Network Functions Virtualization（NFV，网络功能虚拟化），通过虚拟化的硬件抽象，将网络功能从其所运行的硬件中分离出来。

Network Functions Virtualization Infrastructure（NFVI，网络功能虚拟化基础设施），所有硬件设备与软件组件的统称，这些资源可以为VNFs部署搭建一个环境。注：网络功能虚拟化基础设施NFVI可以跨越若干个物理位置（例如：数据中心），连接这些位置的网络也是网络功能虚拟化基础设施NFVI的一部分。NFVI与VNF均是顶级的概念型实体，而其他的NFV组成部分则是这两大主要实体的子实体。

Network Functions Virtualization Infrastructure Node（NFVI-Node，NFVI节点），进行部署与管理的作为独立的实体的物理设备。NFVI节点为支持VNFs执行环境提供所需的NFVI功能。

Network Functions Virtualization Infrastructure Point of Presence（NFVI-PoP，NFVI接入点/服务提供点），一个NF被部署成VNF的位置。

Network Functions Virtualization Management and Orchestration（NFV-MANO，NFV的管理与编排），由NFVO（Network Functions Virtualization Orchestrator，网络功能虚拟化编排器）、VNFM（Network Functions Virtualization Manager，网络功能虚拟化管理器）以及VIM（Virtualized Infrastructure Manager，虚拟化基础设施管理器）一起提供的功能。

Network Functions Virtualization Management and Orchestration Architectural Framework（NFV-MANO Architectural Framework，NFV-MANO体系结构框架），所有功能模块（包括NFV-MANO中的功能模块以及与NFV-MANO互通的功能模块）所使用的数据库，以及为了NFV的管理与编排，功能模块之间用以交换信息的参考点以及接口的集合。

Network Functions Virtualization Orchestrator（NFVO，网络功能虚拟化编排器），用于管理NS（Network Service，网络业务）生命周期，并协调NS生命周期的管理，协调VNF生命周期的管理（需要得到VNFM的支持），协调NFVI各类资源的管理（需要得到VIM的支持），以此确保各类所需资源与连接的优化配置。

Network Interface Controller（NIC，网络接口控制器），NFV计算节点内提供与基础设施网络连接的物理接口的设备。

Network Operator（网络运营商），电子通信网络中整体的或部分的运营商。

Network Point of Presence（N-PoP，网络接入点），NF 由 PNF（Physical Network Function，物理网络功能）或者一个 VNF（Virtual Network Function，虚拟网络功能）实现及部署的位置。

Network Service Sescriptor（网络业务描述符），网络业务部署的模板，包括业务拓扑（VNF 各个组成部分及其相互间的关系、虚拟链路、虚拟化网络功能的转发图）以及网络业务的各项特征（比如服务等级协议 SLAs、网络业务实例的运行及生命周期管理所需的相关特征）。

Network Service Orchestration（网络业务编排），NFV 业务编排器功能的子集，用以进行网络业务的生命周期管理。

Network Service Provider（网络业务提供商），部署网络业务的服务提供商。

Network Stability（网络稳定性），在非正常情况下（网络过载或其他网络异常）NFV 结构能够保持稳定性，并且能够尽快恢复功能行为。

NF，Network Function，网络功能。

NFV，Network Functions Virtualization，网络功能虚拟化。

NFV Framework（NFV 架构），由 ETSI ISG NFV 发布的相关规范中定义的所有实体、参考点、信息模型以及其他组成部分。

NFVI，NFV Infrastructure，网络功能虚拟化基础设施。

NFVIaaS，Network Functions Virtualization Infrastructure as a Service，NFV 网络功能虚拟化基础设施即服务。

NFVI-Node，Network Functions Virtualization Infrastructure Node，网络功能虚拟化基础设施节点。

NFVO，Network Functions Virtualization Orchestrator，网络功能虚拟化编排器。

NFV-Resource（NFV-Res，网络功能虚拟化资源），网络功能虚拟化资源存在于 NFVI 中，VNF 执行其功能时会使用这些资源。

NOC，Network Operations Center，网络操作中心。

N-PoP，Network Point of Presence，网络接入点 / 服务提供点。

NS，Network Service，网络业务。

OAM，Operation Administration and Maintenance，操作、管理、维护。

OLT，Optical Line Terminal，光线路终端。

OMU，Operation and Management Unit，操作与管理单元。

ONF，Open Networking Foundation，开放网络基金会。

ONT，Optical Network Terminal，光网络终端。

ONU，Optical Network Unit，光网络单元。

OPEX（Operating Expense，运营成本），OPEX 指的是企业的管理支出、办公室支出、员工工资支出和广告支出等日常开支。在电信运营商领域，被称为运营成本，计算公式为：OPEX= 维护费用 + 营销费用 + 人工成本（+ 折旧）。

OSGI，Open Service Gateway Initiative，开放服务网关协议。

OSS，Operation Support System，运营支撑系统。

PaaS，Platform as a Service，平台即服务。

PCEP，Path Computation Element Protocol，路径计算元件通信协议。

PCRF，Policy and Charging Rules Function，策略与计费规则功能单元。

PDCP，Packet Data Convergence Protocol，分组数据汇聚协议。

PDN，Public Data Network，公用数据网。

PE，Provider Edge，边缘路由器。

PHY，Physical Layer，物理层。

Physical Network Function（PNF，物理网络功能），通过一个紧密耦合的软件与硬件系统实现的 NF（Network Function，网络功能）。

PoP，Point of Presence，接入点。

Portability（移植性），将数据从一个系统传输到另一个系统的能力，不需要重新创建或重新输入数据描述或明显地修改被传送的应用程序。

Resiliency（弹性），规避网络业务中断，使其回归正常状态的的能力；或者在出现网络故障、宕机或甚至出现正常操作中断事件时，提供最低的、可接受的服务。

QoS（Quality of Service，服务质量），一个网络能够利用各种基础技术，为指定的网络通信提供更好的服务能力，是网络的一种安全机制，是用来解决网络延迟和阻塞等问题的一种技术。

RAN，Radio Access Network，无线接入网。

REST，Representational State Transfer，一种软件架构风格。

RGW，Residential GateWay，家庭网关。

RLC，Radio Link Control，无线链路层控制协议。

RRC，Radio Resource Control，无线资源控制。

RTT，Round-Trip Time，往返时延。

SAAG，Security Area Advisory Group，安全区域咨询小组。

SaaS，Software as a Service，软件即服务。

SAL，Service Abstraction Layer，服务抽象层。

SAN，Storage Area Network SAN，存储域网络。

SBC，Session Border Controller，会话边界控制器。

Scaling（伸缩），根据需要，为 VNF 动态地分配或回收相关资源的能力。注：“伸缩”包括横向扩展 / 纵向扩展以及向外扩展 / 向内扩展。

Scaling Out/In（向外扩展 / 向内扩展），通过增加或移除资源实例（例如：VM 虚拟机）来提供伸缩的能力。

Scaling Up/Down（横向扩展 / 纵向扩展），通过改变分配的资源（例如：增加 / 减少内存、CPU 能力或存储规模）来提供伸缩的能力。

SDN，Software Defined Network，软件定义网络。

SDO，Standards Development Organization，标准开发组织。

Service Continuity（业务连续性），按照业务的功能规范、行为规范，以及业务的服务水平协议 SLA 连续传送业务。业务连续性既涉及到数据平面，也涉及到控制平面。在出现干扰或异常事件（不论是定期或不定期的、有意的还是无意的）时，能够全部完成所发起的事务或者会话。

Service Level Agreement（SLA，服务水平协议），双方或多方之间谈判所达成的协议，代表着各方对于服务以及服务行为（比如：可用性、性能、业务连续性、对于网络异常的响应、安全性、可维护性、操作性）的共同理解，并以可测量的目标值体现服务水平。

Service Provider（服务提供商），是移动互联网服务内容、应用服务的直接提供者，常指电信增值业务提供商，负责根据用户的要求开发和提供适合手机用户使用的服务。

S-GW，Serving GateWay，服务网关

SNMP，Simple Network Management Protocol，简单网络管理协议。

SOA（面向服务的体系结构），一个组件模型。它将应用程序的不同功能单元（称为服务）通过这些服务之间定义良好的接口和契约联系起来。

SPOF（Single Points of Failure，单点故障），系统中某个单一的环节出现问题，会导致整个系统出现严重问题。

SR-IOV，Single-Root I/O Virtualization，单根虚拟化技术。

SSH（Secure Shell，安全外壳协议），由 IETF 的网络工作小组（Network Working Group）所制定；SSH 为建立在应用层和传输层基础上的安全协议。

State（状态），一个功能块内所有参数。注：实际上，对于计算节点，这就是存储器（固定存储器 / 非固定存储器）。

STB，Set Top Box，机顶盒。

Strorage（存储），计算域内固定存储器。注：实际上，这个可能被实现为旋转磁盘或固态磁盘。

Storage Node（存储节点），NFVI 节点内提供存储资源的单个可识别、可访问、可管理的要素，这些元素使用资源计算、存储和网络功能。

TC，Traffic Classifier，流量分类器。

TCO，Total Cost of Ownership，总体拥有成本。

TLS，Transport Layer Security，安全传输层协议。

User Equipment（UE，用户设备），用于访问运营商的移动网络和通过移动网络发送的 IP 包的配套应用的移动设备。

VA（Virtual Application，虚拟应用），装载到虚拟机 VM 的软件的普遍术语。注：一个 VNF 就是一种类型的虚拟应用 VA。

vCPU（Virtualized CPU，虚拟化的 CPU），虚拟机管理程序 Hypervisor 为某个虚拟机创建的虚拟化的中央处理器。

VFB（Virtual Functional Block，虚拟功能块），通过一种逻辑、独立实现的方式定义的功能块，这是通过配置 HFB 实现。注意：编程是一种配置的形式。

Virtualized Interface（虚拟化接口），逻辑和抽象的方式下，两个 VFBs 间的接口。

VIM（Virtualized Infrastructure Manager，虚拟化的基础设施管理器），负责对网络功能虚拟化基础设施 NFVI 中计算资源、存储资源以及网络资源的控制与管理。VIM 可被

部署在网络运营商的基础设施域 Infrastructure Domain（例如：NFVI 接入点）。

Virtual Link（虚拟链路），一组连接点，其中包括这些连接点之间的连通性关系以及相关的目标性能指标［比如：带宽、延迟、QoS（服务质量）］。注：虚拟链路可以互联两个或两个以上的实体（VNF 组件、VNFs 或者 PNF），而且虚拟链路需要得到 NFVI 中 VN（Virtual Network，虚拟网络）的支持。

VLAN，Virtual Local Area Network，虚拟局域网。

VM（Virtual Machine，虚拟机），一种虚拟化的计算环境，其与实体电脑 / 服务器的功能行为非常相似。注：虚拟机管理程序 Hypervisor 为虚拟机提供其实体电脑或服务器的资源（处理器、内存、硬盘存储器、接口、端口等），Hypervisor 对底层的物理资源进行分区，然后分配给各个虚拟机。虚拟机具有承载 VNFC（VNF Component，虚拟化的网络功能组件）的能力。

VN（Virtual Network，虚拟网络），虚拟网络在虚拟机 VM 实例的网络接口以及物理实体网络接口之间对相关的信息进行路由，提供必要的连接。注：虚拟网络是由它的一组许可的网络接口所界定的。

VNF（Virtualized Network Function，虚拟化网络功能），基于网络功能虚拟化基础设施 NFVI 实现的 NF（网络功能）。

VNFaaS，Virtual Network Function as a Service，虚拟网络功能即服务。

VNFC（Virtualized Network Function Component，虚拟化网络功能组件），提供 VNF 子集功能的 VNF 内部组件。VNFC 组件的单个实例 1 ∶ 1 匹配到单个虚拟机容器接口。下图对此进行了解释。注：已被实例化，并部署在虚拟机上的 VNFC 称为 VNFC 实例。在资源池中的 VNFC 被称为一个 VNFC 资源，以及一个预留的 VNFC 称为一个 VNFC 资源。更一般地，VNF 可以是许多 VNFCs 的功能性组合。

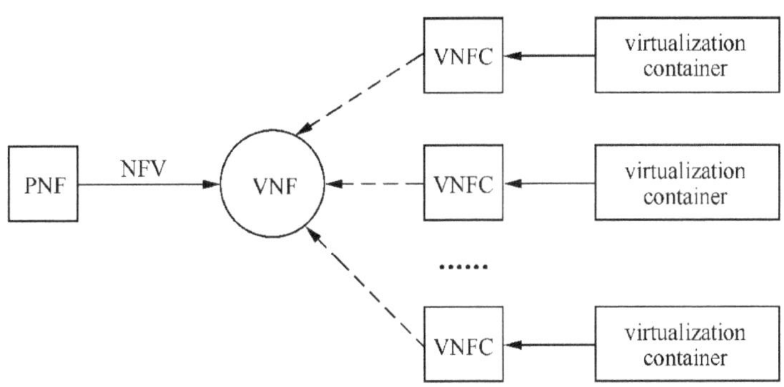

VNFD（Virtualized Network Function Descriptor，虚拟化的网络功能模块描述符），VNF 部署与操作行为的配置模板，用于 VNF 的运行过程以及 VNF 实例的生命周期管理。

VNF FG（VNF Forwarding Graph，虚拟化网络功能转发图），至少包含一个 VNF 的网络功能转发图。

VNF Instance（Virtualized Network Function Instance，虚拟化的网络功能实例），VNF 软件的运行时实例，VNF 实例包括各个组件的实例及其相互间的连接。在实例化的过程中，使用了 VNFD（Virtualized Network Function Descriptor，虚拟化的网络功能描述符）捕获的 VNF 的部署及操作信息，以及运行时实例特定信息与约束条件。

VNFM（Virtualized Network Function Manager，虚拟化的网络功能管理器），负责VNF 生命周期管理的功能模块。

VNFPaaS，Virtual Network Platform as a Service，虚拟网络平台即服务。

VNF Package（Virtualized Network Function Package，虚拟化的网络功能包），VNFD与 VNF 相关的软件镜像以及其他的事项（例如：为了检查完整性，以及证明相关存档的有效性）的归档。

VNF Set（虚拟化的网络功能模块集），未指定连接的 VNFs 集合。

vNIC（Virtualized NIC，虚拟化的网络接口控制器），虚拟机管理程序 Hypervisor 为某个虚拟机创建的虚拟化的网络接口控制器。

VOIP，Voice over Internet Protocol，网络电话。

VPLS，Virtual Private Lan Service，虚拟专用局域网业务。

VPN，Virtual Private Network，虚拟专用网络。

vStorage（Virtualized Storage，虚拟化的存储），分配给一台虚拟机的虚拟化固定存储器。

vSwitch（Virtualized Switch，虚拟化的交换机），由虚拟机管理程序 Hyperviso 实现的以太网交换机，这个交换机能够实现虚拟机上 vNIC 的互连，以及可以连接到计算节点的 NIC。

Virtualized Resource（虚拟化资源），通过虚拟化基础设施提供给移动边缘应用的计算、存储或网络资源。

VTN，Virtual Terminal Network，网络虚拟终端。

VXLAN，Virtual Extensible LAN，虚拟可扩展局域网。

WOC，WAN Optimization Controller，WAN 优化控制器。

参考文献

[1] ITU-T Technology Watch Report, "The Tactile Internet", Aug. 2014.

[2] Cisco Visual Networking Index, http://www.cisco.com/c/en/us/solutions/collateral/service-provider/visual-networking-index-vni/mobile-white-paper-c11-520862.html, 2016.

[3] ETSI. Network Function Virtualization: An Introduction, Benefits, Enablers, Challenges, and call for action. SDN and OpenFlow World Congress, Darmstadt-Germany, http://portal.etsi.org/NFV/NFV_White_Paper.pdf, 2012.

[4] Chiosi M, Wright S. Network functions virtualisation-white paper# 2[J]. ETSI, Frankfurt-Germany, 2013.

[5] Chiosi M, Wright S. Network functions virtualisation-white paper# 3[J]. ETSI, Darmstadt, Germany, 2014.

[6] Price C, Rivera S. Opnfv: An open platform to accelerate nfv[J]. White Paper, 2012.

[7] ETSI. Network Function Virtualization: Use Cases[J].2013.

[8] ETSI. Network Function Virtualization:Architectural Framework[J].2014.

[9] ETSI. Network Function Virtualization: Use Cases[J].2013.

[10] ETSI. Network Function Virtualization: Virtualization Requirements [J].2013.

[11] ETSI. Network Function Virtualization: Infrastructure Overview [J].2015.

[12] ETSI. Network Function Virtualization: Infrastructure;Compute Domain[J].2014.

[13] ETSI. Network Function Virtualization: Infrastructure;Hypervisor Domain [J].2014.

[14] ETSI. Network Function Virtualization: Infrastructure;Network Domain [J].2014.

[15] NGMN Alliance, "5G White Paper, "Feb. 2015; https:// www.ngmn.org/uploads/media/

NGMN_5G_White_ Paper_V1_0.pdf
[16] http://www.imt-2020.org.cn/zh/documents/listByQuery?currentPage=1&content=
[17] http://www.sdnlab.com/16444.html
[18] Beck M T, Werner M, Feld S, et al. Mobile edge computing: A taxonomy[C]//Proc. of the Sixth International Conference on Advances in Future Internet. 2014.
[19] Patel M, Naughton B, Chan C, et al. Mobile-edge computing introductory technical white paper[J]. White Paper, Mobile-edge Computing (MEC) industry initiative, 2014.
[20] Hu Y C, Patel M, Sabella D, et al. Mobile Edge Computing—A Key Technology Towards 5G[J]. ETSI White Paper, 2015, 11.
[21] Han B, Gopalakrishnan V, Ji L, et al. Network function virtualization: Challenges and opportunities for innovations[J]. IEEE Communications Magazine, 2015, 53(2): 90-97.
[22] Hiray S. Network Function Virtualization[D]. Indian Institute of Technology Bombay, 2014.
[23] Beck M T, Werner M, Feld S, et al. Mobile edge computing: A taxonomy[C]//Proc. of the Sixth International Conference on Advances in Future Internet. 2014.
[24] Hu Y C, Patel M, Sabella D, et al. Mobile Edge Computing—A Key Technology Towards 5G[J]. ETSI White Paper, 2015, 11.
[25] http://www.wtoutiao.com/p/25e0Q5x.html
[26] http://tech.ifeng.com/telecom/detail_2014_04/22/35958772_0.shtml
[27] http://www.chinaunicom.com.cn/news/ywsm/hyzx/file2686.html
[28] http://www.mscbsc.com/bbs/thread-633356-1-1.html
[29] http://www.huawei.com/ilink/cn/about-huawei/newsroom/press-release/HW_327753
[30] http://www.huawei.com/ilink/cn/about-huawei/newsroom/press-release/HW_411578?KeyTemps=NFV
[31] http://www.sdnap.com/sdn-study/231.html
[32] http://sdn.ieee.org/newsletter/may-2016/ieee-sdn-nfv-standardization
[33] http://sdn.ieee.org/newsletter/may-2016/sdn-in-nfv-architectural-framework
[34] https://www.opendaylight.org
[35] http://www.OpenStack.cn/?p=4636
[36] http://www.ibm.com/developerworks/cn/cloud/library/cl-OpenStack-cloud/
[37] ETSI. Network Function Virtualization: Management and Orchestration [J].2014.
[38] https://www.ibm.com/developerworks/cn/cloud/library/cl-OpenStack-overview/
[39] http://blog.csdn.net/xxfigo/article/details/7590229
[40] http://cloud.51cto.com/art/201505/476221.htm
[41] http://docs.OpenStack.org/liberty/
[42] http://www.ibm.com/developerworks/cn/cloud/library/1310_zhanghua_OpenStackswift/
[43] http://www.server110.com/OpenStack/201403/6926.html
[44] http://www.ibm.com/developerworks/cn/cloud/library/1402_chenhy_OpenStacknetwork/

[45] http://www.xuebuyuan.com/1201872.html
[46] http://blog.chinaunix.net/uid-22414998-id-3263551.html
[47] http://www.OpenStack.cn/?p=4636
[48] https://www.opnfv.org/sites/opnfv/files/pages/files/opnfv_whitepaper_103014.pdf
[49] https://www.opnfv.org/about
[50] http://www.sdnlab.com/15568.html
[51] https://www.opnfv.org/software/technical-overview
[52] http://artifacts.opnfv.org/arno.2015.1.0/docs/pharos-spec.arno.2015.1.0.pdf
[53] http://www.sdnlab.com/15568.html
[54] http://www.sdnlab.com/3907.html
[55] http://www.cww.net.cn/tech/html/2016/4/12/20164121425576397.htm
[56] Mahadev Satyanarayanan; Bahl, P.; Caceres, R; Davies, N. The Case for VM-Based Cloudlets in Mobile Computing. Pervasive Computing, IEEE.2009, 4(8):14-23.
[57] Sanaei, Z.; Abolfazli, S.; Gani, A.; Buyya, R. Heterogeneity in Mobile Cloud Computing: Taxonomy and Open Challenges. Communications Surveys & Tutorials, IEEE. 2014, 1(16).
[58] A Survey of Mobile Cloud Computing Architecture, Applications, and Approaches.
[59] Auer, G.; Giannini, V.; Godor, I.; Skillermark, P.; Olsson, M.; Imran, M.A.; Sabella, D.; Gonzalez, M.J.; Desset, C.; Blume, O. Cellular Energy Efficiency Evaluation Framework. Vehicular Technology Conference (VTC Spring), 2011 IEEE 73rd. 2011:1-6.
[60] Zervas, G.S.; Triay, J.; Amaya, N.; Qin, Y.; Cervello-Pastor, C.; Simeonidou, D. Time Shared Optical Network (TSON)：A Novel Metro Architecture for Flexible Multi-Granular Services. Optical Communication (ECOC), 2011 37th European Conference and Exhibition on. 2011:1-3.
[61] Lei Lei; Zhangdui Zhong; Kan Zheng; Jiadi Chen; Hanlin Meng. Challenges on wireless heterogeneous networks for mobile cloud computing. Wireless Communications, IEEE. 2013, 3(20):34-44.
[62] Tzanakaki, A.; Anastasopoulos, M.P.; Zervas, G.S.; Rofoee, B.R.; Nejabati, R.; Simeonidou, D. Virtualization of Heterogeneous Wireless-Optical Network and IT Infrastructures in Support of Cloud and Mobile Cloud Services. Communications Magazine, IEEE. 2013, 8(51):155-161.
[63] 2014C Mobile Edge Computing A Taxonomy .afin_2014_2_30_40031
[64] 2014C Mobile Edge Computing：Challenges for Future Virtual Network Embedding Algorithms
[65] Wei Gao. Opportunistic Peer-to-Peer Mobile Cloud Computing at the Tactical Edge. Military Communications Conference (MILCOM), 2014 IEEE. 2014:1614-1620.
[66] Abolfazli, S.; Sanaei, Z.; Ahmed, E.; Gani, A.; Buyya, R. Cloud-Based Augmentation

for Mobile Devices：Motivation, Taxonomies, and Open Challenges. Communications Surveys & Tutorials, IEEE. 2014, 1(16):337-368.

[67] Barbarossa, S.; Sardellitti, S.; Di Lorenzo, P. Communicating While Computing, Distributed mobile cloud computing over 5G heterogeneous networks. Signal Processing Magazine, IEEE. 2014, 6(11):45-55.

[68] Jingchu Liu; Tao Zhao; Sheng Zhou; Yu Cheng; Zhisheng Niu. CONCERT: a cloud-based architecture for next-generation cellular systems. Wireless Communications, IEEE. 2014, 6(21):14-22.

[69] Sanaei, Z.; Abolfazli, S.; Gani, A.; Buyya, R. Heterogeneity in Mobile Cloud Computing：Taxonomy and Open Challenges. Communications Surveys & Tutorials, IEEE. 2014, 1(16):369-392.

[70] Bastug, E.; Bennis, M.; Debbah, M. Living on the Edge: The Role of Proactive Caching in 5G Wireless Networks. Communications Magazine, IEEE. 2014, 8(52):82-89.

[71] Li, C.; Brech, B.L.; Crowder, S.; Dias, D.M.; Franke, H.; Hogstrom, M.; Lindquist, D.; Pacifici, G.; Pappe, S.; Rajaraman, B.; Rao, J.; Ratnaparkhi, R.P.; Smith, R.A.; Williams, M.D. Software defined environments：An introduction. IBM Journal of Research and Development. 2014, 2/3(58):1:1-1:11.

[72] 2015 Application optimization in mobile cloud computing Motivation, taxonomies, and open challenges

[73] Lin, T.; Bannazadeh, H.; Leon-Garcia, A. Introducing Wireless Access Programmability using Software-Defined Infrastructure. Integrated Network Management (IM), 2015 IFIP/IEEE International Symposium on. 2015:585-591.

[74] Riggio, R.; Marina, M.K.; Schulz-Zander, J.; Kuklinski, S.; Rasheed, T. Programming Abstractions for Software-Defined Wireless Networks. Network and Service Management, IEEE Transactions on. 2015, 2(12):146-162.

[75] Fiorani, M.; Rostami, A.; Wosinska, L.; Monti, P. Transport Abstraction Models for an SDN-Controlled Centralized RAN. Communications Letters, IEEE. 2015, 8(19):1406-1409.

[76] Velasco, L.; Contreras, L.M.; Ferraris, G.; Stavdas, A.; Cugini, F.; Wiegand, M.; Fernandez-Palacios, J.P. A Service-Oriented Hybrid Access Network and Clouds Architecture. Communications Magazine, IEEE. 2015, 4(53):159-165.

[77] Satyanarayanan, M.; Schuster, R.; Ebling, M.; Fettweis, G.; Flinck, H.; Joshi, K.; Sabnani, K. An Open Ecosystem for Mobile-Cloud Convergence. Communications Magazine, IEEE. 2015, 3(53):63-70.

[78] Checko, A.; Christiansen, H.L.; Ying Yan; Scolari, L.; Kardaras, G.; Berger, M.S.; Dittmann, L. Cloud RAN for Mobile Networks—A Technology Overview. Communications Surveys & Tutorials, IEEE. 2015, 1(17):405-426.

[79] Fazio, M.; Puliafito, A. Cloud4sens: a cloud-based architecture for sensor controlling

and monitoring. Communications Magazine, IEEE. 2015, 3(53):41-47.

[80] Satyanarayanan, M.; Simoens, P.; Yu Xiao; Pillai, P.; Zhuo Chen; Kiryong Ha; Wenlu Hu; Amos, B. Edge Analytics in the Internet of Things. Pervasive Computing, IEEE. 2015, 2(14):24-31.

[81] Sardellitti, S.; Scutari, G.; Barbarossa, S. Joint Optimization of Radio and Computational Resources for Multicell Mobile-Edge Computing. Signal and Information Processing over Networks, IEEE Transactions on. 2015, 2(1):89-103.

[82] Ameigeiras, P.; Ramos-Munoz, J.J.; Schumacher, L.; Prados-Garzon, J.; Navarro-Ortiz, J.; Lopez-Soler, J.M. Link-Level Access Cloud Architecture Design Based on SDN for 5G Networks. Network, IEEE. 2015, 2(29):24-31.

[83] Montero, D.; Yannuzzi, M.; Shaw, A.; Jacquin, L.; Pastor, A.; Serral-Gracia, R.; Lioy, A.; Risso, F.; Basile, C.; Sassu, R.; Nemirovsky, M.; Ciaccia, F.; Georgiades, M.; Charalambides, S.; Kuusijarvi, J.; Bosco, F. Virtualized Security at the Network Edge：A User-Centric Approach. Communications Magazine, IEEE. 2015, 4(53):176-186.

[84] Han Xingye; Li Xinming; Liu Yinpeng. Research on Resource Management for Cloud Computing Based Information System. Computational and Information Sciences (ICCIS), 2010 International Conference on. 2010:491-494.

[85] Soyata, T.; Muraleedharan, R.; Funai, C.; Minseok Kwon; Heinzelman, W. Cloud-Vision Real-time face recognition using a mobile-cloudlet-cloud acceleration architecture. Computers and Communications (ISCC), 2012 IEEE Symposium on. 2012:59-66.

[86] Khan, K.A.; Qi Wang; Grecos, C. Experimental Framework of Integrated Cloudlet and Wireless Mesh Network. Telecommunications Forum (TELFOR), 2012 20th. 2012:190-193.

[87] Fesehaye, D.; YunLong Gao; Nahrstedt, K.; Guijun Wang. Impact of Cloudlets on Interactive Mobile Cloud Applications. Enterprise Distributed Object Computing Conference (EDOC), 2012 IEEE 16th International. 2012:123-132.

[88] Dev, D.; Baishnab, K.L. A Review and Research towards Mobile Cloud Computing. Mobile Cloud Computing, Services, and Engineering (MobileCloud), 2014 2nd IEEE International Conference on. 2014:252-256.

[89] Amin, M.A.; Bib Abu Bakar, K.; Al-Hashimi, H. A Review of Mobile Cloud Computing Architecture and Challenges to Enterprise Users. GCC Conference and Exhibition (GCC), 2013 7th IEEE. 2013:240-244.

[90] Routaib, H.; Badidi, E.; Elmachkour, M.; Sabir, E.; Elkoutbi, M. Modeling and Evaluating a Cloudlet-based Architecture for Mobile Cloud Computing. Intelligent Systems: Theories and Applications (SITA-14), 2014 9th International Conference on. 2014:1-7.

[91] Kumar, G.; Jain, E.; Goel, S.; Panchal, V.K. Mobile Cloud Computing Architecture, Application Model and Challenging Issues. Computational Intelligence and

Communication Networks (CICN), 2014 International Conference on. 2014:613-617.
[92] Dinh Thai Hoang; Niyato, D.; Ping Wang. Optimal Admission Control Policy for Mobile Cloud Computing Hotspot with Cloudlet. Wireless Communications and Networking Conference (WCNC), 2012 IEEE. 2012:3145-3149.
[93] Felemban, M.; Basalamah, S.; Ghafoor, A. A Distributed Cloud Architecture for Mobile Multimedia Service. Network, IEEE. 2013, 5(27):20-27.
[94] Yang Zhang; Niyato, D.; Ping Wang; Chen-Khong Tham. Dynamic Offloading Algorithm in Intermittently Connected Mobile Cloudlet System. Communications (ICC), 2014 IEEE International Conference on. 2014:4190-4195.
[95] Beck, M.T.; Feld, S.; Fichtner, A.; Linnhoff-Popien, C.; Schimper, T. ME-VoLTE Network Functions for Energy-Efficient Video Transcoding at the Mobie Edge. Intelligence in Next Generation Networks (ICIN), 2015 18th International Conference on. 2015:38-44.
[96] 陈晓贝，魏克军. 全球5G研究动态和标准进展[J]. 电信科学，2015，31(5):10-13.
[97] 马丁洁. 基于SDN和NFV的5G移动通信网络架构分析[J]. 军民两用技术与产品，2015(20).
[98] 杨峰义，张建敏，谢伟良等. 5G蜂窝网络架构分析[J]. 电信科学，2015，31(5):46-56.
[99] 陈晓贝，魏克军. 全球5G研究动态和标准进展[J]. 电信科学，2015，31(5):10-13.
[100] 房秉毅，李素粉，郭玉华等. NFV标准化现状与PoC进展分析[J]. 电信技术，2015(9):73-76.
[101] 解冲锋，胡晓娟，李晨等. NFV对于运营级IP网络的影响及挑战[J]. 电信技术，2015(7):14-18.
[102] 赵慧玲，史凡. SDN/NFV的发展与挑战[J]. 电信科学，2014(08):13-18.
[103] 戴维. 面向用户订制服务的SDN组网技术研究[D]. 北京邮电大学，2014.
[104] 龚瑞雪. SDN北向REST接口测试研究[D]. 北京邮电大学，2016.
[105] 陈明明. 软件定义光网络控制平面与南向接口研究[D]. 北京邮电大学，2016.
[106] 唐宏，刘汉江等. OpenDaylight应用指南[M]. 北京：人民邮电出版社，2016.
[107] 英特尔开源技术中心. Open Stack设计与实现. 北京：电子工业出版社，2015.
[108] 杨健. 网络功能虚拟化系统测试技术研究[D]. 北京邮电大学，2014.
[109] 赵明宇，严学强. SDN和NFV在5G移动通信网络架构中的应用研究[J]. 移动通信，2015(14):64-68.
[110] 赵国锋，陈婧，韩远兵等. 5G移动通信网络关键技术综述[J]. 重庆邮电大学学报:自然科学版，2015，27(4):441-452.
[111] 刘旭，李侠宇，朱浩. 5G中的SDN/NFV和云计算[J]. 电信网技术，2015(5).
[112] IMT-2020(5G)推进组5G技术白皮书.
[113] 小火车，好多鱼.大话5G[M]. 北京：电子工业出版社，2016.
[114] 段晓东，孙滔，陈炜等. 5G网络架构设计的5个重要问题[J]. 电信科学，2014，

30(10):129-133.
[115] 赵河，华一强，郭晓琳. NFV技术的进展和应用场景[J]. 邮电设计技术，2014 (6): 62-67.
[116] 宋菲，侯乐青. SDN/NFV标准及开源项目发展现状研究[J]. 信息通信技术，2016.
[117] 中国电信. CTNet2025网络架构白皮书[R]. 2016.

www.ingramcontent.com/pod-product-compliance
Ingram Content Group UK Ltd.
Pitfield, Milton Keynes, MK11 3LW, UK
UKHW062012041026
15591UKWH00017B/1285

9 787115 441706